本书为国家社会科学基金年度项目《非物质文化遗产商标保护问题实证研究》
（项目编号：18BFX171）的最终成果

Empirical Research on Trademark Protection of Intangible Cultural Heritage

非物质文化遗产商标保护问题

实证研究

罗宗奎　著

法律出版社
LAW PRESS·CHINA
北京

图书在版编目（CIP）数据

非物质文化遗产商标保护问题实证研究 / 罗宗奎著. 北京：法律出版社, 2024. -- ISBN 978-7-5197-9307-4

Ⅰ. D923.434

中国国家版本馆CIP数据核字第2024712ZM2号

非物质文化遗产商标保护问题实证研究
FEIWUZHI WENHUA YICHAN SHANGBIAO BAOHU WENTI SHIZHENG YANJIU

罗宗奎 著

策划编辑 陈昱希
责任编辑 陈昱希 陈 熙
装帧设计 李 瞻

出版发行 法律出版社
编辑统筹 法规出版分社
责任校对 晁明慧
责任印制 耿润瑜
经　　销 新华书店

开本 710毫米×1000毫米 1/16
印张 27.25 **字数** 427千
版本 2024年8月第1版
印次 2024年8月第1次印刷
印刷 北京新生代彩印制版有限公司

地址：北京市丰台区莲花池西里7号（100073）
网址：www.lawpress.com.cn
投稿邮箱：info@lawpress.com.cn
举报盗版邮箱：jbwq@lawpress.com.cn

销售电话：010-83938349
客服电话：010-83938350
咨询电话：010-63939796

书号：ISBN 978-7-5197-9307-4
定价：78.00元

凡购买本社图书，如有印装错误，我社负责退换。电话：010-83938349

序　一

《非物质文化遗产商标保护问题实证研究》是宗奎博士主持的国家社会科学基金项目的最终研究成果。欣闻该成果即将出版，作为他的博士生导师能够“先睹为快”，实为幸事。

记得在2012年，宗奎考入中国政法大学攻读知识产权法学专业博士学位之时，就开始关注非物质文化遗产的知识产权保护问题。2015年即于中国政法大学出版社出版了《非物质文化遗产的知识产权保护》一书。本书其实是他多年研究的进一步延续和深化，这是十分难得的。科研需要聚力攻坚，在一段时间专注于一个方向、一个主题，一以贯之，方能取得突出的研究成果。

通读宗奎博士新书，给人以耳目一新之感。概而言之，本书的创新和特色体现在如下几个方面：

一是在主题上，本书将非物质文化遗产的商标保护作为主题进行专门研究，洋洋洒洒30多万字的篇幅，这是对非物质文化遗产知识产权保护命题的深化和挖掘，具有独特价值。众所周知，非物质文化遗产知识产权保护仅为知识产权法一个分支命题，但本书的研究对象大胆地选择其中一个更小的分支，可见其对研究对象把握之精准、研究之深入。书中所呈现内容之丰富、观点之新颖、实践之效用，亦说明其并非徒有其表，而是言之有物，彰显我国非物质文化遗产法律保护之实践问题，价值独到。

二是在实证研究上，本书对非物质文化遗产商标保护问题进行了对象广泛、数据全面、方法多样的实证研究，涵盖宏观和微观、客观和主观。在关于非物质文化遗产商标申请与注册数据、非物质文化遗产商标司法案例统计与分析、非物质文化遗产符号商标注册问卷调查等方面的实证研究，在国内外同类研究中堪称具有首创性。

三是对非物质文化遗产商标保护命题的界定，本书颇具新颖性。就非物质文化遗产商标保护问题的缘起，本书指出其"是非物质文化遗产和商标这两个分属于不同社会子系统的事物，基于非物质文化遗产商标的存在而碰撞和交叉的产物"，由此确立"含非物质文化遗产符号的商标（非物质文化遗产商标）"为研究的主要切入点。又如，本书从"保护"的两种含义（传承意义上的保护和权利意义上的保护）出发界定非物质文化遗产商标保护的概念，认为其"是通过商标法的制度构建和运行来保护非物质文化遗产，主要是通过一种私权保护模式，实现非物质文化遗产的经济价值，同时促进非物质文化遗产的传承"。再如，本书提出"贬损歪曲型""混淆误导型"和"淡化型"三种非物质文化遗产商标侵害类型的理论，对于指导司法实践具有重要实践价值。

四是对于非物质文化遗产符号商标权属问题的安排，本书借鉴彼得·德霍斯"知识共有理论"中的"排他性积极共有"模式，并考虑非物质文化遗产传承的客观历史，提出"集体所有权之下也允许特定情形个体所有权存在"的非物质文化遗产符号权属安排方案，具有创新性。这一方案的确立也顺理成章地将非物质文化遗产符号资源的商标化利用引向以证明商标、集体商标、地理标志等团体性或群体性商业标志为制度工具的有组织、有序化开发轨道上来，为"排除+统一利用"方案的提出奠定理论基础。

五是在解决方案的设计方面，针对非物质文化遗产商标保护问题，本书提出的"排除+统一利用"方案是基于我国实践提出的具有创新性的系统化解决方案。其中增设“非物质文化遗产符号禁止注册条款”的建议和具体条文的设计、“完善现有不良影响条款”的措施，以及构建“非物质文化遗产符号数据库制度”的建议，都具有相当的创新性，也较为具体。本书提出的将排除不当非物质文化遗产商标注册模式归结为“第三方模式”“申请人模式”和“官方模式”的归类，并根据现实情况主张选择“官方模式”的建议，是根据实证考察结论提出的具有一定创新性和可行性的制度措施。

总之，本书研究视角之新颖独特、实证研究之全面、研究资料之翔实、问题分析之深入、解决方案之系统可行，都不失为我国非物质文化遗产知识产权保护领域的一篇力作！

非物质文化遗产是知识产权的源泉。我国作为非物质文化遗产资源丰富的发展中大国，在国际知识产权保护领域，理应发挥其独特价值，使之成为我国在国际知识产权竞争中的一把利器。因此，非物质文化遗产知识产权保护立法应尽快完善。本书提出的关于非物质文化遗产商标保护的立法、司法意见和建议值得认真参考和借鉴。

希冀作者再接再厉，在知识产权法研究道路上取得更多成就。

是为序。

中国政法大学二级教授、博士生导师
国家知识产权专家咨询委员会委员
中国法学会知识产权法学研究会副会长
中国知识产权研究会副理事长
冯晓青

2024年8月10日

序　二

非物质文化遗产[1]商标保护命题无论是在法学界、文学艺术界等相关学术领域，还是在社会大众中，都受到一定的关注，理论和实践热度呈现一种波动状态。社会上出现非遗符号商标争议时，往往就会引发一波热议和关注，如“汤瓶八诊案”“鲁锦案”“二人转案”等，但热点过后似乎又都归于平静。由于非遗所属的文学、艺术学、民俗学等学科对非遗传承的需求与法学界对商标法功能定位的差异，非遗传承与商标保护之间的结构性耦合尚未真正达成，现实中商标法的“解释性适用”难免捉襟见肘。因此，虽然现有研究成果已经表明，商标法对非遗保护具有较强的适应性，但是如何从更全面深入的实证研究中发现我国非遗商标保护实践中的问题，并依此提出具有现实针对性和可操作性的制度方案，是十分必要的。

本书作为“非物质文化遗产商标保护问题实证研究”课题的最终成果，目的就是从“实践”场域探求上述问题的答案。本书的基本内容如下：第一章为“非遗商标保护”命题的解析，主要是为该课题的研究确立逻辑坐标、分析问题缘起和确定基础概念。第二章为该命题的文献综述，通过国内外研究现状的考察，发现问题，引出实证研究的必要性。第三章到第六章为本书实证研究的展开，包括4个维度或场域的非遗商标保护问题的

[1] 为叙述方便，本书有的地方简称为“非遗”，有的地方仍使用全称。

定量与定性分析，即媒体报道数据、非遗符号商标申请与注册数据、非遗商标纠纷司法案例数据以及问卷调查和实地走访数据。其中前三部分偏客观维度，第四部分偏主观维度。各部分实证研究均是在搜集第一手资料的基础上，通过大量图表予以统计分析或总结归纳，力求展示我国非遗商标保护的真实面相和实践中存在的问题。第七章为实证研究的发现和问题总结与原因分析部分，集中展示非遗商标保护实践中存在的问题，并尝试进行原因分析。第八章和第九章为完善建议部分，为推进我国非遗商标保护提供解决方案。其中第八章为解决方案设计的准备工作，是对解决方案设计应考虑因素的分析，包括方案设计时的目标确立、非遗符号权属安排、国际考量、国内外现有制度资源考察与借鉴、历史与现实问题的考虑等。其中国际考量和国内外现有制度资源的考察是对该领域法律规范的实证研究，亦属于本书实证研究的一部分。第九章为非遗商标保护解决方案设计和展示部分。明确提出“排除+统一利用”方案，然后就方案内容、理论正当性、任务进行阐释；并就方案的具体实施进行详细具体安排，包括相关法律制度的完善、“统一利用”方案制度工具的选择、团体性或群体性商业标志运营管理等内容；最后以“朱仙镇木版年画”非遗商标保护为例，就方案进行实例演示，帮助理解该方案的具体含义和掌握具体的实施步骤。这样，上述九章内容构成一个以“非遗商标保护”为基本命题，以实证研究为基本研究方案，以“调研发现—问题总结与分析—问题解决”为主线的逻辑自洽、契合主题的内容体系。

付梓之际，颇多感慨。杂思之凝聚，乱想之归一，似十月胎儿呱呱坠地，又似千斤重石一朝卸下，毫不自在！同时也颇多谢忱。在项目研究及本书写作过程中，恩师冯晓青教授对我的指导、帮助和鼓励，是我坚持下去的强劲动力。与中国政法大学杨利华教授、付继存副教授的交流也让我受益匪浅。程丽元师姐在商标审查实践方面的帮助对本书观点的形成也有巨大帮助。中原工学院柴国生教授为项目的顺利进行、图书的顺利出版提供了重要帮助。爱妻王芳背负家庭重担，身兼多职，最是辛苦，歉赎之心，无以言表！还有众多在项目调研中提供帮助的同学、朋友，不再一一致谢。法律出版社陈昱希师妹和陈熙编辑辛苦联系、策划和校对，才有了图书的顺利出版，在此一并致谢！

罗宗奎

2024年8月10日

目录

Contents

第一章　非物质文化遗产商标保护的几个基本问题

一、非物质文化遗产商标保护的逻辑坐标

何谓“非物质文化遗产商标保护”，该命题在学科体系中处于一个什么位置，是我们理解和研究这一问题的逻辑起点。因此，在一切研究开始之前，需要阐释该命题在学科体系中的逻辑坐标。

事实上，非物质文化遗产商标保护的完整表述应为“非物质文化遗产的商标法保护”，它是“非物质文化遗产法律保护”的一个子集，不过在它们之间还有两层逻辑关系相隔。非物质文化遗产（以下简称非遗）商标保护是沿循“非遗法律保护—非遗私法保护—非遗知识产权法保护—非遗商标法保护”这一逻辑思路而来的。图1-1是这一逻辑坐标的完整展现。

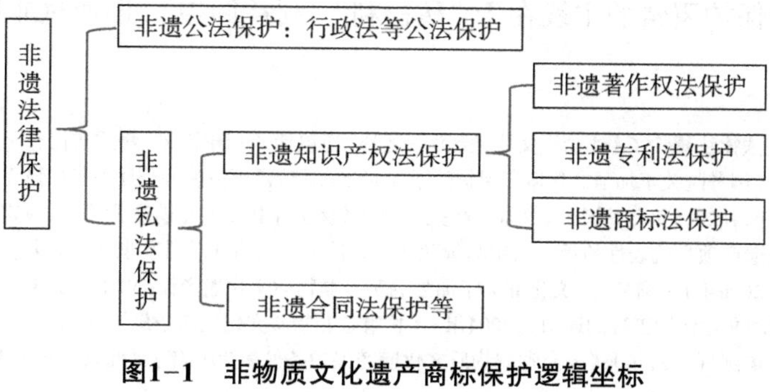

图1-1　非物质文化遗产商标保护逻辑坐标

在这一逻辑坐标中，非遗的法律保护是指通过法律的制定和实施保护非遗，使非遗能够延续、传承下去，同时不被歪曲、滥用或不合理使用等。由于部门法众多，可通过不同的法律保护非遗，于是有了公法保护与私法保护之分。

公法保护目前而言主要是行政法保护，体现为一种国家管理手段。以我国为例，在2011年《非物质文化遗产法》颁布以后，以该法为中心形成的包括法律、行政法规、规章、地方性法规等在内的一系列法律法规体系，组成了我国保护非遗的行政法体系。[1]这套法律体系提供了一种以申报各级非物质文化遗产代表性名录（以下简称非遗代表性名录）、申报各级非物质文化遗产代表性传承人（以下简称非遗代表性传承人）、政府提供财政资金补贴、开办非遗技艺培训班、搜集整理非遗档案、将档案数字化保存等为主要工作内容的非遗保护模式。这是一种政府“输血式”保护模式，由于这种模式的运行所需，我国各级政府还专门在文化旅游部门内设立了非物质文化遗产保护中心（以下简称非遗保护中心），主管非遗保护事宜。不可否认，非遗的公法保护对非遗传承和发扬确实起到了重要的作用，其对非遗资源的田野调查更是非遗保护的基础性工作。行政法保护对于那些濒临消失的非遗项目，可谓雪中送炭，有些项目因此得以传承下去甚至发扬光大。

非遗的私法保护则具有不同的逻辑，理解这一逻辑，可以对比“非物质文化遗产生产性保护”（以下简称非遗生产性保护）这一概念。从本质上来说，非遗的私法保护逻辑的主线在于“私权利”“利益调控”，即通过非遗代表性传

---

〔1〕 这些法律法规除了《非物质文化遗产法》之外，还包括如《国家级非物质文化遗产保护与管理暂行办法》（2006年）、《国务院关于加强文化遗产保护的通知》（2005年）、《国务院办公厅关于加强我国非物质文化遗产保护工作的意见》（2005年）、《全国人大常委会关于批准〈保护非物质文化遗产公约〉的决定》（2004年）、《国家级非物质文化遗产项目代表性传承人认定与管理暂行办法》（2008年）、《国家非物质文化遗产保护专项资金管理暂行办法》（2006年）、《商务部 文化部关于加强老字号非物质文化遗产保护工作的通知》（2007年）、《关于实施中国民族民间文化保护工程的通知》（2004年）、《甘肃省非物质文化遗产条例》（2022年）、《宁夏回族自治区非物质文化遗产条例》（2021年）、《云南省非物质文化遗产保护条例》（2013年）、《北京市非物质文化遗产条例》（2019年）等。

承人及其他非遗传承群体将非遗项目付诸生产实际，通过市场行为获取经济效益，从而既能提高非遗传承者的生活水平，发展文化产业，也能将这种传统文化传承发扬下去。非遗的生产性保护需要市场经济之下法律的保驾护航，这正是非遗私法保护的必要性所在。这种保护逻辑，对于那些本来就具有生产性质、易于市场化的非遗项目来说，是自然而然的一种保护模式。比如传统手工技艺里的名小吃、手工艺品、酿酒技艺等，它们的传承本身就离不开市场。但对于节庆礼仪习俗类非遗项目可能就未必合适，比如鄂尔多斯婚礼，将本属于原生态的生活习俗变成一种表演，可能失去其原有的文化内涵，从而失去原真性。

由于私法本身又划分为不同部门，因而私法保护还可以继续分类。合同法是典型的私法，合同也是人类社会出现以后最原始的法律，因为“约定就是法律”，这是契约精神的体现，因而通过合同法保护非遗是必不可少的一种模式。比如，非遗传承人在收徒的时候就可以约定一些规则，常见的如“传内不传外”“传男不传女”等，都是一种内部约定；或者传承人也可能将他的技艺、招牌转让，从而获取价金；再如，传承人可能允许他人表演他的技艺，但要达到某种水平才能表演，哪些可以表演，哪些不能表演，也都能够约定。合同只要不违反法律的强制性规定，就是有效的，因此在非遗保护问题上，合同法有用武之地。

另一种保护非遗的私法模式就是知识产权法。无论是国外还是国内，非遗的知识产权法保护都是目前法学界讨论最多的一种保护模式，根本原因在于知识产权与非物质文化遗产的对象契合性。诸如专利、商标、著作权等知识产权的客体，其本质特征在于其非物质性，比如专利的客体是一种技术方案、技术思想，而非真实存在的物；著作权的客体作品，也是依靠人脑才能理解的非物质的存在；商标的客体是商业标志后面隐藏的商誉。而非遗涵盖的对象也是一种以非物质形态存在的“文化”，这些文化本身都是非物质性的。比如民间音乐的表达可能成为音乐作品，其与现代著作权法保护的音乐作品没有本质区别。因此，知识产权和非物质文化遗产两者之间具有实质相通性，具备适用知识产权法保护非遗的基本条件，虽然在适用的可能性、适用的困难、如何具体适用等方面还存在若干问题，但还是引起了学界足够的重视和讨论。

基于知识产权的多类别性，非遗的知识产权法保护又可以再分为专利法保护、技术秘密保护、著作权法保护、商标法保护等不同分支。

非遗的专利法保护，包括正反两面。正面的保护或称积极的保护，是指非遗权利人将一种可专利的非遗技艺或产品向国家知识产权局申请专利，经过审查获得专利权。虽然作为古老的东西，许多非遗技艺或产品恐怕很难满足专利要求的新颖性、创造性，但也不能说完全不可能，我国纳西族东巴纸制造技艺就被成功申请专利。[1]反面的保护或称消极的保护，是指在面对非遗权利人之外的人将非遗技艺或产品申请专利时，提出异议或无效宣告，使其专利申请不能成功或无效，从而保护非遗技艺不被外人垄断。

由于专利保护的客体就是一种技术方案或技术思想，而传统技艺类的非遗项目也表现为一种技术方案，因此非遗的专利保护虽然因为不容易满足新颖性、创造性而适用较少，但它们之间的关系是比较直接的。与此类似的还有非遗的技术秘密保护，对于传统技艺类的非遗项目可能是更适合的一种模式。因为传统技艺最核心的往往不是技术方案有多复杂，而是非遗代表性传承人作为“大师”“匠人”口传心授的秘诀和日久天长的习练，如果属于祖传秘方之类的技艺，那就更适合采用技术秘密保护。而且，与非遗专利法保护具有期限性相比，如果采用技术秘密保护，则没有任何期限限制，也是其优势之一。

---

〔1〕 比如：一种用构树皮制取纳西东巴纸的制备方法，专利号：ZL 02113365.4，申请人：陈登宇，申请日：2002年2月9日，专利状态：2005年9月7日授权。一种纳西东巴纸及其制备方法，申请号：ZL 200310110844.3，申请人：李军，申请日：2003年11月1日，专利状态：2005年11月16日授权。一种手工制作东巴纸的方法，申请号200510010621.9，申请人：李军，申请日：2005年1月28日，专利状态：2005年9月28日，实质审查的生效。参见龙文：《莫让东巴造纸传统失传》，载《中国发明与专利》2009年第2期，第32页。

与非遗的专利法保护相比，非遗的著作权法保护虽然看似非常契合，但实际上存在很多困难。首先，关于两者的契合性，因为非遗类别中有太多应该纳入著作权法保护的、属于“作品”的对象，传统文学、传统音乐、传统戏剧、传统美术、传统曲艺杂技、传统书法、传统舞蹈等非遗类别，均可纳入著作权法保护的作品范畴。但现实中，如果不是新创作的作品，却又往往因为超过版权保护期而进入公有领域，不能被著作权法保护。这也正是《著作权法》一直将民间文学艺术作品保护的立法权授权给国务院，而不能直接规定的主要原因，而国务院关于文学艺术作品的著作权保护立法也一直未曾颁布。〔1〕

本书要讨论的非遗的商标法保护也是非遗知识产权法保护的模式之一，这正是非遗商标法保护的逻辑坐标所在，因此非遗的商标法保护是知识产权法研究的一个特殊领域，而且是文化和法律交叉的研究。值得一提的是，无论是专利权、著作权，还是技术秘密，它们都属于创造性智力成果，构成知识产权法保护客体中的一大类别。而商标不同于创造性智力成果，它属于知识产权法保护客体中另一大类别，即商业性标志。因此利用商标法保护非物质文化遗产具有与专利权、著作权不同的路径。为什么能够用商标法保护非遗，其作用机理又是如何，下文将继续予以论述。

二、非遗商标保护：非遗与商标两个社会子系统的碰撞与交叉

根据功能主义法社会学〔2〕的社会系统论，社会分为政治系统、经济系统、文化系统、法律系统等子系统，这些系统之间功能各异，相互独立，但它们之

---

〔1〕 国家知识产权局2022年10月28日颁布的《深入实施〈关于强化知识产权保护的意见〉推进计划》中明确，要制定“民间文学艺术作品著作权保护条例”并推动出台（2025年12月底前完成并持续推进）。

〔2〕 功能主义法社会学是法社会学研究领域的一大分支，从孔德、斯宾塞、迪尔凯姆、马林诺夫斯基，到帕森斯、莫顿、庞德、卢曼、托依布纳，存在一个连续的发展脉络。

间的功能协调才能保证社会的稳定运转。[1]

根据上述理论，非遗和商标分属两个不同的社会子系统，其中非遗属于文化系统，商标属于法律系统。

首先，就非遗而言。根据联合国教科文组织《保护非物质文化遗产公约》的定义，非物质文化遗产是指被各社区、群体，有时是个人，视为其文化遗产组成部分的各种社会实践、观念表述、表现形式、知识、技能以及相关的工具、实物、手工艺品和文化场所。这种非物质文化遗产世代相传，在各社区和群体适应周围环境以及与自然和历史的互动中，被不断地再创造，为这些社区和群体提供认同感和持续感，从而增强对文化多样性和人类创造力的尊重。我国《非物质文化遗产法》第2条第1款规定："本法所称非物质文化遗产，是指各族人民世代相传并视为其文化遗产组成部分的各种传统文化表现形式，以及与传统文化表现形式相关的实物和场所。包括：(一)传统口头文学以及作为其载体的语言；(二)传统美术、书法、音乐、舞蹈、戏剧、曲艺和杂技；(三)传统技艺、医药和历法；(四)传统礼仪、节庆等民俗；(五)传统体育和游艺；(六)其他非物质文化遗产。"可见，非物质文化遗产的概念中包含的都是文化的范畴，而且，一般而言，研究非物质文化遗产的学者一般都研究民俗学、民族学、人类学、艺术学、文学等领域，都可以概括为文化的研究。因此，非物质文化遗产属于文化子系统。

其次，就商标而言。"商标"这个词汇源自现代知识产权法，英文称为"trademark"，即"商业标志"之意。简言之，商标是区分商品或服务来源的一

〔1〕 关于功能主义法社会学的理论，可参见[美]塔尔科特·帕森斯：《社会行动的结构》，张明德等译，译林出版社2012年版；[美]罗伯特·K. 默顿：《社会理论和社会结构》，唐少杰、齐心等译，译林出版社2006年版；[德]托马斯·莱赛尔：《法社会学导论》，高旭军等译，上海人民出版社2011年版；[德]托马斯·莱赛尔：《法社会学基本问题》，王亚飞译，法律出版社2014年版；[美]马修·戴弗雷姆：《法社会学讲义——学术脉络与理论体系》，郭星华等译，北京大学出版社2010年版；[英]罗杰·科特威尔：《法律社会学导论》，潘大松等译，华夏出版社1989年版；[美]罗伯特·K.默顿：《论理论社会学》，何凡兴、李卫红等译，华夏出版社1990年版等。

个标志、符号，其最主要的功能就是区分不同生产者的商品或服务来源，类似于我国历史上所谓的“招牌”“幌子”。在进入现代知识产权法体系之后，商标有了专门的法律规则，有了注册商标和未注册商标之分。作为最核心的注册商标，一旦经过申请、审查、授权，商标所有人就对注册的商标标志在指定的商品上享有商标专用权，不允许他人假冒、仿冒、未经授权的使用，以防止商业混淆，即获得了一定范围和程度上的排他性权利。商标标识的申请、审查、注册以及使用、转让、许可等事项，都有一套完整的法律规则和原则予以规制，这套规则和原则体系就是商标法。因此，商标显然是商标法规制的对象，归属于法律子系统。

既然非遗和商标分属不同的社会子系统，那么两者为什么会有交集呢？这主要是因为“非物质文化遗产符号”（以下简称非遗符号）的存在。

非遗不仅是文化多样性的重要体现，同时也是一个天然的符号宝库。就非遗实体来说，每一项非遗项目都有自己的一个文化整体意义。一首民间音乐、一个传统民间文学故事、一项传统手工技艺，都有着自己独特的文化意义和价值。但任何文化都是依靠某种或某些符号体现出来的，或者是文字，或者是线条图案，或者是乐器、声音，或者是一件生活物品。与非遗实体的整体性文化价值不同，非遗符号是非遗表达形式的碎片化存在，但其上内含着传统文化的基因，提起阿诗玛，人们就能联想到不屈不挠同强权势力作斗争的撒尼少女的故事；提起格萨尔，就能想起英雄格萨尔王的史诗故事。因此非遗符号之上附载着传统文化衍生的商标利益。在商业符号资源日益匮乏的今天，利用文化内涵丰富的非遗符号申请和注册商标对商业经营者来说吸引力巨大，不仅如此，非遗的生产性保护也可能需要非遗拥有者自身使用非遗符号注册商标。于是就产生了一种法律虽然未明确规定但现实中大量存在的商标——非物质文化遗产商标（以下简称非遗商标或非遗符号商标）。简言之，非遗商标就是含非遗符号的商标（见图1-2）。这些符号包括但不限于非遗项目名称、剧目曲目名称、代表性传承人姓名、角色名称、传统手工技艺名称、传统产品名称、地理名称、传统医药名称、礼仪节庆名称、族群名称和标志、图腾标志、神秘图案、特色生产生活用具及实物形象、民族服饰、饮食名称及形象等。

图1-2 含非遗符号的商标

于是，非遗商标的存在将非物质文化遗产与商标这两个处于不同社会子系统的事物紧密联系在一起（见图1-3），非遗商标保护这一命题得以出现，非遗商标成为这一命题的耦合点，而这一耦合带来了非遗商标保护中的若干具体问题。比如，首先，谁可以利用非遗符号申请和注册商标，即非遗符号的利用权限问题，在商标法中如果对此加以规定，就构成了商标法中权利设定的问题，这是一个归属于法律系统的问题。对应地，非遗符号商标利用权限对于传统文化而言，实际上体现了对传统文化保护的范围和程度，如果我们收紧非遗符号的商标利用权限，规定只有非遗内部人〔1〕才可以利用非遗符号，甚至规定任何人都不可以利用非遗符号注册商标，因为商标化利用可能构成对非遗文化的侵蚀、歪曲，这显然是一种程度较高的对传统文化的保

〔1〕 非遗内部人，即创造和发展非遗的原住民或族群、社区，在此之外的称为外部人。内部人和外部人的划分没有确定的标准，要视非遗项目本身的情况而定，比如它可能指的是一个族群内部，也可能是指一个地域之内，或者可能仅指具体的传承人。

护；反过来，如果谁都可以随意利用非遗符号注册商标，显然是一种程度较低的传统文化保护。这些问题自然牵连到文化系统研究的命题。其次，对于非遗内部人和外部人利用非遗符号注册商标或作为商标使用，商标法可能会规定具体的规则和机制，这些显然是法律系统的命题；相应地，非遗内部人注册和使用非遗商标牵涉传统文化的积极保护，而排除外部人对非遗商标的注册和使用则牵涉传统文化的消极保护，这些显然又属于文化系统的命题了。

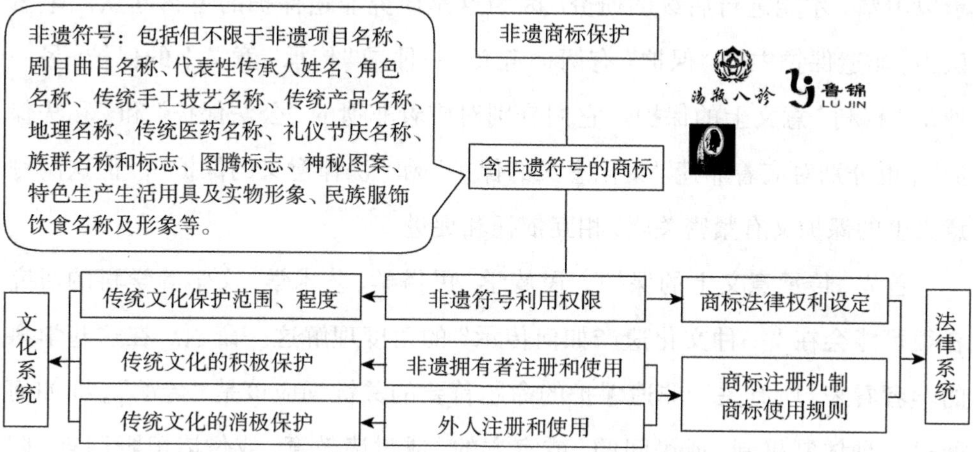

图1-3　非遗符号商标保护：法律与文化系统耦合点

综上所述，本质上来说，非遗商标保护是非遗和商标这两个分属于不同社会子系统的事物基于非遗符号而碰撞和交叉的产物，成为非遗保护的一个重要命题。该命题不仅是连接非遗保护与商标法制的桥梁，更是文化系统与法律系统的一个重要耦合点。长期以来，国内外针对非遗符号的商标争夺战频频上演，国内如“鲁锦”“汤瓶八诊”等案，国外如“红皮肤Redskins”案等，不仅为该命题的现实意义做了良好注解，同时也凸显了非遗商标保护的种种掣肘。因此，探察并扫除非遗商标保护的问题、矛盾和障碍，不仅有助于弘扬传统文化，也将是商标法在新时代创新制度供给的重要契机。

三、“传承”还是“权利”：非物质文化遗产商标保护的含义

（一）非遗保护的两种内涵

非遗保护的命题实际上存在一个并未引起学界重视的，却应该首先厘清的元命题，即非遗保护中的“保护”究竟是何意。相信不同学科的学者在看到“非物质文化遗产保护”这一表述时会有不同的认识和理解。这一元命题必须予以澄清，才能进行后续的研究，因为这是研究非遗保护的逻辑起点。笔者认为，非遗保护中的“保护”有两种意义，一种是“传承”意义上的保护，另一种是“权利”意义上的保护。它们分别对应着非遗的“公法保护”和“私法保护”，也分别对应着非遗“文化意义的保护”和“法律意义的保护”。但这两种意义上的保护又有紧密关联，相互依托和促进。

首先，传承意义上的保护。民族学、民俗学、艺术学、文学等学科的研究者很可能会在“一种文化遗产如何传承”的角度理解这一命题。在这些学科的学者看来，所有关于非遗保护的命题首要的关键词应该是“传承”，即如何通过一种体制机制，或民间的，或官方的，或付诸教育，或付诸田野调查、归档等，无论如何，将一种传统文化传承或保存下来，甚至发扬光大，尤其是那些传承人极少，年事已高，濒临消失边缘的非遗项目。与此同时，不允许其他人歪曲、篡改、污蔑这种传统文化，保证非遗的文化原真性，也是这种意义上的保护的应有之义。目前国际和国内以“非遗法”“非遗保护法”等为中心的“公法保护模式”就是在保护非遗的“传承”，此即传承意义上的保护。

其次，权利意义上的保护。法学研究者通常会在这个意义上考虑非遗保护的命题。即在非遗之上存在一种“文化权利”或“文化权益”，这种权利既包括人身性质的权利也包括财产性质的权利。人身权利如署名权，如果有人利用非遗至少应该指明来源。[1]财产权利即通过非遗内部人自己利用或许可

〔1〕 如著名的“乌苏里船歌案”“安顺地戏案”，就包含非遗内部人署名权的诉求。

他人利用非遗而获得经济收益，或者如果他人未经许可利用非遗需要赔偿损失，从而获取经济效益，即将非遗这种文化资源转换为文化效益。这种权利意义上的保护赋予非遗一种“私权利”，通过融入市场竞争，获取经济利益。这其实就是非遗的生产性保护之含义。只是生产性保护由于要介入市场竞争，自然需要在市场经济法律的规制之下进行，因此它与非遗的“私法保护”不可避免地联系在一起。综上，权利意义上的保护意味着对非遗内部人私权利的保护，这种保护一方面是非遗内部人主动行使自己的权利，另一方面是对外部人侵害非遗的行为进行排除。

不过，上述两种意义上的保护又存在紧密联系。“传承”意义上的保护重在原汁原味地保留非遗，为人类社会留下这种独特的文化遗产，保护文化的多样性。但非遗的独特文化属性正是其经济效益的根源，一种非遗项目一旦丧失其文化原真性、独特的文化基因，其经济效益也必将丧失或至少减损。因此，传承意义上的保护可为权利意义上的保护提供价值性。反过来，权利意义上的保护注重非遗内部人的“私权利”，通过这种权利的行使能够为非遗传承群体或个人带来丰厚的经济效益，这些经济效益是他们“传承”自己非遗项目的重要原动力。为什么许多非遗项目后继乏人，最主要的原因就是它不能支撑传承人的生活。因此，权利意义上的保护如果实施得当，就能够为非遗的传承提供一种“造血机制”，无须政府过多关注，他们自身就能建构起一套行之有效的传承机制。因此，权利意义上的保护能够为传承意义上的保护提供关键的动力机制。

（二）非遗商标保护的含义

在上述非遗保护两种内涵的基础上理解非遗的商标保护，就能更好地阐释其深刻的含义。简言之，非遗商标保护就是通过商标法的制度构建和运行保护非遗，主要是通过一种私权保护模式，实现非遗的经济价值，同时促进非遗的传承。把握非遗商标保护的含义，可以从如下几个方面理解。首先，这一保护模式主要依赖于商标法的制度构建和运行，基于对“非遗商标”的规制建立起一套保护规则，包括非遗商标的概念，非遗商标的构成要素，非遗符号商标利用的权限分配，非遗商标保护的具体规定，非遗符号所有人、非遗符号利用者的权利和义务，商标局、文旅部门、法院等的职责权限等。其次，这一保护模式既要实现非遗的经济价值，同时还要促进非遗的传承。最后，这一保护模式是建立在非遗的市场化开发基础上的，与非遗的生产性保护并行，且有益于非遗的生产性保护。因为基于商标之上的非遗资源开发本身就为非遗提供了一种法律保护手段，有利于防止外部人抢占、歪曲、滥用非遗资源，且有利于为非遗市场化打造文化品牌，开拓市场。

四、非物质文化遗产商标保护的机制

（一）非遗商标保护的间接性

与非遗的专利法保护、著作权法保护、技术秘密保护等不同的是，非遗的商标法保护具有间接性。如果一项非遗项目能够满足专利权、著作权、技术秘密保护的要件，那么就可以通过这些法律进行专门保护，这种保护是直接的，因为它们能够保护非遗的主体、本体，即那种独特的文化本身。一项古老的造纸技艺体现为一系列的技术步骤，如果通过专利法保护，可以将这种技艺本身整体纳入专利保护的范畴，因此这种保护是对非遗实体文化的保护，具有直接性、整体性。但非遗的商标保护是通过“非遗符号”这个联结点进行的，非遗符号并不是非遗文化本身，只是这种文化的碎片性体现，是一个代码，利用非遗符号注册的非遗商标，也是一个符号、代码，人们通过这个符号、代码产生联想，才能触及非遗本身，因此这一保护机制是通过非遗符号的商标衍生利益的保护，间接投射到非遗这种文化本身，因此具有间接性。

（二）非遗的商标利用与侵害：积极和消极保护机制

在非遗商标保护间接性的基础之上，非遗商标保护的机制可分为两个方面，即积极机制和消极机制。所谓积极机制，是指非遗内部人自身利用非遗符号注册商标或作商标性使用，实现对非遗的积极商标保护；而消极机制，是针对外部人利用非遗符号注册商标或作商标性使用予以排除，即通过对非遗的商标侵害的排除，实现对非遗的消极商标保护。针对积极和消极保护机制，可以从非遗的商标侵害机理和方式入手，逐步深入分析。

1.非遗商标侵害机理和方式：理论分析

利用非遗符号申请注册商标是否侵害非遗，其侵害的机理和具体方式有哪些，我们拟通过对非遗商标申请中三个关键要素的考察，尽可能得出较为全面的结论。

首先是非遗商标申请的主体，其属于内部人还是外部人。内部人作为权利人，利用非遗符号申请商标是其行使权利的体现，一般不会对非遗造成侵害，[1]而外部人在未获得内部人授权的情况下申请非遗商标就极有可能涉嫌侵害非遗。其次是非遗商标拟使用的商品或服务类别，商品或服务类别决定着拟申请注册的非遗商标是否与非遗文化的内涵相一致，也涉及是否构成对非遗的贬损、侮辱性使用。最后是侵害的客体，即利用非遗符号申请商标可能在哪些方面对非遗造成侵害。这一要素是判断侵害非遗与否的最终落脚点，因为法律上所谓的任何侵害必须是某一行为侵犯了一种法益，或者是精神的伤害，或者是物质的损失。沿循这一思路，利用非遗符号申请商标首先可能侵犯非遗文化内涵，减损其原真性，显属精神伤害。另外，申请商标本属商业行为，利用非遗符号申请商标多是蹭非遗文化热度以图商业利益，而这必然对内部人本应获得之经济利益造成减损。

综合上述三个要素，可将非遗商标注册中可能的侵害行为予以模式化，做一系统全面总结（见表1-1）。结合表1-1，非遗的商标侵害机理和方式便可清晰地呈现出来。

---

〔1〕 也并非绝对。

表1-1　非遗商标侵害的机理和方式

非遗商标申请主体	非遗商标拟用于商品或服务的类别是否与非遗文化内涵相一致	非遗商标拟用于商品或服务的类别是否会对非遗造成贬损、歪曲	类型	是否对非遗造成侵害	侵害的客体	侵害方式	侵害程度
内部人	是	否	1	否	无	无	无
内部人	否	是	2	是	文化内涵	贬损歪曲型	强
		否	3	是	文化内涵	淡化型	弱
外部人	是	否	4	是	经济利益 文化内涵	混淆误导型	较强
	否	是	5	是	文化内涵 经济利益	贬损歪曲型	强
		否	6	是	经济利益 文化内涵	淡化型	弱

表1-1从左边数前3列内容是3个条件要素，可分别简称为“申请人要素”“相关性要素”“贬损性要素”，是结合实践对非遗商标申请各种具体情形的分解。表1-1从右边数前4列则是各种情形下是否造成侵害、侵害客体、侵害方式及侵害程度的判断。中间一列“类型”是根据实际情况划分的6种情形。

由表1-1可见，在3个条件要素的组合中，一共有6种可能的非遗商标申请形态，[1]其中除第1种不会对非遗造成侵害之外，其他5种都可能造成侵害，具体分析如下。

在第1种类型下，由内部人申请非遗商标，商标指定的商品或服务类别与非遗内涵相一致，也不存在贬损或歪曲，此时并不存在侵害的客体，对非遗本

〔1〕 按表格从上到下依次为第1～6种，即第1种（内部人，是，否），第2种（内部人，否，是），第3种（内部人，否，否），第4种（外部人，是，否），第5种（外部人，否，是），第6种（外部人，否，否）。其实本来应该有8种形态，但是在“非遗商标拟用于商品或服务的类别是否与非遗文化内涵相一致”条件为“是”时，不可能对非遗造成贬损、歪曲，因此排除了2种形态。

身不构成任何侵害。事实上，这正是内部人主动利用和开发非遗符号资源的体现，亦即上述的积极保护机制的体现。比如，由榕江县文化馆、黎平县旅游局在《尼斯分类》〔1〕第41类上分别申请“珠郎娘美”“侗族大歌”商标，就属于这种情形。〔2〕不过，如果进一步探究，即使在这种情况下也有一个不可忽视的问题，即对于那些群体性非遗项目而言，内部人中还要进行一个分类，一类是个体性的主体，主要是个人或企业的申请，如云南石林旅游集团有限公司在商标分类第41类“文娱活动、现场表演、安排和组织会议”等服务上申请“阿诗玛”商标，显然是内部人中的企业对非遗符号的商标利用；另一类是公益性的主体，典型如行业协会、文化馆等的申请。上述榕江县文化馆、黎平县旅游局的申请，以及如色达县文化馆在第43类上申请的“格萨尔英雄城”商标等，都属于此种情形。它们是由内部人中的公益性组织、事业单位、政府部门这些主体申请的。虽然都属于内部人，但个体性主体申请非遗商标显然比公益性主体申请的商业程度更为浓厚，其中也不乏侵害非遗的情形。实践中出现的情况往往是，内部人中许多个体性的主体之间相互竞争，导致非遗内部人之间非遗商标的争夺和冲突。公益性质的主体申请非遗商标时更倾向于集体商标或证明商标，更有利于非遗符号的有序利用，因此是最为理想的非遗符号商标化利用模式。

第2种和第5种类型下，虽然分别由内部人、外部人申请，其商标指定的商品或服务类别与非遗内涵也都不一致，但相同的是均存在贬损或歪曲，因此侵害方式可归类为“贬损歪曲型”。这种类型的侵害方式主要是将非遗符号申请注册在某种特殊的产品上，如性用品、坐便器、马桶刷、卫生巾、寿衣、棺材、骨灰盒等，在非遗文化内涵与指定商品或服务之间形成一种特殊的联结，

〔1〕 即《商标注册用商品与服务国际分类尼斯协定》的简称，书中其他地方所谓的“第几类”均指尼斯分类。

〔2〕 政府部门和大多事业单位一般不能成为商标权尤其是普通商标权的主体，因此许多类似申请最终被驳回。按照本书设计的方案，内部人对非遗符号的商标化利用最好通过行业协会等公益性、集体性的群体，以团体性质的集体商标、证明商标等形式实现统一利用，具体见本书最后解决方案部分的探讨。

在特定的文化背景中，这种联结可能在消费者中形成一种特殊的印象，从而有助于商家吸引消费者，但对非遗项目可能造成不良影响。这种侵害最著名的一个例子就是“二人转”商标案。2004年，广西百色的黄女士将“二人转”申请为第10类避孕套等商品的商标，激起社会舆论，在被提起异议后终被商标局驳回。主要原因就在于这种申请可能会对“二人转”项目产生贬损、歪曲或侮辱。这种申请的例子还有很多，如将“阿诗玛”“董永”“女书”“穆桂英”“牛郎织女”注册在避孕套商品上，将“穆桂英”“十八般武艺”注册在性玩具、性爱娃娃或性交润滑剂上等。

这两种类型下，有4个问题需要特别指出。第一，贬损歪曲型侵害的判断具有较强的主观性，往往是仁者见仁，而且其与非遗文化内涵、商标所指定的商品或服务，以及实践中其商标标识的构成、使用方式都具有紧密关联。在“二人转”商标案中，商标申请人与东北二人转传承人或爱好者之间一直有不同的看法和解释。第二，商标申请实践表明，贬损歪曲型的侵害方式不仅发生在外部人身上，而且在内部人中也是存在的，对于群体性非遗项目而言，内部人群体庞大，极个别的个人或企业有时也可能为了经济利益而不顾一切，不过相对外部人来说，这种情形较少。第三，就侵害的客体而言，内部人和外部人申请的差别在于，内部人的这类申请侵害的客体仅为非遗的文化内涵，因为即使有经济收益也是内部人获取；而外部人申请则不仅侵害文化内涵而且也侵害经济利益。第四，就侵害程度而言，贬损歪曲型侵害方式对非遗的侵害无疑是最强的，直接影响到非遗在公众中的形象、名誉或荣誉。

第3种和第6种类型比较相似，其申请指定的商品或服务与非遗文化内涵不相关，但也不构成贬损或歪曲，如将“刻道”申请为旅行箱、牙刷、五金器具等商品的商标。按照目前有些学者的观点，这种情况应该允许注册。[1]但笔者认为，即使在这种情况下也可能对非遗造成侵害。因为根据商标法理论中

〔1〕 参见徐辉鸿、郭富青：《非物质文化遗产商标法保护模式的构建》，载《法学》2007年第9期。

的“联想理论”，商标之所以能够发挥其识别商品或服务来源的功能，是因为商标经过长期使用，消费者会在特定商标标识与特定的商品或服务之间建立固定联结，一看到某一标识，就会联想到它所代表的商品或服务。按照这一理论，如果将某一非遗符号申请为一个与非遗文化内涵不相关的商品或服务的商标，经过长期使用，消费者就可能将这一符号与这种商品或服务相关联，从而“淡化”或“稀释”其与非遗的关联。比如“刻道”被注册为旅行箱的商标，经长期使用尤其是该商标如果成为驰名商标，人们提起“刻道”时首先想到的可能就不再是苗族人的古歌，而是“刻道”牌旅行箱。这种对非遗文化内涵淡化的危害是渐进的、潜移默化的，将随着非遗商标的商业利用历久弥坚。对此，已经有学者提出警告，他们指出：“《阿诗玛》产生的多元符号体系造成了《阿诗玛》‘能指’的泛化和‘意义’的多重化。”[1]这对非遗文化内涵势必造成稀释和淡化的效果。因此，这种情形对非遗的侵害可称为“淡化型”。总体而言，这是一种程度相对较弱而隐秘性较强的侵害方式。另外，就这种方式侵害的客体而言，内部人申请主要是侵害非遗的文化内涵，而外部人申请则既侵害文化内涵也侵占经济利益。

第4种类型与第1种类型相比，仅主体性质不同，但外部人这种与非遗文化内涵相一致的申请[2]会对非遗造成侵害。由于外部人本不具有非遗所属者身份，由其申请与非遗文化内涵相一致的非遗商标，容易造成消费者的混淆，误导消费者。比如，一个非纳西族人在纸类或教育培训类商品或服务上申请注册与“纳西族造纸技艺”或“东巴纸”相关的商标，就可能造成消费者对纳西族造纸技艺的混淆、误认。更为严重的是，如果在该商标之下生产的产品或提供的培训不能准确展现和传播纳西族的造纸技艺，就会造成消费者对该项非遗文化内涵的曲解、误认，从而既侵害了非遗文化内涵，也剥夺了内部人本应

〔1〕 参见吴兴帜等：《非物质文化遗产符号化演绎的反思——以彝族撒尼人〈阿诗玛〉遗产为例》，载《广西师范学院学报（哲学社会科学版）》2017年第1期，第64页。

〔2〕 媒体报道中更常用“抢注”一词。

获得的经济利益。[1]因此对这种情况下的侵害可归类为“混淆误导型”，其侵害程度介于“贬损歪曲型”和“淡化型”之间。

2.非遗商标积极和消极保护机制

从上述非遗商标侵害机理和方式的分析中可以看出，除了第1种利用方式不会对非遗造成侵害之外，其他5种方式都会在不同程度上对非遗造成侵害。如果换一种角度分析这一结果就会发现，第1种利用方式实际上就是非遗商标保护的积极机制，也就是非遗内部人自己利用非遗符号注册商标或作商标化使用，积极行使权利，利用非遗的衍生商标利益获取经济效益，从而保护和传承非遗。当然，这种方式中也不乏少量的内部人滥用非遗衍生商标利益的情形，这种情形亦应属于消极保护机制之范畴。除第1种方式之外的其他5种方式则均属于对非遗商标衍生利益的侵害，需要借助商标法律制度排除这种侵害，因此均属非遗的消极保护机制。

五、本章小结

本章是对“非物质文化遗产商标保护”命题的解析，主要是为本书的研究确立逻辑坐标、分析问题缘起和确定基础概念，本章主要包括4方面的内容。一是确立非遗商标保护的逻辑坐标。非遗商标保护是沿循“非遗法律保护—非遗私法保护—非遗知识产权法保护—非遗商标法保护”这一逻辑理路而来的，属于知识产权法研究的一个特殊领域，也是一个文化和法律学科交叉的研究领域。二是分析非遗商标保护问题的缘起。它是非遗和商标这两个分属于不同社会子系统的事物，基于含非遗符号的商标（即非遗商标）的存在而碰撞和交叉的产物，该命题不仅是连接非遗保护与商标法制的桥梁，更是文化系统与法律系统的一个重要耦合点。三是厘清非遗商标保护的含义。首先阐释非遗商标保护中“保护”的两种内涵，即“传承”意义上的保护和“权利”意义上

---

〔1〕 这种事例时有发生，如“六堡茶”传承人韦洁群的名字被他人注册为茶叶商标，已经在市场上引起混淆。参见王光家：《六堡茶非遗传承人被抢注商标引思考》，载《南国早报》2019年4月21日，第A102版。

的保护，它们分别对应着非遗的“公法保护”和“私法保护”，也分别对应着非遗的文化意义上的保护和法律意义上的保护。该两种意义上的保护又紧密关联，传承意义上的保护可以为权利意义上的保护提供价值性，权利意义上的保护能够为传承意义上的保护提供动力机制。在此基础上总结非遗商标保护的含义，即通过商标法的制度构建和运行保护非遗，主要是通过一种私权保护模式，实现非遗的经济价值，同时促进非遗的传承。四是阐明非遗商标保护的机制。首先明确非遗商标保护的间接性，这是与非遗的专利权保护、著作权保护、技术秘密保护等其他知识产权保护模式不同的地方。在此基础上，根据对非遗符号商标化利用类型的梳理，总结出非遗商标的积极保护和消极保护两种机制，并对其予以界定：所谓积极保护机制，是指非遗内部人自身利用非遗符号注册商标或作商标性使用，实现对非遗资源的开发利用，同时促进非遗的传承；消极保护机制，是针对外部人利用非遗符号注册商标或作商标性使用予以排除，即通过对非遗的商标侵害的排除，实现对非遗资源的保护。

第二章　非物质文化遗产商标保护问题国内外研究进展

目前，国内外关于非遗商标保护问题的研究已经有较为可观的文献输出，不过整体来看，首先，研究主题较为杂乱，尚未形成一个或一系列统一聚焦点。其次，许多研究混杂于非遗知识产权保护这个大主题之下，属于非遗知识产权保护研究中的一个具体内容。最后，在非遗知识产权保护本就不属于知识产权法研究的一个主流内容的大背景下，非遗商标保护的研究自然也属于知识产权法领域的一个较为偏僻的子域。因此总体来说，非遗商标保护的研究并未引起学界、民间以及政府部门足够的重视。

从现有文献来看，目前关于非遗商标保护的研究可划分为4个大的方面，第一，商标法保护非遗的适应性，即利用商标法保护非遗合适与否，利弊得失；第二，利用非遗符号注册商标的权属问题，即哪些主体可以合法利用非遗符号注册商标，非遗符号的商标利用权限如何划分；第三，如何利用商标法保护非遗，也就是非遗商标保护机制和具体制度问题的探讨；第四，非遗商标保护的实证研究，即通过个案形式发现非遗商标保护实践中的问题，并进一步提出一些保护意见和建议。

一、非遗商标法保护的适应性问题

关于非遗商标法保护的适应性，多数研究者都认为利用商标法保护非遗具有可行性，甚至具有诸多优势，不过也存在不足之处。

Robert K.Paterson和 Dennis S.Karjala认为，相对于专利和版权，商标有助于向消费者确保特定产品来源的真实性，而真实性被认为是非物质性产品（intangible goods）保护的一个重要工具。因此利用商标法保护非遗具有可行性。[1]李静认为："在多类知识产权中，非遗保护最为契合的是商业秘密和商标保护。"[2]杨建斌认为，在现有知识产权制度中，对非物质传统资源保护最直接、最有效、最没有争议的应该是商标权制度。而且，非物质传统资源的各个领域，无论是民间文学艺术、传统知识还是非物质遗传资源，都能适用商标制度加以保护。[3]胡潇潇认为，因为集体商标、地理标志、证明商标这类商标的存在使得商标的权利主体更具有广泛性，因此其在非遗保护领域施行较为顺利。[4]高艳梅等认为，非遗中的地区标志、民族标志、文化标志等可借鉴商标法进行保护。[5]唐静等认为，商标权对非遗的保护，可由代表机构代表行使集体商标、证明商标的权利，同时根据传统文化具有精神文化意义的特性，应将传统文化注册商标的保护客体扩展至不相似的商品上，获得类似驰名商标的保护。[6]王燕仓、黄璟提出，商标保护模式可以成为非遗传承人智力成果知识产权保护的路径之一。[7]齐爱民、赵敏在2006年时就指出，"铜梁火龙"商标的申请注册表明，在我国保护非物质文化遗产的实践中，已经建立了商标权保护模式，此种保护模式意味着由以静态的著作权保护模式向以文化换效益

---

〔1〕 See Robert K.Patersonand Dennis S. Karjala, *Looking beyond intellectual property in resolving protection of the intangible cultural heritage of indigenous peoples*, Cardozo J. Int'l & Comp. L. 11 (2003): p.633.

〔2〕 李静：《洛阳市老城区非物质文化遗产的传承与保护》，载《河南科技》2020年第6期。

〔3〕 参见杨建斌：《商标权制度与非物质传统资源的保护》，载《北方法学》2010年第2期。

〔4〕 参见胡潇潇：《知识产权视域下的我国非物质文化遗产传承制度论析——以湖南省为例》，载《武汉理工大学学报（社会科学版）》2020年第6期。

〔5〕 参见高艳梅等：《现行知识产权制度下非物质文化遗产分类保护》，载《学术探索》2017年第2期。

〔6〕 参见唐静等：《加强传统文化知识产权保护让非物质文化遗产焕发时代活力》，载《人民司法》2021年第25期。

〔7〕 参见王燕仓、黄璟：《非物质文化遗产传承人智力成果的知识产权保护路径——以苏州现状为蓝本》，载《知识产权》2021年第4期。

的合理开发利用模式的转变，是一条值得推广的保护模式。[1]南非知识产权法专家Coenraad Visser认为，商标法可以排除对传统知识的不当利用，同时证明商标还可以促进对传统知识的积极利用。因为如果利用传统符号注册商标可能冒犯社区文化（包括土著和地方社区），或错误地表明该标志与土著或地方社区之间的联系，商标法就可以禁止其注册。而商标法中的证明商标制度则可以保证传统商品的真实性，防止非土著人制造的产品构成混淆。[2]Paolo Davide Farah 和 Riccardo Tremolada认为，对于非遗中的名称、标志和符号，商标保护是一种非常合适的模式。[3]Nina Mantilla在研究土著夏威夷人的传统文化时也指出，知识产权法保护版权、专利和商标，而商标与夏威夷土著人传统文化的保护相关性最强，因为相关研究以及夏威夷土著人自己得出的结论是，夏威夷土著传统文化保护和保留的最有效的办法是“通过使用文化商标”（through the use of a cultural trademark）予以保护。[4]

利用商标法保护非遗还具有诸多优势。比如齐爱民、赵敏认为，非遗的商标保护模式具有以下优势：第一，有利于促进非物质文化遗产开发和经济效益的实现；第二，有利于保持非物质文化遗产的特性；第三，能够有效解决非物质文化遗产的保护期限问题。[5]杨建斌认为，商标权保护模式具有4个方面的优势，第一，商标法直接保护了非物质传统资源的经济价值；第二，鉴于集体商标和证明商标制度的存在，商标法保护可以直接体现非物质传统资源权利主体的群体性；第三，由于商标到期可以续展，商标法可以实现非物质传统资源保护的永久性；第四，商标法对非物质传统资源的保护还可以满足其活态

〔1〕 参见齐爱民、赵敏：《非物质文化遗产的商标权保护模式》，载《知识产权》2006年第6期。

〔2〕 Coenraad Visser. Some Thoughts on Making Intellectual Property Work for Traditional Knowledge.14 S. Afr. Mercantile L.J. 656 2002.

〔3〕 See Paolo D.Farahand Riccardo Tremolada, *Conflict Between Intellectual Property Rights and Human Rights: A Case Study on Intangible Cultural Heritage*, Or. L. Rev. 94 (2015): 125.

〔4〕 See Nina Mantilla, *The New Hawaiian Model: The Native Hawaiian Cultural Trademark Movement and the Quest for Intellectual Property Rights to Protect and Preserve Native Hawaiian Culture*, 3 Intell. Prop. Brief 262011-2012.

〔5〕 参见齐爱民、赵敏：《非物质文化遗产的商标权保护模式》，载《知识产权》2006年第6期。

性、独特性、生态性和积累性的要求，因为商标仅仅是非物质传统资源的一个标记，在维持商标标记不变的前提下，其内容可以变化，因此符合非物质文化遗产活态传承的需求。[1]徐辉鸿、郭富青也将非遗商标法保护模式的优势总结为4点。第一，非遗的商标法保护模式有利于促进非物质文化遗产的开发和经济效益的实现；第二，能有效解决非物质文化遗产的保护期限问题；第三，商标法中的集体商标和证明商标制度可以有效解决非物质文化遗产权利主体的问题，非物质文化遗产的显著特点是群体性，通常难以将权利具体落实到个人，集体商标和证明商标为群体共享权利提供了解决之道；第四，将非物质文化遗产的某些人文因素商标化，使得非物质文化遗产的开发、保护及利用融为一体，有利于非物质文化遗产的弘扬与传承。[2]

不过，非遗的商标保护模式也存在一定的缺陷。如郑文兵认为，商标权制度对非遗的保护只能起到形式上的作用，对传统手工技艺产品的经济利益可以产生直接的效果，但对传统技艺本身及技术使用的保护还是有局限性。[3]杨建斌指出，商标法保护只能对其整体的商业化信誉和标记性要素进行保护，并不能对其内容实现保护；也就是说，商标法无法防止别人对非物质传统资源所包含的艺术、知识进行利用。比如，对传统知识中的技术、遗传资源等有价值的信息的利用（如申请专利、创造作品）都不会对其商标构成侵害。[4]Susy Frankel认为，商标法保护非遗主要是能提供一种排除侵害的机制，但不主要是一种积极的保护机制，且利用商标保护原住民符号和标志的最不利的一个方面是保护仅限于与贸易相关的利用。[5]

---

〔1〕 参见杨建斌：《商标权制度与非物质传统资源的保护》，载《北方法学》2010年第2期。

〔2〕 参见徐辉鸿、郭富青：《非物质文化遗产商标法保护模式的构建》，载《法学》2007年第9期。

〔3〕 参见郑文兵：《徽州传统手工技艺类非物质文化遗产知识产权保护路径》，载《阜阳师范大学学报（社会科学版）》2022年第1期。

〔4〕 参见杨建斌：《商标权制度与非物质传统资源的保护》，载《北方法学》2010年第2期。

〔5〕 See SusyFrankel, *Trademarks and traditional knowledge and cultural intellectual property rights*.(2011). The most disadvantageous aspects of using trademarks to protect indigenous peoples' signs and symbols are the limits of that protection relating to use in trade.

除此之外，还有学者关注到商标保护模式与非遗保护之间的一些制度冲突和经济成本问题。他们指出，非遗的商标保护在实际操作中存在4个困惑或冲突：一是商标申请的延续性与非遗保护的急迫性之间的冲突；二是商标的排他性与非遗的开放性存在冲突；三是商标维护的成本与非遗物质利益的贫乏性之间的冲突；四是商标尼斯分类保护与非遗全面保护之间的冲突。[1]这些也是非遗商标保护应当考虑的实际问题。

二、非遗商标权属问题

非遗商标权属问题，关系非遗商标保护的范围和程度，涉及外部权属和内部权属两个层面。

（一）外部权属问题

外部权属问题，即非遗外部人可否注册和使用非遗商标的问题，其本质是非遗符号是否属于公共领域的问题，目前观点分歧较大，总体上可分为否定论、肯定论和折中论三种观点。

否定论认为非遗符号不属于公共领域资源，不能被随意使用。管育鹰以"刀郎"为例在研究民间文艺被侵害的问题时指出，侵害已延及民间文艺的基本要素，如民间文艺的名称、简称、代表作、发源地、保有该文艺的群体名称、所代表的文化称谓等，且提出一个问题，是否任何人都可以将"刀郎"二字作为商标使用或获得注册？她的回答是，从保护真正权利人的角度，商标法不应当放任其他人把这两个字进行商标使用并注册，她认为，如果说文化作为一种特殊的无形财产在今天都可以商业化，那么其产生的利益理应有其创造者及保有人的一份，而不能仅仅属于那些投资者。[2]苏喆指出，民族民间文学艺术中的特定文字名称和相关形象不能被随意作为商标申请注册，因为这种注

〔1〕 参见吴安新、张磊：《非物质文化遗产商标保护的困境与出路》，载《民族艺术研究》2009年第3期。

〔2〕 参见管育鹰：《"刀郎"现象折射出的民间文艺保护问题》，载《中华商标》2005年第11期。

册具有不法性。他认为，民间文化符号是由该文化形式的创设者创造的，并经保有者或传承人不断扩大其影响力，已经有它自身的含义，民间文化权利主体外的第三人并没有创造民间文化符号，也没有丰富民间文化符号的文化内涵，而是把民间文化符号用来标识一个风马牛不相及的商品或服务，这种行为的随意性很大，不需要智力投入，只是借机搭车，花了数目不大的注册费而已。他认为这种行为侵犯了民间文化符号创造者的在先权利、商品化权。〔1〕Saima Litauleni Nghihalwa在研究纳米比亚传统知识和传统文化表达的保护时指出，传统产品的名字、术语、标志和其他文化表达符号能否被注册为商标问题是一个核心问题，他认为这些符号不应被随意注册，因为这对保护传统知识和传统文化表达不被歪曲、滥用和防止其消亡具有重要意义。〔2〕Susy Frankel在研究原住民符号和标志的保护时指出，原住民是不会基于现代知识产权法意义上的公共领域考虑这个问题的，原住民对自己文化财产的保护不应被认为是对公共领域的侵蚀。〔3〕

肯定论认为应该将包括非遗符号在内的传统知识或传统文化表达置于公共领域。如Chih-Chieh Yang认为，应该继续将原住民的传统文化表达作为公共领域的一部分对待，这样任何人都能够利用，并继续改变和发展这些文化。非原住民也都应该被允许将传统文化的各个方面商业化，因为这样做有助于传统文化的传播。〔4〕Doris Estelle Long指出，我们应该在传统知识保护和公众接近传统知识之间求得一种平衡。一些传统知识应该被强有力地保护起来，

---

〔1〕 参见苏喆:《文化符号商业标识功能的商标法规制——滥用民间文化符号注册商标的非正当性分析》，载《知识产权》2011年第1期。

〔2〕 See Saima Litauleni Nghihalwa. *An analysis of the registration of traditional product names, terms, symbols and other cultural expressions as trademarks in Namibia*, Diss. University of Cape Town, 2014.

〔3〕 See Susy Frankel, '*Trademarks and traditional knowledge and cultural intellectual property rights.*' (2011).

〔4〕 See Chih-Chieh Yang. '*A Comparative Study of the Models Employed to Protect Indigenous Traditional Cultural Expressions*,' APLPJ 11 (2009): 49.

公众绝不能使用,但最终,更多的传统知识应该能够让公众可得。[1]

在美国,针对土著部落保护非遗符号的商标法诉求,还引发了冒犯性商标禁止注册条款与宪法言论自由原则的激烈争辩,该争论主要围绕几个著名的商标案展开,包括华盛顿红皮肤案(REDSKINS)、FUCT案等。在美国专利商标局依照《兰哈姆法》认定这些商标注册构成"冒犯性""诽谤性"而驳回申请时,却遇到了商标注册人援引美国宪法关于"言论自由"基本原则的抗辩,由此导致了非遗符号能否作为商标注册及商标性使用的激烈争辩。[2]

折中论认为,在非遗的利用问题上不应该绝对地认为是或否,而应该在两者之间寻求一种平衡。比如,KaterinaShaw认为,信息自由与财产权利的平衡是知识产权法所鼓励的,因此不是所有对土著文化符号的利用都是被禁止的。在某种程度上,文化的存在是为了让新的作品能够建立在它的基础上,而知识产权法的存在是为了鼓励这种发展,在有限的时间内对新作品给予保护,直到这些作品本身进入公共领域。一方面,不是所有的传统文化作品都应该受到保护,因为这将极大地阻碍文化的进一步发展。然而,其他人可以恶意地从损害土著人民的文化中获利也是根本不公平的,这种滥用肯定不是知识产权和信息自由之间微妙平衡的初衷。[3]徐辉鸿、郭富青的讨论则直接涉及非遗符号商标利用的平衡问题,他们认为,如要将商标用于体现非遗内涵的商品或服务类别上,考虑到该类商品或服务与非遗的人文内涵紧密相联,只应由真正有能力提供真实的代表非遗的商品或服务的原住民注册商标。对于与非遗没有直

---

〔1〕 See Doris Estelle Long, '*Traditional knowledge and the fight for the public domain*,' J. MarshallRev. Intell. Prop. *L*.5(2005)

〔2〕 SeeMatthew Rimmer, *Change the Mascot: the Washington Redskins, Offensive Trademarks, Freedom of Speech, and Racism in Sport Australian Intellectual Property Law Bulletin*, 2016. *Lisa P.Ramsey.A Free Speech Right to Trademark Protection.* Trademark Rep. 106(2016): 797; *Stout, Kristian D, Terrifying Trademarks and a Scandalous Disregard for the First Amendment: Section 2(A)'s Unconstitutional Prohibition on Scandalous, Immoral, and Disparaging Trademarks.* Alb. LJ Sci. & Tech. 25(2015): 213.

〔3〕 See Katerina Shaw, *Something Old, Something Borrowed, Something Digital: Existing Legal Protection of Indigenous Intangible Cultural Heritage: Intellectual Property*, Unfair Competition, and Digital Documentation. MS thesis. 2010.

接联系的其他类别的商品或服务商标注册申请，只要不会对非遗产生不良影响，就应当许可注册。也就是说，应根据申请的商标拟用于商品或服务的类别区别对待，用于非遗文化内涵的，只允许原住民注册，用于其他类别的，只要不影响非遗文化内涵，就应允许注册。〔1〕

（二）内部权属问题

内部权属问题，即非遗商标在非遗内部人之间的权限划分问题，涉及群体性非遗项目的归属问题，也就是说，在非遗群体内部，对利用非遗符号注册商标的权限分配。由于大多数非遗项目属于群体性项目，对于一个地域范围内的非遗所属地的所有主体，无论是自然人，还是企业，是否均可以以自己的名义利用非遗符号申请注册商标或作为商标使用，这也是一个实践中的难题。现实中也不乏非遗内部人申请注册可能侵害非遗文化内涵的非遗商标的现象，而非遗内部人相互之间争夺非遗符号商标注册权的事例也不鲜见。因此内部权属问题也是实践中的一大疑难点。

目前，单就内部人非遗符号商标利用权限的研究文献几乎没有，不过我国学者李秀娜就民间文学艺术表达权利归属问题的研究较为契合这个视角。她主张的“社群集体说”也给出了较为明确和详细的答案。按照“社群集体说”的观点，我国应在尊重历史的基础上承认创始家族的权利，赋予外传弟子特有称谓使用权；承认社群的诉讼主体资格，由社群集体内部共享使用权，明确政府作为公权保护主体支持私权保护。〔2〕也有学者指出，应该明确非遗传承人拥有包括知识产权在内的私权利及其他权利类型，不过该学者也不同意将非遗之上的知识产权均归于传承人。〔3〕

〔1〕 参见徐辉鸿、郭富青：《非物质文化遗产商标法保护模式的构建》，载《法学》2007年第9期。

〔2〕 参见李秀娜：《基于司法实践的民间文学艺术表达权利归属研究》，载《法律科学（西北政法大学学报）》2017年第4期。

〔3〕 参见李一丁：《非物质文化遗产知识产权保护之殇：“汤瓶八诊”系列案评析》，载《重庆理工大学学报（社会科学）》2018年第4期。

如果从集体商标、证明商标作为非遗商标申请类别的学界倾向来看，“社群集体说”也是国内外众多学者较为认同的观点。如Nancy Kremers在讨论传统知识、遗传资源和民间文化的知识产权保护时就特别肯定三种具有社群集体属性的制度，即证明商标、集体商标和地理标志制度。[1]Paolo D.Farah和Riccardo Tremolada指出，如果权利拥有者是协会或集体实体，那么证明商标和集体商标对它们的保护是十分充分的。[2]我国许多学者也都认同集体商标和证明商标在非遗保护中的积极意义，如管育鹰就主张用地理标志集体商标（以下简称地标集体商标）或地理标志证明商标（以下简称地标证明商标）方式获取权利，“由于地理标志保护的重要特点是权利主体的群体性和无限期性，因此它理所当然地被考虑为保护民族或地区人民获取文化资源商业化利益的理想手段”。[3]齐爱民、赵敏也主张非遗的商标注册应类推适用地理标志的规定，将非遗商标注册为证明商标或集体商标。[4]无论是地理标志，还是集体商标、证明商标，或者是两者结合的地标集体商标、地标证明商标，这些制度均强调传统文化的集体属性。大部分非遗由于历史原因，都是由某一族群、民族、社区等群体所有的，因此专家学者们都比较支持非遗的“社群集体说”。换言之，非遗符号的商标注册权应归于非遗群体内部人共同所有。但司法实践中频现的个人、群体甚至地方政府相互之间的非遗商标争议彰显了该问题的实践复杂性。[5]说明这一问题不是仅靠理论研究即可解决的，需要更多实证调研发现实践中的桎梏。

在社群集体说之外，也有学者主张一种将非遗商标私权化的新观点。学

---

〔1〕 See Nancy Kremers, *Speaking with a Forked Tongue in the Global Debate on Traditional Knowledge and Genetic Resources: Is US Intellectual Property Law and Policy Really Aimed at Meaningful Protection for Native American Cultures*, Fordham Intell. Prop. Media & Ent. LJ 15(2004): 1.

〔2〕 See Paolo D.Farahand Riccardo Tremolada, *Conflict Between Intellectual Property Rights and Human Rights: A Case Study on Intangible Cultural Heritage*, Or. L. Rev. 94(2015): 125.

〔3〕 管育鹰:《“刀郎” 现象折射出的民间文艺保护问题》，载《中华商标》2005年第11期 。

〔4〕 参见齐爱民、赵敏:《非物质文化遗产的商标权保护模式》，载《知识产权》2006年第6期。

〔5〕 参见李秀娜:《基于司法实践的民间文学艺术表达权利归属研究》，载《法律科学（西北政法大学学报）》2017年第4期；李明思:《水书商标争论凸显民族文化保护之重》，载《法制日报》2007年5月24日，第004版。

者指出，在非遗的私权属性上，非遗可通过凝缩为符号的方式进入私权领域，获得商标权保护。在认定非遗标识是否具有私权属性问题上，司法裁判提出显著性、指向性和权利主体明确三个认定标准，但是，这无法解决同一非遗上商标权的权利重叠问题，也不符合非遗的基本商标功能，更不利于发挥非遗的商业价值和文化价值。因此其提出要增加一个"唯一性"标准，即针对一个非遗项目中众多能够指向非遗的符号，司法实践中应只承认最早注册的那个非遗符号商标，其他在后注册的非遗商标，即使使用的非遗符号不同，但只要是指向该非遗项目的非遗商标，均不能获准注册。即其"目的在于阻断非遗中剩余指向性元素进入私权领域的可能性，形成非遗商标进入私权领域的流动和功能性满足，并完成其与公有领域的分割"。[1]该观点为非遗符号从公有状态到私有权属的转化提供了一条路径。但是"唯一性"标准的增补如果不考虑非遗商标注册者资格、非遗传承历史，可能会进一步加剧非遗商标抢注的现实问题。

三、非遗商标保护机制问题

(一)积极机制和消极机制

在非遗商标保护机制问题上，学界基本都认同积极机制和消极机制的划分。我国学者严永和在研究传统名号的商标法保护时指出，我国商标法中的公共秩序制度、创造性制度为传统名号提供了消极保护机制，而集体商标和证明商标制度则提供了积极保护机制。[2]Benedetta Ubertazziy也明确提出非遗的积极保护(positive protection)方式和防御(消极)保护(defensive protection)方式。其所谓的积极保护方式，即要求主管行政或司法当局保护非遗的知识产权衍生品，如基于与遗传资源有关的传统知识的发明专利，以及

〔1〕 郑璇玉、郑雨欣:《"非遗"标识私权属性认定的"唯一性"标准研究》，载《中华商标》2022年第6期。

〔2〕 参见严永和:《论商标法的创新与传统名号的知识产权保护》，载《法商研究》2006年第4期。

某一作者在进一步发展民间传说中创造的作品版权，以及其他可能对非遗提供某种形式保护的知识产权，如商业秘密、集体商标、地理标志等，即将非遗知识产权化的一种保护方式。那么非遗的商标化也就属于这种积极保护方式的一种具体模式。Benedetta Ubertazziy所谓的防御（消极）保护方式，即请求主管行政和司法当局拒绝授予或撤销授予不属于原土著社区的人的知识产权以及与这些社区的传统知识有关的知识产权。那么排除外部人就非遗符号申请注册商标就属于这种防御保护方式。〔1〕

（二）现行商标法制度的适用和创新

相当一部分学者研究了各自国家现有商标法制度资源在非遗保护领域的适用问题。如周波以典型案例的方式研究了我国非遗商标注册的审查问题，已经涉及非遗符号注册商标时商标法适用的微观问题。〔2〕王通指出，有必要实行以民族传统手工艺为特色的商标和地理标志保护策略，可以根据民族传统手工艺的艺术风格和文化特色，申请最为切合其特色的商标，并结合地理标志制度进行保护。〔3〕Lisa P. Ramsey则通过典型案例研究了美国《兰哈姆法》（the Lanham Act）关于诽谤性、贬损性商标制度在非遗符号保护中的适用问题。〔4〕与此同时，部分学者也在研究非遗符号商标保护的新制度运行实践，如新西兰证明商标模式、〔5〕澳大利亚真实性标记制度、〔6〕美国专利商标局（USPTO）

---

〔1〕 *See Benedetta Ubertazziy*, *Territorial and universal protection of intangible cultural heritage from misappropriation*, New Zealand Yearbook of International Law, The 8（2010）：69.

〔2〕 参见周波：《非物质文化遗产商标注册的审查》，载《中华商标》2016年第7期；周波：《再论非物质文化遗产商标注册的审查》，载《中华商标》2016年第8期。

〔3〕 参见王通：《民族传统手工艺知识产权保护体系的构建——以布依族枫香染工艺为例》，载《西南民族大学学报（人文与社会科学版）》2022年第7期。

〔4〕 See Lisa P. Ramsey, *A Free Speech Right to Trademark Protection*, Trademark Rep. 106（2016）：797.

〔5〕 See Dinisha L.Fernando, *Intellectual Property and the Protection of Indigenous Culture in the United States and New Zealand*：*An Effective Solution for Indigenous Communities*, Cardozo Pub. L. Pol'y & Ethics J. 12（2013）：149.

〔6〕 See Chih-Chieh Yang, *A Comparative Study of the Models Employed to Protect Indigenous Traditional Cultural Expressions,* APLPJ 11（2009）：49.

的NATI数据库(土著美国部落标记数据库)制度、[1]南非传统知识商标制度[2]等。

对商标法保护非遗制度创新意见和建议的研究也有相当多的文献,学者也不断提出一些非遗商标保护制度创新方案。如黄捷提出,应该对传承人进行商标品牌化挖掘,标识传承人的特征,有利于促进非物质文化遗产合理利用。[3]Nina Mantilla主张一种新夏威夷文化商标模式。[4]严永和主张将传统名号纳入商标公共秩序和在先权保护范围,并且建立传统名号商标申请事先知情同意制度。[5]徐辉鸿、郭富青和齐爱民、赵敏从非遗商标权构建的视角设计了体系化的制度方案,涵盖了权利主体、客体、内容及运用等基本法律问题。[6]严永和还主张构建传统名号特别权利制度,并对反假冒制度进行创新,使对传统名号的保护延及"使用"方式。[7]

四、非遗商标保护的实证研究问题

在非遗商标保护的实证研究方面,首先是对一些热点司法案例的研讨。比如李秀娜关于民间文学艺术表达权利归属问题的研究,就采用了典型案例

---

〔1〕 See Charles D.Bernholz, Linda G.Novotny, and Ana L. Gomez, *American Indians and the United States Patent and Trademark Office: The Native American Tribal Insignia Database*, Government Information Quarterly 26.1(2009): 180–185.

〔2〕 See Amos Saurombe, *The Protection of Indigenous Traditional Knowledge through the Intellectual Property System and the 2008 South African Intellectual Property Law Amendment Bill*, J. Int'l Com. L. & Tech. 4 (2009): 196.

〔3〕 参见黄捷:《非物质文化遗产传承人保护法律制度研究》,广西民族大学2020年博士学位论文,第131页。

〔4〕 See Nina Mantilla, *The New Hawaiian Model: The Native Hawaiian Cultural Trademark Movement and the Quest for Intellectual Property Rights to Protect and Preserve Native Hawaiian Culture*, 3 Intell. Prop. Brief 262011–2012.

〔5〕 参见严永和:《论我国少数民族传统名号的知识产权保护》,载《民族研究》2014年第5期。

〔6〕 参见徐辉鸿、郭富青:《非物质文化遗产商标法保护模式的构建》,载《法学》2007年第9期;齐爱民、赵敏:《非物质文化遗产的商标权保护模式》,载《知识产权》2006年第6期。

〔7〕 参见严永和:《论我国少数民族传统名号的知识产权保护》,载《民族研究》2014年第5期。

的方式，其中涉及多起非遗商标保护案例。[1]周波的两篇关于非遗商标注册审查的论文关注到非遗符号注册商标时审查标准的问题，涉及非遗符号商标授权确权问题。Stephanie B.Turner研究了美国土著部落Zia Pueblo保护其神圣符号不被外部人商标侵害的案例，这是美国商标法在非遗符号注册方面的司法适用典型案例。[2]Angela R.Riley和Kristen A.Carpenter聚焦于美国印第安部落标记商标法保护的系列案件，包括华盛顿红皮肤等案件的分析。[3]这些司法案例的实证分析很好地总结了行政与司法部门对非遗商标保护的态度和具体标准等问题。胡世恩对“汤瓶八诊”案的个案反思则回应了司法实务界的观点，指出了目前我国商标法在保护非遗符号方面的一些现实问题。[4]李小苹对临夏砖雕的法律保护进行了实证考察，其中也涉及商标法对非遗的保护问题。[5]

除法学领域对司法案例的分析之外，其他学科研究者的个案分析或新闻界对非遗项目商标申请注册的个案报道也是非遗商标保护实践状况的真实写照，是目前常见的实证研究方式，有助于发现现实中存在的问题。如李士林研究了南音的商标保护实践。[6]李宁、聂洪涛研究了乡村振兴战略下非遗文创产业开发中非遗关联商标被抢注的现象。[7]刘亚、边惠淀对梅村二胡商标保护的

---

〔1〕 参见李秀娜:《基于司法实践的民间文学艺术表达权利归属研究》，载《法律科学（西北政法大学学报）》2017年第4期。

〔2〕 See Stephanie B. Turner, *The Case of the Zia: Looking Beyond Trademark Law to Protect Sacred Symbols*, Chi.-Kent J. Intell. Prop. 11(2012): 116.

〔3〕 See Angela R.Riley, and Kristen A, *Carpenter. Owning red: a theory of Indian (cultural) appropriation*, Tex. L. Rev. 94(2015): 859.

〔4〕 参见胡世恩:《回族传统医药“汤瓶八诊”商标系列诉讼案的法文化反思》，载《回族研究》2016年第2期。

〔5〕 参见李小苹:《西北民族地区非物质文化遗产法律保护的个案研究——以甘肃临夏砖雕保护为例》，载《西部法学评论》2018年第3期。

〔6〕 参见李士林:《论南音的商标法保护》，载《民族艺术研究》2013年第6期。

〔7〕 参见李宁、聂洪涛:《乡村振兴战略下非物质文化遗产文创产业开发中的法律困境与对策》，载《重庆文理学院学报（社会科学版）》2021年第2期。

现状进行了报道。[1]李明思研究了水书非遗项目的商标争夺问题。[2]文永辉针对非遗商标申请中的问题提出了一些实践策略，对利用非遗符号申请商标具有借鉴价值。[3]

五、本章小结

本章是对非物质文化遗产商标保护问题的文献综述。从现有文献可见，目前国内外关于非遗商标保护研究的重点问题包括4个主要方面，即利用商标法保护非遗的适应性问题、非遗符号的权属问题、非遗商标保护机制问题以及非遗商标保护的实证研究进展问题。总体而言，学者们大多对非遗商标保护的可行性持肯定态度，但也指出了其不足之处；对非遗符号权属问题的研究并未取得较为一致的意见，对非遗符号是否处于公共领域存在不同观点，在非遗内部人之间如何划分权限也没有统一观点，不过“社群集体说”相较而言更能为学者接受；对非遗商标保护的积极机制和消极机制的问题争议不大，基本明确和统一，另外也有诸多学者提出了非遗商标保护的制度创新意见；关于非遗商标保护的实证研究在国内外均存在，不过以分散的个案分析模式较为常见。

不过，综述完毕，谜团愈深！非遗商标保护既然极具理论可行性，为何在我国却踯躅不前？实践中非遗商标抢注和滥用究竟紧迫性几何？阻碍我国非遗商标保护推进的关键因素到底是什么？如何破解？这些才应是非遗商标保护研究的方向定位。由此可见，非遗商标保护仍是一个极富活力的命题，但寻根溯源的目标场域应该转向“实践”。如何从更全面深入的实证研究中发现我国非遗商标保护实践中的问题，并依此提出具有现实针对性和可操作性的制度方案，便是本书相对现有研究的价值所在。

---

〔1〕参见刘亚、边惠淀：《梅村二胡商标保护战》，载《方圆》2016年第8期。

〔2〕参见李明思：《水书商标争论凸显民族文化保护之重》，载《法制日报》2007年5月24日，第004版。

〔3〕参见文永辉：《论贵州民族特色旅游商品的商标权保护》，载《贵州社会科学》2013年第6期。

第三章　非遗的商标侵害与保护现状：媒体的报道

一、媒体报道实证研究的意义和方案

（一）研究意义

近年来，随着国家对非遗保护重视的加强，加上非遗本身散发的传统文化魅力，社会公众对非遗的关注与日俱增，媒体关于非遗展演、非遗保护、非遗法律、非遗与文化创意、非遗与文化产业等的报道也不绝于耳。其中，关于外部人抢注非遗商标以及内部人注册非遗商标的报道也有很多，这些数据也是非遗商标保护研究的重要实证材料，有助于研究非遗的商标侵害与保护现状。比如，外部人抢注非遗商标的数据可以显示出非遗符号被抢注为商标的现实性、紧迫性以及具体表现；而内部人自己申请非遗商标的数据则能够显示出非遗所有者自身以商标方式保护非遗、开发非遗资源的情况，包括他们对该事项的认识程度、实践状况、遇到的问题等。这些均有助于研究非遗的商标保护状况。

（二）研究方案

基于上述考虑，我们设定了“数据搜集和整理—信息提取—数据分析”的研究方案。

具体步骤如下:第一,数据搜集和整理。以“非物质文化遗产”与“商标”两个关键词,以“和”的逻辑在百度搜索、360搜索、中国搜索等互联网搜索引擎中进行网页搜索,在搜索的结果中进行初步人工筛查,将涉及非遗项目商标申请和注册的相关链接进行保存,完成原始数据搜集。第二,信息提取。对第一步得到的数据通过人工阅读方式,将涉及非遗项目商标申请和注册的信息进行精确固定,提取相关信息,形成“涉非遗符号商标注册媒体报道事件集”表格,作为研究数据保存。表格中搜集的信息包括涉及的非遗项目、报道时间、涉及的非遗符号、商标注册主体(个人/企业/协会/政府事业单位)、商标注册性质(外部人抢注/内部人自注)、商标类型(一般商标/证明商标/集体商标)、其他(事件特殊情况和信息摘要)。第三,数据分析。对提取和统计的数据进行定性或定量分析,从媒体报道的视角发现非遗的商标侵害和保护的情况。

二、非遗商标侵害与保护的媒体报道数据

以上述研究方案展开,将搜索到的相关报道进行信息提取,以数据表格形式汇总如下,见表3-1。

表3-1　涉非遗符号商标注册媒体报道事件集

序号	报道时间（年份）	地点（非遗所属地）	涉及的非遗项目（非遗项目名称）	涉及的非遗符号（商标标志使用的非遗项目的具体符号）	申请人（个人、企业、协会、事业单位、政府部门）	商标注册性质（外部人抢注、内部人自注）	商标类型（一般、证明、集体、声音等）	其他（其他特殊情况、信息摘要）
1	2016	江苏苏州	姑苏吆喝（苏州市非遗项目）	叫卖声（栀子花白兰花）	个人	内部人自注	一般商标、声音商标	声音商标
2	2011	山西交城县	交城传统堆绫艺术（山西省省级非遗项目、吕梁市市级非遗项目）	天宁旺英（文字）、平安如意（图形）	个人	内部人自注	一般商标	
3	2015	广东佛山	蔡李佛拳（国家级非遗项目）	蔡李佛、蔡李佛功夫推拿	企业	外部人抢注	一般商标	
4	2018	广东顺德	香云纱染整工艺（国家级非遗项目）	伦教香云纱	协会	内部人自注	证明商标	地理标志证明商标
5	2018	江苏扬州	扬州玉雕（国家级非遗项目）	扬州玉器（计划）	商会	内部人自注	集体商标	集体商标
6	2015	湖北阳新县	折子粉制作技艺（湖北省省级非遗项目）	德获	个人	内部人自注	一般商标	传承人姓名注册商标
7	2018	宁波镇海	庄市长面（宁波市市级非遗项目）	庄市长面	事业单位	内部人自注	一般商标	镇海职教中心学校
8	2018	湖北省	石花空心奎面（湖北省省级非遗项目）	林公面坊	个人	内部人自注	一般商标	

续表

序号	报道时间（年份）	地点（非遗所属地）	涉及的非遗项目（非遗项目名称）	涉及的非遗符号（商标标志使用的非遗项目的具体符号）	申请人（个人、企业、协会、事业单位、政府部门）	商标注册性质（外部人抢注、内部人自注）	商标类型（一般、证明、集体、声音等）	其他（其他特殊情况、信息摘要）
9	2015	广东省江门市新会区古井镇	古井烧鹅（江门市市级非遗项目）	古井	个人	外部人抢注	一般商标	司法案例，“古井”商标未被撤销
10	2018	山东章丘	章丘铁锅锻制技艺（济南市市级非遗项目）	章丘铁锅	个人	外部人抢注	一般商标	众多抢注、冒牌
11	2018	广东潮州	枫溪手拉朱泥壶制作技艺（国家级非遗项目）	章广鑫	个人	外部人抢注	一般商标	抢注传承人姓名印章
12	2018	四川	郫县豆瓣传统制作技艺（国家级非遗项目）	郫县豆瓣	行业协会（成都市郫县食品工业协会）	内部人自注	地理标志证明商标	成都市郫县食品工业协会于2001年、2006年相继以县域名称和通用名称的不同排列组合形式向商标局申请注册了地理标志证明商标4件；2011年顺利完成国外商标注册工作，在英国、美国、新西兰、新加坡等80个国家和地区进行了商标注册申请，并被核准注册，阻止了“郫县豆瓣”地理标志证明商标的恶意使用和恶意侵权行为。2007年郫县豆瓣获得四川

续表

序号	报道时间（年份）	地点（非遗所属地）	涉及的非遗项目（非遗项目名称）	涉及的非遗符号（商标标志使用的非遗项目的具体符号）	申请人（个人、企业、协会、事业单位、政府部门）	商标注册性质（外部人抢注、内部人自注）	商标类型（一般、证明、集体、声音等）	其他（其他特殊情况、信息摘要）
								省十佳地理标志产品称号；2010年，郫县豆瓣被四川省政府列为四川泡菜产业重点品牌发展规划；2018年，中国地理标志产品品牌价值统计，“郫县豆瓣”品牌蝉联四川第一名
13	2018	宁夏	汤瓶八诊疗法（国家级非遗项目）	汤瓶八诊	个人	内部人自注	一般商标	被他人提起无效，引发司法纠纷
14	2017	四川资阳	临江寺豆瓣制作技艺（四川省省级非遗项目）	临江寺	企业	内部人自注	一般商标	被“撤三”，最终保住
15	2010	河南	少林寺（世界文化遗产）	少林寺、少林	个人、企业等	外部人抢注、少林寺自注	一般商标	众多注册，少林寺成立实体公司保护商标
16	2010	河北易县	易水砚制作技艺（国家级）	易水砚	企业	内部人自注	一般商标	获中国驰名商标称号
17	2016	浙江绍兴	会稽山香榧群（国家级农业文化遗产）	稽东	个人	外部人抢注	一般商标	稽东镇政府通过协商从外人手中转让拿回
18	2016	浙江绍兴	会稽山香榧群	会稽山古香榧群	个人	外部人抢注	一般商标	

续表

序号	报道时间（年份）	地点（非遗所属地）	涉及的非遗项目（非遗项目名称）	涉及的非遗符号（商标标志使用的非遗项目的具体符号）	申请人（个人、企业、协会、事业单位、政府部门）	商标注册性质（外部人抢注、内部人自注）	商标类型（一般、证明、集体、声音等）	其他（其他特殊情况、信息摘要）
19	2018	湖北武汉	武汉汉绣（国家级非遗项目）	武汉汉绣	协会	内部人自注	地理标志证明商标	
20	2015	四川泸州	泸州肥儿粉（四川省省级非遗项目）	泸州、泸州肥儿粉	企业	内部人自注	一般商标	注册很早，1960年、1979年
21	2018	江苏泰州、扬州	黄桥烧饼制作技艺（江苏省级非遗）	黄桥烧饼	个人	外部人抢注	一般商标	被大量滥用，协会努力追求商标保护，申请集体商标
22	2018	北京	盔头（国家级非遗项目）	清韵	个人	内部人自注	一般商标	
23	2018	广东中山	五桂山土沉香生产与制作技艺（中山市市级非遗项目）	香山香 古香林	企业、个人	内部人自注	一般商标	存在多个商标
24	2018	江门市新会区双水镇小冈村	小冈香制作技艺（广东省省级非遗项目）	小冈香、锚记	协会	内部人自注	集体商标、一般商标	有多个商标
25	2018	湖南	湘绣（国家级非遗项目）	沙坪湘绣	协会	内部人自注	地理标志证明商标	
26	2018	江苏	苏绣（国家级非遗项目）	镇湖苏绣	协会	内部人自注	地理标志	

续表

序号	报道时间（年份）	地点（非遗所属地）	涉及的非遗项目（非遗项目名称）	涉及的非遗符号（商标标志使用的非遗项目的具体符号）	申请人（个人、企业、协会、事业单位、政府部门）	商标注册性质（外部人抢注、内部人自注）	商标类型（一般、证明、集体、声音等）	其他（其他特殊情况、信息摘要）
27	2015	内蒙古凉城县	鸿茅药酒配制技艺（国家级非遗项目）	鸿茅及图	企业	内部人自注	一般商标	也是中华老字号
28	2010	江苏省江阴市	申港百叶（江阴市市非遗项目县级）	申港	个人（浙江一自然人注册）	外部人抢注	一般商标	曾被抢注，后被购回
29	2010	山东	鲁锦织造技艺（国家级非遗项目）	鲁锦	企业	内部人自注	一般商标	司法纠纷，最高人民法院指导性案例，内部人争夺问题
30	2018	浙江金华	金华两头乌猪（市级非遗项目）	金华两头乌猪	协会	内部人自注	证明商标	
31	2017	浙江	缙云烧饼制作技艺（国家级非遗项目）	缙云烧饼	协会	内部人自注	证明商标	注重品牌建设、烧饼协会在欧盟注册商标，主动对其他抢注进行排除
32	2017	安徽宣城	宣笔制作技艺（国家级非遗项目）	宣笔	协会	内部人自注	地理标志证明商标	有下属多品牌，"三兔""海鸥张"等，张苏为国家级传承人
33	2018	浙江台州	白水洋豆腐制作技艺（浙江省省级非遗项目）	白水洋豆腐	个人	内部人自注	一般商标	内部人的女婿抢注，双方协商转回镇政府，镇政府有组建协会、保护品牌意识

续表

序号	报道时间（年份）	地点（非遗所属地）	涉及的非遗项目（非遗项目名称）	涉及的非遗符号（商标标志使用的非遗项目的具体符号）	申请人（个人、企业、协会、事业单位、政府部门）	商标注册性质（外部人抢注、内部人自注）	商标类型（一般、证明、集体、声音等）	其他（其他特殊情况、信息摘要）
34	2016	湖南江永县	女书（国家级非遗项目）	女书及图	个人（夏某燕）	外部人抢注	一般商标（19类）	2013年异议成功后，2014年开始，内部人自己在15个类别上申请注册女书+图形商标。非遗商标成功维权例
35	2017	浙江、湖北	五芳斋粽子制作技艺（国家级非遗项目）	五芳斋	企业	内部人争夺	一般商标	两个老字号争夺商标，一个拥有商品商标（浙江），一个拥有服务商标（武汉），最终浙江五芳斋收购了武汉五芳斋
36	2014	山东泰安	泰山石敢当（国家级非遗项目）	泰山石敢当	个人	内部人自注	一般商标	使用在第41类，电影制作；无线电和电视节目制作；广播和电视节目制作；电视和无线电节目制作；戏剧制作；电视文娱节目；游乐园；（在计算机网络上）提供在线游戏；提供体育设施）
37	2018	河南新蔡	蔡洪坊酒酿造技艺（驻马店市市级非遗项目）	蔡洪坊	企业	内部人自注	一般商标	获得中国驰名商标称号
38	2018	广东佛山顺德	伦教香云纱（国家级非遗项目）	伦教香云纱	协会	内部人自注	地理标志证明商标	注册号第25299342号，使用在第24类“香云纱”上，顺德区第一件地理标志证明商标

续表

序号	报道时间（年份）	地点（非遗所属地）	涉及的非遗项目（非遗项目名称）	涉及的非遗符号（商标标志使用的非遗项目的具体符号）	申请人（个人、企业、协会、事业单位、政府部门）	商标注册性质（外部人抢注、内部人自注）	商标类型（一般、证明、集体、声音等）	其他（其他特殊情况、信息摘要）
39	2018	湖北咸宁	镇氏风湿病马钱子疗法（2014年列入国家级非遗项目）	镇氏	咸宁麻塘风湿病医院（企业）	内部人自注	一般商标、2018年被认定为驰名商标	被当地多人冒用“麻塘”旗号，最多时省内外假冒风湿诊所达百余家，医院这些年用于打假费用高达千万元。该院《镇氏风湿病马钱子疗法》被列入国家级非遗名录后，“镇氏”也曾一度被人冒用。 2014年医院将此前注册的“镇氏”商标申报中国驰名商标，还注册了“镇家”“镇氏父子”“镇氏兄弟”等商标，以加大对非遗关键要素的保护力度
40	2017	广东广州	陈李济传统中药文化（2008年入选国家级非遗项目）	陈李济（1987年始创）	广州陈李济药厂（企业）	内部人自注	一般商标、2011年被认定为中国驰名商标	也是中华老字号。2009年，发现第35类陈李济被人抢注，提异议成功，同时利用此契机申请驰名商标成功

续表

序号	报道时间（年份）	地点（非遗所属地）	涉及的非遗项目（非遗项目名称）	涉及的非遗符号（商标标志使用的非遗项目的具体符号）	申请人（个人、企业、协会、事业单位、政府部门）	商标注册性质（外部人抢注、内部人自注）	商标类型（一般、证明、集体、声音等）	其他（其他特殊情况、信息摘要）
41	2018	湖北枣阳	琚湾酸浆面制作技艺（湖北省省级非遗项目2013）	琚湾酸浆面	个人	外部人抢注	一般商标	被外部人抢注，成立协会（枣阳市琚湾酸浆面饮食协会）提出异议，成功后再自己注册。在21类商品和服务上共申请了共23件商标
42	2018	湖南城步苗族自治县	城步虫茶制作技艺（湖南省省级非遗项目）	城步虫茶	协会	内部人自注	地理标志证明商标	城步虫茶是城步境内苗、侗、瑶等族群众制作的一种似茶非茶的“茶精”——三叶虫茶，具有止渴提神、降压利尿、健脾养胃等功效，已有200多年历史
43	2018	甘肃兰州	5项非遗项目（红古高原皇菊、红古核桃、红古黑陶、红古刺绣、红古玉雕）	红古高原皇菊（红龙古）、红古核桃、红古黑陶、红古刺绣、红古玉雕	红古区人民政府与北京国农慧科农业科学研究院	内部人自注	地理标志证明商标	5项特色产品申报国家地理标志证明商标，将进一步增强红古企业自主创新能力和核心竞争力，提升红古特色产品知名度和影响力，充分发挥商标品牌战略对全区经济社会发展的助推拉动作用
44	2018	北京东城区	同仁堂阿胶传统制作技艺（北京东城区非遗项目）	永盏合阿胶	企业	外部人抢注	一般商标	被外部人抢注，提出无效宣告成功。同仁堂自注成功，抢回商标

续表

序号	报道时间（年份）	地点（非遗所属地）	涉及的非遗项目（非遗项目名称）	涉及的非遗符号（商标标志使用的非遗项目的具体符号）	申请人（个人、企业、协会、事业单位、政府部门）	商标注册性质（外部人抢注、内部人自注）	商标类型（一般、证明、集体、声音等）	其他（其他特殊情况、信息摘要）
45	2018	贵州玉屏县	玉屏箫笛制作技艺（国家级非遗项目）	玉屏箫笛YPXD及图	协会	内部人自注	地理标志证明商标	2009年成功注册“玉屏箫笛”地理标志证明商标是全国首个乐器类地理标志证明商标
46	2016	湖北英山	团黄贡茶制作技艺（湖北省省级非遗项目）	英山云雾茶	个人	外部人抢注	一般商标	被外人抢注，组织维权，提出无效申请，经历一审、二审，历经10年。中间英山云雾茶成功申报国家地理标志产品。 报道原文摘要：一个产量、种植面积全国第四、全省第一的茶叶大县，却不能在产品包装上堂堂正正写下“英山云雾”4个大字。在终审判决下达的同时，英山工商局推动“英山云雾茶”中国驰名商标申报工作。 “英山红茶”“英山白茶”标准制定出台后，立即启动地理标志商标申报，力争用5年时间申报成功；

续表

序号	报道时间（年份）	地点（非遗所属地）	涉及的非遗项目（非遗项目名称）	涉及的非遗符号（商标标志使用的非遗项目的具体符号）	申请人（个人、企业、协会、事业单位、政府部门）	商标注册性质（外部人抢注、内部人自注）	商标类型（一般、证明、集体、声音等）	其他（其他特殊情况、信息摘要）
								计划5年内新发展茶叶商标60件以上，把已有的野山香、志顺等茶叶品牌打造成“英山云雾茶”母品牌旗下的著名子品牌。茶叶协会将按照“统一母品牌（英山云雾茶）、突出子品牌（企业品牌），母子品牌联动”的办法，做强品牌
47	2016	山东济南	翟庄瘸把烧鸡制作技艺（济南市第四届非物质文化遗产2012）	翟庄瘸把烧鸡	个人	外部人抢注	一般商标	个人性质的非遗项目，被外部人抢注后提出无效申请，成功夺回商标
48	2016	上海	周虎臣毛笔制作技艺（入选国家级第三批非遗项目）	虎啤（历史传承悠久，民国即有该商标）	企业（上海周虎臣曹素功笔墨有限公司）	内部人自注	一般商标	2011年，上海周虎臣曹素功笔墨有限公司旗下的“虎”牌商标，成为第二批中华老字号

续表

序号	报道时间（年份）	地点（非遗所属地）	涉及的非遗项目（非遗项目名称）	涉及的非遗符号（商标标志使用的非遗项目的具体符号）	申请人（个人、企业、协会、事业单位、政府部门）	商标注册性质（外部人抢注、内部人自注）	商标类型（一般、证明、集体、声音等）	其他（其他特殊情况、信息摘要）
49	2018	黑龙江哈尔滨	中医传统制剂方法（老王麻子膏药制作技艺）（国家级非遗项目）	“王麻子”（第3396527号）	个人（个体工商户，哈尔滨王麻子膏药研究所）	内部人自注（内部人争夺）	一般商标（“老王麻子”属老字号）	引起司法纠纷，属于家族传承非遗项目。商评委认定两个后人是兄弟，都是王麻子的后人，应该都有使用权，一个人抢注系不正当，予以撤销。后北京市知识产权法院和北京市高级人民法院均推翻了商评委的裁定。保留了注册的商标，但允许王氏后人都可以合法使用该商标
50	2016	贵州黔西南	古方红糖制作技艺（贵州省非遗项目）	古方（第10161510号）	企业	内部人自注（外部人侵权，涉诉）	一般商标	外部人侵犯商标权，一审济南市中级人民法院判决权利人胜诉（经查，二审山东高院维持了一审判决）
51	2018	广东佛山	扎蹄制作技艺（得心斋 佛山市非遗项目）	得心斋（同时属于广东省老字号）、应手、得心应手	企业	内部人自注	一般商标	外部人将得心斋作为企业商号，引起纠纷。报道显示，得心斋商标注册上存在若干漏洞，战略亟须完善
52	2017	河南洛阳	洛阳铲锻造技艺（河南省省级非遗项目）	洛阳铲	协会（洛阳铲文化保护协会）	内部人自注	一般商标	

续表

序号	报道时间（年份）	地点（非遗所属地）	涉及的非遗项目（非遗项目名称）	涉及的非遗符号（商标标志使用的非遗项目的具体符号）	申请人（个人、企业、协会、事业单位、政府部门）	商标注册性质（外部人抢注、内部人自注）	商标类型（一般、证明、集体、声音等）	其他（其他特殊情况、信息摘要）
53	2018	江苏南京	南京宝庆银楼金银细工制作技艺（国家级非遗项目）	宝庆	企业	内部人自注	一般商标	驰名商标、中华老字号
54	2016	山东淄博	淄博陶瓷烧制技艺（国家级非遗项目）	鲁青瓷	企业	内部人自注	一般商标	
55	2018	重庆涪陵	涪陵榨菜传统制作技艺（国家级非遗项目）	涪陵榨菜 Fuling Zhacai	协会	内部人自注	地理标志证明商标	重庆市著名商标（2005）、中国驰名商标（2010）
56	2018	江苏镇江	镇江香醋酿造技艺（国家级非遗项目）	恒顺	企业（江苏恒顺醋业股份有限公司）	内部人自注	一般商标	绿色食品、原产地域保护产品、中国名牌产品，恒顺商标也被认定为我国酱醋业中首件中国驰名商标
57	2018	福建漳州	片仔癀制作技艺（国家级非遗项目）	片仔癀	企业	内部人自注	一般商标	中国驰名商标（1999）、中华老字号
58	2018	北京市	张一元茉莉花茶窨制技艺（国家级非遗项目）	张一元	企业（北京张一元茶叶有限责任公司）	内部人自注	一般商标	中华老字号、中国茶叶第一品牌、中国驰名商标
59	2018	上海市	朵云轩木版水印技艺（国家级非遗项目）	朵云轩	企业	内部人自注	一般商标	

续表

序号	报道时间（年份）	地点（非遗所属地）	涉及的非遗项目（非遗项目名称）	涉及的非遗符号（商标标志使用的非遗项目的具体符号）	申请人（个人、企业、协会、事业单位、政府部门）	商标注册性质（外部人抢注、内部人自注）	商标类型（一般、证明、集体、声音等）	其他（其他特殊情况、信息摘要）
60	2018	山东淄博	山东周村烧饼制作技艺（国家级非遗项目）	周村烧饼	协会	内部人自注	证明商标	
61	2018	浙江龙泉	龙泉宝剑锻制技艺（国家级非遗项目）	龙泉宝剑	个人	内部人自注	一般商标	张叶胜：中华老字号企业“龙泉宝剑”掌门人、“龙泉宝剑”注册商标持有人、“龙泉宝剑”研究所所长、高级工艺美术师、浙江省工艺美术大师、中国十佳民间艺人
62	2018	安徽泾县	宣纸传统制作技艺（国家级非遗项目）	红星图文	企业（中国宣纸集团公司）	内部人自注	一般商标	1999中国驰名商标，2006年中华老字号
63	2020	山东东阿鱼山	佛教音乐（鱼山梵呗）（国家级非遗项目）	梵呗	单位	内部人自注	一般商标	梵呗商标注册的目的，是保护梵呗文化遗产原生态的内涵传承，不容商业化，歪曲、亵渎、添加时代气息的破坏。梵呗是佛教中国化的产物
64	2018	山西平遥	牛羊肉烹制技艺（冠云平遥牛肉传统加工技艺）（国家级非遗项目）	冠云	企业（山西省平遥牛肉集团有限公司）	内部人自注	一般商标	中华老字号、山西省著名商标、中国驰名商标

续表

序号	报道时间（年份）	地点（非遗所属地）	涉及的非遗项目（非遗项目名称）	涉及的非遗符号（商标标志使用的非遗项目的具体符号）	申请人（个人、企业、协会、事业单位、政府部门）	商标注册性质（外部人抢注、内部人自注）	商标类型（一般、证明、集体、声音等）	其他（其他特殊情况、信息摘要）
65	2018	重庆荣昌	夏布织造技艺（国家级非遗项目）	荣昌夏布	事业单位（荣昌县外经贸委外商投资服务中心）	内部人自注	地理标志证明商标	
66	2018	云南下关	黑茶制作技艺（下关沱茶制作技艺）销法沱（国家级非遗项目）	中茶牌、松鹤牌、下关沱茶	企业［云南下关沱茶（集团）股份有限公司］	内部人自注	一般商标	中华老字号
67	2018	云南石林	阿诗玛（国家级非遗项目）	阿诗玛	政府部门	内部人自注	一般商标	曾被注册为香烟商标
68	2018	云南蒙自	蒙自过桥米线制作技艺（国家级非遗项目）	蒙自过桥米线	协会	内部人自注	地理标志证明商标	
69	2016	北京	二十四节气（国家级非遗项目）	春分、夏至、秋分、冬至等	个人、企业等	外部人抢注	一般商标	被多人次注册

续表

序号	报道时间（年份）	地点（非遗所属地）	涉及的非遗项目（非遗项目名称）	涉及的非遗符号（商标标志使用的非遗项目的具体符号）	申请人（个人、企业、协会、事业单位、政府部门）	商标注册性质（外部人抢注、内部人自注）	商标类型（一般、证明、集体、声音等）	其他（其他特殊情况、信息摘要）
70	2011	福建浦南	傩舞（浦南古傩）（国家级非遗项目）	浦南古傩	协会（漳州市芗城区浦南古傩文化研究会）	内部人自注	一般商标	报道摘要：商标股专门前往浦南镇调研“浦南古傩”，指导他们除了对娱乐、演出等项目进行商标注册申请外，还在工艺品、玩具等类别上进行了商标注册申请。 “浦南古傩作为一种民俗舞蹈，通过申请商标注册，使它的价值得到延伸，品牌得到发展，通过商业运作的方式，让它自身实现盈利，不用政府再拨款对它进行保护，这样也能使非遗的保护工作做得更好。”在指导浦南古傩申请注册商标后，芗城区工商局开始对非物质文化遗产和公有资源申请商标注册进行调研。 张晋余介绍，在上述13件非遗项目中，片仔癀早已被认定为中国驰名商标，八宝印泥、蔡福美制鼓则已进行商标注册，通过商业运作发扬和传承，这三项都属于传统手工技艺，但对于大众性的民俗歌舞，还少有申请商标注册的

续表

序号	报道时间（年份）	地点（非遗所属地）	涉及的非遗项目（非遗项目名称）	涉及的非遗符号（商标标志使用的非遗项目的具体符号）	申请人（个人、企业、协会、事业单位、政府部门）	商标注册性质（外部人抢注、内部人自注）	商标类型（一般、证明、集体、声音等）	其他（其他特殊情况、信息摘要）
71	2015	湖北武汉	伯牙子期传说（国家级非遗项目）	高山流水、知音文化	企业	外部人抢注	一般商标	武汉是这一传说及文化的发源地。两个代表武汉“灵魂”的文化符号
72	2015	江苏如皋	如皋盆景制作技艺（国家级非遗项目）	如皋盆景	协会	内部人自注	地理标志证明商标	全国唯一的盆景类地理标志证明商标
73	2018	湖北宜昌	枝江民间手工布鞋（湖北省省级非遗项目）	枝江布鞋	协会	内部人自注	地理标志证明商标	近年来，枝江布鞋被列入湖北省“一县一品”文化重点项目，获湖北名牌产品称号；省质监局推荐公司起草《手工锁底布鞋》省地方标准，并颁布实施；公司投资建成的“三峡步步升布鞋文化村”先后被认定为“湖北旅游名村”“国家3A级景区”“湖北省妇女创业就业示范地”“湖北省农村残疾人扶贫基地”“枝江布鞋”打造特色产业扶贫路，探索出适合农村妇女分散就业、固定就业、隐性就业新模式
74	2008	安徽芜湖	芜湖铁画锻制技艺（国家级非遗项目）	飞龙铁画	企业	内部人自注	一般商标	不是以“芜湖铁画”注册，而是“飞龙铁画”

续表

序号	报道时间（年份）	地点（非遗所属地）	涉及的非遗项目（非遗项目名称）	涉及的非遗符号（商标标志使用的非遗项目的具体符号）	申请人（个人、企业、协会、事业单位、政府部门）	商标注册性质（外部人抢注、内部人自注）	商标类型（一般、证明、集体、声音等）	其他（其他特殊情况、信息摘要）
75	2017	浙江武义	武义寿仙谷中药炮制技艺（国家级非遗项目）	寿仙谷	企业	内部人自注	一般商标	中华老字号、中国驰名商标
76	2018	四川达州	达县灯影牛肉传统加工技艺（四川省省级非遗项目）	灯影	企业	外部人抢注	一般商标	两个外部人公司之间发生纠纷，A公司注册“灯影”商标，诉B公司使用“川汉子”灯影牛肉侵权，B公司辩称“灯影牛肉”构成通用名称，非遗传承人出庭作证，声明灯影牛肉早于“灯影”商标
77	2017	浙江瑞安	木活字印刷术（国家级非遗项目）	待定	协会	内部人自注	一般商标	浙江瑞安尚未注册商标
78	2017	福建宁化	木活字印刷术（国家级非遗项目）	润化堂	个人	内部人自注	一般商标	
79	2018	湖南汨罗	长乐甜酒制作工艺（岳阳市级非遗项目）	长乐甜酒	协会	内部人自注	地理标志证明商标	
80	2018	江苏丹阳	乱针绣（正则绣）(国家级非遗项目）	吕存正则、正则绣	企业	外部人抢注	一般商标	传承人名字、项目名称被抢注，传承人维权成功，撤销抢注的商标

数据来源：网络搜索结果经人工筛选、统计和总结，数据截止时间：2018年12月。

三、非遗商标侵害与保护的媒体报道数据分析

表3-1是对涉非遗符号商标注册媒体报道事件的汇总，虽然经过人工筛查，并非媒体报道事件的全部，但基本可以管窥涉非遗符号商标注册事件的基本面貌。如果对观察到的事件进行分析总结，可以得到如下基本结论。

（一）从涉及的地域范围来看

在媒体报道中，涉非遗符号商标注册事件涉及的地域范围非常广泛，21个省、市、自治区至少有一起类似事件的报道（见表3-1），不过各地数据分布并不均匀。在21个省、市、自治区中，浙江省以10件（13%）位居第一，紧随其后的江苏省、广东省均有9件（分别占比11%）相关事件报道，同居第二位，其次，湖北省有8件，山东省有7件，四川省、湖南省、福建省分别为4件，其他省份的数量从1件到3件不等（表3-2，图3-1）。

表3-2　各地涉非遗符号商标注册媒体报道事件数量

单位：件

省份	江苏	山西	广东	湖北	浙江	山东	四川	宁夏	河南	河北	湖南
数量	9	2	9	8	10	7	4	1	3	1	4
省份	内蒙古	安徽	甘肃	北京	贵州	上海	黑龙江	重庆	福建	云南	
数量	1	3	1	3	2	2	1	2	4	3	

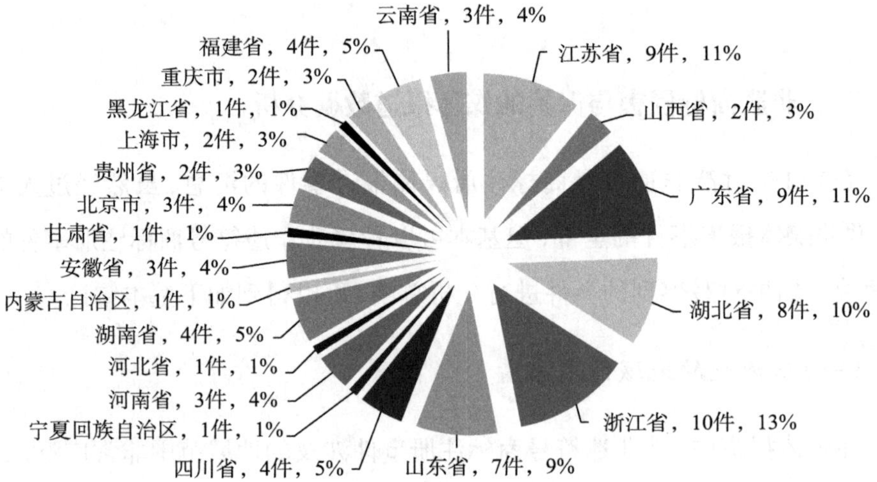

图3-1　各地媒体报道事件数量及占比

当然，表3-1中的数据一方面并不十分全面，另一方面也受限于各地媒体报道此类事件的偏好性和主观性，因此既不能说明各地非遗资源的丰富程度，也不能体现各地非遗符号商标注册的全面风貌，但也可以从一个侧面反映各地民众、媒体、政府对非遗符号商标利用的反应和重视程度。更确切来讲，涉非遗符号商标注册的媒体报道数据是非遗符号商标利用意识的一种体现，对此类事件报道得越多，越能体现当地民众、媒体、政府等相关主体对非遗符号商标化利用的关注度，实际上体现的是对非遗生产性开发的兴趣和投入，这就与各地经济发展关联起来了。巧合的是，排在前列的几个省份，如浙江、江苏、广东，恰恰是经济发展较为靠前的地域，这不得不引起我们的深思。

（二）从涉及的非遗项目级别和类别来看

表3-3　不同级别非遗项目数量

单位：项

序号	项目级别	数量
1	国家级	52
2	省级	16

续表

序号	项目级别	数量
3	地市级	10
4	区县级	2

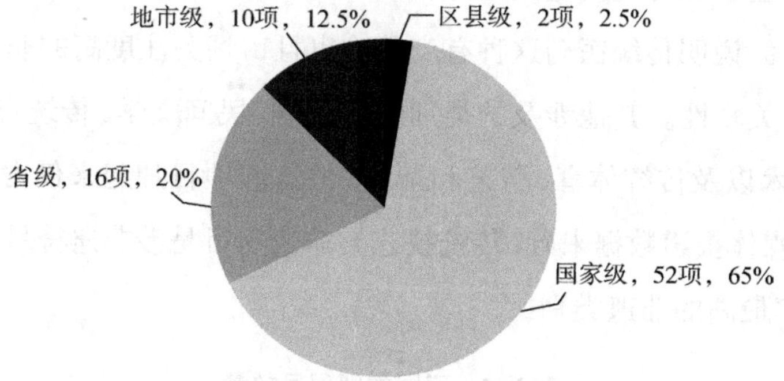

图3-2　不同级别非遗项目数量及占比

首先，在表3-1的80项报道出来的事件中，涉及国家级非遗项目52项（占比65%），省级非遗项目16项（占比20%），地市级非遗项目10项（占比12.5%），区县级非遗项目2项（占比2.5%），见表3-3，图3-2。可见，国家级非遗项目涉及商标注册的报道还是占比最大，这些非遗项目本身就比较出名，热度、社会关注度高，因此在非遗商标注册、抢注时也比较容易吸引社会的关注。不过，总数达28项的省级、地市级乃至区县级非遗项目涉商标注册的报道也应该引起一定的重视，这说明当地对非遗符号商标注册的关注度更高，对非遗生产性开发与商标保护的关系认识更为深刻。

其次，就涉及的非遗项目所属类别[1]来看，在80项报道出来的事件中，属于传统技艺类的共61项，占比达76.25%，见表3-4和图3-3。这一现象是容易理解的，因为传统技艺本身具有传统文化产品的商业输出，比如各地名小吃、手工艺品、织绣技艺、茶叶制作技艺等，有些本身就属于地理标志产品、中华老字号，这些技艺类项目最适合生产性开发，而一旦有生产性开发，在现代社

〔1〕 按照我国非遗项目的门类划分，非遗项目可分为：民间文学，传统音乐，传统舞蹈，传统戏剧，曲艺，传统体育、游艺与杂技，传统美术，传统技艺，传统医药，民俗，共十大门类。

会，自然就会产生较强的商标注册需求，因此最容易被媒体聚焦。进一步分析还发现，在61项传统技艺类非遗项目中，属于饮食类的项目就达到31项，占一半以上，说明最容易产生商标注册需求和抢注纠纷的领域还是集中在饮食类非遗项目上。在传统技艺类之外，排在第二位的非遗类别为传统医药，共8项，占比10%，说明传统医药这种有产品输出且市场关注度高的非遗项目也有较强的商标关联性。其他涉及的类别还有民俗、民间文学、传统音乐、传统舞蹈、传统美术以及传统体育、游艺和杂技，但这些项目加起来仅占13.75%，可见，至少从媒体报道数据来看，传统技艺类非遗项目是涉非遗符号商标注册中"出镜"频率最高的非遗类别。

表3-4 不同类别项目数量

单位：项

序号	项目类别	数量
1	民俗	4
2	传统技艺	61（其中饮食类31项）
3	传统体育、游艺与杂技	1
4	传统医药	8
5	民间文学	3
6	传统音乐	1
7	传统舞蹈	1
8	传统美术	1

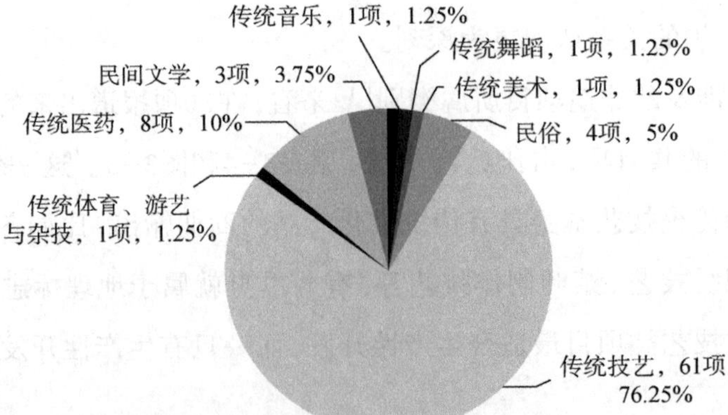

图3-3 不同类别项目数量及占比

（三）从选择作为商标注册的非遗符号来看

非遗符号范围广泛，不但包括非遗名称，也包括非遗项目代表性传承人的姓名，以及代表非遗文化内涵的其他符号，还有一些非遗项目本身就属于中华老字号，或者历史传承下来的传统名号。

从表3-1中的数据来看，作为商标注册的非遗符号有以下几种情形，第一，以非遗名称直接作为商标构成要素，如阿诗玛、女书、梵呗等；第二，以地名加非遗项目名作为商标注册，尤其是注册为地理标志证明商标，比如缙云烧饼、如皋盆景、蒙自过桥米线、枝江布鞋、长乐甜酒、荣昌夏布等；第三，以代表性传承人的姓名、姓氏、姓名别称或姓名的一部分注册商标，如吕存、张一元、章广鑫、镇氏、王麻子、虎（周虎臣）等；第四，以非遗项目本身的传统名号作为商标构成要素注册，如陈李济、五芳斋、永盛合、润化堂、冠云、飞龙铁画、红星、恒顺、片仔癀等；第五，以体现非遗项目文化内涵的扩展性符号作为商标要素注册，如非遗项目“伯牙子期传说”中的高山流水、知音文化，“二十四节气”中的春分、夏至、秋分、冬至等，属于非遗项目文化内涵的符号，被用来注册商标。

（四）从注册非遗商标的申请人、商标注册性质和商标类型来看

将表3-1中的申请人、商标注册性质和商标类型数据进行综合统计，得到表3-5。从表3-5来看，注册非遗商标的申请人中个人、企业、协会的数量均达到20个以上，其中企业最多，达29个。政府部门或事业单位较少，只有5个。在总共80个项目中，内部人自注和外部人抢注数量分别为62个和18个，可见内部人自注占比还是较高的，这也说明内部人注册非遗符号为商标进行积极保护的热情还是很高的。外部人抢注的主体主要是“个人”。从注册的商标类型来看，一般商标和证明商标、集体商标分别有59件和21件，可见将非遗符号注册为一般商标的比较多，且主要集中在个人和企业这两类主体。注册集体

商标、证明商标的全部是协会或政府部门、事业单位，这也符合集体商标、证明商标的性质和特征。另外，其中许多注册属于地理标志证明商标，可见有许多协会意识到利用地理标志保护非遗，并付诸实施。

表3-5 媒体报道中非遗商标注册申请人、注册性质和类型情况

单位：个

	数量	内部人自注	外部人抢注	一般商标	证明商标或集体商标
个人	24	11	13	26	0
企业	29	24	5	27	0
协会	22	22	0	3	19
政府部门或事业单位	5	5	0	3	2
总计	80	62	18	59	21

四、本章小结

本章为本书实证研究的第一部分，主要是从媒体报道的视角管窥非遗商标侵害和保护的现实情况，该项实证研究的目的主要是从宏观视角考察社会对该问题的关注度，初步发现实践中存在的问题，把握后续的研究方向和视角。该项实证研究主要通过网络资源检索、筛选、统计和分析的方式进行，形成“涉非遗符号商标注册媒体报道事件集”并将这一主要数据集作为分析对象。数据集中包含“涉及的非遗项目”“报道时间”“涉及的非遗符号”“商标注册主体（个人/企业/协会/政府事业单位）”“商标注册性质（外部人抢注/内部人自注）”“商标类型（一般商标/证明商标/集体商标）”“其他（事件特殊情况和信息摘要）”等信息条目。然后从事件涉及的地域范围、事件涉及的非遗项目级别和类别、事件中作为商标注册的非遗符号的选择、注册非遗商标的主体类别、非遗商标注册性质和类型等方面进行数据分项统计和分析，得出一定结论，[1]为后续研究提供数据支撑。

〔1〕 本书第三、四、五、六章实证研究中关于问题发现和总结的内容统一放在第七章。

第四章 非遗的商标侵害与保护现状：商标申请注册数据

本书第三章关于媒体报道非遗商标事件的数据作为实证研究的一个方面，还不足以深入展示非遗商标侵害与保护的情况，进一步深入探查相关事实，对于全面了解非遗商标侵害与保护的现状是必要的。由于非遗的商标保护必然通过“非遗商标”来实现，因此从“非遗商标”申请与注册情况的视角透视非遗的商标侵害与保护状况是一个不错的选择。基于此，本章将从非遗符号商标申请与注册的数据角度探查该项事实，以期获得更为严谨、确切的事实真相。国家知识产权局商标局商标注册数据库的可得性也为我们的实证研究提供了可行性。

一、非遗商标申请注册数据实证研究的理论基础

前已述及，非遗商标是包含非遗符号的商标。这些非遗符号极具文化底蕴，是典型的传统文化符号。与非遗实体的整体性文化价值不同，这些文化符号是非遗表达形式的碎片化存在，其上却附载着传统文化衍生的知识产权利益，非遗商标正是这种衍生知识产权利益的体现。而申请和注册非遗商标的本质乃是文化系统的文化符号向法律系统的商业标志转换的结果，同时也是将非遗保护与商标法联系起来的纽带。

相比作为事实或现象的非遗商标，非遗的商标保护则属于一个论题或命

题。它内含“非遗保护”的文化价值目标，又是非遗法律保护的一种具体模式。从保护机理上来说，所谓非遗的商标保护具有两种含义。其一是针对非遗的商标侵害进行排除的含义，为行文之便，我们将这种含义的保护简称为“消极保护”或“被动保护”。因为非遗内部人之外的市场主体（即外部人）将非遗符号抢注为商标，这种抢注可能对非遗的文化内涵产生歪曲、侮辱、淡化，需要通过商标法对侵害予以排除。因此外部人注册非遗商标的数据就能够从反面反映非遗商标保护的状况，实际上也就是非遗的商标侵害状况。其二是从内部人主动注册非遗商标，并在非遗商标的保护之下进行非遗项目开发以促进非遗传承角度而言的，这种含义的保护可称为“积极保护”或“主动保护”。基于商标权的市场属性，内部人注册非遗商标必然意味着非遗的市场开发，因此这一含义与非遗的生产性保护紧密相关。我们知道，所谓非遗的生产性保护即通过非遗的市场开发获取经济收益，将“文化资源”转化为“文化效益”，进而获得“文化传承”的动力和能力，也就实现了非遗保护。加入了非遗商标的生产性保护还具有额外的两种价值。一是排除外部人抢注，保护非遗文化内涵；二是创造非遗项目文化品牌，在充分保护其文化价值的基础上实现品牌效益，更好地传承非遗。故内部人申请和注册非遗商标的数据就能够从正面反映非遗商标保护的状况。联系以上二者的内涵可以看到，正是非遗商标这种特殊类型的商标将非遗与商标保护紧密联系起来。对非遗的商标保护而言，无论是消极保护还是积极保护，都能够通过申请和注册非遗商标的数据中予以体现。

基于此，本章拟采用定量分析方法，通过非遗商标申请与注册的情况，对非遗的商标保护作一系统化的数据统计与分析，以弥补目前各种点式报道、分析、研究不足以展示全貌的缺陷，更期待发现一些规律性问题。

二、非遗商标申请注册数据的实证研究方案和实施步骤

该研究的总体方案是，以国家级代表性项目名录中的非遗项目为对象，在

中国商标网[1]进行商标检索，从检索结果中提取非遗商标申请与注册的有效信息并进行数据统计。在统计结果的基础上，寻找规律性问题并为后面的解决方案奠定事实基础。具体实施步骤如下。

第一步，确定非遗商标检索对象。基于工作量、可行性等方面的考虑，本次研究确定以国家级非遗代表性项目为检索对象，即以国务院在2006年、2008年、2011年和2014年公布的四批国家级非遗代表性项目为准。[2]

第二步，确定非遗商标检索关键词。关键词选取以非遗项目名称为蓝本，以简洁、有效、灵活为基本原则。简洁是指关键词尽可能以非遗名称中最简单的词汇或词汇组合为准；有效是指关键词要保证非遗项目的基本内涵，在简洁的基础上能突出其独特性，否则检索出的条目将可能包含众多无效选项；灵活是指有时可能需经过试错确定关键词，对不同关键词进行比较，以确定最合适的关键词。

第三步，非遗商标检索和数据提取。在中国商标网检索窗口选择“商标综合查询”，以上一步确定的关键词进行检索，对检索结果进行数据采集。首先查看非遗项目是否至少有一项注册申请记录。若无，则记为0，若有，则继续采集每一项商标申请中的各项信息，包括申请人名称和地址信息、申请年份信息、国际分类（尼斯分类）信息、指定商品/服务信息、商标状态信息、商标类型信息和商标标识组成信息。在考察这些信息的同时，结合非遗项目类别、文化内涵和特点、申报地区和保护单位，确定共计9项统计指标，并对各项统计指标赋值和记录（统计指标、设计指标的意义或目标、赋值规则见表4-1）。[3]

---

〔1〕 中国商标局对外公布商标申请与注册情况的官网，网址：http://sbj.cnipa.gov.cn/。

〔2〕 具体非遗项目参见中国非物质文化遗产网·中国非物质文化遗产数字博物馆，网址：http://www.ihchina.cn/。本项研究工作实施时，国家级第五批非遗代表性项目名录尚未公布（第五批非遗项目于2021年公布），因此未包含第五批非遗项目。

〔3〕 由于商标网用户量极大，中国商标网对商标检索设有用户权限限制，需要不断进行验证操作，因此该项工作不可能通过数据提取软件自动进行，所有的数据采集工作由人工完成，工作量巨大。为提高工作效率，笔者努力实现工作步骤的合并与简化，数据采集采用人工在线进行。即针对每条检索出的商标申请和注册数据，按照事先设计好的统计指标和赋值规则，即时进行记录和判断，直接将转化好的数字代号数据写入统计表格中。另，商标网商标申请记录在不断变化中，本次实证研究工作检索截止时间为2019年11月。

表4-1　统计指标、设计指标的意义或目标、赋值情况

序号	统计指标	设计该指标的意义或目标	赋值
1	非遗项目是否有商标申请	从项目数量及占比观察非遗项目商标转化的程度	0 无任何商标申请记录 1 至少有一项商标申请记录
2	申请人类别	体现非遗商标申请中内、外部人构成情况，并结合其他指标以发现非遗商标被动保护和主动保护的情况	1内部人（非遗传承地） 2外部人（非传承地）
3	申请主体	体现非遗商标申请中个人、企业、协会、政府或事业单位这4种主体的构成情况，并结合其他指标进一步考察其他情况	1个人 2企业 3协会 4政府部门或事业单位
4	申请年份	体现各年份非遗商标的申请量，以探查非遗商标申请年度变化情况，从而发现规律	按照公元纪年录入
5	国际分类	体现非遗商标尼斯分类情况	按尼斯分类1～45类录入数据
6	相关性	即非遗商标指定的商品或服务与该非遗文化内涵之间的关联程度，分为强相关、一定程度相关和不相关3种。以发现非遗商标与非遗文化内涵之关联，并进一步与其他指标配合反映更深层次的问题	1强相关 2一定程度相关 3不相关
7	注册状态	分为注册成功、不成功或不确定3种状态。可反映非遗商标整体注册成功率，并与其他指标结合发现更深层次的问题或规律	1注册成功 2未成功 3尚未确定
8	商标类型	分为一般商标、集体商标和证明商标。该指标体现非遗商标申请中3种商标的分布情况，尤其有助于发现证明商标和集体商标这两种被学界高度认同的商标类型在非遗商标保护中的运行实践，并为进一步的实施和完善提供实证依据	1一般商标 2集体商标 3证明商标
9	商标标识组成	表明商标标识是纯文字性商标还是图文商标，该指标有助于判断非遗商标标识设计对注册状态的影响	1 纯文字商标 2 图文组合商标

第四步，非遗商标数据统计、挖掘和问题分析。对各项统计指标单独或结合进行数据统计和挖掘，形成统计图表，发现问题和规律。

三、非遗商标申请与注册数据的统计与分析

（一）数据总体情况说明

首先，本次实证研究涉及的国家级非遗项目的数量。国务院于2006年、2008年、2011年、2014年发布的4批非遗项目共1372项，3145个子项。但子项之间多有重复，如“梁祝传说”就有6个子项，商标检索时这些子项共用一个关键词。另外，有时一个非遗项目往往又包含若干不同关键词，如“格萨（斯）尔”就可提取两个关键词，对两个关键词均需检索。因此，在上述简洁、有效、灵活的关键词选取原则的基础上，结合各非遗项目名称和基本情况，最终确定检索项目数2477项。

其次，在2477条检索项目中，有1749条检索结果为0，即这些检索项无商标申请。剩余728条检索项中均至少有1件商标申请存在，共检索出10374条商标申请数据。故本次研究最终得到的有效检索数据为12123条，其中 10374条数据为有申请数据，另外1749条为无申请数据。本书接下来的数据统计与分析即从以上数据中产生，具体指标数据体现在下文的各统计图表中。

（二）非遗项目商标化的总体情况——当前态势和未来趋势

就非遗项目商标化的当前态势和未来趋势而言，首先，可以通过非遗项目是否有商标申请这一指标进行观察。从图4-1可见，在2477项非遗项目中有728项有商标申请，占所有项目数的29.4%，无商标申请的1749项，占70.6%。从非遗项目商标转化的数量和占比来看，目前非遗项目商标化率比较低。但从728项有申请的项目中就已产生10374项注册申请，说明非遗商标产出量很高。笔者在检索中也发现，许多申请人在申请非遗商标时往往是进行多类申请甚至全类申请。

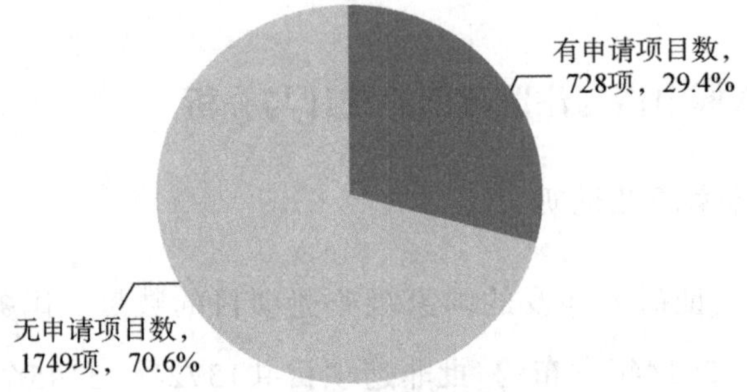

图4-1　非遗项目商标化情况

另外，从非遗商标申请年度变化趋势（见图4-2）可见，非遗商标申请量在20世纪80年代至90年代初一直为个位数，到90年代中后期也不过平均几十件，而进入21世纪后每年都至少有几百件，2017年、2018年更是陡增至1243件和1400件。〔1〕可见非遗商标申请量在有记录的40年中呈现出一种在波动中逐步走高的趋势。从上述数据可以合理预测，未来非遗项目商标化空间十分巨大，非遗商标保护问题和压力可能骤增，非遗商标保护问题的理论和实践研究非常必要。

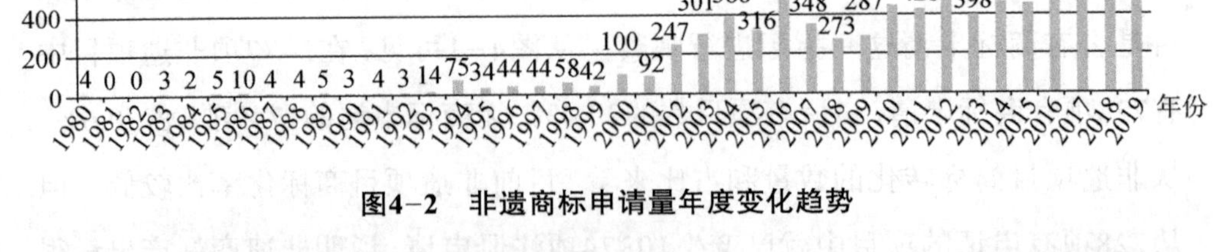

图4-2　非遗商标申请量年度变化趋势

其次，从非遗商标注册状态指标来看（见图4-3），在10374件非遗商标申请中，注册成功6096件，注册成功率58.8%，这一数据与我国商标注册成功率

〔1〕 2019年数据非全年数据。——笔者注。

的平均数值相比基本一致。[1]考虑到非遗项目名称的历史传承因素，社会知晓度较高，在商标化过程中往往会遭遇商标法上“显著性”条款的限制，因此58.8%的注册成功率还是远超笔者的预期。在该数据集中，还有904件（8.7%）的未确定项，这些未确定的项目一是尚在初审公告中，因此尚未确定，也有一些是处在异议、无效等程序中，尚未有明确结论。如果加上这些即将注册成功的项目，注册成功率将会更高。

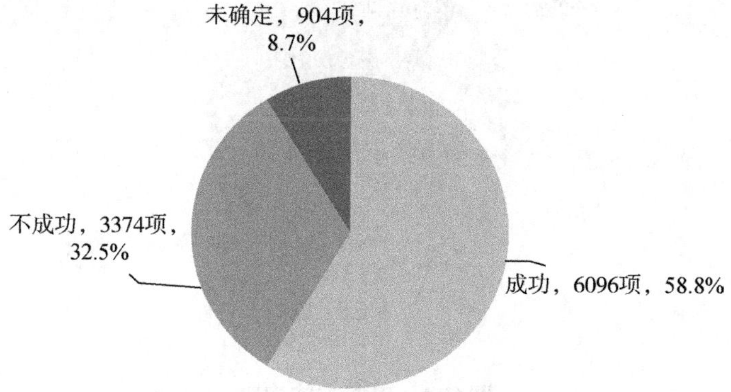

图4-3　非遗商标注册状态

最后，从非遗商标申请主体构成（见图4-4）来看，个人、企业、协会、政府或事业单位4类主体中，企业以7103件（占比68.5%）占据首位，其次为个人2192件（占比21.1%），协会295件（占比2.8%），政府或事业单位784件（占比7.6%）。考虑到非遗群体性特征，对非遗商标保护来说，协会、政府或事业单位作为主体申请非遗商标是我们所期望的，因为他们申请集体或证明商标的可能性更大，更契合和兼容非遗的群体性，且集体和证明商标属于内部人申请的可能性也更大。表4-2的数据显示，本次研究检索到的所有129件集体和证明商标均属该两类主体申请，个人、企业申请数为0，且无一例外均为内部人

〔1〕　由于商标申请与审查的跨年度性，并没有官方的商标注册年度成功率数据。在此可以将2017年的一个官方数据为对照，即2013年到2017年5年间的平均注册成功率55%为对照。该数据参见国家工商行政管理总局商标局，商标评审委员会编著：《中国商标品牌战略年度发展报告（2017）》，http://sbj.cnipa.gov.cn/sbtj/201805/t20180510_274101.html，访问日期：2020年2月21日。

申请,这的确证实了我们的推测。但从图4-4的数据来看,协令、政府部门或事业单位申请量占比明显过低,前两类主体占比极高,说明非遗商标目前的申请更具私人性、分散性,由协会、政府部门或事业单位统一组织非遗商标保护亟待加强。

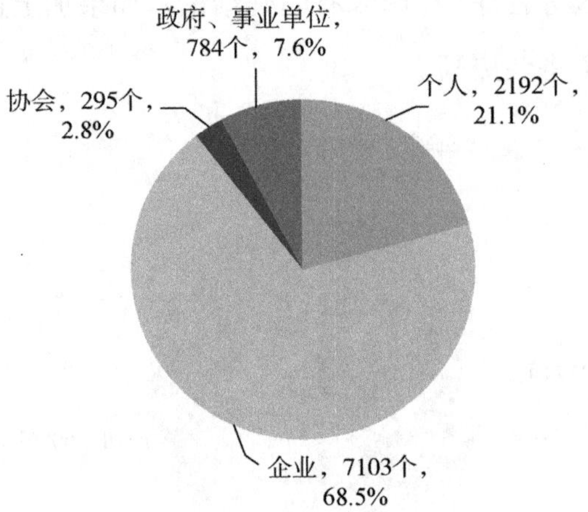

图4-4 申请主体构成

表4-2 非遗商标中集体商标、证明商标申请情况

单位:件

	申请类别			申请主体		
	内部人	外部人	小计	协会、政府部门或事业单位	个人、企业	小计
集体商标	15	0	15	15	0	15
证明商标	114	0	114	114	0	114

(三)非遗商标的积极和消极保护情况

前文述及,非遗商标的主动和被动保护可以从正、反两面反映非遗商标保护的整体情况,而能够反映这一情况的关键统计指标就是非遗商标申请人类别。下面将立基于这一关键指标,并结合其他指标对非遗商标保护整体情况做一统计与分析。

首先，从图4-5中内部人、外部人的申请情况来看，在10374件商标申请中，内部人申请为5185件，外部人为5189件，两者几乎相等。两者各自申请成功数据和成功率数据也几乎相同。以上数据首先可以说明，非遗的商标侵害问题确实相当严重，有50%以上的非遗商标均为外部人抢注，这与我们平时从公开媒体报道中得到的直接感受是相符的。[1]但同时也必须注意到，非遗商标的主动保护情况也不很糟糕，因为接近50%的非遗商标申请与注册是内部人所为，说明内部人通过商标保护非遗项目的意识和行动能力还是较强的，值得肯定。

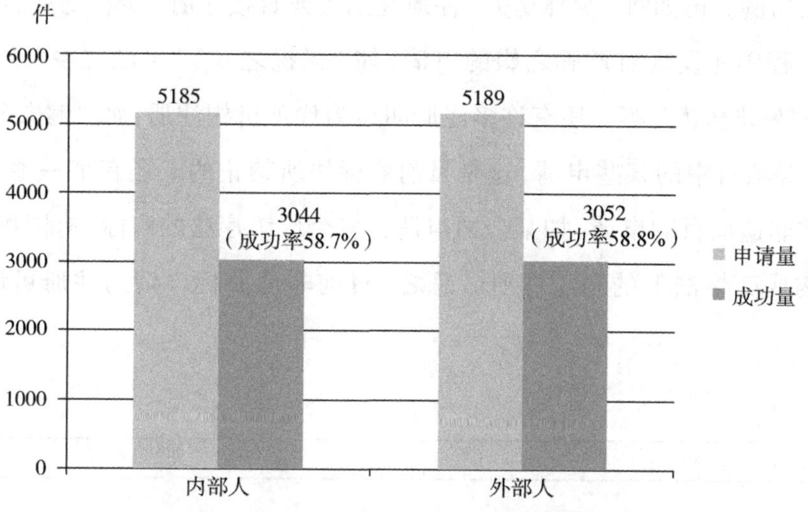

图4-5　内、外部人非遗商标申请量、成功量及成功率

其次，从非遗商标尼斯分类（见图4-6）来看。非遗商标申请在第33类（酒类）数量最多，高达1088件，在申请数排名前10位的尼斯分类中，除第41类（教育、培训、娱乐、文体活动697件）与非遗文化内涵关联较强外，其他

---

〔1〕 关于非遗商标抢注的报道或论文很多，多属具体事例的点式报道。可参见管育鹰：《"刀郎"现象折射出的民间文艺保护问题》，载《中华商标》2005年第11期；刘亚、边惠淀：《梅村二胡商标保护战》，载《方圆》2016年第8期；李士林：《论南音的商标法保护》，载《民族艺术研究》2013年第6期；李明思：《水书商标争论凸显民族文化保护之重》，载《法制日报》2007年5月24日，第4版等。

大多都与吃（29类动物类食品479件、30类植物类食品691件）、喝（32类饮料328件、33类）、穿（25类服装383件）、玩（39类中的旅游安排292件、43类食物和饮料服务444件）、商业推广（35类686件）强相关，许多注册与非遗文化内涵毫不相关。这种情况不仅出现在外部人申请中，许多内部人申请也尽力向不相关但商业热点领域的商品上靠，如将“阿诗玛故乡之礼”指定在29类的肉、火腿等商品上。甚至有许多前文所述的贬损类申请，如将“阿诗玛”“董永”“女书”“穆桂英”“牛郎织女”注册在避孕套或吸奶器上，将“穆桂英”“十八般武艺”注册在避孕套、性玩具、性爱娃娃或性交润滑剂上，且有注册成功例。再如将“少林功夫”注册在酒类或直接注册“少林功夫酒”。〔1〕检索过程中还发现有欺骗之嫌的申请，如“梁祝之乡”“吴歌之乡”“杨家将嫡传”“鲁班传人”等。还有许多注册明显为代理机构注册，如“陶朱公”“阿里郎”等项目中的某些申请，这是目前商标法所禁止的。还有某一主体聚焦某一类非遗项目的申请，如某公司申请了多个传统疗法的商标，有囤积嫌疑，可能构成商标法上的恶意注册。总之，目前非遗商标申请与注册可谓乱象颇多。

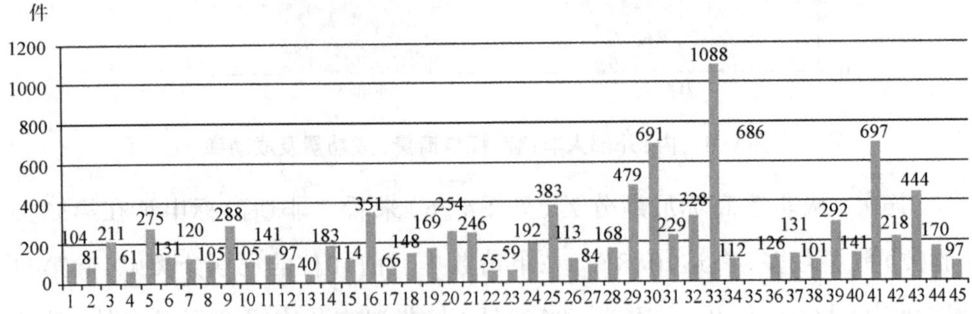

图4-6 非遗商标中的尼斯分类情况

〔1〕 有可能对宗教信仰或宗教感情产生不良影响。

为了更好地考察这一情况，可以再引入相关性指标（见图4–7），可见在10374件非遗商标申请中，只有2283件属于强相关，占比22.0%，1610件为一定程度相关，占比15.5%，而不相关的则高达6481件，占比62.5%。以上数据足以说明，非遗商标申请中存在太多与非遗文化内涵不相关的申请，它们可能会淡化非遗文化的内涵。

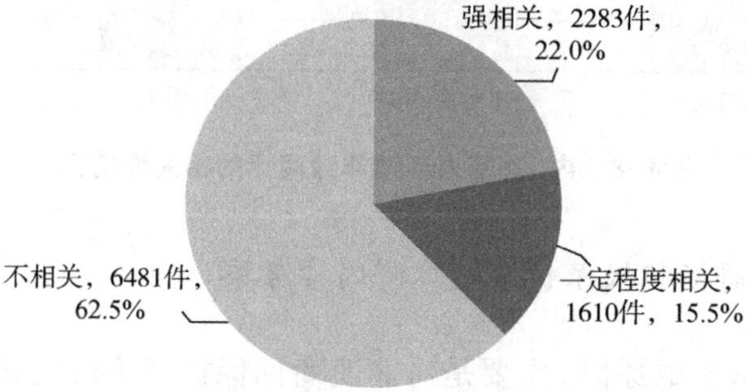

图4–7　非遗商标申请中相关性情况

最后，将申请人类别与相关性指标联系，可以发现内部人、外部人申请的非遗商标在强相关、一定程度相关和不相关的情况下各自的数量和占比（见图4–8）。数据显示，在所有强相关的2283件非遗商标中，内部人申请为1453件，占比达63.6%，外部人申请830件，仅占36.4%。随着相关性的逐渐减弱，内部人申请占比也逐渐降低，由强相关状态下的63.6%逐渐降为49.9%和45.2%。反过来外部人申请占比则随相关性的减弱而逐渐增强，从强相关状态下的36.4%逐渐增加到50.1%和54.8%。该变化规律直观地反映了内、外部人在申请非遗商标时的不同侧重。内部人申请显然更注重商标与非遗文化内涵的契合性，更多出于保护非遗并对非遗开发的需求。而外部人申请则不太注重这点。外部人肆无忌惮的非遗商标抢注又可能会产生连锁反应，逼迫内部人在申请时也大量申请不相关商标，以此应对外部人的抢注。这可能导致大量冗余商标产生，不仅造成资源浪费，并可能对非遗文化内涵造成潜在的侵害威胁。

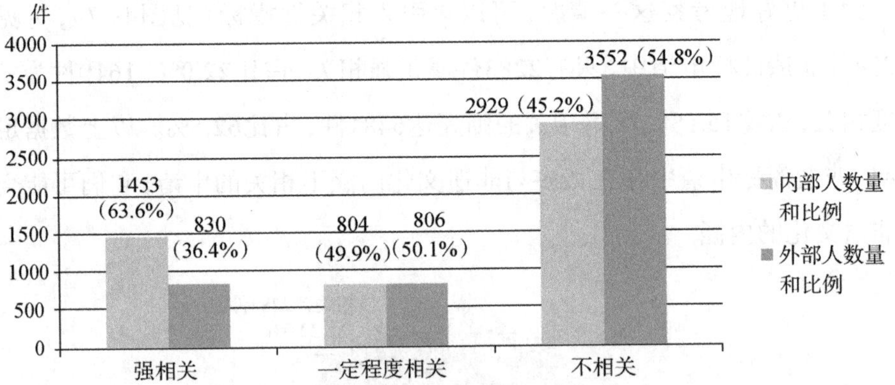

图4-8　内、外部人申请非遗商标的相关性情况

(四)非遗商标积极保护中的障碍因素考察

设定该项考察的原因，主要是对非遗商标保护理论研究和司法实务中两个典型问题的思考。第一是非遗商标“显著性”问题。由于我国《商标法》第9条规定申请注册的商标应当具有显著特征，便于识别。第11条又规定，仅有本商品的通用名称、图形、型号或仅直接表示商品的质量、主要原料、功能、用途等或其他缺乏显著特征的不得作为商标注册。鉴于《商标法》的该项规定，加之2019年“汤瓶八诊案”[1]和2009年“鲁锦案”[2]的影响，这对内部人推行非遗商标保护显然不利。因为内部人申请非遗商标更倾向于指定在与非遗文化内涵相近的商品或服务上，但这样就加大了其被认定为“缺乏显著性”的可能，从而更难获得注册。反过来外部人抢注的非遗商标更倾向于指定在不相关的商品或服务上，反而更可能获得注册。[3]典型案例毕竟是个别性的，那么针对该问题实践中究竟是什么情况？本次研究的定量分析将有助于该事实的

〔1〕 参见最高人民法院(2018)最高法行再63号行政判决书，本案一、二审涉案商标被认定为不具有显著性，被无效，经最高人民法院再审认定无效不成立。

〔2〕 参见(2009)鲁民三终字第34号民事判决书，认定“鲁锦”为通用名称，该案后被最高人民法院认定为指导性案例。

〔3〕 正如学者胡世恩基于“汤瓶八诊案”的评价：“这似乎得出了一个悖论：被认定为国家级非物质文化遗产项目，就证明‘汤瓶八诊’是个通用名称，既然是通用名称，就无法获得商标专有权保护。”参见胡世恩：《回族传统医药“汤瓶八诊”商标系列诉讼案的法文化反思》，载《回族研究》2016年第2期。

发现。第二是关于“集体商标”和“证明商标”在非遗保护中的适用问题。大多数非遗项目的群体性特征，导致其所有者难以确定，一直以来这都是制约非遗知识产权保护的一个重大阻碍因素。而商标法中集体商标和证明商标可兼容群体性主体的特点使其成为学界寄予厚望的一种非遗知识产权保护解决方案。那么在非遗商标保护实践中这两种商标的适用情况如何？是否真正体现了其制度优势，发挥了其应有的制度价值？这些也依赖于定量分析的展开。

首先，关于显著性问题，我们将相关性指标与注册状态指标结合形成图4-9，观察三种相关性状态下非遗商标注册成功率，不难发现从强相关到一定程度相关时，其注册成功率从46.5%小幅上升到47.4%，而到不相关状态时则大幅上升到65.9%。说明当非遗商标指定商品与服务与非遗文化内涵强相关时注册成功率明显较低，而不相关时注册成功率显著提高。由于内部人申请更侧重强相关商标，因此显著性对内部人推行非遗商标保护带来的障碍确实存在。不过同时也发现，即使强相关时也还是有46.5%的注册成功率，说明显著性问题对非遗商标申请的阻碍只是部分程度上的。

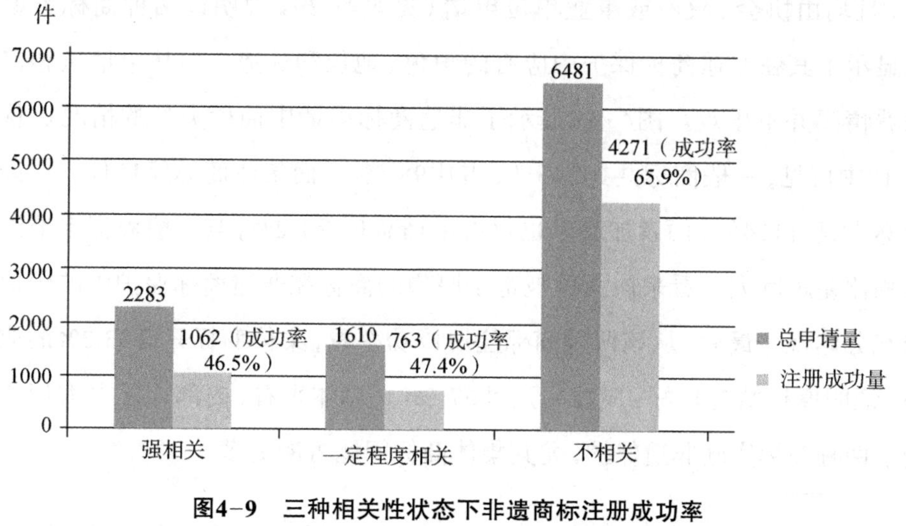

图4-9　三种相关性状态下非遗商标注册成功率

关于显著性，笔者在检索过程中发现的另一个问题倒颇值得关注，即非遗商标显著性判断标准问题。这个问题不能在图表数据中体现出来，不过检索过程中有众多检索例可以说明。比如同样为民俗类项目，且指定商品或服务也相同或类似，“九华立春祭”“都江堰放水节”“马街书会”“那达慕”“刀郎麦西热甫”等诸多项目未获注册，而“秦淮灯会”“桃林坪花脸社火”“胡集书会”等却注册成功。传统美术类项目“朱仙镇木版年画”获得注册，而“杨柳青年画”“武强年画”却未获注册。民间文学类项目“汗青格勒”注册成功，而“康巴拉伊”“彝族克智”则未成功。传统音乐类项目“崖州民歌”“南音”“川江号子”注册成功，但“侗族大歌”“薅草锣鼓”则未成功。类似的例子还有很多。这说明，关于非遗商标显著性的判断标准目前并不统一。当然，可以想见的是，对一项非遗商标申请，商标审查员在没有可资借鉴的事实材料的情况下，也只能靠自己对非遗项目的熟知度确定其是否具有显著性，这势必会造成不同商标的个案不同结果。

其次，关于“集体商标”和“证明商标”在非遗商标保护中的适用问题。首先可以肯定的是，在所有检索到的集体和证明商标中，全都属于内部人申请，且均由协会、政府或事业单位申请（见表4-2），说明该两种商标类型确实显示了其在非遗商标保护中应有的角色、地位和优势。但从申请量和占比来看情况并不乐观。图4-10显示了非遗商标申请中商标类型的情况。从图4-10中可见，一般商标共10245件，占比98.8%。而集体商标仅15件，[1]证明商标也只有114件，两者加起来也仅占申请总量的1.2%，与一般商标申请注册量相比差距巨大。看来该两种被寄予厚望的商标在非遗商标保护中的价值并未充分体现。最后，从该两种商标注册成功率看，集体商标只有33.3%的成功率，证明商标情况较好，成功率达到67.5%。总体来看，内部人还不太擅长利用这两种商标实施非遗保护，尤其集体商标问题可能更多。

[1] 检索发现，注册成功的集体商标仅有5件：万荣笑话（41类）、沐川草龙（20类）、黄梅挑花（24和26类）、万载花炮（13类）。

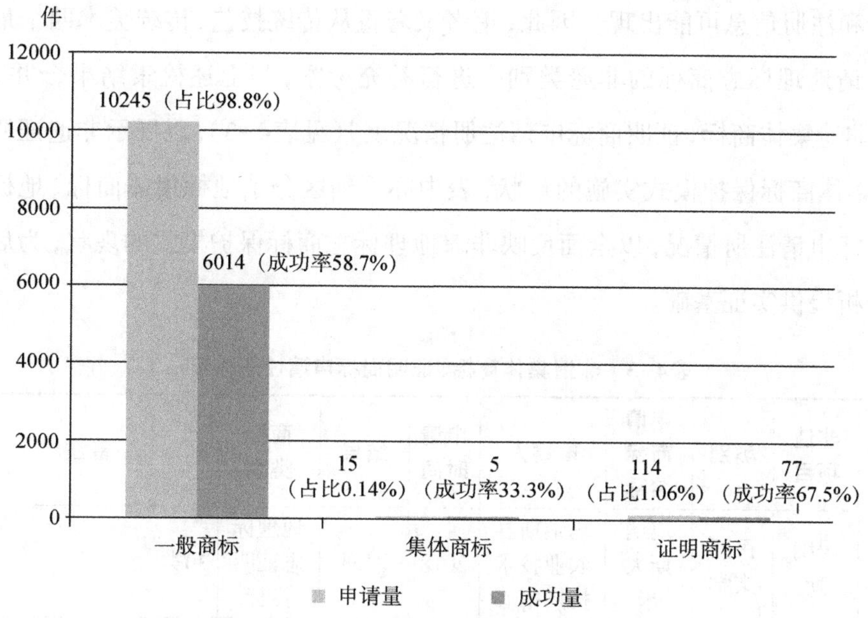

图4-10 非遗商标类型构成和成功率情况

四、非遗集体商标、证明商标申请注册情况

集体商标、证明商标对于非遗而言，是一种很好的保护模式。其中的地标证明商标、地标集体商标更有地理标志保护模式的优点。[1]那么，我国目前的非物质文化遗产项目通过证明商标、集体商标保护的情况怎样，尤其是其中地理标志商标申请注册的情况如何，也是非遗商标保护现状考察不可或缺的一环。

在上述非遗商标申请与注册数据的实证考察中，已经包含了一部分以非遗符号申请注册证明商标、集体商标的检索结果。由于大批量检索中可能的疏忽，如关键词选取的原因，可能导致某些非遗项目申请证明商标、集体商标、地标证明商标以及地标集体商标的记录被漏检。另外由于时间变动，新的

〔1〕 我国地理标志保护制度既包括申报和登记地理标志产品、农产品地理标志产品，采用行政方式保护，也包括申请注册地标证明商标或地标集体商标，通过《商标法》保护。本书后续内容会详细讨论该问题。

申请和注册信息可能出现。因此，笔者又着重从传统技艺、传统美术两个最可能申请地理标志商标的非遗类别中进行补充考察，与上述检索结果合并，得出“非遗集体商标、证明商标申请注册情况表”（见表4-3），以展示非遗证明商标、集体商标保护模式实施的现状，表中亦详细区分了地标集体商标、地标证明商标申请注册情况，以全面反映非遗地理标志商标保护模式的现状，为后续的分析提供实证基础。

表4-3　非遗集体商标、证明商标申请注册情况

序号	非遗项目	类别	申请商标名称	申请人	申请时间	结果	商标类别	备注
1	玛纳斯	民间文学	玛纳斯大米	玛纳斯县农业技术推广中心	2018	驳回	地理标志证明商标	30类
2	玛纳斯	民间文学	玛纳斯土豆	玛纳斯县农业技术推广中心	2017	驳回	地理标志证明商标	31类
3	玛纳斯	民间文学	玛纳斯葡萄	玛纳斯县林业工作站	2017	驳回	地理标志证明商标	31类
4	玛纳斯	民间文学	玛纳斯羊羔肉	玛纳斯县动物疾病预防控制中心	2017	驳回	地理标志证明商标	29类
5	笑话（万荣笑话）	民间文学	万荣笑话协会	万荣笑话协会	2012	授权	集体商标	41类：安排和组织学术讨论会；表演制作；演出；娱乐；原文稿撰写（广告稿除外）；组织教育或娱乐竞赛；组织文化或教育展览；诙谐诗创作
6	吴桥杂技	传统体育、游艺与杂技	吴桥杂技	吴桥县杂技家协会	2005	驳回	集体商标	41类：教育；实际培训（示范）；安排和组织大会；组织表演（演出）；书籍出版；表演场地出租；表演制作；公共游乐场；马戏场；动物训练

续表

序号	非遗项目	类别	申请商标名称	申请人	申请时间	结果	商标类别	备注
7	马戏（埇桥马戏）	传统体育、游艺与杂技	埇桥马戏	宿州市埇桥区马戏协会	2010	驳回	集体商标	41类：马戏场；马戏表演
8	皮影戏（华阴老腔）	传统戏剧	华阴老腔	华阴市华山老腔艺术保护发展中心	2007	驳回	证明商标	41类：演出；节目制作；培训；安排和组织会议；录像带发行；书籍出版；现场表演；娱乐；表演制作；组织表演（演出）
9	武强木版年画	传统美术	武强年画	武强年画协会	2017	驳回	地理标志证明商标	16类：年画
10	武强木版年画	传统美术	武强年画博物馆	武强年画博物馆	2009	驳回	证明商标	16类：年画，还有一个内蒙古赤峰市自然人注册一般商标，亦被驳回
11	梁平木版年画	传统美术	梁平木版年画	重庆市梁平区文化遗产保护中心	2013	授权	地理标志证明商标	16类：年画
12	杨柳青木版年画	传统美术	杨柳青年画	天津市西青区杨柳青年画业协会	2009	驳回	集体商标	16类：雕刻印刷品；剪纸；年画；平版印刷工艺品；蚀刻（版）画；图画；宣传画；印刷出版物；油画；杂志（期刊）
13	绵竹年画	传统美术	绵竹年画	绵竹市文物保护管理所	2017	撤回注册申请	地理标志证明商标	16类
14	中阳剪纸	传统美术	中阳剪纸	中阳县剪纸协会	2013	驳回	证明商标	16类：剪纸
15	广灵染色剪纸	传统美术	广灵剪纸	广灵剪纸文化艺术研究中心	2012	驳回	证明商标	16类

续表

序号	非遗项目	类别	申请商标名称	申请人	申请时间	结果	商标类别	备注
16	广灵染色剪纸	传统美术	广灵剪纸	广灵县剪纸文化艺术工作者协会	2006	驳回	集体商标	16类：剪纸
17	广灵染色剪纸	传统美术	广灵剪纸	广灵县民间剪纸艺术协会	2006	驳回	集体商标	16类：剪纸；油画；宣传画；年画；连环漫画书；邮票；肖像；招贴画或纸板；印花用图画；图画
18	庆阳剪纸	传统美术	庆阳剪纸	庆阳市香包民俗文化产业协会	2008	驳回	集体商标	16类
19	黄梅挑花	传统美术	黄梅挑花	黄梅县黄梅挑花行业协会	2014	授权	地理标志集体商标	26类：绣花饰品；花彩装饰（绣制品）；花哨的小商品（绣制品）；银线制绣品；绣金制品
20	黄梅挑花	传统美术	黄梅挑花	黄梅县黄梅挑花行业协会	2014	授权	地理标志集体商标	24类：丝织美术品
21	望江挑花	传统美术	望江挑花	望江挑花产业协会	2015	授权	地理标志证明商标	24类：丝织美术品；丝织、交织图画；手绣、机绣图画
22	庆阳香包绣制	传统美术	庆阳香包	庆阳市香包民俗文化产业协会	2008	驳回	证明商标	26类：荷包袋；花彩装饰（绣制品）；花哨的小商品（绣制品）；绳编工艺品；绣花饰品
23	岫岩玉雕	传统美术	岫岩玉雕	鞍山市宝玉石协会	2008	授权	地理标志证明商标	14类：玉雕工艺品
24	青田石雕	传统美术	青田石雕	青田县石雕产业保护和发展局	1999	授权	地理标志证明商标	19类：石头雕刻工艺品

续表

序号	非遗项目	类别	申请商标名称	申请人	申请时间	结果	商标类别	备注
25	曲阳石雕	传统美术	曲阳石雕	曲阳县雕刻石材行业协会	2010	授权	地理标志证明商标	19类：石雕
26	寿山石雕	传统美术	寿山石雕	福州市晋安区寿山石开发保护管理中心	2014	授权	地理标志证明商标	19类：石雕刻艺术品
27	惠安石雕	传统美术	惠安石雕	惠安县石雕石材协会	2010	授权	地理标志证明商标	19类：石雕（非金属雕塑品）
28	惠安石雕	传统美术	惠安石雕（中国石雕之都）	惠安县石雕石材同业公会	2005	驳回	集体商标	19类：石板；花岗石；大理石；石料粘合剂；石头、混凝土或大理石艺术品；石头、混凝土或大理石半身雕塑像；墓碑；墓石
29	东阳木雕	传统美术	东阳木雕	东阳市工艺美术行业协会	2006	授权	地理标志证明商标	20类：木雕工艺品；木雕家具
30	嘉定竹刻	传统美术	嘉定竹刻	上海市嘉定区竹刻协会	2007	授权	地理标志证明商标	16类：竹刻笔筒；竹刻镇纸；竹刻笔架；竹刻笔搁
31	嘉定竹刻	传统美术	嘉定竹刻	上海市嘉定区竹刻协会	2007	授权	地理标志证明商标	20类：竹刻工艺品；竹刻艺术品；竹刻小雕像；竹根竹刻工艺品；竹刻扇骨；竹根竹刻艺术品.；竹根竹刻小雕像
32	凤翔泥塑	传统美术	凤翔泥塑	凤翔县文化馆	2012	授权	地理标志证明商标	20类：泥塑工艺品
33	湟源排灯	传统美术	湟源排灯	青海省西宁市湟源县民族民间艺术协会	2006	驳回	证明商标	11类：排灯（灯笼）

续表

序号	非遗项目	类别	申请商标名称	申请人	申请时间	结果	商标类别	备注
34	梁平竹帘	传统美术	梁平竹帘	重庆市梁平区文化遗产保护中心	2011	授权	地理标志证明商标	20类：竹帘
35	青神竹编	传统美术	青神竹编	青神县竹编产业协会	2013	授权	地理标志证明商标	20类：竹工艺品
36	闻喜花馍	传统美术	闻喜花馍	闻喜县花馍协会	2012	授权	地理标志证明商标	30类：馒头
37	大名草编	传统美术	大名草编	大名县草编协会	2018	驳回	地理标志证明商标	20类
38	大名草编	传统美术	大名草编	大名县草编协会	2020	授权	地理标志证明商标	20类：小麦秆编织物（草席除外）
39	沭川草龙	传统美术	沭川草龙	沭川县草龙协会	2010	授权	地理标志集体商标	20类：草编织物（草席除外）；竹帘；竹木工艺品；草编织品（不包括鞋、帽、席、垫）；竹编制品（不包括帽、席、垫）；草织物；稻草编辫状物；棕编制品（包括棕箱，不包括席、垫）；镶边用稻草；藤编织品（不包括鞋、帽、席、垫）
40	固安柳编	传统美术	固安柳编	固安县柳编协会	2019	授权	地理标志证明商标	20类：柳条制品
41	黄岗柳编	传统美术	黄岗柳编	阜南县柳编工艺品协会	2019	驳回	地理标志证明商标	20类
42	黄岗柳编	传统美术	黄岗柳编	阜南县柳编工艺品协会	2019	驳回	集体商标	20类

续表

序号	非遗项目	类别	申请商标名称	申请人	申请时间	结果	商标类别	备注
43	嘉祥石雕	传统美术	嘉祥石雕	嘉祥县石雕文化产业协会	2010	授权（显示状态为无效，可能期满未续期）	地理标志证明商标	19类：石、混凝土或大理石像；石、混凝土或大理石小塑像；石头、混凝土或大理石半身雕塑像；石头、混凝土或大理石小雕像；石头、混凝土或大理石艺术品
44	绥德石雕	传统美术	绥德石雕	绥德县石雕业开发服务中心	2017	授权	地理标志证明商标	19类：石雕
45	镇平玉雕	传统美术	镇平玉雕	镇平县玉文化改革发展试验区管理委员会	2016	授权	地理标志证明商标	14类：玉雕艺术品
46	镇平玉雕	传统美术	镇平玉雕	镇平玉雕诚信联盟	2018	驳回	集体商标	14类：（与上述地理标志证明商标冲突，两个不同协会分别申请）
47	剑川木雕	传统美术	剑川木雕	剑川县狮河木雕工艺协会	2011	授权	地理标志证明商标	20类；木雕家具；木雕工艺品
48	汴绣	传统美术	汴绣	开封市汴绣行业协会	2008	授权	地理标志证明商标	26类：绣花饰品；花彩装饰（绣制品）；银线制绣品；绣金制品；花哨的小商品（绣制品）；刺绣饰品
49	麻柳刺绣	传统美术	麻柳刺绣	广元市朝天区麻柳刺绣协会	2010	授权	地理标志证明商标	26类：刺绣品
50	如皋盆景	传统美术	如皋盆景	如皋市花木盆景协会	2010	授权	地理标志证明商标	31类：花木盆景
51	苏绣	传统美术	镇湖苏绣	苏州高新区镇湖刺绣协会	2009	授权	地理标志集体商标	24类：手绣、机绣图画；丝织美术品；刺绣工艺品

续表

序号	非遗项目	类别	申请商标名称	申请人	申请时间	结果	商标类别	备注
52	苏绣	传统美术	镇湖苏绣	苏州高新区镇湖刺绣协会	2009	驳回	集体商标	40类：刺绣加工
53	苏绣	传统美术	镇湖苏绣	苏州高新区镇湖刺绣协会	2009	授权	地理标志集体商标	26类：刺绣用金属线；花彩装饰（绣制品）；花哨的小商品（绣制品）；绣花饰品；绣花用金属线；绣金制品；银线制绣品
54	湘绣	传统美术	沙坪湘绣	长沙市湘绣协会	2011	授权	地理标志证明商标	26类：绣花饰品
55	湘绣	传统美术	沙坪湘绣	长沙市湘绣协会	2011	授权	地理标志证明商标	25类：鞋（绣制品）
56	湘绣	传统美术	沙坪湘绣	长沙市湘绣协会	2011	授权	地理标志证明商标	24类：被面（绣制品）；床单和枕套（绣制品）；绣花枕套；家具遮盖物（绣制品）；家电遮盖物（绣制品）
57	苗绣	传统美术	松桃苗绣	松桃苗族自治县松桃苗绣协会	2013	授权	地理标志证明商标	26类：刺绣品（绣花饰品）
58	泥塑	传统美术	黄陂泥塑	武汉市黄陂区土特产协会	2013	授权	地理标志证明商标	20类：泥塑工艺品
59	草编	传统美术	莱州草编	莱州市莱艺草艺品研究所	2010	授权	地理标志证明商标	20类：草编织物（草席除外）；草编制品（不包括鞋、帽、席、垫）；草织物

续表

序号	非遗项目	类别	申请商标名称	申请人	申请时间	结果	商标类别	备注
60	石雕	传统美术	浏阳菊花石雕	浏阳市浏阳河菊花石研究所	2014	授权	地理标志证明商标	19类：石、混凝土或大理石小雕像；石、混凝土或大理石艺术品；石、混凝土或大理石小塑像
61	堆锦	传统美术	长治堆锦	长治市城区上党堆锦文化研究会	2014	授权	地理标志证明商标	24类：堆锦（工艺品）；丝织美术品
62	汉绣	传统美术	武汉汉绣	武汉汉绣艺术研究院	2011	授权	地理标志证明商标	26类：绣花饰品；花哨的小商品（绣制品）；花彩装饰（绣制品）；银线制绣品；绣金制品
63	水族马尾绣	传统美术	三都水族马尾绣	三都水族自治县非物质文化遗产保护中心	2015	驳回	地理标志证明商标	26类
64	耀州窑陶瓷烧制技艺	传统技艺	耀州瓷	铜川市耀州陶瓷协会	2008	授权	地理标志证明商标	21类：瓷器
65	扬州漆器髹饰技艺	传统技艺	扬州漆器	扬州市工艺美术行业协会	2016	授权	地理标志集体商标	20类：漆器工艺品
66	藏香制作技艺	传统技艺	尼木藏香	尼木县藏香协会	2011	授权	地理标志证明商标	3类：藏香
67	黑茶制作技艺	传统技艺	安化黑茶	安化县茶业协会	2019	授权	地理标志证明商标	30类：茶

续表

序号	非遗项目	类别	申请商标名称	申请人	申请时间	结果	商标类别	备注
68	榨菜传统制作技艺	传统技艺	涪陵榨菜	重庆市涪陵区榨菜产业发展中心	1997	授权	地理标志证明商标	29类：榨菜
69	首彩陶烧制技艺	传统技艺	界首彩陶	界首市博物馆	2015	授权	地理标志证明商标	21类：陶器；锡釉陶器；日用陶器（包括盆、碗、盘、缸、坛、罐、砂锅、壶、炻器餐具）；瓷、陶瓷、陶土或玻璃艺术品
70	景德镇手工制瓷技艺	传统技艺	景德镇色釉	景德镇陶瓷协会	2009	授权	地理标志证明商标	21类：咖啡具；日用瓷器（包括盆、碗、盘、壶、餐具、缸、坛、罐）；日用陶器（包括盆、碗、盘、缸、坛、罐、砂锅、壶、炻器餐具）；饮用器皿；茶具；瓷、赤陶或玻璃艺术品；瓷器；瓷器装饰品；家庭用陶瓷制品；酒具
71	景德镇手工制瓷技艺	传统技艺	景德镇青花	景德镇陶瓷协会	2009	授权	地理标志证明商标	21类：茶具；瓷、赤陶或玻璃艺术品；瓷器；瓷器装饰品；家庭用陶瓷制品；酒具；咖啡具；日用瓷器（包括盆、碗、盘、壶、餐具、缸、坛、罐）；日用陶器（包括盆、碗、盘、缸、坛、罐、砂锅、壶、炻器餐具）；饮用器皿
72	景德镇手工制瓷技艺	传统技艺	景德镇玲珑	景德镇陶瓷协会	2009	授权	地理标志证明商标	21类：茶具；瓷、赤陶或玻璃艺术品；瓷器；瓷器装饰品；家庭用陶瓷制品；酒具；咖啡具；日用瓷器（包括盆、碗、盘、壶、餐具、缸、坛、罐）；日用陶器（包括盆、碗、盘、缸、坛、罐、砂锅、壶、炻器餐具）；饮用器皿

续表

序号	非遗项目	类别	申请商标名称	申请人	申请时间	结果	商标类别	备注
73	景德镇手工制瓷技艺	传统技艺	景德镇粉彩	景德镇陶瓷协会	2009	授权	地理标志证明商标	21类：茶具；瓷、赤陶或玻璃艺术品；瓷器；瓷器装饰品；家庭用陶瓷制品；酒具；咖啡具；日用瓷器（包括盆、碗、盘、壶、餐具、缸、坛、罐）；日用陶器（包括盆、碗、盘、缸、坛、罐、砂锅、壶、炻器餐具）；饮用器皿
74	景德镇手工制瓷技艺	传统技艺	景德镇制	景德镇陶瓷协会	1997	授权	地理标志证明商标	21类：日用瓷器；瓷制艺术品；瓷制工艺美术品；瓷器；瓷制茶具；咖啡具；瓷制酒具；瓷器装饰品
75	龙泉青瓷烧制技艺	传统技艺	龙泉青瓷	龙泉市青瓷行业协会	2002	授权	地理标志证明商标	21类：瓷艺术品
76	德化瓷烧制技艺	传统技艺	德化瓷雕	德化县陶瓷同业公会	2005	授权	地理标志证明商标	21类：瓷器；陶器；日用瓷器（包括盆、碗、盘、壶、餐具、缸、坛、罐）；日用陶器（包括盆、碗、盘、缸、坛、罐、砂锅、壶、炻器餐具）；瓷、赤陶艺术品；陶瓷、赤陶小雕像；瓷、赤陶塑像
77	德化瓷烧制技艺	传统技艺	德化瓷艺	德化县陶瓷同业公会	2014	驳回	集体商标	40类

续表

序号	非遗项目	类别	申请商标名称	申请人	申请时间	结果	商标类别	备注
78	南京云锦木机妆花手工织造技艺	传统技艺	南京云锦	南京云锦行业协会	2002	授权	地理标志证明商标	24类：织物；装饰织品
79	南京云锦木机妆花手工织造技艺	传统技艺	南京云锦	南京云锦行业协会	2006	授权	地理标志证明商标	24类：床单；枕套；被罩；床垫遮盖物；丝织美术品；纺织品壁挂；织锦人像；纺织品垫；锦缎；丝绸（布料）
80	南京云锦木机妆花手工织造技艺	传统技艺	南京云锦	南京云锦行业协会	2006	授权	地理标志证明商标	25类：服装；帽；领带；披肩；围巾；腰带；鞋；舞衣；旗袍；婚纱
81	玉屏箫笛制作技艺	传统技艺	玉屏箫笛	玉屏侗族自治县箫笛行业协会	2007	授权	地理标志证明商标	15类：箫；笛
82	龙泉宝剑锻制技艺	传统技艺	龙泉宝剑	龙泉市宝剑行业协会	2002	驳回	证明商标	8类：剑（龙泉宝剑被认定为企业所有的商标，而非地理标志，因此诸多行业协会的申请被驳回）
83	龙泉宝剑锻制技艺	传统技艺	龙泉宝剑（龙泉市宝剑行业协会）	龙泉市宝剑行业协会	2020	驳回	集体商标	8类

续表

序号	非遗项目	类别	申请商标名称	申请人	申请时间	结果	商标类别	备注
84	龙泉宝剑锻制技艺	传统技艺	龙泉宝剑（龙泉市宝剑行业协会）	龙泉市宝剑行业协会	2020	驳回	集体商标	28类
85	龙泉宝剑锻制技艺	传统技艺	龙泉宝剑（龙泉市宝剑行业协会）	龙泉市宝剑行业协会	2020	驳回	集体商标	35类
86	龙泉宝剑锻制技艺	传统技艺	龙泉宝剑联盟	龙泉市宝剑行业协会	2020	驳回	集体商标	35类
87	芜湖铁画锻制技艺	传统技艺	芜湖铁画	芜湖市文化馆（芜湖市非物质文化遗产保护中心）	2016	驳回	证明商标	14类
88	芜湖铁画锻制技艺	传统技艺	芜湖铁画	芜湖市文化馆（芜湖市非物质文化遗产保护中心）	2016	驳回	地理标志证明商标	6类
89	芜湖铁画锻制技艺	传统技艺	芜湖铁画	芜湖铁画研究会	2005	驳回	证明商标	6类

续表

序号	非遗项目	类别	申请商标名称	申请人	申请时间	结果	商标类别	备注
90	绍兴黄酒酿制技艺	传统技艺	绍兴黄酒	绍兴市黄酒行业协会	2009	授权	地理标志证明商标	33类：黄酒
91	绍兴黄酒酿制技艺	传统技艺	绍兴黄酒	绍兴市黄酒行业协会	1999	授权	地理标志证明商标	33类：黄酒
92	清徐老陈醋酿制技艺	传统技艺	清徐老陈醋	清徐醋产业协会	1999	授权	地理标志证明商标	30类：陈醋
93	武夷岩茶（大红袍）制作技艺	传统技艺	武夷山大红袍	武夷山市茶叶科学研究所	2001	授权	地理标志证明商标	30类：茶
94	武夷岩茶（大红袍）制作技艺	传统技艺	武夷山大红袍	武夷山市茶叶科学研究所	2019	授权	地理标志证明商标	30类：乌龙茶
95	武夷岩茶（大红袍）制作技艺	传统技艺	武夷山大红袍	武夷山市茶叶科学研究所	2020	授权	地理标志证明商标	30类：乌龙茶（与2019年标志不同）
96	湖笔制作技艺	传统技艺	湖笔	湖州市南浔区善琏湖笔行业协会	2007	驳回	证明商标	16类：毛笔

续表

序号	非遗项目	类别	申请商标名称	申请人	申请时间	结果	商标类别	备注
97	湖笔制作技艺	传统技艺	善琏湖笔	湖州市南浔区善琏湖笔行业协会	2006	授权	地理标志证明商标	16类：毛笔
98	端砚制作技艺	传统技艺	端砚	肇庆市端砚协会	2005	授权	地理标志证明商标	16类：砚（墨水池）
99	万载花炮制作技艺	传统技艺	万载花炮	万载县烟花爆竹商会	2009	授权	地理标志集体商标	13类：爆炸性烟雾信号；爆竹；鞭炮；烟花；烟火产品；焰火；引火物
100	风筝制作技艺（潍坊风筝）	传统技艺	潍坊风筝	潍坊市工艺美术协会	2005	驳回	集体商标	28类
101	风筝制作技艺（潍坊风筝）	传统技艺	潍坊风筝	潍坊国际风筝会综合服务中心	2021	审查程序中	地理标志证明商标	28类：风筝
102	醴陵釉下五彩瓷烧制技艺	传统技艺	醴陵釉下五彩瓷	醴陵市陶瓷协会	2011	授权	地理标志证明商标	21类：瓷器；瓷器装饰品；日用瓷器（包括盆、碗、盘、壶、餐具、缸、坛、罐）；日用陶器（包括盆、碗、盘、缸、坛、罐、砂锅、壶、炻器餐具）；陶器
103	钦州坭兴陶烧制技艺	传统技艺	钦州坭兴陶	钦州市坭兴陶行业协会	2017	授权	地理标志证明商标	21类：家庭用陶瓷制品；日用陶器（包括盆、碗、盘、缸、坛、罐、砂锅、壶、炻器餐具）

续表

序号	非遗项目	类别	申请商标名称	申请人	申请时间	结果	商标类别	备注
104	建水紫陶烧制技艺	传统技艺	建水紫陶	建水县紫陶协会	2010	授权	地理标志证明商标	21类：家用陶瓷制品；日用陶器（包括盆、碗、盘、缸、坛、罐、砂锅、壶、炻器餐具）；陶器
105	荥经砂器烧制技艺	传统技艺	荥经砂器	荥经县非物质文化遗产保护中心	2017	授权	地理标志证明商标	21类：陶器
106	荣昌陶器制作技艺	传统技艺	荣昌陶器	重庆市荣昌区安富街道社区文化服务中心	2013	授权	地理标志证明商标	21类：陶器
107	平定砂器制作技艺	传统技艺	平定砂器	平定县砂货协会	2019	驳回复审中	地理标志证明商标	21类：砂器
108	德州黑陶烧制技艺	传统技艺	德州黑陶	德州黑陶文化产业协会	2013	授权	地理标志证明商标	21类：陶器
109	潞绸织造技艺	传统技艺	高平潞绸	山西潞绸文化研究会	2018	驳回	地理标志证明商标	24类
110	夏布织造技艺	传统技艺	荣昌夏布	重庆市荣昌区商贸物流服务中心	2012	授权	地理标志证明商标	24类：夏布（麻布）
111	贺兰砚制作技艺	传统技艺	贺兰砚	宁夏回族自治区矿业开发勘查院	2011	授权	地理标志证明商标	16类：砚（墨水池）

续表

序号	非遗项目	类别	申请商标名称	申请人	申请时间	结果	商标类别	备注
112	福州茉莉花茶窨制工艺	传统技艺	福州茉莉花茶	福州市园艺学会	2005	授权	地理标志证明商标	30类：茶
113	绿茶制作技艺（西湖龙井）	传统技艺	西湖龙井	杭州市西湖龙井茶管理协会	2011	授权	地理标志证明商标	30类：茶叶
114	绿茶制作技艺（黄山毛峰）	传统技艺	黄山毛峰	黄山市茶叶行业协会	2014	授权	地理标志证明商标	30类：茶
115	绿茶制作技艺（太平猴魁）	传统技艺	太平猴魁	黄山区茶业协会	2005	授权	地理标志证明商标	30类：茶
116	绿茶制作技艺（六安瓜片）	传统技艺	六安瓜片	六安市裕安区茶叶产业协会	2000	授权	地理标志证明商标	30类：茶叶
117	绿茶制作技艺（六安瓜片）	传统技艺	六安瓜片	六安市裕安区茶叶产业协会	2002	授权	地理标志证明商标	30类：茶叶（与2000年的标志稍有不同）
118	紫笋茶制作技艺	传统技艺	紫笋茶	长兴县茶叶行业协会	2012	授权	证明商标	30类：茶

续表

序号	非遗项目	类别	申请商标名称	申请人	申请时间	结果	商标类别	备注
119	安吉白茶制作技艺	传统技艺	安吉白茶	安吉县农业农村局茶叶站	2017	授权	地理标志证明商标	30类：茶
120	安吉白茶制作技艺	传统技艺	安吉白茶	安吉县农业农村局茶叶站	2014	授权	地理标志证明商标	30类：茶
121	安吉白茶制作技艺	传统技艺	安吉白茶	安吉县农业农村局茶叶站	1998	授权	地理标志证明商标	30类：茶
122	婺源绿茶制作技艺	传统技艺	婺源绿茶	婺源县茶业协会	2005	授权	地理标志证明商标	30类：茶
123	信阳毛尖茶制作技艺	传统技艺	信阳毛尖	信阳市茶叶协会	2001	授权	地理标志证明商标	30类：茶；茶叶代用品
124	绿茶制作技艺（恩施玉露制作技艺）制作技艺	传统技艺	恩施玉露	恩施土家族苗族自治州茶产业协会	2008	授权	地理标志证明商标	30类：茶
125	都匀毛尖茶制作技艺	传统技艺	都匀毛尖	黔南州茶叶产业化发展中心	2010	授权	地理标志证明商标	30类：茶

续表

序号	非遗项目	类别	申请商标名称	申请人	申请时间	结果	商标类别	备注
126	都匀毛尖茶制作技艺	传统技艺	都匀毛尖	黔南州茶叶产业化发展中心	2002	授权	地理标志证明商标	30类：茶
127	祁门红茶制作技艺	传统技艺	祁门红茶	祁门县祁门红茶协会	2019	驳回复审中	集体商标	30类：红茶
128	祁门红茶制作技艺	传统技艺	祁门红茶	祁门县祁门红茶协会	2018	驳回	地理标志证明商标	30类：茶
129	祁门红茶制作技艺	传统技艺	祁门红茶	祁门县祁门红茶协会	2004	授权（被无效）	地理标志证明商标	30类：茶
130	郫县豆瓣传统制作技艺	传统技艺	郫县豆瓣	成都市郫都区食品工业协会	2005	授权	地理标志证明商标	30类：豆瓣
131	郫县豆瓣传统制作技艺	传统技艺	郫县豆瓣	成都市郫都区食品工业协会	2001	授权	地理标志证明商标	30类：豆瓣（标志不同）
132	郫县豆瓣传统制作技艺	传统技艺	郫县豆瓣	成都市郫都区食品工业协会	2000	授权	地理标志证明商标	30类：豆瓣（标志不同）

续表

序号	非遗项目	类别	申请商标名称	申请人	申请时间	结果	商标类别	备注
133	郫县豆瓣传统制作技艺	传统技艺	郫县豆瓣	成都市郫都区食品工业协会	2000	授权	地理标志证明商标	30类：豆瓣（标志不同）
134	郫县豆瓣传统制作技艺	传统技艺	郫县豆瓣	成都市郫都区食品工业协会	1997	授权	地理标志证明商标	30类：豆瓣（标志不同）
135	永川豆豉酿制技艺	传统技艺	永川豆豉	重庆市永川区豆豉行业协会	2010	授权	地理标志证明商标	30类：豆豉
136	金华火腿腌制技艺	传统技艺	金华火腿	金华火腿行业协会	2003	驳回	证明商标	29类：（5个申请标志稍有不同）
137	金华火腿腌制技艺	传统技艺	金华火腿	金华火腿行业协会	2003	驳回	证明商标	29类
138	金华火腿腌制技艺	传统技艺	金华火腿	金华火腿行业协会	2003	驳回	证明商标	29类
139	金华火腿腌制技艺	传统技艺	金华火腿	金华火腿行业协会	2003	驳回	证明商标	29类
140	金华火腿腌制技艺	传统技艺	金华火腿	金华火腿行业协会	2003	驳回	证明商标	29类

续表

序号	非遗项目	类别	申请商标名称	申请人	申请时间	结果	商标类别	备注
141	宣威火腿制作技艺	传统技艺	宣威火腿	宣威火腿产业服务中心	2004	授权	地理标志证明商标	29类：火腿
142	淄博陶瓷烧制技艺	传统技艺	淄博陶瓷	山东省陶瓷协会	2009	授权	地理标志证明商标	21类：瓷器；瓷艺术品；日用瓷器（包括盆、碗、盘、壶、餐具、缸、坛、罐）
143	福鼎白茶制作技艺	传统技艺	福鼎白茶	福鼎市茶业协会	2018	授权	地理标志证明商标	30类：白茶（茶）
144	福鼎白茶制作技艺	传统技艺	福鼎白茶	福鼎市茶业协会	2018	授权	地理标志证明商标	30类：白茶（茶）（与上述申请标志不同）
145	福鼎白茶制作技艺	传统技艺	福鼎白茶	福鼎市茶业协会	2008	授权	地理标志证明商标	30类：茶（与上述申请标志不同）
146	吉州窑陶瓷烧制技艺	传统技艺	吉州窑陶瓷	吉州窑古陶瓷研究所	2018	授权	地理标志证明商标	21类：瓷器；日用瓷器（包括盆、碗、盘、壶、餐具、缸、坛、罐）；瓷艺术品 此项中有一个2004年一般商标申请，申请人：吉州古陶瓷研究所，被驳回
147	当阳峪绞胎瓷烧制技艺	传统技艺	当阳峪绞胎瓷	修武县宁城工艺美术协会	2016	授权	地理标志证明商标	21类：瓷器；日用瓷器（包括盆、碗、盘、壶、餐具、缸、坛、罐）；瓷器装饰品

续表

序号	非遗项目	类别	申请商标名称	申请人	申请时间	结果	商标类别	备注
148	义乌红糖制作技艺	传统技艺	义乌红糖	义乌市红糖产业协会	2015	授权	地理标志证明商标	30类：红糖
149	豆腐传统制作技艺（淮南豆腐）	传统技艺	淮南豆腐	淮南市八公山区豆制品行业协会	2012	授权	地理标志证明商标	29类：豆腐
150	龙口粉丝传统制作技艺	传统技艺	龙口粉丝	烟台市食品工业协会	2008	驳回	证明商标	30类：非所属地域的协会申请，可能存在非遗内部人归属竞争问题
151	龙口粉丝传统制作技艺	传统技艺	龙口粉丝	招远市龙口粉丝协会	2003	驳回	证明商标	30类：所属地域的协会申请，可能存在非遗内部人归属竞争问题
152	龙口粉丝传统制作技艺	传统技艺	龙口粉丝	招远市乡镇企业科技服务站	1995	驳回	证明商标	30类：粉丝，也未成功
153	龙口粉丝传统制作技艺	传统技艺	龙口粉丝	烟台市乡镇企业科技开发服务中心	1995	驳回	证明商标	30类：也未成功（上述4项申请分别由不同协会、组织申请，均未成功）
154	蒙自过桥米线制作技艺	传统技艺	蒙自过桥米线	蒙自市过桥米线协会	2010	授权	地理标志证明商标	30类：米线

续表

序号	非遗项目	类别	申请商标名称	申请人	申请时间	结果	商标类别	备注
155	蒙自过桥米线制作技艺	传统技艺	蒙自过桥米线	蒙自市过桥米线协会	2009	授权	地理标志证明商标	30类：米线
156	永定万应茶	传统技艺	永定万应茶	龙岩市永定区药学会	2019	驳回复审中	地理标志证明商标	5类：药用草药茶2019年5月刚申请，还不确定能够获批
157	宜兴紫砂陶制作技艺	传统技艺	宜兴紫砂	宜兴市陶瓷行业协会	2003	授权	地理标志证明商标	21类：陶制艺术品；陶制工艺美术品；陶制茶具；陶制咖啡具；陶制酒具；陶制蒸汽锅；陶制装饰品；陶器；日用陶器（包括盆、碗、盘、缸、坛、罐、砂锅、壶、炻器餐具）
158	德化瓷烧制技艺	传统技艺	德化陶瓷	德化县陶瓷同业公会	2005	授权	地理标志证明商标	21类：瓷器；陶器；日用瓷器（包括盆、碗、盘、壶、餐具、缸、坛、罐）；日用陶器（包括盆、碗、盘、缸、坛、罐、砂锅、壶、炻器餐具）；瓷、赤陶艺术品；陶瓷、赤陶小雕像；瓷、赤陶塑像
159	平遥推光漆器髹饰技艺	传统技艺	平遥推光漆器	平遥推光漆器协会	2007	授权	地理标志证明商标	20类：家具；漆器工艺品
160	清徐老陈醋酿制技艺	传统技艺	清徐陈醋	清徐醋产业协会	1999	授权	地理标志证明商标	30类：陈醋

续表

序号	非遗项目	类别	申请商标名称	申请人	申请时间	结果	商标类别	备注
161	清徐老陈醋酿制技艺	传统技艺	清徐老陈醋	清徐醋产业协会	1999	授权	地理标志证明商标	30类：老陈醋
162	镇江恒顺香醋酿制技艺	传统技艺	镇江香醋	镇江市醋业协会	2005	授权	地理标志集体商标	30类：醋
163	镇江恒顺香醋酿制技艺	传统技艺	镇江香醋	镇江市醋业协会	2008	授权	地理标志集体商标	30类：醋（与2005年注册商标图片不同）
164	钧瓷烧制技艺	传统技艺	禹州钧瓷	禹州市钧瓷行业协会	2006	授权	地理标志证明商标	21类：钧瓷
165	醴陵釉下五彩瓷烧制技艺	传统技艺	醴陵红瓷	醴陵市陶瓷协会	2011	授权	地理标志证明商标	21类：瓷器；瓷器装饰品；日用瓷器（包括盆、碗、盘、壶、餐具、缸、坛、罐）；日用陶器（包括盆、碗、盘、缸、坛、罐、砂锅、壶、炻器餐具）；陶器
166	醴陵釉下五彩瓷烧制技艺	传统技艺	醴陵陶瓷	醴陵市陶瓷协会	2011	授权	地理标志证明商标	21类：瓷器；瓷器装饰品；日用瓷器（包括盆、碗、盘、壶、餐具、缸、坛、罐）；日用陶器（包括盆、碗、盘、缸、坛、罐、砂锅、壶、炻器餐具）；陶器
167	陶器烧制技艺	传统技艺	建水陶	建水县紫陶协会	2012	授权	地理标志证明商标	21类：陶器；家用陶瓷制品；日用陶器（包括盆、碗、盘、缸、坛、罐、砂锅、壶、炻器餐具）

续表

序号	非遗项目	类别	申请商标名称	申请人	申请时间	结果	商标类别	备注
168	鲁锦织造技艺	传统技艺	鄄城鲁锦	鄄城县鲁锦协会	2013	授权	地理标志证明商标	24类：锦缎（布料）
169	藏族金属锻造技艺	传统技艺	拉孜藏刀	拉孜县藏刀民间交流协会	2013	授权	地理标志证明商标	8类：刀
170	乌龙茶制作技艺	传统技艺	南靖铁观音	南靖县海峡两岸茶业交流协会	2006	授权	地理标志证明商标	30类：茶
171	乌龙茶制作技艺	传统技艺	华安铁观音	华安县海峡两岸茶业交流协会	2009	授权	地理标志证明商标	30类：茶
172	乌龙茶制作技艺	传统技艺	华安铁观音	华安县海峡两岸茶业交流协会	2021	等待实质审查	地理标志证明商标	30类：茶
173	黑茶制作技艺	传统技艺	临湘黑茶	临湘市茶叶行业协会	2014	授权	地理标志证明商标	30类：茶
174	黑茶制作技艺	传统技艺	安化千两茶	安化县茶旅产业发展服务中心	2007	授权	地理标志证明商标	30类：茶
175	黑茶制作技艺	传统技艺	蒙项山黑茶	雅安市名山区茶业协会	2015	授权	地理标志证明商标	30类：茶
176	建窑建盏烧制技艺	传统技艺	建阳建盏	南平市建阳区建窑建盏协会	2014	授权	地理标志证明商标	21类：瓷器；日用瓷器（包括盆、碗、盘、壶、餐具、缸、罐）

续表

序号	非遗项目	类别	申请商标名称	申请人	申请时间	结果	商标类别	备注
177	乌龙茶制作技艺	传统技艺	安溪铁观音	安溪县茶业总公司	1998	授权	地理标志证明商标	30类：茶叶
178	牛羊肉烹制技艺	传统技艺	平遥牛肉	平遥牛肉行业商会	2004	授权	地理标志证明商标	29类：牛肉（双重保护）

将表4-3中数据进行统计，形成“非遗集体商标、证明商标申请注册数据表”（见表4-4）。分析该表数据，可发现如下事实。

表4-4 非遗集体商标、证明商标申请注册数据

单位：项

非遗类别	数量	商标注册结果		商标类型			
				集体商标	证明商标	地理标志集体商标	地理标志证明商标
民间文学	5	授权	1	1	0	0	0
		驳回	4	0	0	0	4
		不确定	0	0	0	0	0
传统戏剧	1	授权	0	0	0	0	0
		驳回	1	0	1	0	0
		不确定	0	0	0	0	0
传统体育、游艺与杂技	2	授权	0	0	0	0	0
		驳回	2	2	0	0	0
		不确定	0	0	0	0	0
传统美术	55	授权	37	0	0	5	32
		驳回	18	8	5	0	5
		不确定	0	0	0	0	0

续表

非遗类别	数量	商标注册结果		商标类型			
				集体商标	证明商标	地理标志集体商标	地理标志证明商标
传统技艺	115	授权	88	0	1	4	83
		驳回	22	6	13	0	3
		不确定	5	1	0	0	4
总计	178	授权	126	1	1	9	115
		驳回	47	16	19	0	12
		不确定	5	1	0	0	4
		小计	178	18	20	9	131

（一）从非遗项目类别分布及成功率情况来看

表4-4首先可反映申请集体商标、证明商标以及地标集体商标、地标证明商标的非遗项目类别情况。从表4-3数据可见，集体商标、证明商标以及地标集体商标和地标证明商标共178项申请中，传统技艺类非遗项目高达115项，占比64.6%，传统美术类项目次之，占比30.9%，该两类项目占据了申请量的95.5%，居于绝对地位。另有三类项目亦有少量申请，即民间文学类5项，传统戏剧类1项，传统体育、游艺与杂技2项。

结合“商标注册结果”数据来看，传统技艺类的115项申请中，授权88项，占比76.6%；驳回22项，占比19.1%；不确定5项，占比4.3%。其中不确定的情况主要是申请时间在最近一两年，商标可能还处于实审、初审公告、驳回复审程序中。传统美术类的55项申请中，授权37项，占比67.3%；驳回18项，占比32.7%。传统体育、游艺与杂技的2项申请，以及传统戏剧的1项申请，全部被驳回。民间文学的5项申请中，其中4项被驳回，1项被授权。被驳回的4项申请均属“玛纳斯”项目，以“玛纳斯大米”“玛纳斯土豆”“玛纳斯葡萄”“玛纳斯羊羔肉”申请地理标志证明商标。被授权的1项是“万荣笑话”，将“万荣笑话协会”申请注册为一般集体商标。

可见，传统技艺类项目在集体商标、证明商标申请中，不仅数量最多，而且注册成功率也最高。传统美术类项目次之。其他类别占比很小。

(二)从商标类型分布及申请成功率情况来看

在所有的178项商标申请中，一般集体商标18项，占比10.1%；一般证明商标20项，占比11.2%；地标集体商标9项，占比5.1%；地标证明商标131项，占比73.6%。可见，在4种商标类别中，地标证明商标是非遗项目申请的热门，占据绝对数量优势，而地标集体商标仅有9项，占比最低。

结合“商标注册结果”数据来看，一般集体商标共18项申请，仅有1件授权，该项申请为“万荣笑话协会”，授权率为5.6%，；一般证明商标共20项申请，也仅有1项获得授权，该项申请为“紫笋茶”，授权率仅为5.0%；而地标集体商标虽然申请总量仅为9项，但全部获得授权，拥有100%的授权成功率；地标证明商标的131项申请中共有115项成功获得授权，授权成功率为87.8%，也是比较高的。

另外，从表4-4中还可以得出非遗项目申请集体商标、证明商标、地标集体商标和地标证明商标的总体成功率，在178项申请中，共计授权126项，总体授权率为70.8%；驳回47项，驳回率为26.4%。由于商标申请数量随时处在变动中，因此授权率是一个动态变化数字。不过仅从这一数字来看，目前的总体授权率为70.8%。

(三)从申请量年度变化情况来看

对表4-3中非遗项目申请集体商标、证明商标的年份信息进行统计，可得“非遗项目申请集体商标、证明商标数量年度变化”(见表4-5)，以及“非遗项目申请集体商标、证明商标数量年度变化”(见图4-11)。

表4-5　非遗项目申请集体商标、证明商标数量年度变化

单位：件

年份	申请量	年份	申请量	年份	申请量
1995	2	2005	12	2015	5
1996	0	2006	9	2016	5
1997	3	2007	7	2017	9
1998	2	2008	9	2018	8
1999	5	2009	14	2019	8
2000	2	2010	12	2020	6
2001	3	2011	12	2021	2
2002	5	2012	8		
2003	7	2013	9		
2004	3	2014	10		

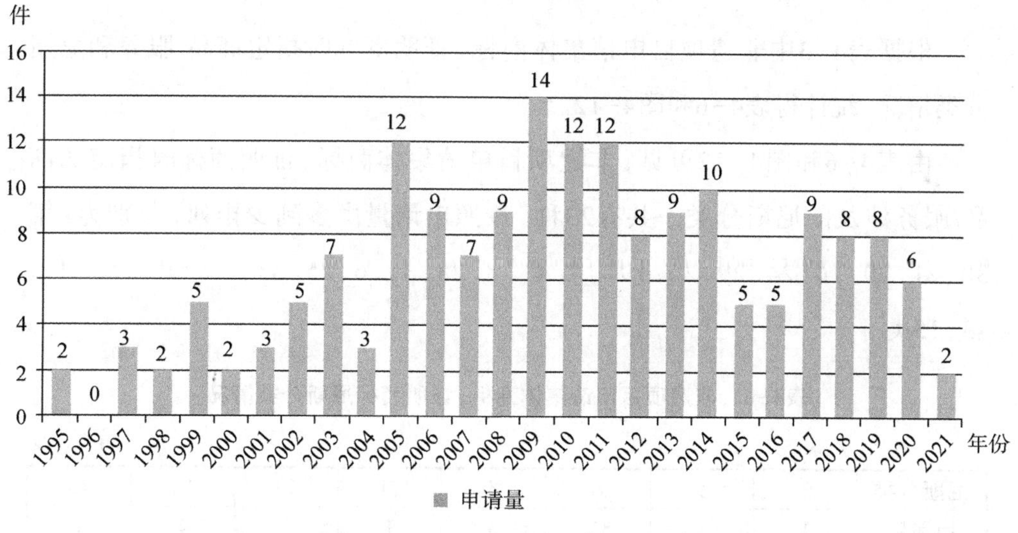

图4-11　非遗项目申请集体商标、证明商标数量年度变化

图4-11数据，结合表4-3中的原始信息来看，非遗项目申请集体商标、证明商标最早从1995年开始，该年度有2件申请，申请项目均为“龙口粉丝”，分别由招远市乡镇企业科技服务站和烟台市乡镇企业科技开发服务中心申请，

申请的商标类别均为一般证明商标，但都被驳回了。之后几年数据在波动中，直到2005年达到12件，首次超过10件，从2005年开始至2014年，是申请量较为集中的年份，年度申请量最低也有7件，之后又开始在波动中下降，2021年仅有2件申请。在所有申请年份中，达到10件以上的年份有5个，分别是2014年的10件，2005年、2010年、2011年的12件，以及申请量最高的2009年，达14件。可见，非遗项目申请集体商标、证明商标的年度变化趋势，与非遗项目总体商标申请年度变化趋势相比（见图4-2），呈现一种不同的样态。虽然二者都存在一种波动的形态，但非遗项目总体商标申请年度变化趋势呈现一种波动中走高的态势，而集体商标、证明商标的申请则呈现为一种逐渐上升后又逐渐下降的趋势。

（四）从申请指定的商品/服务类别来看

根据表4-3中非遗项目申请集体商标、证明商标时指定商品/服务和尼斯分类情况，统计得表4-6和图4-12。

由表4-6和图4-12可见，非遗项目申请集体商标、证明商标时指定的商品/服务涉及的尼斯分类一共有23种，按照申请量由多到少排列，分别为：第30、21、20、16、24、29、26、19、14、41、8、28、31、6、25、33、35、40、3、5、11、13、15类。

表4-6 非遗项目申请集体商标、证明商标尼斯分类情况

单位：项

尼斯分类	3	5	6	8	11	13	14	15
申请量	1	1	2	3	1	1	4	1
尼斯分类	16	19	20	21	24	25	26	28
申请量	15	8	16	26	10	2	9	3
尼斯分类	29	30	31	33	35	40	41	
申请量	10	53	3	2	2	2	4	

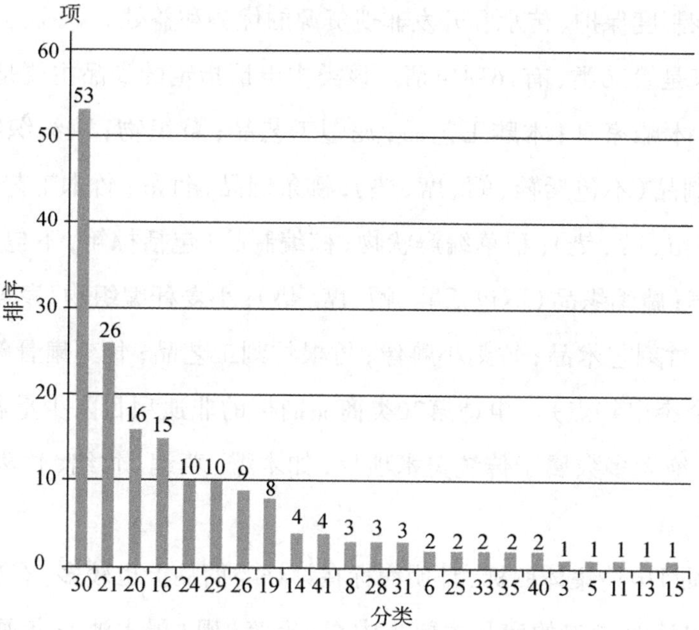

图4–12　非遗项目申请集体商标、证明商标尼斯分类（排序）

其中，第30类申请数量最多，达53项，就具体商品而言，在53项申请中，绝大多数属于“茶”“茶叶”产品，也有少量“红茶”“乌龙茶”“黑茶”等。其次为“醋”“陈醋”产品，还有个别产品为“豆豉”“豆瓣”“米线”“红糖”“馒头”。可见茶产业作为我国闻名世界的特色产业，确实在非遗项目中占有较高比重，其申请集体商标、证明商标，尤其是申请地标证明商标的比例最高，充分利用了地标证明商标的制度优势进行产业保护。

排在第二位的是第21类，申请量为26项。具体产品主要是瓷器和陶器两大类，包括：瓷器；瓷器装饰品；日用瓷器（包括盆、碗、盘、壶、餐具、缸、坛、罐）；瓷艺术品；陶器；日用陶器（包括盆、碗、盘、缸、坛、罐、砂锅、壶、炻器餐具）；陶制艺术品；陶制工艺美术品；陶制茶具；陶制咖啡具；陶制酒具；陶制装饰品；家用陶瓷制品；饮用器皿；瓷、赤陶或玻璃艺术品等。这也显示出我国陶瓷文化资源的优势，且各地陶瓷文化项目几乎清一色地申请地标证明商标予以保护，不仅说明该类项目十分适合此类商标保护，也说明传承地人民意识到了利用该制度保护、传承和开发非遗资源的优势和益处。

接下来是第20类，有16项申请。该类中申请指定的商品主要是：家具；漆器工艺品；木雕家具；木雕工艺品；泥塑工艺品；草织物；草编织物（草席除外）；草编制品（不包括鞋、帽、席、垫）；柳条制品；竹帘；竹木工艺品；竹编制品（不包括帽、席、垫）；稻草编辫状物；棕编制品（包括棕箱，不包括席、垫）；镶边用稻草；藤编织品（不包括鞋、帽、席、垫）；小麦秆编织物（草席除外）；竹刻工艺品；竹刻艺术品；竹刻小雕像；竹根竹刻工艺品；竹刻扇骨等。第20类申请的一个突出特点是，申请第20类商品商标的非遗项目除少量属于传统技艺类之外，绝大多数属于传统美术项目，如木雕、草编、竹编、竹刻、柳编、泥塑等。

非遗项目申请集体商标、证明商标在第16类商品上也较多，有15项申请记录。商标申请时指定的商品主要集中在：毛笔；砚（墨水池）；年画；剪纸；油画；宣传画；连环漫画书；邮票；肖像；招贴画或纸板；印花用图画；图画；雕刻印刷品；平版印刷工艺品；蚀刻（版）画；印刷出版物；杂志（期刊）等。申请该类商品商标的非遗项目很好地体现了我国传统的笔墨纸砚和印刷等文化。

第24类申请指定的商品较为常见的是：织物；装饰织品；堆锦（工艺品）；丝织美术品；刺绣工艺品；夏布（麻布）；锦缎（布料）；被面（绣制品）；床单和枕套（绣制品）；绣花枕套；家具遮盖物（绣制品）；家电遮盖物（绣制品）；手绣、机绣图画；纺织品壁挂；织锦人像；纺织品垫；锦缎；丝绸（布料）等。

第26类申请也较多，常见指定的商品有：刺绣品（绣花饰品）；花哨的小商品（绣制品）；花彩装饰（绣制品）；银线制绣品；绣金制品；刺绣用金属线；荷包袋；绳编工艺品；绣花饰品等。在第26类和第24类商品上申请商标的非遗项目主要是我国传统的纺织、刺绣文化的体现。

第29类申请指定的商品包括榨菜；火腿；豆腐；牛肉等，是我国传统饮食文化的体现。不过该类申请数量并不多，而且还有几项被驳回，可见至少在国家级非遗项目中，并没有出现印象中的“非遗展览成小吃天下”的景象。

在非遗项目申请集体商标、证明商标的商品类别中，还有一个较为突出的是第19类，虽然其数量不多，但对应的非遗项目非常集中，即“石雕”类非遗项目，属于传统美术类项目，如青田石雕、曲阳石雕、寿山石雕、惠安石雕、绥德石雕、浏阳菊花石雕等。其申请指定的商品包括：石雕；石雕（非金属雕塑品）；石雕刻艺术品；石头雕刻工艺品；石、混凝土或大理石小雕像；石、混凝土或大理石艺术品；石头、混凝土或大理石半身雕塑像；石板；花岗石；大理石；石料粘合剂；墓碑；墓石等。

与石雕第19类申请相比，玉雕类非遗项目申请集体商标、证明商标的数量很少，只有镇平玉雕、岫岩玉雕两个项目在第14类上的3项申请。

还有一个较为意外的情况是，我国历史悠久的白酒文化酝酿出很多白酒酿制技艺非遗项目，但并没有申请集体商标、证明商标、地标集体商标和地标证明商标的检索记录，在第33类商品上仅有2项“绍兴黄酒”的申请记录，为地理标志证明商标，申请获得了授权。经过检索发现，出现这一现象的原因应该是，绝大多数传统白酒酿制非遗项目都被申请成了一般商标，而且申请的年份都很早，比如“茅台”在第33类上的商标早在1986年就由中国贵州茅台酒厂（集团）有限责任公司注册，“五粮液”在第33类上的商标早在1981年就由四川省宜宾五粮液集团有限公司注册，“宝丰”33类商标在1985年之前就由宝丰酒业有限公司申请注册，等等。对此的合理解释是，白酒酿制技艺这类非遗项目在所有权属性上可能更多归于“私有”，或者是从一开始就有明确的传承脉络，属于家族传承，或者在历史传承过程中被私有化，已经形成既成事实，因此在新中国成立之后，在我国《商标法》颁布之后甚至颁布之前，就已经有了明确的商标权人，所以主要是申请一般商标。而且，这些非遗项目商标的拥有者、经营者往往都有强大的经济实力、管理能力，对名酒商标进行维权和保护。

综合上述非遗项目申请集体商标、证明商标时指定的商品/服务类别和具体的商品/服务项目来看，所有的申请都具有浓郁的中华传统文化气息，且这些申请指定的商品/服务与非遗的文化内涵高度保持一致。这也再一次说明，以集体商标、证明商标，尤其是以地标集体商标和地标证明商标对非遗项目进行保护，并在此基础上进行文化资源开发，是目前商标法律制度为非遗保护与开发提供的一条独特而有效的路径，应该充分利用。

五、本章小结

本章从非遗商标申请与注册数据的视角对非遗商标保护进行定量分析，是实证研究的核心内容之一。基于4批共计4000多项国家级代表性项目名录中非遗项目关键非遗符号的地毯式检索，得到了12123条有效检索数据，又通过多达16项图表对这些数据进行定量分析，可以较为全面地反映非遗符号商标申请与注册的现状。通过统计分析发现，目前将非遗符号注册为商标的现象已经大量存在，具有较强的紧迫性。而且，通过对统计数据的分项和相互结合的分析，更可洞见其中的详细结构问题，比如内部人、外部人申请非遗商标的数据比对、申请商标指定商品或服务的倾向性，非遗商标申请的年度变化趋势，非遗商标指定商品或服务的尼斯分类情况，非遗商标申请的成功率，非遗商标申请中显著性和判断标准问题的现实面相，非遗商标申请中集体商标、证明商标的占比、详细申请数据、注册成功率、指定商品或服务的特点等。这些建基于大数据之上的实证分析有助于我们发现非遗商标申请与注册中存在的现实问题，为后续的问题分析以及解决方案的制定提供实证基础。

第五章 非遗商标侵害与保护现状：涉非遗商标司法案例分析

非遗商标保护的实证分析，还有一个必不可少的环节，即非遗商标纠纷司法案例的情况。通过司法案例的详细分解，可以更为深入地洞察非遗商标纠纷中存在的具体问题。在前述研究中，已经提到了个别此类案件的情况，为了更全面深入了解非遗商标纠纷的实践状况，比如存在哪些类型的非遗商标纠纷，各类纠纷出现的原因是什么，各类纠纷争议的焦点为何，司法机关的裁判标准是怎样的，裁判标准是否统一，裁判时经常用到哪些法律条文，这些法律依据是否充分，法律解释是否清楚，能否对非遗商标保护起到应有的作用等，这些问题的厘清均需对涉非遗商标司法案例进行全面考察，从司法视角了解非遗商标侵害与保护的真实情况。

一、涉非遗商标司法案例实证分析：方案

基于研究所需，非遗商标纠纷司法案例的实证分析方案设定如下：第一，选取合适的司法案例数据库作为研究资源；第二，选取合适的关键词进行数据检索，目标为检索到涉及“非遗商标”的司法案件；第三，对检索结果进行人工选择，将符合研究目标、有研究价值的案例选取出来；第四，对选取的司法案例进行信息提取，主要包括基本案情、纠纷类型、案号、涉及的非遗项目、法院裁判结果、裁判理由和观点、关键法律条款等，同时从非遗商标保护维度对

案例进行分类、总结和评价，从中发现问题、分析问题，为后面的解决方案设计做铺垫。

二、涉非遗商标司法案例实证分析：案例检索和筛选

综合考虑数据库资源的丰富程度、检索准确程度、检索结果数量、检索结果下载难易度等因素，经笔者试验、对比和选择，最终选取“威科先行法律信息库”作为检索数据库，以其“裁判文书”数据库作为具体检索资源。在此基础上，本着能够获取较多检索结果的方针，从其“高级检索”窗口进入，以“非物质文化遗产”并“商标”为逻辑检索式，检索范围选择“全文”，检索模式选择“常规”，案件类型选择“全部”，文书类型选择“判决书”，最终得到检索结果2247条。

进一步分析该检索结果，发现检索结果中与商标相关的纠纷共1974条，且其中绝大多数的纠纷是侵害商标权纠纷中的“名企名牌商标维权系列案”，尤其是著名酒类企业商标维权系列案，如“茅台”“泸州老窖”“郎酒”等，再如“郫县豆瓣”等著名老字号企业的维权系列案。由于这些名企名牌的商标大多都是由非遗项目衍生，很多还都是中华老字号，在判决书中会有“非物质文化遗产名录”的原告举证字样，因此此类案件自然进入了检索范围，而且数量众多。虽然此类案件属于本文分析的对象，但其往往属于批量维权案件，数量巨大，判决结果和理由基本相同，重复列入数据统计表进行理论研究意义不大，因此决定采取“列入若干代表性案例”方式，将其纳入实证研究之中。另外，考虑到典型案例、案件审级的重要性，因为它们所代表的案件争议性强、通常更具典型性和代表意义，在选取检索结果时，优先按照案例代表性、法院级别的顺序进行筛查，按照“最高人民法院指导案例”“最高人民法院公报案例”“参阅案例”“典型案例”“最高人民法院案例”“高级人民法院案例”的标签进行人工选择，最终选取具有典型研究意义的案例132例（见表5-1）。

表5-1　非遗商标司法纠纷案例统计表

序号	案件名	纠纷类型	涉及非遗项目	案情、法院裁判观点和理由	案号	关键法律条款	案例评价
1	鲁锦案	民事侵权（商标侵权与不正当竞争）	鲁锦织造技艺（国家级非遗项目）	被告鄄城县鲁锦工艺品有限责任公司（以下简称鄄城鲁锦公司）生产、销售的鲁锦产品在显著位置标明“鲁锦”字样，并由济宁礼之邦家纺有限公司鲁锦专卖店等众多专卖店进行销售。原告诉被告的产品侵犯原告的“鲁锦”注册商标专用权。另外，原告诉被告鄄城鲁锦公司企业名称中含有原告的“鲁锦”注册商标字样，误导消费者，构成不正当竞争。 法院认为，本案的主要争议点为“鲁锦”是否是一种山东民间纯棉手工纺织品的通用名称。一审济宁中院认定不是通用名称，构成商标侵权和不正当竞争。二审山东高院认定“鲁锦”在1999年被上诉人山东鲁锦公司将其注册为商标之前已是山东民间手工棉纺织品的通用名称，“鲁锦”织造技艺为非物质文化遗产。鄄城鲁锦公司、济宁礼之邦公司的使用和销售行为不构成商标侵权，也不构成不正当竞争	二审：山东高院（2009）鲁民三终字第34号 2009.08.05 一审：（2007）济民五初字第6号	2002年《商标法实施条例》第49条	1.最高人民法院指导性案例； 2.非遗商标被认定为通用名称典型案例（非遗通用名称化与商标专用权之间的平衡）； 3.非遗符号资源内部人争夺案例
2	祁门红茶案	行政授权确权（商标无效纠纷）	祁门红茶制作技艺（国家级非遗项目）	国润公司对祁门红茶协会申请的地理标志证明商标“祁门红茶”提出无效宣告，理由是该地理标志证明商标确定的产区范围只包含祁门县地域范围，未包含历史上客观存在的其他几个县市区，由此产生纠纷。 法院认为本案的主要争议点为：祁门红茶注册地理标志证明商标时未客观划定地域范围，是否属于欺骗或以其他不正当手段获取商标的行为。针对上述争议点，商评委、一审和二审法院观点不统一。 商评委在裁定中认为：祁门红茶协会将该地理标志所标示地区仅限定在祁门县所辖行政区划的做法违背客观历史，违反了诚实信用原则，构成2001年《商标法》第41条第1款所指的以欺骗手段取得注册之情形。裁定争议商标予以无效宣告。	二审：北京市高级人民法院（2017）京行终3288号 2017.12.25 一审：北京知识产权法院（2015）京知行初字第6629号行政判决	2001年《商标法》第41条第1款 2002《商标法实施条例》第4条 《商标法》第16条（地理标志条款） 《集体商标、证明商标注册和管理办法》相关规定	1.内部人对非遗符号资源的争夺（祁门红茶产地范围争议）； 2.非遗商标积极保护模式运用中的问题（申请非遗地标商标遇到产地范围内部争议，影响非遗商标资源的开发）； 3.通过解释适用2001年《商标法》第41条第1款“欺骗性或其他不正当

续表

序号	案件名	纠纷类型	涉及非遗项目	案情、法院裁判观点和理由	案号	关键法律条款	案例评价
				一审北京知识产权法院推翻了商评委的裁定。认为：判断争议商标之申请是否属于2001年《商标法》第41条第1款的情形，并不在于确定“祁门红茶”的产区范围客观如何，而在于祁门红茶协会在申请该证明商标时主观上是否有欺瞒商标行政机关之故意，客观上是否实施了伪造申请材料等欺骗行为。本案祁门红茶协会并未实施这些行为，争议商标的申请不构成以欺骗手段或者其他不正当手段取得注册的情形。 二审北京高级人民法院又推翻了北京知识产权法的裁判意见，其将“欺骗性”和“其他不正当手段”分别进行解释。认为：提交虚假申请文件属于违反消极诚信义务，构成“欺骗性申请”，不向商标注册主管机关全面准确说明客观情况的，属于违反积极诚信义务，构成“其他不正当手段申请”，同样违反该条规定。本案祁门红茶协会在明知存在“大、小祁门红茶产区”争议的情况下，未全面准确地向商标注册主管机关报告该商标注册过程中存在的争议，即违反了积极诚信义务，构成2001年《商标法》第41条第1款规定的“以其他不正当手段取得注册的”的情形，争议商标依法应予无效宣告			手段获取商标条款”解决案件争议，仍属法律系统的语言，不涉及非遗文化系统问题，法院也明确说明商标审查仅为形式审查，不关注产区范围的具体判定。案件虽然完结，但该地理标志证明商标被判无效，利用商标保护和开发非遗文化资源的实际问题并未解决
3	郫县豆瓣案一	民事侵权（商标侵权）	郫县豆瓣传统制作技艺（国家级非遗项目）	案件源于老孟干货店在其经营的店铺内销售与“郫县豆瓣”注册商标近似的豆瓣商品，巧蜀坊公司、康佳酱菜厂系以上侵权商品的生产者，其生产的名为“郫县风味豆瓣”的豆瓣酱所标识的“郫县豆瓣”，与郫都食品协会所享有的“郫县豆瓣”，在结构、偏旁、笔画等方面，极为相似，极易使普通消费者混淆商品来源。巧蜀坊公司答辩称所使用的系郫县风味豆瓣，从未使用郫都食品协会商标，所使用的“郫县”系对地名的合理使用，与案涉商标不构成近似。法院认为被告对“郫县豆瓣”的使用属于近似，构成商标侵权	四川省成都市郫都区人民法院（原四川省郫县人民法院）（2019）川0124民初6851号 2020.10.26	《商标法》第57条第2项	1.对非遗地理标志证明商标的侵权，此类案件数量大，由协会发起侵权诉讼2021年因“潼关肉夹馍事件”曾引起社会讨论，但本案商标侵权清晰明确，没有较大争议； 2.非遗商标积极保护模

续表

序号	案件名	纠纷类型	涉及非遗项目	案情、法院裁判观点和理由	案号	关键法律条款	案例评价
							式典型成功案例（由协会申请注册地标证明商标，由协会统一维权，保护与开发非遗）； 3.外部人对非遗符号资源的侵犯； 4.非遗商标维权系列案（非遗增加了商标知名度，有利于商标侵权成立的判断）
4	郫县豆瓣案二	民事侵权（商标侵权）	郫县豆瓣传统制作技艺（国家级非遗项目）	原告：成都市郫都区食品工业协会 被告：丁某 案情基本同上 法院裁判结果和理由基本司上。 被告合法来源抗辩未成立	湖北省高级人民法院 （2020）鄂知民终790号 2020.12.23	基本同上	同上
5	郫县豆瓣案三	民事侵权（商标侵权）	郫县豆瓣传统制作技艺（国家级非遗项目）	原告：成都市郫都区食品二业协会 被告：武汉市东西湖明明二鲜经营部 案情基本同上 法院裁判结果和理由基本司上 。 侵权行为是使用“郫县豆瓣”商标	湖北省高级人民法院 （2020）鄂知民终786号 2020.12.23	基本同上	同上
6	郫县豆瓣案四	民事侵权（商标侵权）	郫县豆瓣传统制作技艺（国家级非遗项目）	原告：成都市郫都区食品二业协会 被告：武汉市洪山区白沙洲大市场老姜干调经营部 案情基本同上 法院裁判结果和理由基本司上。 侵权行为是使用“郫县豆瓣”商标	湖北省高级人民法院 （2020）鄂知民终789号 2020.12.23	基本同上	同上

续表

序号	案件名	纠纷类型	涉及非遗项目	案情、法院裁判观点和理由	案号	关键法律条款	案例评价
7	郫县豆瓣案五	民事侵权（商标侵权）	郫县豆瓣传统制作技艺（国家级非遗项目）	原告：成都市郫都区食品工业协会 被告：隆鑫顺食品贸易（天津）有限责任公司 法院裁判结果和理由基本同上。 侵权行为是使用“郫县豆瓣”商标	天津市高级人民法院 （2020）津民终941号 2020.10.12	基本同上	同上
8	山莊老酒案	民事侵权（商标侵权）	蒸馏酒传统酿造技艺·山庄老酒传统酿造技艺（国家级非遗项目）	承德避暑山庄企业集团有限责任公司诉天津市海河春酒业酿造有限公司等侵犯商标权。原告认为被告生产、销售商标为“清枫山莊老酒”的白酒，与原告“山莊及图”“山莊老酒”商标构成近似。法院裁判认为，被告虽然享有第7794760号“清枫山莊及图”商标的使用权，但是其商标注册证显示，“清枫山莊”4字系竖型排列（即从上到下的排列方式），4个字的字体、字号、字距、样式等均一致，且在其文字左侧有附图。而在其生产的“清枫山莊”老酒的外包装及酒瓶上没有附图，“山莊”二字被刻意突出，其字号明显大于“清枫”二字，且“清枫山莊”4个字的右侧出现了“老酒”字样，显然，被告并非按照其商标注册证使用其注册商标，存在不正当使用其注册商标的行为。被告生产的“清枫山莊”老酒包装上的“山莊”二字被刻意突出，与原告注册商标“山莊”及“山莊老酒”中的“山莊”二字的字体基本相同。且“清枫山莊”之后有“老酒”二字，与“山莊老酒”中的“老酒”二字虽大小略有不同，但字体基本一致。据此，被告生产销售的“清枫山莊”老酒突出使用了原告的商标“山莊”和“山莊老酒”，容易使公众产生混淆，构成商标侵权	二审：河北省高级人民法院 （2015）冀民三终字第77号 2015.09.17 一审：河北省唐山市中级人民法院 （2014）唐民初字第358号民事判决	《商标法》第57条第2项	1.“山莊老酒”商标属于非遗商标，本案属于对白酒类非遗商标的侵权； 非遗构成此类商标的文化内涵，本案原告拥有的非遗商标既属驰名商标，还是中华老字号、地理标志产品； 2.非遗商标积极保护模式典型案例； 3.外部人对非遗符号资源的侵犯

续表

序号	案件名	纠纷类型	涉及非遗项目	案情、法院裁判观点和理由	案号	关键法律条款	案例评价
9	老龙口案	行政授权确权（商标驳回纠纷）	蒸馏酒传统酿造技艺（老龙口白酒传统酿造技艺）（国家级非遗项目）	自然人秦占国在35类服务上申请注册“老龙口”商标，被商标局驳回，申请人申请复审，商评委裁定龙口为山东省龙口市地名，属于县级以上行政区划名，驳回申请。当事人又提起行政诉讼，最终老龙口商标在35类上获得注册。法院认为主要争议点为：老龙口是否为县级以上地名从而不能注册？在非酒类商品上注册老龙口是否应予注册？一审法院认为，老龙口属于著名白酒酿制技艺名称，具有不同于地名的第二含义，且在第35类上注册，与老龙口白酒酿制技艺不相关，可以注册。商评委上诉认为：“老龙口”是辽宁省沈阳市历史悠久的著名白酒酿造品牌，其传统的酿造工艺被评为省级非遗、国家非遗，并予以保护。“老龙口”不仅是满族酒文化历史的典型代表，也是东北地区的民族工业著名品牌，不宜为一家独占。 法院认为：“老龙口”作为一个整体已经具有了区别于“山东省龙口市”的行政区划名称的其他含义，可以作为商标注册、使用，不属于《商标法》第10条第2款规定的不得作为商标的地名。“老龙口”在酒类商品上为注册商标和著名酿造工艺名称，但这并不当然能够禁止他人将含有“老龙口”的商标在其他商品或者服务类别上申请注册。即使申请商标侵犯了酒类商品上的“老龙口”商标和工艺名称的有关权利，也应由相关权利人提出申请，商标评审委员会无权主动审查	二审：北京市高级人民法院（2010）高行终字第773号 2010.07.20 一审：北京市第一中级人民法院（2010）一中知行初字第178号行政判决	《商标法》第10条第2款	1.法院认为地名具有非遗含义，属于具有第二含义，可以注册为商标； 2.非遗消极保护模式失败案例（法院支持了非遗商标在其他不相关类别商品或服务上的注册）； 3.商标局（行政部门）主动保护非遗符号资源案例认为不应被一家独占，但法院认为商评委不应主动审查此事项； 4.内部人抢占非遗符号资源案例

续表

序号	案件名	纠纷类型	涉及非遗项目	案情、法院裁判观点和理由	案号	关键法律条款	案例评价
10	同德福合川桃片案	民事侵权（商标侵权与不正当竞争）	合川桃片（重庆市市级非遗项目）	成都同德福公司诉重庆同德福公司商标侵权和不正当竞争。重庆同德福公司又反诉成都同德福公司虚假宣传、擅自使用知名商品名称，构成不正当竞争。成都同德福公司1997年申请了“同德福”商标。重庆同德福公司由余晓华成立，申请了“同德福”企业字号，余晓华为同德福斋铺第四代传人，同德福斋铺历史上有较高声誉。重庆同德福公司在产品包装上使用了“同德福”字号、“同德福颂”，也标注了自己的商标、地理标志和非遗产品信息。成都同德福公司在包装上使用“百年老牌”“老字号”“始创于清朝乾隆年间”等字样。法院最终判决，原告诉讼请求未获支持，反诉原告的请求反而获得支持	二审：重庆高院（2013）渝高法民终字第00292号 2013.12.18 一审：（2013）渝一中法民初字第00273号	《最高人民法院关于审理商标民事纠纷案件适用法律若干问题的解释》第1条第1项（将商标作为字号突出使用属侵权） 《反不正当竞争法》第9条第1款（虚假宣传）。 《最高人民法院关于审理不正当竞争民事案件应用法律若干问题的解释》第1条（知名商品的认定）	本案的争议点在于老字号，焦点不在“合川桃片”这个非遗名称，不过裁判理由中提到“合川桃片”，从法院在判决书中的陈述可以推定为：合川桃片作为非遗名称是通用名称（核心也是非遗通用名称问题）
11	杏花村案一	行政授权确权（商标异议纠纷）	杏花村汾酒酿制技艺（国家级非遗项目）	第三人安徽杏花村集团有限公司在第31类商品上申请注册“杏花村”商标，指定使用商品为：树木、谷（谷类）、植物用种苗、活动物，鲜水果、新鲜蔬菜、植物种子、饲料、酿酒麦芽、植物。山西杏花村汾酒厂股份有限公司（以下简称山西杏花村公司）提出异议，引发纠纷。法院认为主要争议点为：被异议商标的注册是否违反《商标法》第13条第2款的规定。即第31类上申请注册杏花村商标是否构成对杏花村酒类驰名商标的混淆误认？	二审：北京市高级人民法院（2010）高行终字第1118号 2010.10.18 一审：北京市第一中级人民法院（2010）一中知行初字第1241号行政判决	《商标法》第13条第2款	1.非遗商标驰名，但其中含有地名，外部人使用该地名作为商标标识在其他类别商品上注册。非遗商标并不能扩大保护到不相关的商品上；

续表

序号	案件名	纠纷类型	涉及非遗项目	案情、法院裁判观点和理由	案号	关键法律条款	案例评价
				一审法院认为，《商标法》第13条第2款中混淆、误导可能性的判断，应综合考虑引证商标的知名度、独创性以及被异议商标与引证商标各自使用的商品的关联程度。本案虽山西杏花村公司的“杏花村”商标在酒类商品上为驰名商标，但鉴于“杏花村”一词并非山西杏花村公司独创，且山西杏花村公司的“杏花村”商标核定使用的第33类商品与被异议商标指定使用的第31类商品在生产方式、销售渠道、消费对象等方面区别较大，被异议商标在树木、谷（谷类）等商品上的注册和使用并不会造成消费者的混淆误认，致使山西杏花村公司的利益受到损害。被异议商标在树木，谷（谷类）商品上的注册并未违反《商标法》第13条第2款之规定。 二审法院认为：“杏花村”与酒的联系，并非始自山西杏花村公司对引证商标的使用、宣传。杜牧的著名诗句早已使人们将“杏花村”与酒商品联系在一起，山西杏花村公司利用这种早已存在的联系建立引证商标一在汾酒商品上的知名度并使之成为驰名商标，但由此对引证商标一的保护也不应不适当地扩大，尤其是不应当禁止他人同样地从杜牧诗句这一公众资源中获取、选择并建立自己的品牌，只要不会造成对引证商标一及山西杏花村公司利益的损害即可			2.非遗商标消极保护模式失败案例（外部人的注册中有地名正当使用性质，且本案特殊之处在于，外部人认为杜牧诗句中的“杏花村”在安徽池州，因此地名正当使用可以成立）； 3.外部人抢夺非遗符号资源案例
12	杏花村案二	行政授权确权（商标异议纠纷）	杏花村汾酒酿制技艺（国家级非遗项目）	第三人安徽省黄公酒垆餐饮娱乐有限公司申请注册第1960307号“杏花村及图”商标，指定使用服务为第39类的“旅行社（不包括预定旅馆）；旅行安排；观光旅游；旅行预订”服务。山西杏花村汾酒公司提起异议，引发纠纷。异议和异议复审结果均为核准商标注册。法院最终结果和裁判理由基本同上	二审：北京市高级人民法院（2010）高行终字第1086号 2010.10.15	《商标法》第13条第2款	同上

续表

序号	案件名	纠纷类型	涉及非遗项目	案情、法院裁判观点和理由	案号	关键法律条款	案例评价
					一审：北京市第一中级人民法院（2010）一中知行初字第913号行政判决		
13	老鼎丰案	民事侵权（商标侵权和不正当竞争）	“老鼎丰”中式糕点制作技艺（黑龙江省非物质文化遗产项目）	哈尔滨老鼎丰为黑龙江省级非遗项目，上海鼎丰为上海市非遗项目。两者都是中华老字号，都有悠久传承历史。上海鼎丰公司诉哈尔滨老鼎丰公司商标侵权、不正当竞争。 法院认为：上海鼎丰公司和哈尔滨老鼎丰公司的历史传承、企业沿革、市场声誉和相关公众群体应当得到同样的尊重，对两者的企业名称及其字号、商业标志权益、市场利益应当给予同样的保护。 商标的基本属性是区别商品的来源，商标侵权意义上的商标近似不仅指外观上的近似，而且还是指混淆性近似。本案中，判断哈尔滨老鼎丰公司使用的“老鼎丰”“老鼎豊”标识与上海鼎丰公司的涉案两个商标是否构成近似，除考虑商标的外观效果外，还应考虑二者是否构成混淆性近似。在判断是否构成混淆性近似时，既不能割裂上海鼎丰公司和哈尔滨老鼎丰公司各自形成和发展的历史，亦不能无视相互之间的共存状态。上海鼎丰公司和哈尔滨老鼎丰公司均系具有悠久历史的“中华老字号”，并分别拥有各自的注册商标和各自主要经营内容和范围。上海鼎丰公司和哈尔滨老鼎丰公司经过长期经营使用，使得各自的商标在各自的经营区域内具有一定的知名度和影响力，形成了各自的品牌形象，相关公众在客观上能够将哈尔滨老鼎丰公司的“老鼎丰”商品与上海鼎丰公司的“鼎丰”商品区别开，二者商标形式上的近似并不会	二审：黑龙江省高级人民法院（2015）黑知终字第6号 2015.05.27 一审：哈尔滨市中级人民法院〔2012〕哈知初字第62号民事判决	《商标法》第52条第5项 《最高人民法院关于审理商标民事纠纷案件适用法律若干问题的解释》第1条第1项	1.非遗对商标知名度的贡献，本案哈尔滨老鼎丰公司不构成侵权的主要原因在于其字号在历史传承中形成的自身商誉可以对抗上海鼎丰公司商标专用权； 2.非遗符号资源内部争夺案例； 3.提供了一种内部争夺解决方案：非遗商标或字号可以有条件地共存（非遗传承发展中形成分支，各非遗商标或字号基于历史渊源，在不构成公众混淆的情况下可以共存）； 4.非遗商标在非遗保护与开发中的运营启示：各自发展、相互区分与共存。类似案例：稻香村案

续表

序号	案件名	纠纷类型	涉及非遗项目	案情、法院裁判观点和理由	案号	关键法律条款	案例评价
				使相关公众对商品的来源产生误认或认为哈尔滨老鼎丰公司的“老鼎丰”商品与上海鼎丰公司的“鼎丰”商品有特定的联系。哈尔滨老鼎丰公司的字号登记的时间远远早于上海鼎丰公司涉案两个商标的核准注册时间，哈尔滨老鼎丰公司对“老鼎丰”字号享有合法在先权利。哈尔滨老鼎丰公司的“老鼎丰”字号作为“中华老字号”，具有悠久历史，其生产的糕点等产品在市场上享有较高知名度，为消费者普遍知晓。哈尔滨老鼎丰公司突出使用其“老鼎丰”“老鼎豊”字号的行为不会导致相关公众对商品及来源产生误认。 但哈尔滨老鼎丰公司在公司网页上使用“鼎丰”字样构成商标侵权			
14	鼎丰案	民事侵权（不正当竞争）	鼎丰乳腐酿造技艺（上海市非物质文化遗产项目）	上海鼎丰酿造食品有限公司诉被告南通桃李村绿色食品有限公司、上海三多食品有限公司等侵犯知名商品特有包装、装潢不正当竞争纠纷。法院认为本案的争议焦点是，被告行为是否构成擅自使用知名商品特有包装、装潢。最终，法院认定原告的商品构成知名商品，商品包装构成知名商品特有包装、装潢，被告行为构成侵权	上海市浦东新区人民法院 （2013）浦民三（知）初字第196号 2013.09.24	《反不正当竞争法》第5条第2项、第20条 《最高人民法院关于审理不正当竞争民事案件应用法律若干问题的解释》第1条第1款、第2条、第4条、第7条	1.非遗对知名商品和包装装潢判定的贡献； 2.非遗商标积极保护模式案例； 3.外部人对非遗符号资源侵犯案例

续表

序号	案件名	纠纷类型	涉及非遗项目	案情、法院裁判观点和理由	案号	关键法律条款	案例评价
15	灯影牛肉案	民事侵权	灯影牛肉制作技艺（四川省省级非遗项目）	宏隆公司以“川汉子”商标生产销售标有“灯影牛肉”和“灯影牛肉丝”字样的牛肉食品，“灯影”文字商标专用权人百年灯影公司起诉被告商标侵权。法院认定争议焦点为：灯影牛肉、灯影牛肉丝是否为通用名称，宏隆公司在自己的商品包装上使用“灯影”二字是否属于正当合理使用。一审成都中院认为：“灯影牛肉”属于四川达州地区著名特产。“灯影牛肉”已经成为约定俗成的一种特定牛肉食品的通用名称。灯影牛肉丝是在灯影牛肉的基础上形成的，也是通用名称。“灯影牛肉”和“灯影牛肉丝”作为商品的通用名称因无法起到识别商品或服务来源的作用，故不仅因不具备商标显著性的本质特征而不能成为商标，也不能得到法律的保护，应将其作为公有领域的资源保留给公众使用，不允许在任何情况下为一家企业所垄断。但原告商标仅包括“灯影”二字，不是“灯影牛肉”，被告商品包装上对“灯影”二字的使用突出灯影二字，不属于正当合理使用，构成侵权。二审四川高院同意一审法院意见，虽认定为通用名称，但其使用属商标性质的使用，构成商标侵权	二审： 四川省高级人民法院 （2016）川民终1065号 2017.04.28 一审：四川省成都市中级人民法院（2016）川01民初516号民事判决	《商标法》第59条第1款	1.非遗商标通用名称化问题，与“鲁锦”案相似； 2.法院裁判意见认为：判断此类行为是否构成商标侵权，不仅要判断其是否为通用名称，还要判断其具体使用行为是商标性质的使用，还是描述性质的使用，前者构成侵权，后者构成合理使用，不侵权； 3.内部人对非遗符号资源争夺案例； 4.非遗商标保护与开发典型案例（本案权利人的注册商标为“灯影”二字，不是“灯影牛肉”4个字，被告的行为又属于突出使用“灯影”，这对侵权判断起到了关键作用）； 5.本案类似的非遗项目，可考虑集体商标或证明商标模式，共同充分利用非遗资源

续表

序号	案件名	纠纷类型	涉及非遗项目	案情、法院裁判观点和理由	案号	关键法律条款	案例评价
16	泥人张案一	民事侵权（不正当竞争）	泥塑（天津泥人张）	被告张铁成等将“北京泥人张”作为产品名称、企业名称、域名使用和宣传，张錩等三原告起诉其侵犯名称权和不正当竞争。 法院认为本案的争议焦点是：北京泥人张是否对天津泥人张、泥人张构成不正当竞争。 一审法院认为：三被告的行为是对张明山后代传人（包括本案三原告）及天津泥人张彩塑工作室对“泥人张”名称所享有的专有权的侵犯，构成不正当竞争。 二审法院认为：纠正本案案由为不正当竞争纠纷，并非侵犯名称权纠纷。本案中，由于泥人张艺术开发公司成立于1997年，晚于1982年成立的北京泥人张某某陶艺厂和1994年成立的泥人张艺术品公司，故其不能以其在后的权利对抗成立在先的北京泥人张的企业名称和商品名称。 再审发院认为：泥人张并非通用名称。“泥人张”作为张明山及其后代中泥塑艺人的特定称谓，应当受到法律保护。“泥人张”这一称谓在使用过程中，已经从对特定人群的称谓发展到对该特定人群所传承的特定泥塑技艺和创作、生产的作品的一种特定称谓，在将其用作商品名称时则属于反不正当竞争法意义上的知名商品（包括服务）的特有名称，也应受到法律保护。“泥人+姓氏”并非对泥塑艺人的通用称谓，被申请人提供的证据不能证明全国范围内的张姓泥塑艺人均被普遍称为“泥人张”，“泥人张”这一名称早在清朝时期就存在并产生了较高的知名度。“泥人张”作为对申请再审人家族中泥塑艺人及其技艺、作品等的特定称谓，历史悠久且目前仍具很高知名度，其知名范围并不限于天津，甚至不限于	再审：最高人民法院 （2010）民提字第113号 2012.02.28 二审：北京市高级人民法院（2007）高民终字第540号民事判决 一审：北京市第二中级人民法院（2006）二中民初字第1017号民事判决	《反不正当竞争法》第2条、第5条第2项	1.涉及非遗符号通用名称化问题。未将“泥人张”认定为通用名称，获得了私权保护； 2.最高人民法院在判决书中特别提到非遗和知识产权、不正当竞争保护的关系； 3.涉及非遗符号资源外部人侵占问题。本案中泥人张的非遗身份、历史传承脉络最为关键，是最高人民法院最终认定其具有商誉、是识别商品来源、泥塑艺人身份的特定称谓的关键证据； 4.本案与“鲁锦”案、“灯影牛肉”案的结果不同，原因在于非遗项目名称符号构成、历史上该符号指代意义不同； 5.非遗符号资源消极保护案例（排除外部人不当使用）

续表

序号	案件名	纠纷类型	涉及非遗项目	案情、法院裁判观点和理由	案号	关键法律条款	案例评价
				中国境内，在国际上也享有知名度。北京泥人张某某陶艺厂和泥人张艺术品公司在没有合法合理依据的情况下将“泥人张”作为企业字号予以登记，具有明显的攀附故意。泥人张”作为对张明山及其后几代人中泥塑艺人的特定称谓和他们所传承的特定技艺以及创作、生产作品的特定名称，已有百余年的使用历史，已经成为享有很高社会知名度的一种商业标识。被申请人在明知“泥人张”知名度的情况下，使用“泥人张”或者“北京泥人张”作为其企业名称中的字号和在经营活动中作为其商业标识，但又不能提供充分证据证明其使用“泥人张”或者“北京泥人张”的合法合理依据，显然具有借助他人商誉的主观故意，客观上也足以造成公众的混淆、误认，其行为违反了诚实信用原则，违背公认的商业道德，构成不正当竞争。 最高院在本案中特别指出：由于非物质文化遗产与知识产权和反不正当竞争法律保护的客体有所重叠，因此，两种保护会有交叉之处，但二者各有侧重。对非物质文化遗产的保护强调政府主管部门、遗产项目保护单位、遗产项目代表性传承人等从非遗的角度进行的保护。而知识产权法和反不正当竞争法则是从保护私权出发，强调的是私权的保护。本案中，“泥人张”被纳入国家和地方非物质文化遗产项目名录，并非其应受到知识产权法和反不正当竞争法保护的必要条件。“泥人张”作为非物质文化遗产受到保护，与其受知识产权法和反不正当竞争法保护并不矛盾；相反，在一定程度和意义上，“泥人张”被纳入非物质文化遗产项目名录，也反过来更加证明了其具有长久而广泛的知名度和私权保护的价值			

续表

序号	案件名	纠纷类型	涉及非遗项目	案情、法院裁判观点和理由	案号	关键法律条款	案例评价
17	泥人张案二	民事侵权（不正当竞争）	泥塑（天津泥人张）	被告陈益谦、宁夏雅观收藏文化研究所、北京天盈九州网络技术有限公司在宣传中使用“泥人张第六代传人”字样，原告天津市泥人张世家绘塑老作坊、张宇起诉其擅自使用他人企业名称及虚假宣传。陈益谦为天津泥人张彩塑工作室培养出来的非张氏泥人张传承人。 法院认为本案的争议焦点为：使用“泥人张第六代传人”是否构成侵犯企业名称权和虚假宣传。 一审天津二中院认为：根据天津市高级人民法院已生效判决，张氏家族中从事彩塑创作的人员与天津泥人张彩塑工作室均有权使用“泥人张”称谓，二者共同负有“泥人张”彩塑艺术的传承责任。本案实质是传人身份之争，即宣称陈益谦为“泥人张第六代传人”是否虚假的争议。陈益谦应具备“泥人张第六代传人”的身份。被告在宣传中使用“泥人张”正是从其具有较高“泥人张”彩塑艺术成就的艺术角度使用，并非我国《反不正当竞争法》规定的商业性使用，相关公众对陈益谦创作的作品与有权使用“泥人张”的单位和个人的作品不会因此产生混淆。原告主张其享有“泥人张”及“泥人张”第六代传人专有名称权、姓名权，被告侵犯其权利并存在虚假宣传构成不正当竞争，缺乏事实和法律依据，不予支持。 二审天津高院维持原判，认为：1.被上诉人（原审被告）并未将“泥人张”作为商标、商品名称及企业名称或服务标记等商业标识单独进行使用，而是在有关陈益谦及其作品的文章、访谈和宣传中，在介绍陈益谦的身份时，将陈益谦的姓名与“泥人张第六代传人”这一称谓同时使用。就本案而言，“泥人张第六代传人”这一称谓中的“泥人张”，应从特定彩塑技艺或艺术流派的角度理解，而非理解为上诉人所主张的专有名称或专有权。2.泥人张世家的字号为“泥人张世家”而非	二审：天津市高级人民法院 （2012）津高民三终字第0016号 2012.05.22 一审：天津市第二中级人民法院 （2011）二中民三知初字第150号民事判决	《反不正当竞争法》第5条第3项、第9条	1.非遗符号资源内部人争夺案例； 2.非遗传承中家族传承人和异性传承人之争。本案中由于泥人张传承的特点，部分家族之外的传人使用泥人张第六代传人称号，不构成不正当竞争和虚假宣传

续表

序号	案件名	纠纷类型	涉及非遗项目	案情、法院裁判观点和理由	案号	关键法律条款	案例评价
				“泥人张”，故泥人张世家无权单独就“泥人张”作为其字号主张权利。被上诉人只是在介绍陈益谦的身份时使用了“泥人张第六代传人”的称谓，并未将“泥人张”“泥人张世家”作为商标、商品名称或企业名称中的字号等商业标识单独或突出使用，显然不具有“搭他人商业成果便车”的主观恶意，亦不足以造成相关公众的混淆、误认。故被上诉人的使用行为未侵害泥人张世家的企业名称权，不构成对泥人张世家的不正当竞争。3.天津泥人张彩塑工作室培养出来的一些非张氏泥人张彩塑艺术传承人，已得到艺术美术界和张氏家族泥人张传人的认可。被上诉人使用“泥人张第六代传人”不构成《反不正当竞争法》第9条所禁止的虚假宣传的不正当竞争行为			
18	泥人张案三	行政授权确权（商标异议纠纷）	泥塑（天津泥人张）	北京泥人张公司（张铁成）申请“泥人张”商标（初审公告第3033647号“泥人张Clay Figure Zhang”），上诉人提出异议，结果：不予核准注册，申请人又申请异议复审，结果：予以核准注册，异议人又提行政诉讼，先后经一审、二审。 本案的争议焦点为：被异议商标与引证商标是否构成指定使用在类似商品上的近似商标以及被异议商标的注册是否会损害张？就“泥人张”称号在彩塑艺术品商品上享有的在先“知名商品的特有名称权”。 对此，一审北京一中院认为：被异议商标指定使用的第21类，与引证商标（天津泥人张彩塑工作室1988年注册的“泥人张”商标）第20类的“彩塑”商品在《类似商品和区分表》上分属不同类别商品，且在生产工艺、原材料、销售途径和销售市场方面均有一定差别，未构成类似商品。虽然被异议商标与引	二审：北京市高级人民法院（2011）高行终字第296号 2012.04.06 一审：北京市第一中级人民法院（2010）一中知行初字第3090号行政判决	《商标法》第28条、第31条	1.外部人对非遗符号资源抢夺。北京泥人张对天津泥人张。 对此，最高人民法院在（2010）民提字第113号判决书中有一锤定音的判定； 2.非遗商标消极保护成功案例

续表

序号	案件名	纠纷类型	涉及非遗项目	案情、法院裁判观点和理由	案号	关键法律条款	案例评价
				证商标的主体认读部分均为"泥人张"，但综合考虑上述因素可知，即便二者共存亦不易造成相关公众的混淆误认。故商标评审委员会对被异议商标与引证商标未构成类似商品上的近似商标的认定正确。 二审北京高院认为：被异议商标指定使用的第21类瓷器装饰品，瓷、赤陶或玻璃塑像，瓷、赤陶或玻璃艺术品，瓷、赤陶或玻璃半身塑像，陶瓷、赤陶或玻璃小雕像，瓷、赤陶或玻璃小塑像等商品，与引证商标核准使用的第20类泥人彩塑商品在《类似商品和区分表》上分属不同类别商品，但是两者均属于雕塑工艺品，用材、工艺流程、功能用途相似，商品的销售途径和销售市场、消费群体有一定重合，应属于类似商品，商标评审委员会及原审法院认定两者不构成类似商品错误，本院予以纠正。 被异议商标未被核准注册。一、二审法院对类似商品的认定意见不统一			
19	汤瓶八诊案一	行政授权确权（商标无效纠纷）	回族医药（回族汤瓶八诊疗法）（国家级非遗项目）	2004年4月2日，杨华祥向原国家工商行政管理总局商标局提出"汤瓶八诊"商标注册申请，指定使用在第44类"按摩（医疗）、医疗诊所、医务室、医院、保健、医疗辅助、理疗、护理（医务）、芳香疗法、疗养院"服务上，2007年2月21日获准注册。2013年1月28日，郭宏杰和李业红以争议商标的注册违反2001年《商标法》第11条、第41条规定为由，对争议商标提出撤销申请。 2015年4月29日，商标评审委员会作出第32846号裁定，认为争议商标的注册违反2001年《商标法》第11条第1款第（3）项的规定，予以无效。	再审：最高人民法院 （2018）最高法行再63号 2019.08.20 二审：北京市高级人民法院（2016）京行终1479号行政判决 2016.05.17	2001年《商标法》第11条第1款第3项、第2款	1.非遗商标积极保护模式典型案例； 2.涉及非遗符号通用名称化问题。本案最终未被认定为通用名称； 3.属于非遗商标保护与开发中一个典型案例，争议大，法院观点不统一，裁判文书中多处涉及非遗与商标关系的论述，有多处闪光点；

续表

序号	案件名	纠纷类型	涉及非遗项目	案情、法院裁判观点和理由	案号	关键法律条款	案例评价
				一审、二审均支持商评委的裁定，杨华祥提出再审，最高人民法院再审裁决，争议商标应维持注册。 一审北京一中院认为：非遗与商标注册本身并不冲突，故相关商品或服务被列入非遗亦不必然导致商标无效。“汤瓶八诊”描述的是具有穆斯林特色的一种诊疗方法。该商标中包含描述性要素，但具有描述性要素未必导致商标不具有显著特征。包含描述性要素的商标具有显著特征应当是“不影响商标整体上具有显著特征”或者“描述性标志是以独特方式进行表现”。“汤瓶”代表了一种穆斯林文化，“八诊”则是八种诊疗方法，争议商标在整体上描述的是一种具有穆斯林特色的诊疗方法，核准使用在第44类按摩（医疗）、医疗诊所、医务室、医院、保健、医疗辅助、理疗、护理（医务）、芳香疗法、疗养院等项目上，直接表示了服务的内容，不具有显著特征。从表现方式上，争议商标是文字商标，文字字体和字号属于较为常见形式，并不属于“以独特方式进行表现”的描述性要素。故一审法院认为，争议商标使用在核定的服务类别上不具有显著性，不能起到区分和识别服务来源的作用。杨华祥主张的使用，系对“汤瓶八诊”非遗的一般性传承，而非商标法意义上的使用。对其争议商标经过使用获得显著性的主张，法院不予支持。 二审北京高院认为：争议商标虽然经过使用有一定知名度，并被评为宁夏著名商标，但相对于已有1300年历史、在回族民间广泛流传并被认定为国家级非遗的“回族汤瓶八诊疗法”，无论是在争议商标的使用时间、使用范围方面，还是在相关公众的客观认知效果方面，争议商标通过使用所建立的	一审：北京知识产权法院（2015）京知行初字第3581号2015.12.09	《非物质文化遗产法》第44条第1款规定：“使用非物质文化遗产涉及知识产权的，适用有关法律、行政法规的规定。”《国家级非物质文化遗产保护与管理暂行办法》第20条第2款规定：“国家级非物质文化遗产项目的域名和商标注册和保护，依据相关法律法规执行。”	4.裁判中的一句话：非物质文化遗产与公有领域的内容有重叠，但不等于一经认定为非物质文化遗产，就当然地进入公有领域； 5.非遗属于群体性项目还是非群体性项目依赖于事实认定，需通过大量证据证实（该案涉及群体性与非群体性项目的争议）

续表

序号	案件名	纠纷类型	涉及非遗项目	案情、法院裁判观点和理由	案号	关键法律条款	案例评价
				知名度，仍不足以抵销或者超越相关公众对“汤瓶八诊”是一种具有中国回族特色的养主保健疗法的认知，因此，在案证据尚不足以认定争议商标属于2001年《商标法》第11条第2款规定的可以注册的情形，争议商标应予无效宣告。综上，二审法院判决：驳回上诉，维持原判。 再审最高院认为：商标中含有描述性因素，并不意味着一定缺乏显著性。2001年《商标法》第11条第2款规定：“前款所列标志经过使用取得显著特征，并便于识别的，可以作为商标注册。”商标标志中含有描述性要素，但不影响其整体具有显著特征的；或者描述性标志以独特方式加以表现，相关公众能够以其识别商品来源的，应当认定其具有显著特征。 杨华祥作为该疗法的第七代传人，其于2004年4月2日就将“汤瓶八诊”申请注册为商标，并通过提供医疗服务、开办培训学校和特许经营许可等商业方式对“汤瓶八诊”疗法进行广泛宣传，涉及许可范围遍及北京、天津、上海、河南等多个省市。在上述宣传过程中，均使用了“汤瓶八诊”商标，目前从事“汤瓶八诊”治疗、使用“汤瓶八诊”作为公司字号或商标使用的主体或经过杨华祥的授权，或与杨华祥存在不同程度的关联关系。由此可见，基于杨华祥及其杨氏家族长期以来对争议商标的实际使用，争议商标已经与杨华祥形成了较为明确的服务来源指向关系，相关公众在看到争议商标时，能够将其与杨华祥及其杨氏家族建立联系，争议商标在客观上已经发挥了指示特定服务来源的功能，争议商标的注册应当予以维持。杨华祥及其杨氏家族在通过培训、提供医疗服务等多种方式推广“回族汤瓶八诊疗法”的同时，也使得争议商标“汤瓶八诊”产生了指向特定服务来源的功能。因此，维持争议商标的注册，实质上也促进了传统文化的传承与发展			

续表

序号	案件名	纠纷类型	涉及非遗项目	案情、法院裁判观点和理由	案号	关键法律条款	案例评价
20	汤瓶八诊案二	民事侵权（商标侵权和不正当竞争）	回族医药（回族汤瓶八诊疗法）（国家级非遗项目）	被告东营天泽汤瓶八诊保健有限公司在未取得合法授权或许可的情况下，在其公司名称中使用“汤瓶八诊”商标，并以“汤瓶八诊”疗法的名义从事按摩理疗服务，获取非法利益。原告杨华祥起诉其商标侵权及不正当竞争。 一审东营中院认为：商标侵权成立。 二审山东高院认为：汤瓶八诊疗法已被列入国家非遗项目的事实表明，汤瓶八诊疗法本身属于公共领域的范畴，这一名称具有特定的含义，“汤瓶八诊”4个字构成通用名称，故杨华祥无权要求东营公司变更企业名称。 再审最高院认为：非物质文化遗产与公有领域的内容虽有重叠，但不等于一经认定为非物质文化遗产，就当然地进入公有领域。“回族汤瓶八诊疗法”是否属于公有领域的范畴，要看该疗法是否受某项知识产权专用权的保护。二审法院仅凭“回族汤瓶八诊疗法”被列入国家级非物质文化遗产名录一项证据不足以证明该疗法已经属于公有领域的范畴	再审：最高人民法院（2013）民申字第364号 2013.05.13 二审：山东高院（2011）鲁民三终字第198号 一审：东营中院（2011）东知民初字第23号	《商标法实施条例》第49条	1.涉及非遗商标通用名称化问题（最高人民法院明确说明：列入非遗名录并不当然意味着非遗进入公有领域）； 2.非遗积极保护成功案例； 3.外部人抢夺非遗符号资源案例
21	同仁堂案	民事侵权（商标侵权和不正当竞争）	同仁堂中医药文化（国家级非遗项目）	同仁堂科技公司在网页、店铺门头、内部装饰、宣传资料、赠品包装、名片上使用“中华同仁堂”企业字号，并进行虚假宣传，对中国同仁堂集团公司进行贬低、诋毁，同仁堂集团公司起诉。 法院认为：同仁堂科技公司突出使用“同仁堂”标识的行为，侵害了同仁堂公司涉案商标专用权。同仁堂科技公司的设立既与同仁堂公司没有关系，与最初乐氏创立的“同仁堂老药铺”也无任何渊源，同仁堂科技公司与“同仁堂”这一老字号毫无关系，同仁堂科技公司的上述宣传构成虚假宣传。同仁堂科技公司在其网站中称：“文革结束后，同仁堂乐家老铺名	二审：江苏省高级人民法院（2014）苏知民终字第0101号 2014.06.26 一审：南京市中级人民法院（2013）宁知民初字第121号民事判决	《商标法》第14条、第52条第5项、第56条第1款 《商标法实施条例》第3条 《反不正当竞争法》第9条第1款、第14条、第20条第1款	1.外部人对非遗文化资源、符号资源的不当争夺（制造一种海峡两岸同仁堂的假象）； 2.非遗商标积极保护案例

续表

序号	案件名	纠纷类型	涉及非遗项目	案情、法院裁判观点和理由	案号	关键法律条款	案例评价
				号则收归国有并更名为北京同仁堂，因受当年中国官方限制而没有任何一位乐家人及任何一份乐家老铺药方，北京同仁堂至此早已名存实亡，所以唯一乐氏传承正宗‘同仁堂’，只有‘御药世家、正宗同仁堂 。”由此消费者必然对同仁堂公司的产品是否从老字号“同仁堂”一脉相承的、传统的、正宗的产品产生怀疑，同仁堂公司的商誉因而受到损害。因此同仁堂科技公司发表上述言论，属捏造、散布虚伪事实，恶意贬损同仁堂公司商誉，构成商业诋毁			
22	季工坊案	行政授权确权（商标无效纠纷）	茅台酒酿制技艺（衍生非遗符号，非遗传承人“季克良”姓名）	第三人茅台镇国威酒业公司申请注册“季工坊”商标，茅台酒业提起无效申请，商评委未予以无效，茅台酒业继而提起行政诉讼，北京知识产权法院认为应予无效。北京高级人民法院维持了北京知识产权法院的判决。 法院认为：1.季克良在争议商标申请前，长期担任茅台酒厂的厂长、总工程师，在此期间曾兼任中国白酒协会常务理事、贵州省酿酒工业协会会长、国家白酒评委专家组成员，季克良在白酒行业已具有较高的知名度。“季克良”“季工”姓名上所承载的利益同样与茅台酒厂息息相关，故茅台酒厂是“季克良”“季工”姓名权的利害关系人。国威酒业公司在第33类酒（饮料）等商品上申请注册争议商标“季工坊”，将会使相关公众误认为该商标来源于与季克良相关的茅台酒厂，进而侵害了茅台酒厂的商业优势所带来的利益，违反了2001年《商标法》第31条“申请商标注册不得损害他人现有的在先权利”之规定。2.争议商标为“季工坊”文字商标，使用在核定使用商品上并不会对社会公共利益及公共秩序造成负面的影响，故争议商标的注册未违反《商标法》第10条第1款第8项规定	二审：北京市高级人民法院（2016）京行终112号 2016.03.31 一审：北京知识产权法院（2015）京知行初字第977号 2015.08.19	2001《商标法》第31条、第10条第1款第8项、第41条第1款	1.外部人抢夺非遗符号资源（将非遗传承人姓名“季克良”进行衍生，使用“季工坊”注册商标，获取不当利益）； 2.本案提供了《商标法》中排除此类侵害的若干法条依据； 3.非遗消极保护模式案例（排除他人注册）

续表

序号	案件名	纠纷类型	涉及非遗项目	案情、法院裁判观点和理由	案号	关键法律条款	案例评价
23	咀香园案	民事侵权（商标侵权和不正当竞争）	“咀香园”杏仁饼传统制作工艺（广东省省级非遗项目）	中山咀香园公司诉澳门咀香园公司商标侵权和不正当竞争，咀香园杏仁饼制作技艺为广东省省级非遗项目。 法院裁判：两审法院意见一致，不构成商标侵权和不正当竞争。 主要裁判理由：澳门咀香园公司的字号与中山咀香园公司的商标和企业字号虽然客观上存在冲突，但本案权利冲突的产生有其特定的历史背景和原因，故不能简单套用现有的法律制度处理本案。“咀香”“咀香园”品牌的形成有悠久历史，其品牌知名度和声誉的产生有着长期的历史原因，中山咀香园公司与澳门咀香园公司均对“咀香”“咀香园”品牌声誉的形成做出过一定贡献，现有证据也无法证明中山咀香园公司或澳门咀香园公司是直接的“咀香”“咀香园”品牌创始人	二审：广东省中山市中级人民法院（2018）粤20民终2638号 2019.04.27 一审：中山市第一人民法院（2016）粤2071民初24887号民事判决 2018.03.14	《商标法》第48条、第57条 1993年《反不正当竞争法》第2条、第5条第3项 《最高人民法院关于审理商标民事纠纷案件适用法律若干问题的解释》第9条 《最高人民法院关于审理不正当竞争民事案件应用法律若干问题的解释》第1条第2款	1.非遗资源分处内地与澳门，各自发展出相似老字号品牌，引起冲突； 2.非遗符号资源内部人争夺案例； 3.非遗符号资源共存案例
24	陈麻花案	民事侵权（商标侵权和不正当竞争）	磁器口陈麻花传统制作技艺（重庆市非遗项目）	被告互旺食品公司未经磁器口陈麻花公司许可，在其商品、商品包装、装潢中使用“陈麻花”字样，其商品包装、装潢与磁器口陈麻花公司近似，且其商标“陈昌原”与磁器口陈麻花公司的“陈昌银”商标相似。原告磁器口陈麻花公司诉其侵犯商标权和企业名称权。1999年陈昌银成立经营部，开始将“陈麻花”作为企业字号，“磁器口陈麻花”被列为重庆市非物质文化遗产保护项目，“陈麻花”就是对“陈昌银麻花”的俗称。磁器口陈麻花公司注册了“陈昌银”“古镇陈麻花”“陈麻花”“磁器口陈麻花”等十几个商标。 法院裁判： 一审沙坪坝区法院认为：互旺食品公司在其生产的麻花外包装上使用的“陈昌原”与磁器口陈麻花公司的“陈昌银”商标	二审： 重庆市第一中级人民法院（2015）渝一中法民终字第01977号 2015.06.15 一审：重庆市沙坪坝区人民法院日（2013）沙法民初字第11106号民事判决 于2014年10月28日	2001年《商标法》第52条第1项 《反不正当竞争法》第5条第3项 《最高人民法院关于审理不正当竞争民事案件应用法律若干问题的解释》第6条第1款	1.家族非遗，外部人对符号资源的侵犯； 2.商标侵权得以认定，但法院认定“陈麻花”未形成与原告的稳定对应关系，认为属于公共领域资源，企业名称侵权未被认定； 3.非遗商标积极保护模式失败案例（未形成牢固权利，被认定为公共领域资源）

续表

序号	案件名	纠纷类型	涉及非遗项目	案情、法院裁判观点和理由	案号	关键法律条款	案例评价
				近似，容易使消费者误认为“陈昌原”与“陈昌银”有一定的关联性，足以使相关公众产生市场混淆，互旺食品公司的该行为属于侵犯“陈昌银”注册商标专用权行为。磁器口陈麻花公司未将“陈麻花”作为其企业名称中的字号突出使用或者宣传，“陈麻花”字号并不具有知名度，因此“陈麻花”尚不能作为《反不正当竞争法》规定的企业名称加以保护，更谈不上互旺食品公司对磁器口陈麻花公司企业名称权的侵犯。 二审重庆第一中院认为：“陈麻花”本身的识别性不强。“陈”系常见姓氏，“麻花”是一种食品通用名称，二者均系公共领域资源，将姓氏与食品名称组合进行企业命名在重庆地区亦属常见。在“陈麻花”本身显著性不强的情形下，使用“陈麻花”指代上诉人必须持续一定时间、达到一定强度，才能建立起“陈麻花”与上诉人的稳定联系。本案中，使用“陈麻花”指代上诉人或磁器口陈麻花经营部在时间上不具有相当的持续性。从“陈麻花”一词的使用情况来看，“陈麻花”有时被作为商品名称使用。上诉人的证据不足以证明相关公众已经在“陈麻花”与上诉人之间建立起稳定联系，故“陈麻花”不能达到区分上诉人与其他经营者的功能，其不能受到《反不正当竞争法》对企业名称的保护。被上诉人使用“陈麻花”的行为自不构成不正当竞争，不应承担任何民事责任			

续表

序号	案件名	纠纷类型	涉及非遗项目	案情、法院裁判观点和理由	案号	关键法律条款	案例评价
25	唐老一正斋案一	民事侵权（不正当竞争）	唐老一正斋膏药制作技艺（江苏省省级非遗项目）	上诉人（原审原告）镇江唐老一正斋药业有限公司认为，被上诉人（原审被告）吉林一正药业集团有限公司、一正科技公司未经同意在公司名称中使用“一正”字号，同时相互许可对方使用“一正”两个汉字及相似的商标并在膏药上使用含有“一正”汉字的名称，与唐老一正斋公司的知名商品名称“一正膏”混淆，构成不正当竞争。遂起纠纷。 一审镇江中院认为：唐老一正斋公司企业名称中的字号应是“唐老一正斋”5个汉字，经过核准登记后其有使用“唐老一正斋”的在先权利。该汉字组合在文字结构上属于偏正结构，中心词为“斋”，“唐老一正”均为修饰，表示所属及渊源关系。因此，仅“一正”两个汉字并不能完全表达“唐老一正斋”所寓含意义及其企业名称以及字号的显著性和独特性。唐老一正斋公司不能因为注册其企业名称和对“唐老一正斋”使用在先，即获得“一正”两个汉字的专用权而排除他人使用。 二审江苏高院：“一正膏”享有的历史商誉及所具有的一定知名度应当得到肯定，并且应当获得一定程度的保护。唐老一正斋公司目前提供的证据所认定的“一正膏”的知名度，尚不足以支持其运用《反不正当竞争法》禁止一正集团公司、一正科技公司注册使用其驰名商标“一正”的主张。一正集团公司、一正科技公司注册使用“一正”商标的行为不构成不正当竞争。 “一正膏”与“唐老一正斋”所承载及体现的深厚地域文化特征和鲜明的中华文化传统，即使在现代市场经济的环境下，仍然应当得到鼓励和发扬光大。因此，本着“尊重历史、照顾	二审：江苏省高级人民法院（2009）苏民三终字第0091号 2011.05.25 一审：镇江市中级人民法院（2007）镇民三初字第43号民事判决	《反不正当竞争法》第5条第2项 《最高人民法院关于审理不正当竞争民事案件应用法律若干问题的解释》第1条	1.外部人抢夺非遗符号资源。非遗技艺发展不充分，被现代化大公司抢去非遗符号商业利益； 2.法院特别指明对非遗文化资源的保护，说明法院关注到了非遗商标保护问题，提供的方案是双方应诚实经营，各自规范使用其商品名称和商标，附加标识予以区别； 3.非遗积极保护模式失败案例。（自身发展不充分，被强大的市场主体抢夺符号资源）

续表

序号	案件名	纠纷类型	涉及非遗项目	案情、法院裁判观点和理由	案号	关键法律条款	案例评价
				现实”的原则，鉴于一正集团公司、一正科技公司生产的“一正痛消”膏药等产品已经销售至镇江地区，为了更好地保护“唐老一正斋”老字号的无形资产，传承其独特的产品与工艺，继承其所蕴含的优秀文化传统，同时也促进“一正”驰名商标的进一步发展，防止市场主体的混淆和冲突，双方当事人都应当各自诚实经营，各自规范使用其商品名称和商标，必要时可以附加标识予以区别，以保护消费者权益，维护市场正常的竞争秩序			
26	唐老一正斋案二	行政授权确权（商标无效纠纷）	唐老一正斋膏药制作技艺（江苏省省级非遗项目）	一正公司注册第3166877号‘一正消”商标，唐老一正斋公司提出无效，商标评审委员会维持注册，一正斋公司提起行政诉讼。 一审法院认为：争议商标“一正消”与一正斋公司注册的第700302号“唐老一正斋 唐老楼肖像及图”商标（简称引证商标）使用在相同或近似商品上，不会导致消费者对商品的来源产生混淆、误认。一正斋公司主张的其在先的商号权益为“唐老一正斋”。“唐老一正斋”与争议商标在形、音、义等方面均存在一定的区别，二者不构成近似。一正斋公司提供的证据尚不足以证明在争议商标注册前其商号权益已具有一定的市场知名度、为相关公众及一正公司知悉。因此，商标评审委员会认定争议商标的注册并未违反《商标法》第31条有关“申请商标注册不得损害他人现有的在先权利”的规定并无不当。一正斋公司认为争议商标的注册损害其在先商号权益的主张缺乏事实及法律依据。2008年3月5日一正公司的“一正”商标在第5类膏剂商品上已被认定为驰名商标，其已建立了较高市场声誉并形成了相关公众群体，相关公众已可以将争议商标与引证商标区分开。因此，在商标授权、	二审：北京市高级人民法院（2010）高行终字第1496号 2011.01.31 一审：北京市第一中级人民法院（2010）一中知行初字第2474号行政判决	2001年《商标法》第28条、第31条	1.非遗消极保护模式失败案例。一正斋未能阻止“一正消”商标注册； 2.一正药业的“一正消”商标被认定为驰名商标，反而具有了更高显著性，不能被撤销； 3.外部人对非遗符号资源的抢夺。启示：唐老一正斋公司在经营过程中的中断，以及未能及时阻止他人注册，使得非遗符号被他人占有

续表

序号	案件名	纠纷类型	涉及非遗项目	案情、法院裁判观点和理由	案号	关键法律条款	案例评价
				确权时，应注重维护已经形成和稳定的市场秩序，不宜轻易撤销争议商标。 二审维持了一审判决，并指出："唐萼楼肖像"商标标志的长期中断使用，使其丧失了区分商品或者服务来源的基本功能，其原本拥有的知名度也必然受到大幅减损。虽然此后唐氏后人唐镇凯于1992年注册成立了一正斋公司并于1994年获准注册了引证商标，但是，由于商品提供者主体的变更、使用历史的中断、市场状况的变化等诸多原因，原"唐萼楼肖像"商标所拥有的知名度并不必然地能够为一正斋公司承继。一正斋公司虽然提供了"中华老字号"会员单位以及"一正斋"膏药制作技艺被江苏省人民政府列为江苏省非物质文化遗产等相关证据，但不能证明相关公众对该商标的知晓程度、该商标使用的持续时间等商标本身的因素，商事主体及相关技艺是否具有悠久的历史传承，仅能作为参考因素之一。本案中，一正斋公司提供的有关本案引证商标知名度的证据仅为引证商标于1996年8月获得镇江市首届知名商标称号的证据。争议商标的申请注册时间虽然晚于引证商标的申请注册时间，但"一正"商标于2008年在第5类膏剂商品上已被认定为驰名商标，建立了较高市场声誉并形成了相关公众群体，结合争议商标指定使用的商品，"一正"成为争议商标的显著识别部分。在"一正"商标已建立较高市场声誉并形成相关公众群体的情况下，相关公众可以将争议商标与引证商标区分开，不会造成混淆误认			

续表

序号	案件名	纠纷类型	涉及非遗项目	案情、法院裁判观点和理由	案号	关键法律条款	案例评价
27	泰山大帝案	行政授权确权（商标无效纠纷）	庙会（泰山东岳庙会）（山东省非遗）	"泰山大帝"商标于2001年申请注册，指定用于19类"石膏板"商品，2010年转让给山东万佳建材有限公司，泰山石膏公司对该商标提出无效申请，引发诉讼。先后经商标评审委员会、北京一中院、北京高院、最高院审理，商标最终被认定无效。 法院总结的争议焦点：争议商标是否属于《商标法》第10条第1款第8项的有害于社会主义道德风尚或者有其他不良影响的标志，商标评审委员会认为构成上述条款的违反，商标应无效。 一审北京一中院认为：判断争议商标是否能够注册应具体考量我国的历史文化传统及社会背景等因素。将"泰山大帝"申请注册为商标并进行使用，容易伤害宗教人士、道教信众的宗教感情，从而产生不良影响。因此，争议商标构成《商标法》第10条第1款第8项规定的情形。商标评审委员会据此裁定争议商标予以撤销的结论正确。 二审北京高院："有其他不良影响"的标志是指商标的文字、图形或者其他构成要素对我国政治、经济、文化、宗教、民族等社会公共利益和公共秩序产生消极、负面的影响。在案证据尚不足以证明"泰山大帝"真实、确定地在宗教领域为信仰者或崇拜者使用或直接关联。一审法院及商评审认定"泰山大帝"即为道教山东泰山地区独有的神灵名称，缺乏依据，应予纠正。 再审最高人民法院认为：判断有关标志是否构成具有其他不良影响的情形时，应当考虑该标志或者其构成要素是否可能对我国政治、经济、文化、宗教、民族等社会公共利益和公共秩序产生消极、负面影响。如果某标志具有宗教含义，无论	再审：最高人民法院（2016）最高法行再21号 2016.05.11 二审：北京市高级人民法院（2014）高行（知）终字第3390号行政判决 2014.12.12	2001《商标法》第10条第1款第8项	1.商标法公共秩序条款在非遗商标排除机制中的适用典型案例； 2.该条款属于商标排除注册的绝对理由，从最高人民法院的裁判理由来看，适用时只要存在"可能性"，即可排除，采取的是从严原则； 3.众多非遗项目包含宗教信仰等因素，该条款是一个重要条款； 4.非遗消极保护模式典型成功案例； 5.内部人对非遗符号资源的争夺、滥用

续表

序号	案件名	纠纷类型	涉及非遗项目	案情、法院裁判观点和理由	案号	关键法律条款	案例评价
				相关公众是否能够普遍认知，该标志是否已经使用并具有一定知名度，通常可以认为该标志的注册有害于宗教感情、宗教信仰或者民间信仰，具有不良影响。判断“泰山大帝”是否系道教神灵的称谓，是否具有宗教含义，也需考量相关宗教机构人士的认知以及道教在中国民间信众广泛的历史渊源和社会现实。相关证据和宗教界机构人士的认知表明，“泰山大帝”均指向“泰山神”或“东岳大帝”，而不是指向其他道教神灵，“泰山大帝”的称谓系客观存在，具有宗教含义。将“泰山大帝”作为商标加以注册和使用，可能对宗教信仰、宗教感情或者民间信仰造成伤害，从而造成不良影响。争议商标的注册属于《商标法》第10条第1款第8项规定的情形，应予撤销			
28	德仁堂案	民事侵权（商标侵权和不正当竞争）	德仁堂中医中药文化（四川省及成都市非遗）	博兴县德仁堂大药房连锁有限公司将“德仁堂”字样作为企业名称突出使用，并在其购物票据中也使用包含“德仁堂”字样的标识。四川德仁堂药业连锁有限公司起诉商标侵权和不正当竞争。 一审法院认为：被告将四川德仁堂公司享有注册商标专用权的商标文字突出使用在其各药店的名称中，并在交易单据中对“德仁堂”字样进行突出使用，使消费者容易对双方之间是否具有许可使用、关联企业等特定联系产生混淆与误认，构成商标侵权。被告将“德仁堂”作为字号注册登记为企业名称的行为属于不正当竞争行为。 二审法院认为：“德仁堂”曾被商务部认定为“中华老字号”，“德仁堂中医中药文化”曾被列入四川省及成都市“非物质文化遗产”，涉案商标具有较高知名度，被告的行为构成商标侵权和不正当竞争	二审：山东省高级人民法院（2021）鲁民终872号 2021.06.29 一审：山东省滨州市中级人民法院（2020）鲁16民初294号民事判决 2021.02.01	《商标法》第3条、第48条、第58条、第63条；《反不正当竞争法》第6条	1.非遗对商标知名度的积极影响； 2.非遗积极保护模式成功案例； 3.外部人对非遗符号资源的侵犯

续表

序号	案件名	纠纷类型	涉及非遗项目	案情、法院裁判观点和理由	案号	关键法律条款	案例评价
29	德仁堂案	民事侵权（商标侵权和不正当竞争）	德仁堂中医中药文化（四川省及成都市非遗）	原告同上，被告：贵州黔益禾药业超市 裁判结果和理由基本相同	贵州省高级人民法院 （2021）黔民终175号 2021.03.12	同上	同上 属于德仁堂系列案
30	義興張烧鸡案一	民事侵权（商标侵权和不正当竞争）	道口烧鸡制作技艺（河南省非遗）	河南海恩食品有限公司（一审第三人，以下简称海恩公司）生产，安阳市殷都区鑫原副食日杂门市部、崔秀英销售的烧鸡在产品及包装上的标识与第28634311号“義興張世家”、第28634312号“義興張老铺”、第37730822号“義興張燒鷄老铺祥记”注册商标相似，店铺门头标注“正宗義興張世家道口烧鸡”字样，商标所有人滑县道口义兴张烧鸡有限公司（以下简称义兴张公司）起诉侵权。 张忠海为海恩公司的大股东。 张忠海与商标权利人方的张存有同为张炳后人，张忠海可以使用“义兴张”字号。 一审法院认为：被控侵权标识与权利人商标在字体、含义、整体结构上均相近似，被告的行为构成商标侵权。义兴张公司拥有的“义兴张”字号在全国具有较高知名度。被告在店铺门头标注“正宗義興張世家道口烧鸡”字样，容易使公众对该店铺与义兴张公司产生关联关系，误认为该店铺为义兴张公司的直营店铺，对商品的来源产生混淆，构成不正当竞争。海恩公司不属于张炳后人，不享有义兴张公司商标权，义兴张公司的商标经国家商标局登记注册，该商标是否属于张炳	二审：河南省高级人民法院（2021）豫知民终284号 2021.08.03 一审：河南省安阳市中级人民法院（2021）豫05知民初105号民事判决	《商标法》第3条、第57条第1项、第3项，第63条第1款、第3款； 《反不正当竞争法》第6条	1.内部人非遗符号资源争夺案； 2.内部人之间对非遗符号使用的协议需引起关注，涉及非遗商标使用权限划分时，法律尊重协议效力

续表

序号	案件名	纠纷类型	涉及非遗项目	案情、法院裁判观点和理由	案号	关键法律条款	案例评价
				传人共同拥有，并不影响第三人构成侵权 二审法院维持一审判决，并认为：张中海与海恩公司并非同一民事法律关系主体，无论张中海是否享有在先使用权，都不能证明海恩公司享有在先使用权；即使张中海享有在先使用权，其再授权海恩公司使用，已经超出了“原使用范围”，不符合《商标法》的相关规定，海恩公司上诉理由不成立			
31	義興張烧鸡案二	民事侵权（商标侵权和不正当竞争）	道口烧鸡制作技艺（河南省非遗）	原告同上，被告不同。 一审被告：安阳市文峰区瑞霖食品店 法院的裁判基本相同	二审：河南省高级人民法院（2021）豫知民终287号 2021.07.30 一审：河南省安阳市中级人民法院（以下简称一审法院）（2021）豫05知民初63号民事判决 2021.04.14	同上	義興張烧鸡系列案同上
32	義興張烧鸡案三	民事侵权（商标侵权和不正当竞争）	道口烧鸡制作技艺（河南省非遗）	原告同上，被告：汤阴县城关人民路英英地方特产门市 法院的裁判基本相同	河南省高级人民法院 （2021）豫知民终283号 2021.07.30	同上	義興張烧鸡系列案同上

续表

序号	案件名	纠纷类型	涉及非遗项目	案情、法院裁判观点和理由	案号	关键法律条款	案例评价
33	古蔺郎案一	民事侵权（商标侵权）	蒸馏酒传统酿造技艺（古蔺郎酒传统酿造技艺）	被告金川开发区慧东果蔬超市销售侵犯“郎”酒注册商标商品，原告四川省古蔺郎酒厂有限公司起诉侵权 一审法院认为：被诉侵权商品在包装上印有“红喜郎”字样，“红喜”二字与“郎”字相比，“郎”汉字相对凸显，正面居中突出使用“郎”字样。该字与权利人“郎”商标在文字构成、呼叫及含义、字形等方面相近，构成近似标识。被诉侵权商品与案涉注册商标核定使用的商品类别在功能、用途、销售渠道、销售对象等方面相同或相近，属于类似商品。被诉侵权商品包装上使用的“郎”字样是一种商标性使用，且均为白酒系列商品，易使相关公众认为该商品与古蔺郎公司郎酒商品属于关联商品，导致一般消费者误认或混淆。二审维持原判	内蒙古自治区高级人民法院 （2021）内知民终216号 2021.11.26	《商标法》第57条第3项、第63条； 《最高人民法院关于审理商标民事纠纷案件适用法律若干问题的解释》第9条、第10条	1.非遗酒类驰名商标维权案例； 2.非遗对酒类驰名商标的贡献； 3.非遗积极保护模式案例
34	古蔺郎案二	同上	同上	原告同上，被告：泸州泸贡天康酒业有限公司 法院的裁判结果和理由基本相同	四川省高级人民法院 （2020）川知民终454号 2020.11.12	同上	同上 郎酒维权系列案
35	泸州老窖案一	民事侵权（商标侵权）	泸州老窖酒酿制技艺（国家级非遗项目）	上诉人（一审被告）泸州老作坊酒业有限公司（以下简称泸州老作坊公司）侵犯“瀘州、瀘州老窖”系列商标权，原告泸州老窖股份有限公司（以下简称泸州老窖公司）起诉商标侵权 一审法院认为：被诉侵权产品与涉案商标核定使用商品第33类酒（饮料）、酒精饮料相同，二者属于同种商品。被诉侵权产品在包装盒正面正上方用较大字体使用了“中國·瀘州”文字，其中“中國”二字与“瀘州”二字之间有较大空隙，且用较大圆点分隔开，“瀘州”二字视觉效果突出，占据整个包装箱正面较大面积，能够起到指示商品来源的作用，构成法	山东省高级人民法院 （2021）鲁民终761号 2021.06.17	《商标法》第48条、第57条、第63条； 《最高人民法院关于审理商标民事纠纷案件适用法律若干问题的解释》第13条、第16条、第17条	1.非遗酒类驰名商标维权案例； 2.非遗对酒类驰名商标的贡献； 3.非遗积极保护模式案例

续表

序号	案件名	纠纷类型	涉及非遗项目	案情、法院裁判观点和理由	案号	关键法律条款	案例评价
				律意义上的商标性使用。被诉侵权产品包装盒正面印制的文字标识“瀘州”与泸州老窖公司的“瀘州”注册商标进行比对可见，两者的字体、文字排列顺序、读音上完全相同或相近，在视觉效果上基本一致，容易使相关公众与“瀘州”商标产生关联联想，从而导致混淆误认，属于在同类商品上使用相同或近似商标的行为。被诉侵权产品系在同类商品上使用与涉案注册商标近似商标的商品，属于侵犯商标专用权的行为。未经泸州老窖公司许可，泸州老作坊公司生产、销售，杏花村老酒连锁店销售侵犯涉案注册商标专用权产品的行为，侵犯泸州老窖公司享有的商标专用权。 二审法院认为：泸州老窖公司及其涉案“瀘州”商标在白酒行业已经具有较高的市场知名度和影响力。在泸州老窖公司涉案“瀘州”“瀘州老窖”商标已具有较高知名度的情形下，泸州老作坊公司作为同行业经营者理应合理避让，其在被诉侵权产品包装盒的显著位置标注“瀘州”文字标识的行为，超出客观描述被诉侵权产品的产地系泸州市的范围，并非正当使用地名的标注方式，实际起到了识别商品来源的作用，构成商标性使用，侵权成立			
36	泸州老窖案二	民事侵权（商标侵权）	泸州老窖酒酿制技艺（国家级非遗项目）	被告刘通侵犯泸州老窖股份有限公司（以下简称泸州老窖公司）“国窖”商标，泸州老窖公司起诉商标侵权 在刘通经营的通力商行查获的案涉商品与泸州老窖公司持有的第1719161号注册商标核定使用的商品种类相同，且使用了与第1719161号注册商标大体相同的“国窖”标识，系侵犯泸州老窖公司注册商标专用权的商品。法院认为商标侵权成立	陕西省高级人民法院 （2021）陕民终46号 2021.03.31	《商标法》第57条第3项	同上

续表

序号	案件名	纠纷类型	涉及非遗项目	案情、法院裁判观点和理由	案号	关键法律条款	案例评价
37	土沱麻饼案	民事侵权（商标侵权）	土沱麻饼传统制作技艺（重庆市非遗项目）	被告重庆沪冠食品有限公司（以下简称沪冠公司）变相使用“水图坨”商标，与原告重庆金土坨食品有限公司（以下简称金土坨公司）的“土坨”商标近似，原告起诉商标侵权。 一审法院认为：沪冠公司生产的麻饼产品所使用的标识，其使用的方式为将“水土沱”以黑粗字体竖形排列使用，且将“水”与“土沱”分割成为两列错位排列，在音、形、意上与原告商标构成近似。沪冠公司生产、销售带有上述标识的侵权麻饼产品的行为侵害了金土坨公司的注册商标专用权，构成商标侵权。 二审法院认为：沪冠公司在被控侵权产品麻饼上使用“水土沱”标识，再结合金土坨公司的涉案商标在该类商品上的知名度，以相关公众的一般注意力为标准，容易对被控侵权产品与金土坨公司生产的系列商品的来源产生混淆和误认，构成商标侵权	重庆市高级人民法院 （2020）渝民终1174号 2020.11.06	《商标法》第57条、第63条第3款	1.非遗积极保护模式案例； 2.非遗对商标知名度的贡献
38	滴溜酒案	民事侵权（商标侵权）	滴溜酒的酿造工艺（河北省非遗项目）	河北滴溜酒业有限公司（以下简称滴溜公司）生产滴溜酒，本身为非遗项目，有自己的“滴溜酒”等非遗商标，但包装上显示“白金”字样，原告北京白金至尊酒业有限公司（以下简称白金至尊公司）诉其侵犯商标权。 一审法院认为，本案中被控侵权产品的外包装盒正面中下部有“白金”字样，内瓶体酒肚上部有“白金”字样，上述文字同原告第1396935号“白金”注册商标，二者在字形、排列顺序、读音一致，构成相同。结合白金至尊公司该商标的市场知名度较高的事实，滴溜公司的上述使用行为足以使普通消费者对商品来源产生混淆，误导公众，构成侵权。 二审法院认为：白金至尊公司的白金酒（饮料）产品已销售至全国较大范围，在争议商标申请注册之前已达到驰名程度。	山东省高级人民法院 （2020）鲁民终397号 2020.04.07	《商标法》第57条第1款第2项、第59条第1款 《商标法实施条例》第76条	1.滴溜酒本身为非遗，但知名度不高，使用时间不长，又存在仿冒其他知名酒类商标的情形，被判侵权； 2.非遗商标侵犯其他白酒商标，为数不多的案例之一

续表

序号	案件名	纠纷类型	涉及非遗项目	案情、法院裁判观点和理由	案号	关键法律条款	案例评价
				滴溜公司生产的被控侵权产品与白金至尊公司商标核定的产品均为酒类。两者构成近似，构成商标侵权			
39	梦祥银案	民事侵权（商标侵权和不正当竞争）	银饰锻制技艺（梦祥银）(郑州市非物质文化遗产)	沈阳荟华楼珠宝有限公司生产、销售“梦想银”系列银饰产品，在店铺外设置巨型“梦想银”广告牌，产品标签突出使用“梦想银”标识。河南梦祥纯银制品有限公司起诉商标侵权。河南梦祥公司拥有非遗商标“梦祥”图文商标和“梦祥银”文字商标。 一审法院认为：本案被控侵权的“梦想银DREAMSILVER”标识与梦祥公司“梦祥”“梦祥银myshine”注册商标相比，整体构成要素均不完全相同，呼叫和识别的主要部分“梦想银”与“梦祥银”文字组成、读音以及店牌采用美术体的书写方式近似。总体不构成近似商标。被告在户外店牌、商品标签上使用“梦想银DREAMSILVER”文字标识时，均将中文“梦想银”与英文直译的“DREAMSILVER”作为整体使用，且同时标注“荟华楼”自有商标、商号，认定其主观刻意攀附或混淆的依据不足。法院还指出，相关公众进行贵重金属商品交易时，除关注商品商标外，通常还对购买渠道、商铺字号施以较高注意力。被告“荟华楼”标识本身具有较高显著性和知名度，相关公众更易将“荟华楼”及“HHL”作为区别商品或服务来源的主要标识，将“梦想银DREAMSILVER”作为标明特定商品材质、系列、风格等特点的从属作用标识。二者在同时使用的情况下，并不足以导致相关公众对商品的来源产生误认。 二审法院认为：由于“荟华楼”“薈華楼”亦拥有较高知名度，相关公众在购买银饰品等贵重金属商品时，更易将“梦想银”	二审：辽宁省高级人民法院（2020）辽民终121号 2020.05.29 一审：辽宁省沈阳市中级人民法院（2018）辽01民初1427号民事判决 2018.11.24	2013年《商标法》第57条第2项； 《最高人民法院关于审理商标民事纠纷案件适用法律若干问题的解释》第8条、第9条第2款、第10条	1.非遗商标积极保护模式失败案例，未能获得保护； 2.外部人对非遗符号资源的侵犯； 3.银饰品行业特点：是否以银楼招牌为主要识别对象

续表

序号	案件名	纠纷类型	涉及非遗项目	案情、法院裁判观点和理由	案号	关键法律条款	案例评价
				与荟华楼公司的"荟华楼""薈華樓"联系在一起，而不易将其误认为是梦祥公司的"梦祥银"或与之存在特定的联系，故一审法院认定荟华楼公司的行为不足以导致相关公众对商品的来源产生误认的意见正确			
40	福海月饼案	民事侵权（不正当竞争）	吴川月饼传统技艺（广东省省级非遗）	上诉人（原审被告）化州市金罗冠饼业有限公司（以下简称金罗冠公司）、福诲公司生产、包装上使用与被上诉人（原审原告）广东福海饼业有限公司（以下简称福海公司）的"福海月饼"相似的字号、包装，原告起诉商标侵权和不正当竞争。 法院认为：福诲公司的字号"福诲"与福海公司所使用的字号"福海"均由两个汉字组成，且第一个字相同，第二个字虽为不同汉字，但均以"每'作为主体部分，仅偏旁不同，从视觉上看较为相似，福诲公司在与福海公司同类的产品上使用"福诲"作为其企业名称，在相关公众施以一般注意力的情形下，容易将"福诲"误认为是"福海"。结合福诲公司设立时间晚于福海公司，且双方属于较近地域范围内的同行业经营者的事实，福诲公司以"福诲"作为企业名称不当利用了"福海"及"福诲"两组汉字在视觉上的近似性，构成对福海公司企业名称的擅自使用。另外，福海公司月饼产品在市场上销售多年，获得各类荣誉众多，在相关公众中具有较高知名度，其月饼产品应被认定为《反不正当竞争法》第5条第2项规定的"知名商品"。福海公司月饼产品所使用的以"红色+黄色"为主色调、印有黄色方框围绕的"福海月饼"汉字及右侧龙形图案的铁盒及手挽纸袋包装属于"知名商品特有的包装"，应当受到相应的法律保护。福诲公司所使用的企业名称与福海公司企业名称近似，其行为已经构成对福海公司企	广东省高级人民法院 （2019）粤民终3126号 2020.08.06	《反不正当竞争法》（1993年）第2条第1款、第5条第2项及第3项、第20条； 《最高人民法院关于审理不正当竞争民事案件应用法律若干问题的解释》第1条第1款、第2条第1款、第4条第2款、第6条第1款、第7条；《最高人民法院关于审理注册商标、企业名称与在先权利冲突的民事纠纷案件若干问题的规定》第2条、第4条	1.非遗产品吴川月饼，不过涉及争议的是具体的非遗商品"福海月饼"，法院最终认定其为《反不正当竞争法》中的"知名商品""特有包装"予以保护； 2.非遗对知名商品、知名商品特有包装知名度的贡献； 3.非遗消极保护模式成功案例； 4.外部人对非遗符号的侵犯案例

续表

序号	案件名	纠纷类型	涉及非遗项目	案情、法院裁判观点和理由	案号	关键法律条款	案例评价
				业名称的冒用，应停止使用。利广昌公司委托金罗冠公司生产的月饼产品使用与福海公司产品近似的包装，上述行为构成对福海公司知名商品特有包装的仿冒。因此上诉人的行为构成不正当竞争			
41	汾酒案	民事侵权（商标侵权）	汾酒酿制技艺（国家级非遗项目）	上诉人（原审被告）酒龙仓电子商务有限公司、原审被告汾阳市杏泉汾酒业有限公司使用“爱汾”“爱汾酒”标识，与杏花村汾酒厂的“汾”系列商标近似，容易导致混淆。被上诉人（原审原告）山西杏花村汾酒厂股份有限公司起诉商标侵权。 法院认为：被控侵权产品上所使用的“爱汾”“爱汾酒”标识侵犯了涉案注册商标专用权。因为首先两者使用在相同的商品上，其次被告的商标具体使用方式在图形的构图、颜色、文字位置及其组合后的整体结构相似，且易造成相关公众的混淆和误认，两者构成近似。另外，原告的“汾”商标为驰名商标，知名度极高。因此，被告商标侵权成立	江苏省高级人民法院 （2019）苏民终1811号 2020.03.31	《商标法》（2013年）第7条、第47条、第57条第1项、第3项；《最高人民法院关于审理商标民事纠纷案件适用法律若干问题的解释》第9条、第10条	1.非遗名酒维权系列案； 2.非遗对名酒商标知名度的影响； 3.非遗商标积极保护模式案例
42	御骨堂案	民事侵权（商标侵权）	谭氏脊柱三通推拿技艺（湘潭市雨湖区第四批非遗产项目，保护单位“湘潭市御骨堂保健有限公司）	2015年谭江注册了第15388598号“御骨堂+图形”商标，核定服务种类为第44类，包括理疗、疗养院、饮食营养指导、美容院、兽医辅助、园艺、眼睛行、卫生设备出租。被上诉人（一审被告）长沙市岳麓区余志斌保健按摩店在店招中突出使用“御骨堂”三字，上诉人（一审原告）湘潭市御骨堂保健有限公司起诉商标侵权。 一审法院认为：原告只是在标有“全国连锁长沙店郭氏御骨堂颈肩腰腿痛康复连锁机构”等字样门牌的门店，由公证人员使用手机对门店外观、周边环境及路牌进行拍照，并未进入门店内拍照并对相关理疗服务项目进行取证，故原告提供的证据不足以证明被告提供了与原告注册商标核定使用服务类别相同或类似的服务项目，原告的诉讼请求没有足够的证据予以支持，予以驳回。	二审：湖南省高级人民法院（2019）湘知民终693号 2020.05.21 一审：长沙市中级人民法院（2019）湘01知民初239号民事判决 2020.05.21	《商标法》第57条	1.非遗商标积极保护模式案例； 2.非遗对商标知名度的贡献； 3.两审法院认定不一致（一审法院以公证瑕疵未判侵权，二审法院改判侵权成立）； 4.外部人对非遗符号资源的侵犯

续表

序号	案件名	纠纷类型	涉及非遗项目	案情、法院裁判观点和理由	案号	关键法律条款	案例评价
				二审法院推翻一审法院判决，认为：被诉侵权标识“郭氏御骨堂”与诉请保护的“御骨堂”图文商标构成近似。且在“御骨堂”图文商标有一定知名度的情况下，在“御骨堂”前加上姓氏容易淡化“御骨堂”商标的识别性，对“御骨堂”图文商标权造成损害。余志斌保健按摩店抗辩“御骨堂”系对服务功能、用途的描述，涉案商标显著性弱。但法院认为，余志斌保健按摩店未提交证据证明“御骨堂”系理疗行业的通用名称，在御骨堂公司的“御骨堂”图文商标系注册商标且现行有效的情况下，该商标权应受保护			
43	玉屏萧笛案	民事侵权（商标侵权和不正当竞争）	玉屏箫笛制作技艺（国家级非遗项目）	玉屏箫笛协会是第6296476号“玉屏萧笛”（地理标志证明商标）的注册人。被上诉人（原审被告）黔南州箫笛乐器有限公司，企业名称中曾使用“玉屏萧笛”字样、销售的萧笛乐器使用“玉屏萧笛”字样。上诉人（原审原告）玉屏侗族自治县箫笛行业协会起诉商标侵权和不正当竞争，最终获胜。 一审法院认为：原告玉屏箫笛协会并未举证证实被告黔南州箫笛公司销售的使用了“玉屏箫笛”证明商标的商品系侵权商品，也未举证证实被告黔南州箫笛公司在其生产的商品或者包装上使用“玉屏箫笛”证明商标。被告黔南州箫笛公司已举证证实在其淘宝网、阿里巴巴网站上销售的商品来源于第三人玉屏箫笛厂、竹韵萧笛公司，且两位第三人均得到了原告玉屏箫笛协会的合法授权。因此被告不侵权。 二审法院认为：被上诉人（原审被告）未能提供被控侵权产品来自符合“玉屏箫笛”证明商标使用者生产的证据。被控侵权产品上刻有“玉屏萧笛”，与权利人的商标相比，二者在音、形、义上的排列顺序完全相同。权利人商标注册时间长、	二审：贵州省高级人民法院（2020）黔民终385号 2020.06.19 一审：贵阳市中级人民法院（2019）黔01民初625号民事判决	《商标法》第57条、第58条； 《最高人民法院关于审理商标民事纠纷案件适用法律若干问题的解释》第9条第2款、第10条、第16条第2款； 《最高人民法院关于审理不正当竞争民事案件应用法律若干问题的解释》第4条第1款、17条第3款、第4款	1.非遗地理标志证明商标维权案； 2.一审败诉（被告主张合法来源抗辩），二审胜诉； 3.被告非玉屏地区企业，属外部人对非遗符号资源的侵犯； 4.非遗商标积极保护模式成功案例

续表

序号	案件名	纠纷类型	涉及非遗项目	案情、法院裁判观点和理由	案号	关键法律条款	案例评价
				知名度高、美誉度好，市场信誉好，且被控侵权商标系使用在同一种商品上，易使相关公众对商品来源产生混淆或误认，构成近似商标，商标侵权成立。被告原企业字号为“玉屏箫笛”，系权利人注册商标的文字部分，且该企业注册时间在注册商标之后，具有明显攀附意识，且容易造成消费者误认，该行为已构成不正当竞争			
44	象棋茶案	行政授权确权（商标异议纠纷）	昭平茶制作技艺（广西省省级非遗项目）（昭平名茶以象棋茶和藤宝茶历史较为悠久，两茶分别产自县域的象棋山和藤宝山）	上诉人（原审原告）广西南宁象棋红茶业有限公司申请注册第13543911号“象棋红”商标，指定在茶等商品上，原审第三人昭平县象棋山茶叶有限公司提出异议，引致纠纷。 一审北知院认为：本案的争议焦点为诉争商标的注册申请是否违反《商标法》第30条的规定。诉争商标为文字“象棋红”，引证商标由文字“象棋山”及山形图案组成，其主要识别部分为文字“象棋山”。相较二者，均由三个字构成，且前两个字相同，仅有最后一个字不同，故二者在文字构成、呼叫等方面相似度较高，构成近似商标。诉争商标与引证商标若共存于“茶”商品上易使相关公众对商品来源产生混淆误认，或认为来源之间具有密切联系。因此，诉争商标与引证商标构成《商标法》第30条所指的近似商标。 二审法院驳回上诉，维持原判。 二审上诉时，南宁象棋红公司提出：“象棋茶”的名称属于广西非遗，应由广西人民共同拥有，而不应由象棋山公司独占使用，但法院未予评判	二审：北京市高级人民法院（2019）京行终5795号 2019.10.16 一审：北京知识产权法院（2018）京73行初4088号行政判决 2018.12.20	《商标法》第30条	1.外部人抢夺非遗符号资源，但内部人公司注册了一般商标； 2.非遗积极、消极保护模式成功案例； 3.法院未认定非遗名称为通用名称、公共资源
45	茅台案一	民事侵权（商标侵权）	茅台酒酿制技艺（国家级非遗项目）	茅台酒维权案例 上诉人（一审被告）：贵州省仁怀市茅台镇世家酒业有限公司 法院认定侵权成立	四川省高级人民法院 （2019）川知民终417号 2019.11.08	《商标法》第57条	1.非遗名酒维权系列案； 2.非遗对白酒商标驰名的贡献

续表

序号	案件名	纠纷类型	涉及非遗项目	案情、法院裁判观点和理由	案号	关键法律条款	案例评价
46	茅台案二	民事侵权（商标侵权）	茅台酒酿制技艺（国家级非遗项目）	茅台酒维权案例 上诉人（一审被告）：贵州省仁怀市茅台镇中黔酒业有限公司 法院认定侵权成立	四川省高级人民法院 （2020）川知民终62号 2020.02.27	同上	同上
47	王把粘食案	民事侵权（商标侵权和不正当竞争）	王把粘食制作技艺（盘锦市非遗项目）	上诉人（原审原告）盘锦辽东湾新区清真王把粘食店。被上诉人（原审被告）辽宁兴隆百货集团有限公司。兴隆公司曾与王把粘食店合作，提供柜台售卖王把切糕，后停止合作，但仍以王把切糕名义售卖。原告起诉。 法院认为：兴隆公司在与王把粘食店终止合作后，在宣传材料中售卖切糕时仍使用“王把”标识，兴隆公司使用的“王把”标识与注册商标“王把”完全一致，兴隆公司售卖的切糕与注册商标核定使用的项目相同，属于在同一种商品上使用与注册商标相同的标识，在兴隆公司与王把粘食店曾经合作过的情况下，极易使相关消费者误认为兴隆公司出售的仍然是王把粘食店制作的王把切糕，使相关公众产生混淆和误认，故兴隆公司的行为侵犯了王秀荣的注册商标专用权。兴隆公司主观上存在攀附王把粘食商誉之恶意，客观上也利用“王把”做虚假宣传从而不正当地获取竞争优势，违反了诚实信用原则和公认的商业道德，扰乱了正常的市场秩序，故兴隆公司行为构成不正当竞争	二审：辽宁省高级人民法院（2019）辽民终1580号 2019.12.24 一审：辽宁省锦州市中级人民法院（2019）辽07民初277号民事判决 2019.07.30	《商标法》第3条、第57条第3项	1.非遗积极保护模式案例； 2.外部人侵犯非遗符号资源

续表

序号	案件名	纠纷类型	涉及非遗项目	案情、法院裁判观点和理由	案号	关键法律条款	案例评价
48	德州扒鸡案	民事侵权（商标侵权）	德州扒鸡制作技艺（国家级非遗项目）	上诉人（原审被告）山东金鹏德盛斋扒鸡有限公司。被上诉人（原审原告）山东德州扒鸡股份有限公司。原审被告东平县玖旺百货超市。山东德州扒鸡集团有限公司2005年申请注册了第3892654号“德州扒鸡”商标，该商标标注“扒鸡放弃专用权”。2007年8月，“德州DEZHOU”商标被国家工商行政管理总局商标局认定为驰名商标。2006年11月“德州”商标被商务部认定为”中华老字号”。被告生产的德州扒鸡产品，有被告的商标“德胜斋”，但突出使用“德州扒鸡”4个大字。被告认为德州扒鸡系通用名称，德州扒鸡制作技艺为国家非物质文化遗产，属社会公共资源。被诉侵权商品包装上使用“德州扒鸡”只是指示性或描述性使用，非商标性使用，不会引起消费者对商品来源产生误认或混淆，不构成对涉案商标权的侵害。 一审法院认为：德州扒鸡公司的商品具有较高市场知名度，被告公司作为同行业生产企业，应当知道该知名度，其在涉案产品上突出标注“德州扒鸡”明显具有攀附德州扒鸡公司商标的故意。商标侵权成立。 二审法院认为：被告二审提交的证据仅能证明“德州扒鸡”是传统美食、德州著名特产，并不能证明“德州扒鸡”是通用名称。被告在外包装显著位置以较大字体突出使用被诉标识“德州扒鸡”，系商标性使用，并非正当使用。虽然被告在被诉侵权商品外包装上亦使用了自己的“德盛斋”商标，但“德盛斋”商标明显较小，不足以消除相关公众的混淆误认，构成侵权	二审：山东省高级人民法院（2019）鲁民终1677号 2019.12.06 一审：泰安市中级人民法院（2018）鲁09民初308号民事判决	《商标法》第57条第2项	1.非遗符号资源内部人争夺（原告先获得商标，知名度高，被告商标性使用，侵权）； 2.涉及非遗商标通用名称问题，法院未认定为通用名称

续表

序号	案件名	纠纷类型	涉及非遗项目	案情、法院裁判观点和理由	案号	关键法律条款	案例评价
49	慈圣禅艾案	行政授权确权（商标驳回纠纷）	连氏国医文化连氏艾灸（北京海淀区非遗）	上诉人（原审原告）上和元（北京）中医研究院有限公司申请涉案商标，被商标局驳回，提请复审引发纠纷。 一审法院认为：第26300247号“慈圣禅艾”商标的注册易对相关宗教人士的宗教感情产生伤害，构成《商标法》第10条第1款第8项所指之情形。商评委认定事实清楚，适用法律正确，程序合法，涉案商标应予驳回。 二审法院认为：诉争商标由汉字“慈圣禅艾”构成，其中“禅”为佛教用语，故将诉争商标使用在“药茶；艾卷”等商品上，易伤害宗教人士的感情，从而产生不良社会影响。因此，原审判决及被诉决定认定诉争商标的注册属于《商标法》第10条第1款第8项规定之情形，结论并无不当。诉争商标应予驳回	二审：北京市高级人民法院（2019）京行终4849号 2019.09.18 一审：北京知识产权法院（2019）京73行初1974号行政判决 2019.03.06	《商标法》第10条第1款第8项	1.《商标法》中公共秩序条款对非遗商标排除的机制（涉及宗教文字，具有不良影响而不予注册案例）； 2.非遗积极保护模式案例（非遗商标注册应避免涉及宗教符号）
50	九代灸王案一	行政授权确权（商标驳回纠纷）	连氏国医文化连氏艾灸（北京海淀区非遗）	上诉人（原审原告）上和元（北京）中医研究院有限公司2017年7月26日申请注册第25519578号“九代灸王”商标，指定第35类，被商标局、商评委驳回。本案一审维持了不予注册的裁定，二审推翻一审判决，诉争商标最终注册。 一审法院认为：诉争商标构成《商标法》第10条第1款第7项所规定的情形。上和元公司提交的使用证据不能作为诉争商标不会引起相关公众产生误认的理由。商标审查遵循个案原则，商标授权审查因各案事实情况不同可能结论各异，其他商标并存的情况，并非本案诉争商标获准注册的当然依据。 二审法院认为：商标标志或者其构成要素带有欺骗性，容易使公众对商品的质量等特点或者产地产生误认，属于《商标法》第10条第1款第7项规定的情形。公众基于日常生活经验等不会对诉争商标指定使用的商品或者服务的质量等特	北京市高级人民法院（2019）京行终5089号 2019.08.16	《商标法》第10条第1款第7项	1.连氏艾灸商标驳回复审系列案； 2.非遗积极保护模式（非遗商标申请注意事项，商品或服务类别的影响。本案获准注册，而另一案中第10类上的“九代灸王”商标却未予注册，主要原因为指定商品不同，不会产生公众误认）

续表

序号	案件名	纠纷类型	涉及非遗项目	案情、法院裁判观点和理由	案号	关键法律条款	案例评价
				点或者产地产生误认的，不属于《商标法》第10条第1款第7项规定的情形。本案诉争商标由汉字“九代灸王”构成。指定使用的服务为广告、工商管理辅助、替他人推销等方面的服务。相关公众看到诉争商标，虽易与有历史传承的以“灸”为治疗方法的医学世家相联系，但该联系并不会对复审服务的方式、内容等产生误认，应予注册			
51	七美灸案	行政授权确权（商标驳回纠纷）	连氏国医文化连氏艾灸（北京海淀区非遗）	上和元公司申请注册第25519777号“七美灸”商标，指定使用第35类服务，商标局、商评委驳回，申请人提起行政诉讼，一审北知院维持商评委决定，二审推翻一审判决，争议商标予以注册	北京市高级人民法院 （2019）京行终5041号 2019.08.16	《商标法》第10条第1款第7项	同上
52	九代灸王案二	行政授权确权（商标驳回复审）	连氏国医文化连氏艾灸（北京海淀区非遗）	上和元公司申请注册第25519769号“九代灸王”商标，指定使用在第10类健美按摩设备；医疗器械和仪器；针灸针等商品上，商标局、商评委驳回，申请人提起行政诉讼，一审法院、二审法院均维持商评委决定，争议商标未予注册。 一审法院认为：诉争商标构成《商标法》第10条第1款第7项规定的情形。 二审法院认为：诉争商标标志由汉字“九代灸王”构成。相关公众看到诉争商标，易与有历史传承的以“灸”为治疗方法的医学世家相联系，而诉争商标指定使用的商品为医疗器具、医疗设备及医疗辅助器具等方面的商品。诉争商标使用在指定使用商品上，相关公众易认为该商品与治疗方法、医学世家有关，进而对商品的功能用途、使用方式等产生误认。因此不能获准注册	北京市高级人民法院 （2019）京行终5085号 2019.08.16	《商标法》第10条第1款第7项	1.连氏艾灸商标驳回复审系列案； 2.非遗积极保护模式（非遗商标申请注意事项，商品或服务类别的影响。商标标志有“灸”字，其含义与指定商品类别相近，容易造成相关公众误认，不能注册）

续表

序号	案件名	纠纷类型	涉及非遗项目	案情、法院裁判观点和理由	案号	关键法律条款	案例评价
53	九代灸王案三	行政授权确权（商标驳回纠纷）	连氏国医文化连氏艾灸（北京市海淀区非遗）	上和元公司申请注册第25519779号“九代灸王”商标，指定使用在第5类药用谷粉；药茶；药草等商品上，商标局、商评委驳回，申请人提起行政诉讼，一审法院、二审法院均维持商评委决定，争议商标未予注册。裁判理由基本同上	北京市高级人民法院（2019）京行终5007号 2019.08.16	《商标法》第10条第1款第7项	同上
54	慈圣禅灸案二	行政授权确权（商标驳回复审）	连氏国医文化连氏艾灸（北京海淀区非遗）	上和元公司申请注册第26300248号“慈圣禅灸”商标，指定使用在第10类健美按摩设备；医疗器械和仪器；针灸针等商品上，商标局、商评委驳回，申请人提起行政诉讼，一审法院、二审法院均维持商评委决定 争议商标未予注册。 两审法院均认定诉争商标的申请违反《商标法》第10条第1款第7、8项的规定，诉争商标不能获准注册	北京市高级人民法院（2019）京行终5092号 2019.08.16	《商标法》第10条第1款第7项、第8项	1.连氏艾灸商标驳回复审系列案； 2.非遗积极保护模式（非遗商标申请注意事项，本案诉争商标违反两项绝对禁止理由）
55	睡灸案一	行政授权确权（商标驳回纠纷）	连氏国医文化连氏艾灸（北京海淀区非遗）	上和元公司申请注册第25519576号“睡灸”商标，指定使用在第10类健美按摩设备；医疗器械和仪器；针灸针等商品上，商标局、商评委驳回，申请人提起行政诉讼，一审法院、二审法院均维持商评委决定，争议商标未予注册。裁判理由主要是违反《商标法》第10条第1款第7项的规定，使公众对商品功能、用途、使用方式等产生误认	北京市高级人民法院（2019）京行终5090号 2019.08.16	《商标法》第10条第1款第7项	带有“灸”字，指定在第10类上，容易引发公众误认
56	睡灸案二	行政授权确权（商标驳回纠纷）	连氏国医文化连氏艾灸（北京海淀区非遗）	上和元公司申请注册第25519776号“睡灸”商标，指定使用第35类服务，商标局、商评委驳回，申请人提起行政诉讼，一审法院维持商评委决定，二审推翻一审判决，争议商标予以注册。该案裁判理由与第51项案例基本相同	北京市高级人民法院（2019）京行终5006号 2019.08.16	《商标法》第10条第1款第7项	本案获准注册，因指定商品为第35类，不会产生公众误认

续表

序号	案件名	纠纷类型	涉及非遗项目	案情、法院裁判观点和理由	案号	关键法律条款	案例评价
57	连式御医案	行政授权确权（商标驳回纠纷）	连氏国医文化连氏艾灸（北京海淀区非遗）	上和元公司申请注册第25519772号“连式御医”商标，指定使用在第35类服务上，商标局、商评委驳回，申请人提起行政诉讼，本案涉及5个引证商标。 一审法院认为：诉争商标与引证商标一、二、三、五分别构成使用在同一种或类似服务上的近似商标。上和元公司提交的证据不能证明诉争商标经过使用已具有区分于引证商标的显著性。 二审法院认为：诉争商标标志完整包含引证商标二、三、五的显著识别部分，虽有其他构成要素，并未形成明显可区分的含义。诉争商标与引证商标二、三、五若同时使用在类似服务上，相关公众施以一般注意力时，容易导致对服务来源产生混淆、误认。因此诉争商标不予注册	北京市高级人民法院 （2019）京行终5093号 2019.08.16	《商标法》第30条、第31条	非遗商标积极保护模式（非遗项目符号与在先商标、在先申请商标构成近似，未予注册，在申请非遗商标前尽量做好查询工作）
58	少林四宝案	行政授权确权（商标驳回复审）	连氏国医文化连氏艾灸（北京海淀区非遗）	上和元公司申请注册第25519773号“少林四宝”商标，指定使用第35类服务，商标局、商评委驳回，申请人提起行政诉讼。 法院认为：诉争商标标志由汉字“少林四宝”构成。“少林寺”为我国著名佛教寺庙，相关公众看到诉争商标，易与“少林寺”相联系。诉争商标使用在复审服务上，有伤宗教情感，易产生不良影响。上和元公司提交的证据不足以证明诉争商标经宣传使用，相关公众不会将其与佛教相联系。诉争商标的申请注册构成《商标法》第10条第1款第8项规定所指的情形，不予注册	北京市高级人民法院 （2019）京行终5005号 2019.08.16	《商标法》第10条第1款第8项	1.连氏艾灸商标驳回复审系列案； 2.非遗积极保护模式案例（非遗商标注册应避免涉及宗教符号以及《商标法》中的公共秩序条款）

续表

序号	案件名	纠纷类型	涉及非遗项目	案情、法院裁判观点和理由	案号	关键法律条款	案例评价
59	皇家灸宝	行政授权确权（商标驳回纠纷）	连氏国医文化连氏艾灸（北京海淀区非遗）	上和元公司申请注册第2C300244号“皇家灸宝”商标，指定使用在第10类健美按摩设备；医疗器械和仪器；针灸针等商品上，商标局、商评委驳回，申请人提起行政诉讼。本案涉及2项引证商标。 法院认为：诉争商标标志由汉字“皇家灸宝”构成。引证商标一标志由汉字“皇家古宝”构成，引证商标二标志由汉字“皇家”、拼音“huangjia”构成，拼音与汉字相呼应，汉字“皇家”系其显著识别部分。诉争商标标志与引证商标一标志均由4个汉字构成，仅第三个汉字不同，在文字构成、呼叫等方面相近，构成近似标志。诉争商标标志完整包含引证商标二标志的显著识别部分，构成近似标志。诉争商标与引证商标一、二若同时使用在类似商品上，相关公众施以一般注意力时，容易导致对商品来源产生混淆、误认。诉争商标与引证商标一、二分别构成使用在类似商品上的近似商标，不能注册	北京市高级人民法院 （2019）京行终5088号 2019.08.16	《商标法》第30条	1.非遗商标积极保护模式（非遗项目符号与在先商标、在先申请商标构成近似，未予注册，在申请非遗商标前尽量做好查询工作）； 2.进一步思考，也存在公众误认（灸字）的问题
60	五子妃案	行政授权确权（商标驳回纠纷）	连氏国医文化连氏艾灸（北京海淀区非遗）	上和元公司申请注册第2C300262号“五子妃”商标，指定使用在第29类蛋；牛奶等商品上，商标局、商评委驳回，申请人提起行政诉讼。本案涉及第三人引证商标。 法院认为：诉争商标标志由汉字“五子妃”构成。引证商标标志由汉字“五妃子”及图形构成，汉字“五妃子”系主要识别部分。诉争商标标志与引证商标标志主要识别部分汉字相比较，均由相同的三个汉字构成，仅第二、三个汉字顺序不同，并未形成明显可区分的含义。诉争商标与引证商标若同时使用在类似商品上，相关公众施以一般注意力时，容易导致对商品来源产生混淆、误认，构成使用在类似商品上的近似商标，不能注册	北京市高级人民法院 （2019）京行终5087号 2019.08.16	《商标法》第30条	1.“五子妃”为连氏饮膳文化非遗项目中的符号，不同于连氏艾灸项目； 2.非遗商标积极保护模式案例（非遗商标注册时符号选择问题）

续表

序号	案件名	纠纷类型	涉及非遗项目	案情、法院裁判观点和理由	案号	关键法律条款	案例评价
61	西施茶酥案	行政授权确权（商标驳回纠纷）	连氏国医文化连氏艾灸（北京海淀区非遗）	上和元公司申请注册第26300239号“西施茶酥”商标，指定使用在第30类茶饮料；糖果；蜂蜜等商品上，商标局、商评委驳回，申请人提起行政诉讼。本案涉及引证商标。 法院认为：诉争商标标志由汉字“西施茶酥”构成，“茶酥”用在复审商品上，显著性较弱，汉字“西施”系其显著识别部分。引证商标一标志由汉字“西施”构成；引证商标二标志由汉字“西施”及古代女子头像构成，汉字“西施”系其显著识别部分；引证商标三标志由汉字“西施”构成；引证商标五标志由汉字“西施”、拼音“XISHI”及古代女子图形构成，拼音与汉字相呼应，汉字“西施”系其显著识别部分；引证商标六标志由汉字“西施磨坊”构成，“磨坊”用在核定使用商品上，显著性较弱，汉字“西施”系其显著识别部分。诉争商标与各引证商标相比较，显著识别部分均为汉字“西施”，虽有其他构成要素，但不足以相区分，分别构成近似标志。诉争商标与引证商标同时使用在类似商品上，相关公众施以一般注意力时，容易导致对商品来源产生混淆、误认，构成使用在类似商品上的近似商标，不能注册	北京市高级人民法院 （2019）京行终5086号 2019.08.16	《商标法》第30条	1.非遗商标积极保护模式（非遗商标注册时对符号的选择问题。“西施茶酥”符号太过普通，显著性过弱，不适合申请商标）； 2.非遗商标在选择非遗符号时需要考虑《商标法》中的显著性要素
62	九制陈皮案	民事侵权（商标侵权和不正当竞争）	九制陈皮制作技艺（潮州市市级非遗项目）	上诉人（原审被告）新兴县鲜仙乐凉果实业有限公司在陈皮产品包装上使用“九制陈皮”字样，被上诉人（原审原告）广东佳宝集团有限公司提起侵权诉讼。被告主张九制为通用名称。 一审法院认为：原告的注册商标权利应受保护，佳宝公司生产经营“九制陈皮”产品已经多年，具有较高的市场知名度，被告在同样的产品上标注“九制陈皮”字样作为产品名称并突出使用，其产品包装袋的外观设计、装潢亦与佳宝公司的“九制陈皮”产品近似。构成商标侵权和不正当竞争。	二审：广东省高级人民法院（2019）粤民终1861号 2019.11.07 一审：广东省潮州市中级人民法院（2018）粤51民初21号民事判决	《商标法》（2013年）第57条 《商标法》（2013年）第59条第3款（在先使用权） 《商标法》（2013年）第59条第1款（正当使用抗辩）	1.认定非遗商标为通用名称的又一典型案例； 2.非遗积极保护模式案例； 3.非遗符号资源内部人争夺案例； 4.二审广东高院的意见具有代表性，其对通用

续表

序号	案件名	纠纷类型	涉及非遗项目	案情、法院裁判观点和理由	案号	关键法律条款	案例评价
				二审推翻了一审判决，认为：1.关于被告商标在先使用权抗辩是否成立的问题。原告在陈皮商品上实际使用“九制”标志的时间是20世纪八九十年代，远早于被告所主张的2000年。该项抗辩不成立。2.“九制陈皮”早在2006年已被国家标准规定为某类商品的通用名称。“九制陈皮”不仅是经过多道繁杂工艺腌制而成的陈皮类产品的法定通用名称，也成为全国范围内相关公众约定俗成的该类商品的通用名称，“九制陈皮”作为本类商品的通用名称，不得为任何人垄断，被告的使用没有超出正当的界限，是正当使用。因此，“九制”虽已被原告注册为商标，但“九制陈皮”本身是经过复杂工艺腌制而成的陈皮类商品，其在佳宝公司申请注册前就已经成为通用名称。即便佳宝公司对“九制陈皮”的研发有突出贡献，其亦不能垄断该词语的使用。鲜仙乐公司在商品通用名称的含义上使用“九制陈皮”字样，并且同时规范使用自己的“鲜仙乐”注册商标，不会造成消费者对商品来源的混淆误认。鲜仙乐公司的使用没有超出正当、合理的限度，故不宜认定其构成商标侵权。但二审法院认定被告构成不正当竞争，被告产品包装装潢与原告拥有外观专利的包装装潢构成近似		《最高人民法院关于审理商标授权确权行政案件若干问题的规定》第10条第1、2款（通用名称认定规则）	名称认定规则、正当性使用抗辩的判断给出了明确的示范
63	董记桂香阁案	行政授权确权（商标无效纠纷）	“桂香楼”糕饼制作工艺（云南省保山市市级非遗项目）	董新丽注册了第17402489号董记桂香阁商标，申请日期为2015年7月10日。注册日期为2016年9月7日。其兄董松涛提出无效宣告，引发纠纷。上诉人：国知局、董松涛（无效宣告申请人，哥哥）。被上诉人：董新丽（妹妹） 商评委对诉争商标予以无效宣告。 一审法院认为：在案证据显示董新丽与董松涛为兄妹关系，曾共同经营家族糕点店——董记桂香楼，并参与“桂香楼”的品牌宣传推广，后董新丽于2015年与董松涛分开经营并开设	二审：北京市高级人民法院（2019）京行终3200号 2019.06.27 一审：北京知识产权法院（2017）京73行初5331号行政判决 2018.10.29	《商标法》第32条后半段及第15条第2款	1.非遗积极保护模式案例； 2.家族传承非遗符号资源内部争夺案例。分家析产类非遗商标纠纷；

续表

序号	案件名	纠纷类型	涉及非遗项目	案情、法院裁判观点和理由	案号	关键法律条款	案例评价
				董记桂香阁。董新丽作为经营“桂香楼”品牌糕点店的董氏家族成员，参与了“桂香楼”品牌的经营与推广，应与董松涛共同分享品牌相关荣誉与权益。基于董新丽、董松涛与“桂香楼”品牌糕点的特殊关系，不能简单认定董新丽申请注册“董记桂香阁”商标的行为属于“以不正当手段抢先注册他人已经使用并有一定影响的商标”或通过合同、业务往来等关系而明知他人商标并进行抢注之情形，否则就割裂了董新丽与其家族世代经营的“桂香楼”品牌的传承关系，也无益于家族品牌的传承和发扬。因此，商评委认定诉争商标的注册违反了《商标法》第32条后半段及第15条第2款的规定，不予支持 二审法院认为：董新丽和董松涛系亲兄妹关系。“桂香楼”系董氏家族糕点店铺的字号。该字号通过董氏家族几代人的市场经营而积累的市场商誉是具有一定的财产价值，但这种财产价值的商业标志，除非继承人之间有特别约定，否则不宜由某一个继承人独享和垄断。根据在案的家庭分单、董松涛和董新丽的母亲马兰兴的相关说明等证据材料，可以证明董松涛和董新丽作为董氏家族成员，均有权创办企业并在各自的生产经营活动中利用“桂香楼”的声誉。因此，基于董松涛和董新丽的特定身份关系以及家族品牌历史发展的渊源，董新丽设立“董记桂香阁”店铺以及申请注册诉争商标具有正当基础，并不存在恶意抢注他人商标的情形			3.一方注册商标，另一方申请无效宣告不成功，法院认定不属于抢先注册他人已经使用的未注册商标的情况

续表

序号	案件名	纠纷类型	涉及非遗项目	案情、法院裁判观点和理由	案号	关键法律条款	案例评价
64	郝家沟帮子案	行政授权确权（商标无效纠纷）	沟帮子熏鸡制作技艺（辽宁省省级非遗项目）	上诉人（原审原告）辽宁沟帮子云杉熏鸡有限公司，被上诉人（原审被告）国家知识产权局，原审第三人辽宁沟帮子熏鸡集团有限公司。云杉熏鸡公司注册第9638126号商标“郝家沟帮子”，申请日期2011年6月24日。核定使用商品（第30类）：咖啡、茶、蜂蜜。引证商标：“沟帮子”。 法院认为：诉争商标与引证商标构成2001年《商标法》第28条所指的使用在相同或类似商品上的近似商标。本案中并无证据证明“沟帮子”或“沟帮子熏鸡”为诉争商标核定使用的“咖啡”等商品的通用名称，且商标法亦未明确禁止将乡镇的行政区划名称注册为商标。诉争商标应予无效。非遗商标拥有人排除了内部其他人在其他商品类别上近似商标的注册	二审：北京市高级人民法院（2019）京行终3085号 2019.06.25 一审：北京知识产权法院（2018）京73行初2368号行政判决 2018.06.28	2001年《商标法》第28条	1.非遗符号资源内部争夺案； 2.无效答辩人提出“沟帮子”通用名称抗辩未成功，法院认定沟帮子在咖啡产品上不构成通用名称
65	郝云杉沟帮子案	行政授权确权（商标无效纠纷）	沟帮子熏鸡制作技艺（辽宁省省级非遗项目）	同上，争议商标不同，第9645886号“郝云杉沟帮子”。申请日期：2011年6月27日。核定使用商品（第30类）：食用面粉、含淀粉食品、调味品等。 法院裁判结果和理由基本同上	北京市高级人民法院 （2019）京行终3079号 2019.06.25	同上	同上
66	沟帮子云杉案	行政授权确权（商标无效纠纷）	沟帮子熏鸡制作技艺（辽宁省省级非遗项目）	同上，争议商标不同，第9651376号“沟帮子云杉”。申请日期：2011年6月28日。 核定使用商品（第30类）：蜂蜜、酵母、家用嫩肉剂。 法院裁判结果和理由基本同上	北京市高级人民法院 （2019）京行终3081号 2019.06.25	同上	同上

续表

序号	案件名	纠纷类型	涉及非遗项目	案情、法院裁判观点和理由	案号	关键法律条款	案例评价
67	郝家沟帮子案	行政授权确权（商标无效纠纷）	沟帮子熏鸡制作技艺（辽宁省省级非遗项目）	同上，争议商标不同，第9638077号“郝家沟帮子”申请日期：2011年6月24日。 核定使用商品（第29类）：水果沙拉、食用果冻、干食用菌。 法院裁判结果和理由基本同上	北京市高级人民法院 （2019）京行终3080号 2019.06.25	同上	同上 该系列共11个案例，判决结果和理由基本相同
68	一得阁案一	行政授权确权（无效纠纷）	一得阁墨汁制作技艺（国家级非遗项目）	涉案商标为第9834989号“一得阁”商标，由一得阁文化公司于2011年8月11日提出注册申请，核定使用在第36类的“典当”服务上，2015年12月9日，一得阁墨业公司针对诉争商标提出无效宣告请求。 商评委认为：“一得阁”商标具有较高知名度，且一得阁文化公司与一得阁墨业公司存在长期的经营合作关系，对一得阁墨业公司的“一得阁”商标理应知晓。除诉争商标外，一得阁文化公司在多个类别的商品或服务上申请注册“一得阁”商标，其行为已构成《商标法》第44条第1款所规定的以不正当手段取得注册的情形。诉争商标予以无效宣告。 一审推翻了商评委裁定，认为：一得阁文化公司作为一得阁墨业公司的关联公司在多个类别上注册“一得阁”商标的行为，无论是否得到一得阁墨业公司的授权，该行为可能侵犯的仅系特定民事主体一得阁墨业公司的相关商标权益，并不涉及对公共利益和公共秩序的侵犯，故不属于商标无效宣告的绝对事由。因此，诉争商标的申请注册未构成《商标法》第44条第1款所指情形，商标评审委员会对此认定有误，予以纠正。 二审法院认为：一得阁墨业公司的墨汁产品历史悠久，具有极高的知名度和美誉度。一得阁文化公司在第35类、第36类以及第42类服务上共注册了10余枚“一得阁”或“一得阁及	二审：北京市高级人民法院（2019）京行终644号 2019.04.19 一审：知识产权法院（2016）京73行初6801号行政判决	《商标法》第44条第1款	1.非遗商标积极、消极保护模式案例； 2.以不正当手段注册非遗商标的典型案例之一； 3.大规模、批量注册非遗商标，主观恶意明显； 4.本案二审法院意见：抢注著名的非遗商标属于对公共利益的侵犯； 5.启示：《商标法》第44条可用于排除外部人的非遗商标抢注

续表

序号	案件名	纠纷类型	涉及非遗项目	案情、法院裁判观点和理由	案号	关键法律条款	案例评价
				图”商标，且标志与一得阁墨业公司的商标完全相同，主观恶意明显。另外，一得阁墨汁制作技艺曾被评为国家级非物质文化遗产代表性项目，表明一得阁墨汁制作技艺既是以非物质形态存在的、世代相承的传统文化，又是一种以人为核心的技艺、经验、精神的文化遗产，这种“非遗”属性所代表的一得阁墨汁的文化内涵和精神价值与社会公众的利益密切相关。诉争商标的注册并非仅损害了特定民事权益，更是对公共利益的损害。综合考虑以上因素，诉争商标的注册构成《商标法》第44条第1款所指的以“其他不正当手段取得注册”的情形，应当予以无效宣告			
69	一得阁案二	行政授权确权（无效纠纷）	一得阁墨汁制作技艺（国家级非遗项目）	一得阁文化公司注册第9835028号“一得阁”商标，核定使用在第42类的“艺术品鉴定、书画刻印艺术设计、无形资产评估、室内装饰设计、包装设计、造型（工业品外观设计）、服装设计、质量评估、替他人创建和维护网站、提供互联网搜索引擎等服务上，一得阁墨业公司提出无效申请。 法院裁判结果和理由基本同上，该案例也是一得阁墨业公司提起无效的系列案之一	二审：北京市高级人民法院（2019）京行终3352号 2019.06.20 一审：北京知识产权法院（2018）京73行初2055号行政判决	同上	同上
70	九朝贡胶案	行政授权确权（商标驳回纠纷）	中医传统制剂方法（东阿阿胶制作技艺）（国家级非遗项目）	东阿阿胶公司于2016年3月11日申请第19277430号“九朝贡胶”商标，指定使用在第5类“人用药；中药成药；药用蜂胶；医用药膏；医用药物；医用营养食物；医用营养饮料；医用营养品；营养补充剂；医用敷料”商品上，被商标局驳回，引发纠纷。 两审法院均认为：诉争商标整体易被理解为“历经九个朝代的贡品阿胶”，指定使用在“中药成药；人用药；医用营养品”等商品上容易使相关公众认为其指定使用的商品具有悠久的	北京市高级人民法院（2018）京行终5466号 2018.11.23	《商标法》第10条第1款第7项	1.非遗商标积极保护模式（非遗符号选择问题）； 2.“九朝贡胶”容易造成公众误认，不予注册

续表

序号	案件名	纠纷类型	涉及非遗项目	案情、法院裁判观点和理由	案号	关键法律条款	案例评价
				历史，经历了多个朝代，从而对商品的品质、质量等特点产生误认。商评委认定诉争商标构成《商标法》第10条第1款第7项所指情形的结论正确，应予支持			
71	九朝贡案	行政授权确权（商标驳回纠纷）	中医传统制剂方法（东阿阿胶制作技艺）（国家级非遗项目）	东阿阿胶公司于2016年3月11日申请第19277429号“九朝贡及图”商标，指定使用在第5类“人用药；中药成药；药用蜂胶；医用药膏；医用药物；医用营养食物；医用营养饮料；医用营养品；营养补充剂；医用敷料”商品上，被商标局驳回，引发纠纷。 法院裁判结果和理由基本同上，诉争商标未予注册	北京市高级人民法院 （2018）京行终1995号 2018.06.26	《商标法》第10条第1款第7项	同上
72	蔡明伟老蔡林记及图案	行政授权确权（商标无效纠纷）	“蔡林记”热干面制作技艺（湖北省省级非遗项目）	被上诉人湖北鼎金耀餐饮服务管理有限公司注册了第12161087号“蔡明伟老蔡林记”文字加人像商标，核定使用商品为第30类的面条；谷粉制食品；甜食；米粉（粉状）；调味品；糖；茶饮料；咖啡；方便面；豆浆。武汉蔡林记商贸有限公司提起无效宣告，引发纠纷。 本案中蔡林记热干面本为家族传承非遗项目，后经公私合营、国营化改造，承继给其他公司，并被其他公司经营扩张，创始人蔡明伟的儿子蔡汉文反而没有承继非遗技艺。代表性传承人也被蔡林记商贸有限公司的王永中获得。 一审法院认为：诉争商标由人物头像图片和文字“蔡明伟老蔡林记”组成，其中人物头像为蔡林记老字号的创始人蔡明伟。蔡明伟的人物头像图片和“蔡明纬”文字作为诉争商标的显著识别部分，能够使诉争商标的整体外观与该案的引	二审：北京市高级人民法院（2018）京行终5482号 2018.11.30 一审：北京知识产权法院（2017）京73行初2398号行政判决 2018.04.26	《商标法》第30条	1.外部人对非遗符号资源侵犯案例（有特殊历史背景）； 2.外部人通过特殊历史背景，公私合营、国营化改造等获得非遗技艺和符号资源，创始人的后人丧失非遗符号资源； 3. 许多非遗项目存在公私合营、国营化改造的历史问题，本案具有典型性

续表

序号	案件名	纠纷类型	涉及非遗项目	案情、法院裁判观点和理由	案号	关键法律条款	案例评价
				证商标一、二、三相区分，不属于近似商标。相关公众凭借该区别标识以及蔡明伟是“蔡林记”创始人的历史渊源，可以将诉争商标与引证商标相区分，不致发生混淆误认。因此，诉争商标的申请注册未违反《商标法》第30条规定情形，不应无效。 二审法院推翻了一审判决，认为：在诉争商标与引证商标的字、形、义对比方面，诉争商标与引证商标一、二、三既存在相似之处，又存在一定区别。但由于历史原因，“蔡林记”字号之上的商誉被蔡林记商贸公司依法承继并持续经营、发扬光大，非遗代表性传承人也授予给了蔡林记商贸公司的王永中，而非蔡汉文。法院认为商标法保护的是商标与特定经营者之间形成的这种固定联系，蔡氏后人并未实际使用蔡林记字号从事热干面经营，丧失了专承关系，法律不再予以保护。法院还特别就非遗传承与商标权保护的关系进行了论述			
73	蔡明伟老蔡林记及图案	行政授权确权（商标无效纠纷）	“蔡林记”热干面制作技艺（湖北省省级非遗）	鼎金耀餐饮公司注册了第12161089号诉争商标“蔡明伟老蔡林记及图”，核定使用在第29类芝麻酱；花生酱；肉；鱼（非活）；水产罐头；腌制蔬菜；蛋；食用油；精制坚果仁；豆腐制品上。武汉蔡林记商贸有限公司提起无效宣告，引发纠纷。 法院裁判结果及理由基本同上	北京市高级人民法院 （2018）京行终5484号 2018.11.30	同上	同上
74	老鳳祥案	行政授权确权（商标无效纠纷）	金银细工制作技艺（上海老凤祥有限公司）	上诉人（原审原告）李志军于2014年11月5日申请注册第15648160号“老鳳皇LAOPHOENI”商标，核定使用在第14类的“贵重金属合金；首饰盒；项链（首饰）；珠宝首饰；珍珠（珠宝）；银制工艺品；玉雕首饰；钟；手表；电子万年台历”商品上，原审第三人上海老凤祥有限公司提起无效宣告，引发纠纷。涉及3个引证商标。	北京市高级人民法院 （2018）京行终5583号 2018.12.10	《商标法》第30条	1.非遗商标积极保护模式案例； 2.老凤祥非遗商标具有的知名度对维权的贡献

续表

序号	案件名	纠纷类型	涉及非遗项目	案情、法院裁判观点和理由	案号	关键法律条款	案例评价
				法院认为：诉争商标与引证商标相比，文字构成、文字排列顺序、呼叫等方面均相近，含义也相近，且引证商标“老鳳祥”知名度高，两者在同一种或类似商品上共存，易使相关公众在施以一般注意力的情况下，认为诉争商标与各引证商标标示的商品来源于同一主体，或商品提供者之间存在某种关联关系，产生混淆误认。诉争商标的注册违反《商标法》第30条的规定，应予无效			
75	东流水九天贡胶案	行政授权确权（商标无效纠纷）	宏济堂东流水阿胶制作技艺（山东省省级非遗）	上诉人山东宏济堂阿胶有限公司（以下简称宏济堂公司）注册了第12023306号“东流水九天贡胶”商标，指定使用商品（第5类）：阿胶。张招于2016年1月7日对诉争商标提起无效宣告，引发纠纷。引证商标为“九天贡胶”，核定使用商品也是第5类：水剂；膏剂；中药成药；药酒；医药用糖浆；药用胶囊；人用药；医药制剂；补药（药）；药物饮料。 法院认为：诉争商标由篆体“东流水九天贡胶”汉字组成。引证商标由篆体“九天贡胶”汉字及图形组合而成。诉争商标完全包含引证商标的构成文字。两商标中的文字虽然在具体字形上存在一定区别，但均采用篆体文字，使得二者在文字构成、呈现方式、呼叫及含义等方面相近。按照相关公众的一般注意力，在隔离观察状态下，难以从整体上对其进行区分。因此，诉争商标与引证商标构成近似的商标标志。诉争商标与引证商标若共存于同一种或类似商品上，容易导致相关公众的混淆误认。因此诉争商标与引证商标构成使用在同一种或类似商品上的近似商标，应予无效	北京市高级人民法院 （2018）京行终3979号 2018.10.19	2013年《商标法》第30条	1.非遗消极保护模式失败案例（宏济堂东流水阿胶项目被个人抢注商标）； 2.外部人对非遗符号资源的侵犯

续表

序号	案件名	纠纷类型	涉及非遗项目	案情、法院裁判观点和理由	案号	关键法律条款	案例评价
76	九阡案	民事纠纷（商标权权属纠纷）	九阡酒酿造技艺（贵州省省级非物质文化遗产）	本案是因第三人承包经营酒厂发生的商标权权属纠纷，后确认商标权仍属于酒厂，保护了非遗商标财产。 一审法院认为：三都县供销社对九阡酒厂委托拍卖标的中不包含“九阡”商标等无形资产。“九阡”商标所有权并不因使用者经营方式的调整而改变，仍属于九阡酒厂集体财产，三都县供销社作为九阡酒厂集体财产的所有权代表和管理者，享有“九阡”商标专用权。判决：原告三都水族自治县供销合作联社享有第186825号“九阡”注册商标的专用权。 二审法院认为：本案并非简单的商标权属争议，而是涉及长期历史遗留问题的处理。本案中一方面上诉人使用系争商标长达20年，为该商标的宣传推广付出了大量投入，早已使相关公众即消费者在该商标与特定商品来源间形成了稳定联系，也积累了较高商誉；另一方面，2006年原九阡酒厂拍卖标的物是否包含系争商标真伪不明，而被上诉人于拍卖结束后在超过10年的时间内对系争商标权属未提出异议，其间上诉人为系争商标商誉的积累投入甚大，被上诉人长期怠于行使和维护权利本身亦存在疏失。综合考虑本案的历史过程及上述因素，认为在系争商标权属归属于被上诉人的前提下，上诉人亦有权继续自行使用系争商标，但不得许可他人使用，同时应在产品上附加适当的、足以使相关公众区别商品来源的其他标识	贵州省高级人民法院 （2018）黔民终99号 2018.07.31	《民法总则》第6条 《物权法》第106条第1款	1.非遗符号资源内部人争夺案例（本案涉及非遗文化资源权属纠纷，较为少见）； 2.上诉人对涉案非遗商标做出了较大贡献，但在权属上属于被上诉人合作社的集体财产； 3.二审法院最终确认权属仍归于合作社，但合作社长期疏于管理涉案商标财产，上诉人仍可继续使用，但不得许可他人使用

续表

序号	案件名	纠纷类型	涉及非遗项目	案情、法院裁判观点和理由	案号	关键法律条款	案例评价
77	周虎臣案一	行政授权确权（商标无效纠纷）	周虎臣毛笔制作技艺（国家级非遗项目）	周振文于2012年7月9日注册第12883468号“老周虎臣筆墨庄及图”商标（简称诉争商标），核定使用的商品为第16类“纸、宣纸（用于中国绘画和书法）、笔记本或绘图本、图画、笔架、墨汁、砚（墨水池）、印台、比例尺、绘画板”等。2016年6月23日，新世界公司针对诉争商标提出无效宣告请求。引证商标为第100471号“老周虎臣筆墨莊 虎牌 上海 注册商标及图”商标，由上海老周虎臣笔厂于1992年10月29日申请注册，核定使用在第16类“毛笔”商品上，现商标权人为新世界公司。 商评委裁定：诉争商标的注册予以维持。 一审法院认为：诉争商标与引证商标的显著识别部分在文字构成、字体、呼叫上相同，构成近似商标。诉争商标与引证商标核定使用商品在生产部门、销售渠道、消费群体等方面具有高度重合性，功能用途上具有高度的互补性，“笔、墨、纸、砚”在中国传统文化观念中具有较强的关联性，相关公众易受之影响而认为诉争商标与引证商标被核定使用的商品存在关联性。诉争商标申请日之前“周虎臣”已经具有相当高的知名度，因此，诉争商标核定使用在上述商品上与引证商标构成使用在类似商品上的近似商标，应予无效。 二审法院驳回上诉，维持原判	二审：北京市高级人民法院（2018）京行终4142号 2018.09.27 一审：北京知识产权法院（2017）京73行初1911号行政判决	2001年《商标法》第28条	1.非遗商标积极、消极保护模式成功案例（利用已有的非遗商标排除他人在类似商品上的注册）； 2.外部人对非遗符号资源的侵犯
78	周虎臣案二	行政授权确权（商标无效纠纷）	周虎臣毛笔制作技艺（国家级非遗项目）	周振文于2012年3月6日注册第10573106号“周虎臣”商标，（简称诉争商标），核定使用的商品为第16类“纸、宣纸（用于中国绘画和书法）、笔记本或绘图本、图画、笔架、墨汁、砚（墨水池）、印台、比例尺、绘画板”，后新世界公司针对诉争商标提出无效宣告请求。法院裁判结果和理由基本同上	北京市高级人民法院 （2018）京行终4131号 2018.09.27	同上	同上

续表

序号	案件名	纠纷类型	涉及非遗项目	案情、法院裁判观点和理由	案号	关键法律条款	案例评价
79	归德大有丰案一	行政授权确权（商标撤三纠纷）	大有丰酱菜腌制技艺（河南省省级非遗项目）	第3391150号“归德大有丰及图”商标，由信鑫公司于2002年12月3日提出注册申请，指定使用在第29类“腐乳；蔬菜罐头；果酱；泡菜；腌制蔬菜；番茄汁；大头菜；食用油脂；豆腐制品；腐竹”商品上，河南大有丰食品有限公司提出商标“撤三”申请，引发纠纷。商评委决定对复审商标予以撤销。 法院认为：复审商标是因债权债务关系，由商丘大有丰酱园转让给信鑫公司。根据双方的约定，商标转让后，商丘大有丰酱园缴纳使用费，可以继续使用复审商标。因此，双方达成的协议实质上包含了商标转让与商标许可的内容。在商丘大有丰酱园作为复审商标实际使用人的事实并未中断的情况下，复审商标在酱菜等商品上承载的商誉亦未中断。但是信鑫公司在本案中提交的证据不足以证明其在指定期间将复审商标在蔬菜罐头、果酱、食用油脂、豆腐制品、腐竹商品上进行了真实、合法、有效的商业使用。因此，复审商标在蔬菜罐头、果酱、食用油脂、豆腐制品、腐竹上的注册应予撤销。 本案的特殊之处：非遗商标由于债权转让协议原因，在使用上出现了一些问题，但协议中有许可使用条款，法院最终认定仍属于商标使用，因此商标“撤三”未成立（只是在酱菜上未撤销），非遗商标得以存续	北京市高级人民法院 （2017）京行终2177号 2017.06.27	2001年《商标法》第44条第4项； 2002年《商标法实施条例》第39条第2款、第3款	1.外部人对非遗符号资源的侵犯（方式：以非遗商标连续三年未使用为由提出“撤三”，不多见）； 2.涉及非遗商标连续三年不使用被撤销的问题，启示：非遗商标注册后应按照《商标法》的规定予以有效使用，否则有被撤销风险
80	归德大有丰案二	行政授权确权（商标撤三纠纷）	大有丰酱菜腌制技艺（河南省省级非遗项目）	第651437号“归德大有丰及图”商标（简称诉争商标）由河南商丘大有丰酱园于1992年7月24日提出注册申请，指定使用在第29类酱腌菜商品上，于1993年7月28日获准注册。2013年12月16日，河南大有丰公司对诉争商标提出撤销申请。商标局于2014年10月31日做出商标“撤三”决定，决定诉争商标不予撤销。商评委于2015年10月30日作出决定，诉争商标予以撤销。 本案同第79项案例案情相似，法院裁判结果和理由基本相同，认为诉争商标在酱腌菜商品上有真实合法的使用，未中断，不予撤销	北京市高级人民法院 （2017）京行终1424号 2017.05.19 北京知识产权法院（2015）京知行初字第6343号行政判决	同上	同上

续表

序号	案件名	纠纷类型	涉及非遗项目	案情、法院裁判观点和理由	案号	关键法律条款	案例评价
81	归德大有丰案三	行政授权确权（商标撤三纠纷）	大有丰酱菜腌制技艺（河南省省级非遗项目）	争议商标：信鑫公司于2003年12月30日提出申请注册第3868863号“大有丰及图”商标，指定使用在第30类“醋；酱油；调味品；调味酱；豆豉；酱菜（调味品）；辣椒油；五香粉；蒜汁”商品上，2005年12月7日经商标局核准注册，后河南大有丰公司提出撤销申请，引发纠纷。 法院裁判结果和理由基本同上，诉争商标在酱菜商品上未予撤销	北京市高级人民法院 （2017）京行终2190号 2017.06.27	同上	同上
82	山珍肉饭案	行政授权确权（商标驳回纠纷）	山珍肉饭制作技艺（白城市第五批非遗名录）	争议商标： 东北一品窖公司申请第20764681号“山珍肉饭”商标，被商标局驳回，商评委复审维持驳回决定，当事人提起行政诉讼。 法院认为：诉争商标为文字商标“山珍肉饭”，指定使用在餐厅等服务上，直接表明了该类服务的内容、原材料，缺乏商标应有的显著性。应予驳回。 本案申请人提出“山珍肉饭”被列入非遗项目，因此具有第二含义，有显著性，但法院认为，是否被列入地方非遗名录，并不影响相关消费者易将其理解为所使用的餐厅、饭店、餐馆、自助餐馆等服务的服务内容或特点，其并不能起到标识服务来源的功能作用，因此不具有显著性	北京市高级人民法院 （2018）京行终4568号 2018.09.28	《商标法》第11条第1款第2项	1.非遗商标积极保护模式失败案例（非遗商标不具有显著性，被驳回的典型案例）； 2.“山珍肉饭”使用在餐厅、饭馆、餐馆等，不具有显著性； 3.启示：非遗商标申请时对符号的选择
83	三碗不过岡案	行政授权确权（商标无效纠纷）	蒸馏酒传统酿造技艺（景阳冈陈酿酒传统酿造技艺）（山东省省级非遗项目）	上诉人（原审原告）山东景阳冈酒厂于2012年3月30日申请注册第10706284号“三碗不过岡”商标，核定使用在第33类（类似群3301）的“开胃酒，烧酒，食用酒精，蒸煮提取物（利口酒和烈酒），酒精饮料（啤酒除外），清酒，米酒，预先混合的酒精饮料（以啤酒为主的除外），蒸馏饮料，酒精饮料浓缩汁”商品上。后原审第三人山东阳谷三碗不过岗酒业有限公司（以下简称三碗不过岗公司）提起无效宣告，引发纠纷。 商评委裁定认为：诉争商标构成对三碗不过岗公司在先商号权的损害。未构成“有害于社会主义道德风尚或者有其他不	北京市高级人民法院 （2017）京行终4571号 2017.11.02	2001年《商标法》第31条	1.非遗符号资源内部争夺案例，两者都处于山东省阳谷县境内； 2.非遗商标权与在非遗在先商号权的冲突，维护了在先商号权权益

续表

序号	案件名	纠纷类型	涉及非遗项目	案情、法院裁判观点和理由	案号	关键法律条款	案例评价
				良影响”及“以不正当手段抢先注册他人已经使用并有一定影响的商标”之情形。诉争商标予以无效宣告。 法院认为：三碗不过岗公司成立于2008年8月，其商号权注册时间早于诉争商标申请日期。诉争商标的注册易使相关公众将其与三碗不过岗公司的商号联系在一起，导致对相关酒类商品来源产生混淆误认，损害三碗不过岗公司利益，应予无效			
84	稻香村集团案	行政授权确权（商标无效纠纷）	糕点制作技艺（稻香村苏式月饼制作技艺），江苏省省级非物质文化遗产	2008年12月17日，苏州稻香村食品工业有限公司提出第7116769号“稻香村集团”商标注册申请，经商标局核准注册，争议商标核定使用在第30类“糖果；糕点；面包；月饼；年糕；粽子；元宵；谷类制品；饼干；面粉制品”商品上。2014年7月18日，北京稻香村公司针对争议商标向商标评审委员会提出无效宣告申请。 引证商标：京稻的三个商标。 商评委和一审法院认为：争议商标的注册，既易导致消费者对其商品来源产生误认，也易使消费者对目前的市场格局产生错误或混乱的认知，不利于维护业已形成的稳定市场局面，对国家非物质文化遗产的发展秩序产生消极、负面影响，也不利于经营者之间的公平发展，易造成不良社会影响，构成2001年《商标法》第10条第1款第8项规定的禁止使用情形，因此应予无效。 二审推翻了上述判决，认为：《商标法》第10条第1款第8项是对商业标志是否有碍社会公序良俗的价值判断。相对于损害特定民事主体利益而禁止商标注册的相对理由条款而言，绝对理由条款的个案衡量空间应当受到更为严格的限制，对是否有害于社会公共利益和公共秩序进行判断的裁量尺度不应变动不居。本案争议商标由“稻香村集团”文字构成，无论该标志整体，还是其构成要素，均不属于可能对我国政治、经	北京市高级人民法院 （2018）京行终1569号 2018.06.28	2001年《商标法》第10条第1款第8项	1.非遗符号资源内部争夺，苏稻和京稻之争系列案之一； 2.一审、二审法院不一致，对具有不良影响条款的解释不同

续表

序号	案件名	纠纷类型	涉及非遗项目	案情、法院裁判观点和理由	案号	关键法律条款	案例评价
				济、文化、宗教、民族等社会公共利益和公共秩序产生消极、负面影响的情形。如果对争议商标予以无效宣告，则明显有违商标授权确权裁判标准的一致性			
85	振興祥案	行政授权确权（商标无效纠纷）	振兴祥中式服装制作技艺（国家级非遗项目）	诉争商标系第7881038“振興祥ZHEN XING XIANG”商标，注册人为杭州利民中式服装厂，申请日期2009年12月2日，核定使用商品为第25类服装、童装、帽、领带、围巾等。2015年11月25日，翁羿针对诉争商标提出无效宣告请求，理由是损害了翁泰校继承人对“振兴祥”作品享有的著作权。 商评委及法院均认为：在案证据难以证明翁羿在诉争商标申请前在先对诉争商标享有著作权，更无法证明诉争商标的较高知名度为翁羿的宣传与使用而获得。因此，诉争商标未违反2001年《商标法》第31条关于在先权利的规定。诉争商标应予维持	二审：北京市高级人民法院（2018）京行终4389号 2018.09.17 一审：北京知识产权法院（2017）京73行初1636号行政判决 2018.03.09	2001年《商标法》第31条	1.非遗符号资源内部争夺案例； 2.非遗开创者的后人与公私合营、国营化改造后的公司之间对非遗资源的争夺； 3.非遗后人仅以在先著作权为理由对争议商标申请无效，导致败诉，明显缺乏经验
86	杏野案	商标授权确权（商标驳回纠纷）	孝义市杏野砂器传统技艺（吕梁市市级非遗项目）	杏野鼎盛公司于2015年11月27日申请注册第18457459号“杏野”商标，指定使用商品（第21类，类似群2103-2104）：家庭用陶瓷制品；瓷器；陶器；日用瓷器（包括盆、碗、盘、壶、餐具、缸、坛、罐）等。被商标局驳回，引发纠纷。 法院认为：“杏野XINGYE及图”商标的主要识别部分“杏野”是汉字的不规范使用，容易影响相关公众对汉字的认识和学习，诉争商标构成《商标法》第10条第1款第8项规定所指的不应予以核准注册的情形，应予驳回	北京市高级人民法院（2017）京行终5562号 2017.12.22	《商标法》第10条第1款第8项	非遗积极保护模式失败案例（非遗符号设计问题（杏野二字在设计时有些脱离汉字基本结构）

续表

序号	案件名	纠纷类型	涉及非遗项目	案情、法院裁判观点和理由	案号	关键法律条款	案例评价
87	柳宗元酒案	民事侵权（商标侵权）	永州异蛇王酒酿泡技艺（湖南省省级非遗项目）	上诉人（原审原告）永州市异蛇科技实业有限公司，上诉人（原审被告）永州市雅大科技实业有限公司，上诉人（原审被告）永州市柳龙酒业有限公司。雅大公司、柳龙公司生产、销售的异蛇酒的包装盒上除了使用自己的注册商标“乡村发现”，另有“柳宗元”字样，异蛇公司认为侵权，故起诉至法院。 法院认为：《捕蛇者说》中虽多处提到永州异蛇，但并未涉及异蛇酒。因《捕蛇者说》而出名的是永州异蛇，并非用异蛇加工制作的异蛇酒，“柳宗元”本身与异蛇酒并无直接联系，“柳宗元”也并未因《捕蛇者说》就当然与异蛇酒及其生产者建立了一定联系。因此，在“柳宗元”被注册为商标前，柳宗元仅是《捕蛇者说》的作者，即第一含义。在“柳宗元”被注册为商标，且异蛇公司在异蛇酒上大量使用、宣传其带有“柳宗元”文字的商标后，“柳宗元”在异蛇酒上与异蛇公司形成了紧密联系，“柳宗元”被赋予《捕蛇者说》作者名字外的第二含义，起到识别商品来源的作用。被诉侵权标识“柳宗元”醒目使用在商品“异蛇酒”上，意在攀附异蛇公司商标的声誉，利用“柳宗元”在异蛇酒上与异蛇公司的紧密联系，让相关公众误认为被诉侵权商品来源于异蛇公司或与其有特定联系，故该使用方式并非正当使用	二审：湖南省高级人民法院（2018）湘民终131号 2018.08.29 一审：湖南省永州市中级人民法院（2017）湘11民初45号民事判决	《商标法》第59条第1款	1.非遗符号通用名称问题（本案认定“柳宗元”商标侵权，但裁判理由中实际上认定“异蛇酒”为通用名称，即该非遗名称为通用名称）； 2.非遗积极保护模式案例（非遗商标符号选择。权利人用该项非遗的相关符号申请商标，即“柳宗元”商标。也是一种较好的选择）

续表

序号	案件名	纠纷类型	涉及非遗项目	案情、法院裁判观点和理由	案号	关键法律条款	案例评价
88	妥甸酱油案	民事侵权（商标侵权和不正当竞争）	妥甸酱油酿造技艺（云南省省级非遗项目）	上诉人（原审原告）云南双柏妥甸酱油有限公司（以下简称妥甸酱油公司），上诉人（原审被告）双柏鼎盛酱业商贸有限公司。被上诉人（原审被告）叶华生。原告认为两被告侵犯其第742641号“妥甸”注册商标专用权以及知名商品特有包装、装潢，构成不正当竞争，引发纠纷。 一审法院认为不构成商标侵权，但构成不正当竞争，即被告侵犯了原告知名商品特有名称、包装、装潢。 二审推翻了一审判决，认为：从妥甸酱油公司提交的多份荣誉证书的记载可看出，“妥甸酱油”4个字一直被地处该地区的生产厂家作为商品名称使用至今。妥甸酱油的生产最早可追溯到明朝洪武年间，具有悠久历史，且在2017年妥甸酱油的酿造技艺还被列入云南省非遗代表性目录加以保护。作为非遗保护的妥甸酱油酿造技术，与其名称“妥甸酱油”密不可分。“妥甸酱油”这一商品名称是基于当地酿造酱油的历史传统、风土人情、地理环境等原因所形成，而非某个公司所独创，不可能成为某个生产主体所生产的酱油的特有名称。故妥甸酱油公司将非其特有的商品名称作为包装装潢，其本身就不具备显著性和识别性。因此，被告不构成商标侵权和不正当竞争	二审：云南省高级人民法院（2018）云民终379号 2018.07.06 一审：云南省楚雄彝族自治州中级人民法院（2017）云23民初35号民事判决 2017.08.25	《商标法》第57条第2项； 《反不正当竞争法》（1993年）第5条第2项	1.涉及非遗商标通用名称问题（“妥甸酱油”4字最终被认定为通用名称）； 2.非遗符号资源内部争夺案例（一个有实力的公司依赖其先占的商标权起诉域内其他经营者，但其他经营者主张通用名称、地名抗辩，且最终成功，类似于“鲁锦”案）

续表

序号	案件名	纠纷类型	涉及非遗项目	案情、法院裁判观点和理由	案号	关键法律条款	案例评价
89	片仔癀八宝丹案	行政授权确权（商标异议纠纷）	漳州片仔癀制作技艺（国家级非遗项目）	片仔癀药业公司于2012年11月1日申请注册第11683929号“片仔癀八宝丹”商标，指定商品为第5类“补药、人用药、药物饮料、医药用胶囊、医药制剂、医用药物”等。2014年6月18日厦门中药厂有限公司（以下简称厦门中药厂公司）向商标局提出异议，引发纠纷。 商标局、商评委均裁定被异议商标不予注册。 法院认为：“八宝丹”构成具有一定影响的未注册商标。被异议商标的申请注册构成《商标法》第32条规定的以不正当手段抢先注册他人已经使用并有一定影响的商标的情形，不予注册。二审法院还特别指出，片仔癀药业公司在不予注册复审程序中并未提及“八宝丹”系药品通用名称的理由，故该事由并非被诉决定的审查范围，亦不属于本案的审理范围。且在案证据表明，除厦门中药厂公司外，目前国内尚无其他药品生产企业生产“八宝丹”产品，片仔癀药业公司在本案中提交的证据亦不足以证明“八宝丹”已成为药品通用名称。因此，片仔癀药业公司有关厦门中药厂公司对“八宝丹”仅作为药品通用名称进行使用的上诉理由不能成立	二审：北京市高级人民法院（2018）京行终2609号 2018.07.30 一审：北京知识产权法院（2017）京73行初3196号行政判决 2018.02.28	《商标法》第32条； 《最高人民法院关于审理商标授权确权行政案件若干问题的规定》第23条第1、2款	1.非遗积极保护模式案例（非遗商标符号选择问题，“八宝丹”侵害了同业竞争者的利益，最终被异议成功）； 2.涉及非遗商标通用名称问题
90	八宝丹片仔癀案	行政授权确权（商标异议纠纷）	漳州片仔癀制作技艺（国家级非遗项目）	案情基本同上，商标不同：第11683990号“八宝丹片仔癀”商标 法院裁判结果和理由基本相同	北京市高级人民法院 （2018）京行终2611号 2018.07.30	同上	同上

续表

序号	案件名	纠纷类型	涉及非遗项目	案情、法院裁判观点和理由	案号	关键法律条款	案例评价
91	沱茶案	行政授权确权（商标无效纠纷）	黑茶制作技艺（下关沱茶制作技艺）	自然人邹家驹于2014年3月12日申请注册第14159092号诉争商标“the’Tuocha”，指定使用商品（第30类）：可可饮料；茶；茶饮料；糖果；蜂蜜；糕点；谷类制品；谷粉制食品；豆粉；调味料。后被提出无效，引发纠纷。 法院认为：“沱茶”属于普洱茶的一种，是茶商品的通用名称，“tuocha”系中文“沱茶”的拼音和英文翻译，两者之间已经基本形成一一对应关系，诉争商标容易被对应为“沱茶”。指定使用在“可可饮料、茶饮料、糖果、蜂蜜、糕点、谷类制品、谷粉制食品、豆粉、调味料”等商品上，容易使相关公众误认为上述商品的原料、成分、功能、用途等与“沱茶”具有关联性，误认为使用诉争商标的上述商品具有“沱茶”的特性，故诉争商标的注册违反《商标法》第10条第1款第7项，应予无效	北京市高级人民法院 （2018）京行终2511号 2018.06.04	《商标法》第10条第1款第7项	涉及非遗商标通用名称问题
92	王麻子案	行政授权确权（商标无效纠纷）	王麻子剪刀锻造技艺（国家级非遗项目）	陈俞吉于2006年5月17日申请注册第5355477号“王麻子”商标，核定使用在第8类“磨刀器具、镰刀、园艺工具（手动的）、屠宰动物用具和器具、捕鱼鱼叉、电动或非电动刮胡刀、指甲刀（电动或非电动）、手工操作的手工具、绞肉机（手工具）、雕刻工具（手工具）”商品上。2009年10月22日，栎昌王麻子公司提出异议申请，引发纠纷。引证商标：第534644号“王麻子”商标，核定使用在第8类“菜刀”商品上。 商标局未予无效，商评委宣告无效。 法院认为：争议商标既构成对“王麻子”商标权的近似，又构成对王麻子商号权的侵犯，构成《商标法》第28条和第31条的违反，应予无效	二审：北京市高级人民法院（2017）京行终1835号 2017.06.26 一审：北京知识产权法院（2015）京知行初字第6551号行政判决	2001年《商标法》第28条、第31条	1.非遗积极、消极保护模式案例（排除外部人在一定程度上相关的商品上的注册）； 2.外部人侵犯非遗符号资源

续表

序号	案件名	纠纷类型	涉及非遗项目	案情、法院裁判观点和理由	案号	关键法律条款	案例评价
93	赊店老酒案	行政授权确权（商标无效纠纷）	赊店老酒酿造工艺（河南省省级非遗项目）	金祥酒业公司于2012年4月19日申请注册第10794094号“赊旗及图”商标，2013年7月7日获准注册，核定使用在第33类“葡萄酒”等商品上。赊店老酒公司提出异议。引证商标一为第915618号“赊”商标，引证商标二为第1004813号“赊店及图”商标。 商评委、一二审法院均认为：争议商标文字“赊旗”完整包含引证商标一、二中的显著识别文字“赊”，且“赊旗”文字自身未形成明确的区别含义，二者在商标标识上构成近似。引证商标“赊”“赊店”在酒类商品上具有较高知名度，在长期使用、宣传以及获得行政保护的过程中，已形成相对稳定的市场认可和特定的品牌认知，在一般消费者中已经形成固定印象和特定认识。虽然存在引证商标同当地的地名赊店镇具有关联等因素，但不影响相关公众已将“赊”“赊店”与引证商标视为一体；且双方当事人共处河南省社旗县，地缘关系密切。争议商标应予无效	二审：北京市高级人民法院（2016）京行终1472号 2016.05.16 一审：北京知识产权法院（2015）京知行初字第5224号行政判决 2015.11.20	2001年《商标法》第28条	1.非遗积极、消极保护模式案例； 2.内部人对非遗符号资源争夺案例
94	张吉武米花糖案	行政授权确权（商标无效纠纷）	苏稽香油米花糖制作技艺（四川省省级非遗项目）	乐山市华正食品厂申请注册了第8115044号“张武古食一粒香脆百年ZHANGWUGUSHI及图”商标，核定使用在“糖果、米花糖、怪味豆、糕点、燕麦食品、以谷物为主的零食小吃、月饼商品上。乐山市市中区苏稽张吉武米花糖厂提出无效申请，引发纠纷。引证商标为第665073号“张吉武”商标、第7469419号“张吉武”商标。 法院认为：争议商标与引证商标一、二在文字构成、呼叫、整体外观等方面均十分相近，共同使用在类似商品上，易使相关公众认为其有相同的来源或其来源之间有密切的联系，从而对商品的来源产生混淆或误认。且本案双方当事人曾有过商标许可协议合作关系，引证商标在乐山市具有较高知名度，乐山市华正食品厂更应知晓引证商标的存在。争议商标应予无效	二审：北京市高级人民法院（2017）京行终1831号 2017.04.28 一审：北京知识产权法院（2016）京73行初1413号行政判决 2016.07.28	2001年《商标法》第28条	1.非遗积极、消极保护模式案例； 2.外部人对非遗符号资源侵犯

续表

序号	案件名	纠纷类型	涉及非遗项目	案情、法院裁判观点和理由	案号	关键法律条款	案例评价
95	绿柳居案	行政授权确权（商标异议纠纷）	绿柳居素食烹制技艺（南京市非遗项目）	刘飞于2004年9月22日申请注册第4282104号“绿柳居及图”商标，指定使用在第30类的“醋、酱油、调味品、豆豉、辣椒油、调味酱、酱菜、作料、五香粉、辣椒酱”等商品上。南京金都饮食服务有限公司提出异议，引发纠纷。引证商标一为第768091号“绿柳居及图”商标，引证商标二为第1264039号“绿柳居及图”商标。 商评委裁定被异议商标不予核准注册。 法院认为：被异议商标标志与引证商标一、二的标志构成近似标识；被异议商标指定使用的“酱油、醋”等商品与引证商标一核定使用的“餐馆服务”和引证商标二核定使用的“豆制品”均有一定的关联性，且“绿柳居”在餐馆服务上具有较高知名度。因此，被异议商标与引证商标构成使用在相同或类似商品上的近似商标，被异议商标的申请注册违反了2001年《商标法》第28条的规定。不应予以注册	二审：北京市高级人民法院（2016）京行终2526号 2016.07.15 一审：北京市第一中级人民法院（2014）一中知行初字第2469号行政判决	2001年《商标法》第28条	非遗积极、消极保护模式案例（利用已注册非遗商标排除他人在相关联商品上的注册）
96	青稞酩馏酒案	民事侵权（商标侵权和不正当竞争）	威远酩馏酒酿造技艺（青海省省级项目）	上诉人（原审原告）青海互助龙的青稞酒业有限公司诉被上诉人（原审被告）互助县青稞酩馏酒业有限公司商标侵权。 法院认为：“威远酩馏酒酿造技艺”是非遗，是青海互助地区特有的青稞白酒的通用名称，是一种无形公共资源，应为该地区的生产、经营者共同享有。且原、被告同为互助县区域内生产青稞白酒的生产经营者，更应传承和发扬此项技艺，虽然原告的注册商标受法律保护，但“酩馏”作为选定区域内已为相关公众接受、指代明确、约定俗成的通用名称，不得作为商标使用，其合理使用不宜受到限制，不构成商标侵权。被告在其企业名称中使用“酩馏”字样，也系正当使用，不构成不正当竞争	二审：青海省高级人民法院（2015）青民三终字第9号 2015.11.18 一审：西宁市中级人民法院作出（2015）宁民三初字第6号民事判决 2015.07.15	2013年《商标法》第59条； 《商标法实施条例》第49条	1.涉及非遗商标通用名称问题（两级法院均认定为通用名称，被告属合理使用）； 2.内部人争夺非遗符号资源

续表

序号	案件名	纠纷类型	涉及非遗项目	案情、法院裁判观点和理由	案号	关键法律条款	案例评价
97	童德大醉蟹案	行政授权确权（商标无效纠纷）	中庄醉蟹制作技艺（兴化市非物质文化遗产项目）	童钢于2011年8月31日申请注册第9912031号“童德大”商标，2014年3月14日获准注册，核定使用在第29类的醉蟹（非活）、甲壳动物（非活）、水产罐头、虾酱、鱼翅、虾（非活）、贝壳类动物（非活）、咸蛋、罐装水果、奶茶（以奶为主）商品上。 2014年6月6日，王春兰提出无效宣告请求。 商评委认为童钢为童氏家族醉蟹传承人，且诉争商标注册时间早于引证商标，争议商标的注册未构成2001年《商标法》第31条“以不正当手段抢先注册他人已经使用并有一定影响的商标”所指情形。 一、二审法院维持商评委裁定，同时指出：与老字号相同或近似的文字被他人注册为商标后，其传承人仍有权正当使用。王春兰与童钢均为童氏后人，均具备“童德大”醉蟹制作工艺，当童钢在醉蟹等商品上获准注册争议商标的情况下，王春兰作为“童德大”醉蟹制作工艺的传承人之一，自然有权对其进行正当使用	二审：北京市高级人民法院（2017）京行终1397号 2017.05.24 一审：北京知识产权法院（2015）京知行初字第6344号行政判决	2001年《商标法》第31条	1.家族传承非遗项目内部人符号争夺； 2.法院观点：一般而言，家族内部只要为传承人，即使一人注册了商标，其他传承人也能正当使用非遗符号
98	冶春及图商标案	行政授权确权（商标无效纠纷）	冶春文化风情（扬州市非遗项目）	卞峥嵘于2003年3月25日申请了第3499443号“冶春及图”商标，核定使用商品为第29类的食用油等。被其他公司提出无效宣告，引发纠纷。 一审法院认为：“冶春文化风情”作为扬州市非遗，其属于当地人民的共有财富，不应被任何特定的民事主体独占。争议商标会对社会公共利益造成损害，属于2001年《商标法》第10条第1款第8项的具有不良影响的情形。鉴于“文化风情”具有较宽的涵盖范围，且对非遗这一公共财富的保护并不必然仅考虑其所属领域，在卞峥嵘现有证据并无法证明其在核定使用的食用油等商品上已进行了大量使用的情况下，对卞峥嵘的相关主张不予支持	二审：北京市高级人民法院（2014）高行（知）终字第3876号 2015.02.04 一审：北京市第一中级人民法院（2014）一中知行初字第29号行政判决	2001年《商标法》第10条第1款第8项	1.非遗符号资源内部人争夺； 2.非遗商标注册在不相关的商品项目上是否会造成不良影响，两级法院的观点不同

续表

序号	案件名	纠纷类型	涉及非遗项目	案情、法院裁判观点和理由	案号	关键法律条款	案例评价
				二审法院推翻了一审判决，认为“冶春”作为商业标识，使用在第29类食用油等商品上，本身并未有害于社会主义道德风尚，或者具有其他不良影响。现有证据证明，扬子江投资公司、富春饮服公司等也在其他类别上注册了“冶春”商标并实际进行使用，在所提相对理由已超出法定期限的情况下，依据绝对理由禁止其他平等民事主体注册和使用“冶春”商标缺乏法律依据，如果按照一审法院认定的保护非遗不能被特定民事主体独占，扬子江投资公司、富春饮服公司等亦不能使用和注册与“冶春”相关的商标。因此，争议商标不应予以无效			
99	内联升案	行政授权确权（商标异议纠纷）	内联升千层底布鞋制作技艺（国家级非遗项目）	福联升公司于2009年6月29日申请注册第7504400号“福联升FULIANSHENG及图”商标，指定使用商品为第25类“服装、内衣、鞋”等。北京内联升鞋业有限公司提出异议。引证商标为第125412号“内联升”商标。商标局裁定异议不成立，被异议商标予以核准注册。商评委复审裁定不予核准注册。 一审法院认为：被异议商标的标识与引证商标的标识存在一定差异，含义也不相同，且被异议商标经使用已形成较高市场知名度，应该维护这种稳定的市场秩序，两商标不构成近似商标。 二审法院认为：二者在整体视觉效果上虽有差异，但图文组合的被异议商标中的汉字“福联升”系其主要认读和识别部分，该部分与引证商标“内联升”相比，仅首字不同，且后两个汉字“联升”并非固定的词语组合，而是内联升公司所独创，二者具有一定的近似性。同时，考虑到引证商标在被异议商标申请日前已经具有一定的知名度，当二者同时使用在同	二审：北京市高级人民法院（2014）高行（知）终字第3252号 2014.12.08 一审：北京市第一中级人民法院（2014）一中知行初字第1828号行政判决	2001《商标法》第28条	1.非遗积极、消极保护模式案例（利用非遗商标排除近似商标注册）； 2.外部人对非遗符号资源的侵犯

续表

序号	案件名	纠纷类型	涉及非遗项目	案情、法院裁判观点和理由	案号	关键法律条款	案例评价
				一种或类似商品上时，相关公众容易误认为二者是同一市场主体提供的系列商标，或者误认为二者的提供者之间存在某种特定联系。被异议商标与引证商标构成使用在同一种或类似商品上的近似商标。不应核准注册			
100	骑楼老街案一	行政授权确权（商标无效纠纷）	海口骑楼老街文化（海口市非遗项目）	2009年12月4日，泽惠佳公司申请注册第7886536号“骑楼老街”商标，核定使用商品为第30类咖啡等。2011年11月17日，海口市文物局提出注册商标争议裁定申请。商评委裁定：争议商标予以撤销。泽惠佳公司不服裁定，提起行政诉讼。 法院认为：“海口骑楼老街”作为“中国历史文化名街”系海口市非遗，属于公共资源，不宜被个人或团体注册商标单独占有。泽惠佳公司位于海口市，对“海口骑楼老街”应当知晓，其注册被异议商标易对历史文化发展产生消极、负面影响。争议商标的注册违反《商标法》第10条第1款第8项之规定，应予无效	二审：北京市高级人民法院（2015）高行（知）终字第293号 2015.03.04 一审：北京市第一中级人民法院（2014）一中知行初字第2107号行政判决	《商标法》第10条第1款第8项	1.非遗消极保护模式案例［由海口市文物局（国家机关提起）提起无效，成功］； 2.基于非遗属于公共资源的理由，提起无效成功，排除了内部人注册； 3. 与“冼太夫人”案的理由相同，但有些非遗商标被抢注在其他类别上未被认定为“不良影响”，裁判标准不一，个案不同认定
101	骑楼老街案二	行政授权确权（商标无效纠纷）	海口骑楼老街文化（海口市非遗项目）	海口泽惠佳贸易有限公司于2009年12月4日申请注册第7886540号“骑楼老街”商标，指定使用在第29类香肠、鱼制食品等商品上。海口市文物局提出无效申请，引发纠纷。 法院裁判结果和理由同上	二审：北京市高级人民法院（2016）京行终567号 2016.03.29 一审：北京市第一中级人民法院（2014）一中知行初字第1120号行政判决	同上	同上

续表

序号	案件名	纠纷类型	涉及非遗项目	案情、法院裁判观点和理由	案号	关键法律条款	案例评价
102	吴山贡鹅案	行政授权确权（商标无效纠纷）	吴山贡鹅制作技艺（合肥市非遗项目）	2006年8月10日，郑波在第43类住所（旅馆、供膳寄宿处）、备办宴席等服务上申请注册第5532532号“吴山冯氏贡鹅吴山冯氏及图”商标，于2009年12月7日被核准注册。2011年8月3日，合肥吴山贡鹅酒店管理有限公司（以下简称吴山贡鹅公司）针对争议商标提出争议申请。引证商标为吴山贡鹅公司于1999年9月27日申请注册的第1479674号“吴山贡及图”商标，核定使用服务为第42类备办宴席、饭店等服务。 商评委裁定争议商标予以维持。吴山贡鹅公司不服提起行政诉讼。 法院认为：争议商标与引证商标均源于安徽省合肥市长丰县吴山镇的历史名菜“吴山贡鹅”，且两商标已共存使用多年，形成了稳定的市场格局，相关消费者完全可以将二者区分，不会对服务来源发生混淆误认，因此，争议商标与引证商标未构成使用在同一种或类似服务上的近似商标。吴山贡鹅公司并未提交其在争议商标申请日之前在餐饮服务上使用“吴山冯氏贡鹅”的证据材料，且郑波在争议商标申请注册之前已经营“吴山冯氏贡鹅”多年，其申请注册争议商标并无恶意。因此，争议商标未构成《商标法》第31条规定的以不正当手段抢先注册他人已经使用并有一定影响的商标的情形	二审：北京市高级人民法院 （2014）高行终字第707号 2014.06.13 一审：北京市第一中级人民法院 （2013）一中知行初字第3108号行政判决	《商标法》第28条 《商标法》）第31条	1.非遗符号资源内部人争夺案例（两商标均源自“吴山贡鹅”非遗项目，在先商标欲使在后商标无效，但未成功。最终两者共存）； 2.法院的关注点主要是《商标法》中的事项，不关注非遗本身的文化问题，仅在当事人提出这类问题时，才会关注非遗符号能否被注册为非遗商标的问题，如“骑楼老街案”
103	太盛园老白肉案	行政授权确权（商标异议纠纷）	太盛园白肉血肠（吉林省省级非遗项目）	吉林市太盛园老白肉馆餐饮有限公司申请注册第5296683号“太盛园老白肉馆”商标。吉林市老白肉馆餐饮有限公司提起异议，引证商标为其“老白”商标。2013年商评委裁定，被异议商标予以核准注册。老白肉馆公司不服，提起行政诉讼。 一审法院认为：“太盛园”系当地的老字号，在餐馆服务业、尤其是“白肉血肠”菜品方面、在吉林地区具有一定的历史渊源	二审：北京市高级人民法院 （2014）高行（知）终字第3853号 2015.01.26	《商标法》第28条	1.非遗符号资源内部人争夺案例内部人争夺； 2.被异议商标的权利人拥有老字号，但注册时间晚，被同地域其他人在先注册

续表

序号	案件名	纠纷类型	涉及非遗项目	案情、法院裁判观点和理由	案号	关键法律条款	案例评价
				和知名度，“白肉”为东北地区对肥肉的一种俗称，消费者容易将“太盛园老白肉馆”由显著部分识别为“太盛园”，被异议商标“太盛园老白肉馆”与引证商标的“老白”在文字构成、整体视觉效果和呼叫等方面也存在明显区别，共同使用在相同或类似服务上，不致使相关公众产生混淆误认。因此，并不构成使用在同一种或类似服务上的近似商标，未违反《商标法》第28条的规定。 二审推翻了一审，认为：虽然“太盛园老白肉馆”是老字号，在当地具有一定的知名度，但鉴于太盛园老白肉馆公司成立时间较晚，在案证据尚不足以证明该字号与太盛园老白肉馆公司之间存在对应关系，而引证商标经老白肉馆公司的长期使用也具有一定知名度，因此，将被异议商标与引证商标使用在相同或者类似的服务上，容易误导相关公众，引起混淆	一审：北京市第一中级人民法院（2014）一中知行初字第2917号行政判决		
104	化橘红案	行政授权确权（商标异议纠纷）	化橘红中药文化（化州市非遗项目）	2005年5月25日李锋提出第4679726号“橘王化橘红JUWANGHUAJUHONG及图”商标注册申请，指定使用在第5类“中药袋、医用保健袋”商品上。化州市人民政府办公室提出异议。商标局、商评委裁定被异议商标不予核准注册。化橘红产品已获得地理标志保护。 法院认为：被异议商标指定使用的商品为“中药袋、医用保健袋”，鉴于“化橘红”显然并非上述商品的通用名称，故商评委裁定认定被异议商标违反《商标法》第11条第1款第1项的认定有误。但被异议商标中的“化橘红”系一种中药名称，其使用在“中药袋、医用保健袋”商品上，易使相关公众认为其所指代的是被包装的药品名称，无法起到区分商品服务来源的作用，故被异议商标不具有显著性，违反了《商	北京市高级人民法院（2014）高行（知）终字第2850号 2014.10.17	《商标法》第11条第1款第3项	1.非遗符号资源内部人争夺案例（内部人想独占，政府出面排除注册，同“骑楼老街案”）； 2.涉及非遗名称为通用名称问题； 3.非遗商标已经作为地理标志保护

续表

序号	案件名	纠纷类型	涉及非遗项目	案情、法院裁判观点和理由	案号	关键法律条款	案例评价
				标法》第11条第1款第3项的规定。法院还指出：化州市人民政府办公室虽然为政府机构，但其同时亦为民事主体，在法律并未禁止其作为复审申请人提出复审申请的情况下，李锋认为化州市人民政府办公室主体不适格的主张不能成立			
105	牛忠喜烧饼案	民事侵权（商标侵权）	牛忠喜烧饼制作工艺（新乡市非遗项目）	牛忠喜为“牛忠喜烧饼制作工艺”的发明人，原在新乡市饮食服务公司工作，后退休。新乡市饮食服务公司牛忠喜烧饼店于1990年5月30日注册第520075号“牛忠喜”文字及图商标，核定使用商品为第30类“烧饼”，2007年4月14日，该商标转让给刘福强。新玛特公司以“牛忠喜烧饼”“牛忠喜烧饼店”招牌在其卖场销售烧饼，系牛忠喜后人入驻经营。牛忠喜之子牛贵生于2010年6月12日被新乡市文化新闻出版局命名为新乡市市级非遗项目（牛忠喜烧饼）代表性传承人，牛贵生已去世。 新玛特公司售卖的烧饼在包装上印有“新乡特产”及“牛忠喜烧饼”等字样。刘福强起诉其侵权。 法院认为：牛忠喜后人在新玛特公司卖场开设经营场所，使用“牛忠喜烧饼”“牛忠喜烧饼店”招牌经营牛忠喜烧饼，并在烧饼包装盒上突出使用“牛忠喜”三字销售烧饼的行为，超出了牛忠喜后人合理使用范围，使消费者对烧饼的来源产生混淆，侵犯了刘福强的商标专用权。新玛特公司的行为是为了销售烧饼，与其服务商标服务项目不一致，不属于正确行使其服务商标权。另外，“牛忠喜烧饼”不构成通用商品名称，不是一种公共资源，而是受商标法保护的特指的一类烧饼	河南省高级人民法院 （2014）豫法知民终字第253号 2015.01.19	《非物质文化遗产法》第44条第1款；《商标法》第57条第2、第3项	1.非遗商标内部人争夺案例（一方为传承人后人、利益相关方、一方为商标所有权人）； 2.涉及非遗名称是否为通用名称问题

续表

序号	案件名	纠纷类型	涉及非遗项目	案情、法院裁判观点和理由	案号	关键法律条款	案例评价
106	钟水饺案	行政授权确权（商标驳回复审）	钟水饺制作技艺（四川省、成都市非遗项目）	四川省成都市饮食公司申请注册“鐘ZHONG及图”商标，指定使用商品为第30类：饺子、包子、元宵、年糕、馒头、花卷、粥、盒饭、八宝饭、粽子，被驳回，引发纠纷。引证商标是“鐘記及图”商标，核定使用商品为第30类：寿司、粽子等。商评委也裁定驳回。 法院认为：申请商标与引证商标相比，“鐘”为申请商标的显著部分之一，“鐘記”为引证商标的显著部分之一，二者较为近似，使用在类似商品上易使相关公众产生混淆误认，构成近似商标。不应核准注册	二审：北京市高级人民法院（2014）高行（知）终字第2584号 2014.09.30 一审：北京市第一中级人民法院（2014）一中知行初字第1167号行政判决	《商标法》第28条	非遗符号内部人争夺案例（在后注册的非遗商标被在先注册的非遗商标排除注册）
107	足球起源地案	行政授权确权（商标异议纠纷）	蹴鞠制作工艺（国家级非遗项目）	2005年9月20日，于维平提出第4905812号“足球起源地”商标注册申请，指定使用在第32类“啤酒、矿泉水（饮料）”等商品上。临淄区足球产业开发领导小组办公室提起异议，引发纠纷。 商标局、商评委均认为，“足球起源地”作为一项世界性的文化遗产，不宜由一家独占。被异议商标已构成“其他不良影响”情形，不应核准注册。 一审法院认为：被异议商标的注册使用容易使公众认为其商品产地为临淄，从而形成消费误导。此外，“足球起源地”作为一项世界性的文化遗产，不宜由一家独占。被异议商标已构成所指“其他不良影响”情形，不应核准注册。 二审法院也认为不应核准主册，但理由不同。其认为：2004年国际足联宣布“中国古代的蹴鞠就是足球的起源”，作为蹴鞠起源和形成地的山东省淄博市临淄区则被公认为“足球起源地”。在通常情况下，相关公众会将“足球起源地”作为相关商品的产地或其他地理名称加以识别，一般不会将其与特	北京市高级人民法院（2014）高行终字第1187号 2014.05.19 北京市第一中级人民法院（2013）一中知行初字第2613号行政判决	《商标法》第11条第1款第3项	1.外部人对非遗符号资源的侵犯（本案当事人申请注册了若干项“足球起源地”商标，有些被注册成功）； 2.非遗消极保护模式案例［临淄区足开办（政府部门）提起异议，维护非遗资源不被私人独占］

续表

序号	案件名	纠纷类型	涉及非遗项目	案情、法院裁判观点和理由	案号	关键法律条款	案例评价
				定的商品生产者或提供者相联系而将其作为区分商品来源的商标标志加以对待。因此，被异议商标难以起到区分商品来源的作用，缺乏商标注册所应当具备的显著特征，在案证据亦不足以证明被异议商标经长期使用取得显著特征并便于识别。因此，被异议商标的申请注册不符合《商标法》第11条第1款第3项的规定，依法不应予以核准			
108	莲花血鸭案	行政授权确权（商标无效纠纷）	莲花血鸭制作技艺（江西省省级非遗项目）	争议商标系第4379003号“莲花血鸭”商标，由周晨群于2004年11月24日提出注册申请，2008年2月7日核准注册，核定使用在第29类板鸭商品上。莲花县商务局于2012年9月5日提出争议申请，引发纠纷。商标局、商评委最终裁定争议商标予以无效。 法院认为：“莲花血鸭”以其独特的烹调技艺及其“色美味香、鲜嫩可口”特点被列为“十大赣菜”之一，并于2009年被认定为省级非物质文化遗产。争议商标“莲花血鸭”使用在板鸭商品上，容易导致全国各地的部分消费者误认为该板鸭即为莲花血鸭，从而对商品的性质、加工工艺、口味等产生误认。因此，争议商标具有夸大宣传、欺骗消费者之嫌。争议商标的注册构成2001年《商标法》第10条第1款第7项规定之情形，应予无效 该案中，商评委还指出：争议商标中的“莲花”作为自然界一固有植物，有其基本含义，且其基本含义强于作为地名的含义，故争议商标的注册未构成2001年《商标法》第10条第2款规定之情形。莲花县商务局在本案中仅提交了莲花县人民政府出具的准备把“莲花血鸭”名称注册成地理标志的声明，但在争议商标申请注册前，“莲花血鸭”并未成为地理标志，故争议商标的申请注册未违反2001年《商标法》第16条的规定	二审：北京市高级人民法院 （2014）高行（知）终字第2979号 2014.11.02 一审：北京市第一中级人民法院 （2014）一中知行初字第6177号行政判决	2001年《商标法》第10条第1款第7项 《商标法》第16条	1.非遗消极保护模式案例［政府部门排除私人注册案例（莲花县商务局）］； 2.内部人争夺非遗符号资源 （同一地域范围内私人想独占非遗商标资源，但被阻止）； 3.商务局准备申请地理标志，但还未实施，险些被独占

续表

序号	案件名	纠纷类型	涉及非遗项目	案情、法院裁判观点和理由	案号	关键法律条款	案例评价
109	秋林面包案	行政授权确权（商标无效纠纷）	秋林大面包（大列巴）制作技艺（黑龙江省级非遗项目）	2003年7月1日，侯勇提出第3612652号“伊雅秋林”商标注册申请，2005年1月28日获准注册，核定使用商品为第30类的豆浆，蜂蜜，谷类制品，煎饼，元宵，茶饮料，茶，咖啡饮料，饼干（曲奇），蛋糕，小蛋糕（糕点），糖点（酥皮糕点），面包，糕点，夹心面包，三明治，小圆面包，由碎谷、干果和坚果制的早餐食品，圆面包，月饼，（墨西哥）玉米面饼（面包），面包干，冰淇淋，糖果，汉堡包，后该商标转让给秋林食品公司。2007年9月10日秋林股份公司提出争议申请。引证商标为第618179号“秋林及图”商标。 秋林食品公司的法定代表人侯勇为非遗传承人。该非遗项目最初由俄罗斯人传入，从第三代传承人开始由中国人传承。 商评委裁定在争议商标在面包等相关商品上予以撤销，在其他商品上维持。 法院认为：争议商标在面包等相关商品上与引证商标构成相同或类似商品上的近似商标，应予撤销。秋林食品公司关于引证商标的申请、注册均由其办理，其是引证商标的实际使用人，该商标所取得的知名度在于其贡献，其与秋林股份公司对“秋林”字号和商标共同享有权益。因此，争议商标与引证商标可以共存等主张缺乏法律依据，不予支持。 （说明两公司之前有过紧密关系，属于内部人争夺）	二审：北京市高级人民法院（2011）高行终字第1256号 2011.09.23 一审：北京市第一中级人民法院（2010）一中知行初字第2786号行政判决	《商标法》第28条	非遗符号资源内部人争夺案例（秋林食品公司与秋林股份公司）

续表

序号	案件名	纠纷类型	涉及非遗项目	案情、法院裁判观点和理由	案号	关键法律条款	案例评价
110	鸿福堂案	行政授权确权（商标异议纠纷）	凉茶（国家级非遗项目）	被异议商标由连创镇于2006年1月9日申请注册，申请注册号为5107798，指定使用在第30类的莲茸、咖啡、面粉制品、调味品、龟苓膏、冰糖燕窝、糖果、茶饮料、饼干、茶叶代用品商品上。2008年10月21日，该商标经商标局审查，驳回在“龟苓膏、冰糖燕窝、糖果、茶饮料、饼干、茶叶代用品”商品上的注册申请，初步审定在“莲茸、咖啡、面粉制品、调味品”商品上的注册申请。后鸿福堂公司依据自己的商标（引证商标）提出异议，引发纠纷。 法院认为：被异议商标为“鸿福堂”纯文字商标，与几个引证商标相比，显著识别部分完全相同，使用在咖啡上构成近似商标，不应核准注册，但在“莲茸、面粉制品、调味品”上不构成近似商标，应予核准注册。鸿福堂公司还以其商号“鸿福行”主张在先权利，但该商号在大陆地区不知名，不予支持	二审：北京市高级人民法院（2014）高行终字第64号 2014.02.19 一审：北京市第一中级人民法院（2013）一中知行初字第2122号行政判决	2001年商标法》第28条、第31条	1.外部人对非遗符号资源的侵犯； 2.非遗商标消极保护模式（未能在“一定程度上相关”的商品上排除注册）
111	雷允上案	行政授权确权（商标无效纠纷）	雷允上六神丸制作技艺（国家级非遗项目）	2002年11月27日，第3385218号“雨田允上”商标被饶平县邦胜医药保健品有限公司申请注册在第30类非医用口香糖等商品上，2004年6月7日争议商标被核准注册。2009年6月5日，雷允上公司提出争议申请。引证商标为雷允上公司1990年申请、2001年获准注册的“雷允上”，核定使用在第30类“中成药、各种丸散、膏、丹、片、胶囊、药酒、药茶、冲剂、生脉饮、药用口服液、蛇胆川贝液、珍珠粉、鹅掌疯浸泡药”商品上。 商评委裁定争议商标予以维持，雷允上公司起诉。 法院认为：雷允上公司提交的证据尚不能证明其为驰名商标，因此不能认定争议商标的注册违反《商标法》第13条第2款的规定。争议商标的注册并不会给我国社会、政治、经济民族和宗教等社会秩序或公众利益带来消极负面影响，并不	二审：北京市高级人民法院（2011）高行终字第1703号 2012.01.13 一审：北京市第一中级人民法院（2011）一中知行初字第776号行政判决	《商标法》第13条第2款（驰名商标条款） 《商标法》第10条第1款第8项	1.非遗消极保护模式失败案例（未能阻止外部人在不相关商品上的注册）； 2.外部人对非遗符号资源的侵犯； 3.“不良影响”条款被法院驳回（有其他案件认可对非遗符号的商标注册属于不良影响，但本案未予以认可）

续表

序号	案件名	纠纷类型	涉及非遗项目	案情、法院裁判观点和理由	案号	关键法律条款	案例评价
				适用《商标法》第10条第1款第9项。另外，争议商标核定使用的糖果、薄荷糖等为日常休闲食品，与引证商标核定使用的中药成药等商品在功能、用途、销售渠道等方面存在较大区别，二者不属于类似商品。最终争议商标予以维持			
112	冼太夫人案	行政授权确权（商标无效纠纷）	民间信俗（冼夫人信俗）（国家级非遗项目）	李茂林（海南省）于2003年3月11日提出第3481555号“冼太夫人”商标注册申请，2004年8月28日被核准注册，核定使用商品为第30类“米、面粉、麦片、咖啡、茶、糖、蜂蜜、饼干、玉米（磨过的）、酱油”等。2005年10月12日电白县（广东省）人民政府提出商标争议申请。2010年8月2日，商评委裁定争议商标予以撤销。李茂林不服该裁定提起行政诉讼。 电白县人民政府提出商标争议申请的理由包括：1.冼太夫人出生于广东高凉郡山兜丁村（今广东省电白县兜丁村），其对维护国家统一、加强民族团结做出了巨大贡献，“冼太夫人”故里及相关历史文化是国家和民族的宝贵财富。2.电白县人民政府是“冼太夫人”故里及相关历史文化管理的唯一合法单位，也是“冼太夫人”商标的合法所有者，李茂林未经电白县人民政府许可注册争议商标是违法行为。3.冼太夫人是位历史人物，她的杰出贡献对历史发展具有非常大的影响，故李茂林注册争议商标的行为，不仅属于商标注册的不当行为，亦违反了《商标法》第10条第1款第8项的规定。 李茂林答辩称：1.“冼太夫人”民俗文化是海南省各族人民在长期生产生活实践中创造的丰富多彩的非物质文化遗产，是中华民族智慧与文明的结晶，属于全人类的非物质文化遗产。2.李茂林是“冼太夫人民俗文化的研究者和承传者，也是争议商标在第30类商品的合法注册人。李茂林注册争议商标的行为是保护非物质文化遗产”的一种创新形式等。	二审：北京市高级人民法院（2011）高行终字第591号 2011.04.13 一审：北京市第一中级人民法院（2010）一中知行初字第3415号行政判决	2001年《商标法》第10条第1款第8项	1.非遗商标消极保护模式典型案例（由政府部门作为无效宣告人提起无效，最终成功，政府维护非遗资源，防止内部个别人独占非遗符号的典型案例）； 2.该案撤销非遗商标的主要理由：不良影响针对民俗文化，英雄人物类的非遗，“不良影响”条款在排除抢注方面起到了明显作用

续表

序号	案件名	纠纷类型	涉及非遗项目	案情、法院裁判观点和理由	案号	关键法律条款	案例评价
				法院认为：冼太夫人系具有良好的历史声誉的真实历史人物，“冼太夫人”一词包含了丰富的历史内涵以及享誉中国的极高影响，应当给予特别的保护。冼太夫人精神是中华民族共同的文化遗产，不宜成为谋取商业利益的工具。李茂林出于商业使用目的在第30类“米、面粉、酱油”等商品上注册“冼太夫人”商标，会对中华民族和文化产生消极负面影响。争议商标构成《商标法》第10条第1款第8项所指情形			
113	利川柏杨豆干案	行政授权确权（商标无效纠纷）	利川柏杨豆干制作技艺（湖北省省级非遗项目）	沈强于2004年11月1日申请注册第4337640号“沈记柏杨”商标，核准日为2007年3月21日，核定使用商品为第29类豆腐制品、腌腊肉、火腿、香肠、腌制蔬菜、泡菜、腐乳、萝卜干等。康美公司提出争议申请。引证商标为其第1575294号“柏杨BAI YANG及图”，核定使用商品为第30类豆粉、食用面筋、豆浆、豆浆精、豆汁、大米花、锅巴、膨化土豆片、膨化水果片、蔬菜片等。 商评委裁定：争议商标在豆腐制品商品上的注册予以撤销，在腌腊肉、火腿、香肠、腌制蔬菜、泡菜、腐乳、萝卜干商品上的注册予以维持。 法院认为：争议商标核定使用的豆腐制品与引证商标核定使用商品中的食用面筋在原料、制作工艺以及销售渠道等方面相近，两商标核定使用的商品类似。争议商标完整地包含了引证商标的文字，争议商标与引证商标使用在类似商品上，易使相关公众认为两商标的使用主体之间存在一定的关联，从而对商品的来源产生混淆误认，构成使用在同一种或类似商品上的近似商标。沈强关于“柏杨豆干”是柏杨镇地方土特产通用名称，康美公司无权限制他人合理使用的理由，法院未采纳	二审：北京市高级人民法院（2012）高行终字第684号 2012.05.24 一审：北京市第一中级人民法院（2011）一中知行初字第782号行政判决	2001年《商标法》第28条	1.非遗符号资源内部人争夺案例（沈家为柏杨豆干技艺的传承家族，传承人丧失了非遗商标，被内部地区的其他公司抢先注册非遗商标）； 2.非遗商标积极保护模式失败案例（申请商标的时间太晚）

续表

序号	案件名	纠纷类型	涉及非遗项目	案情、法院裁判观点和理由	案号	关键法律条款	案例评价
114	蔡林记案	行政授权确权（商标异议纠纷）	蔡林记热干面（湖北省非遗项目）	2007年9月12日卫兵申请注册第6272663号“蔡林记CAILINJI”商标，指定使用在第30类食盐等商品上。蔡林记公司在先拥有第999398号“蔡林记”商标，核定使用在热干面等商品上。被异议商标初审公告后，蔡林记公司提出异议申请。商标局裁定被异议商标予以核准注册，商评委裁定不予核准注册。 法院认为：引证商标核定使用的热干面等商品与被异议商标指定使用的食盐等商品在销售渠道、消费群体等方面存在关联性，易使相关公众认为相关商品由同一主体提供或者提供者之间存在特定联系。同时，被异议商标与引证商标均包含文字“蔡林记”，公众会将“蔡林记”作为二者的主要识别部分，被异议商标指定使用在食盐等商品上易使相关公众认为其来源于引证商标核定使用的热干面等商品的提供者，或认为二者存在特定联系，从而造成混淆、误认	二审：北京市高级人民法院 （2013）高行终字第2321号 2013.12.19 一审：北京市第一中级人民法院 （2013）一中知行初字第2373号行政判决	《商标法》第28条	1.非遗商标积极、消极保护模式（蔡林记依据在先非遗商标排除他人在相关类别上的注册。引证商标是热干面，被异议商标是食盐等商品，法院认定具有相关性，可能使公众产生混淆）； 2.非遗符号资源内部人争夺
115	三凤桥案	行政授权确权（商标无效纠纷）	三凤桥酱排骨烹制技艺（江苏省省级非遗项目）	2005年7月25日唐卫星申请注册第4798306号“三凤桥”商标，于2009年2月28日被核准注册，核定使用在第43类饭店等服务上。第746242号“三鳯橋”商标由三凤桥公司于1993年10月19日申请注册，核定使用在第29类酱排骨等商品上。2009年8月10日三凤桥公司提出撤销争议商标注册的申请。商评委裁定争议商标予以维持。 法院认为：“三凤桥”作为非遗项目，也是中华老字号，经三凤桥公司的长期使用，具有了一定的知名度。虽然“三凤桥”是无锡的地名，但作为使用在“酱排骨、牛肉干”等商品上的商标，一般消费者无疑可以将“三凤桥”与三凤桥公司一一对应起来。同时，唐卫星与三凤桥公司处于同一行政区划，应当知晓引证商标的知名度，在此前提下，其在与引证商标核定	二审：北京市高级人民法院 （2013）高行终字第2316号 2013.12.19 一审：北京市第一中级人民法院 （2013）一中知行初字第1767号行政判决	2001年《商标法》第28条	1.非遗符号资源内部人争夺案例（争议商标注册在饭馆、餐馆上，引证商标注册在酱排骨上，法院认定构成类似商品，排除争议商标的注册）； 2.涉及非遗地名商标显著性问题（三凤桥为地名，法院认为该地名商标经长期使用，获得了较强显著性）

续表

序号	案件名	纠纷类型	涉及非遗项目	案情、法院裁判观点和理由	案号	关键法律条款	案例评价
				使用的商品具有较大关联性的服务类别上注册争议商标，且争议商标标识几乎与引证商标一致，其动机难谓正当。争议商标的注册容易使消费者认为商品或者服务是同一主体提供的，或者其提供者之间存在特定联系，从而使消费者产生混淆误认，应予无效			
116	佛跳墙案	行政授权确权（商标异议纠纷）	聚春园佛跳墙制作技艺（国家级非物质文化遗产）	2002年6月10日姚儒英申请注册第3204497号“佛跳墙FOTIAOQIANG及图”商标，指定使用在第43类提供野营场地设施、备办宴席、咖啡馆、餐馆、快餐馆、饭店、住所（旅馆、供膳寄宿处）、酒吧、茶馆、餐厅服务上。第三人福州聚春园集团有限公司提出异议，引发纠纷。 商标局、商评委裁定认为：“佛跳墙”系闽菜中的一道传统菜名，用作商标使用在“办宴席、咖啡馆、餐馆”等服务上缺乏显著特征。裁定被异议商标在“提供野营场地设施”服务上予以核准注册，在“备办宴席、咖啡馆、餐馆、快餐馆、饭店、住所（旅馆、供膳寄宿处）、酒吧、茶馆、餐厅”服务上不予核准注册。 法院认为：被异议商标以“佛跳墙”作为显著识别部分，指定使用在“备办宴席、咖啡馆、餐馆、快餐馆、饭店、住所（旅馆、供膳寄宿处）、酒吧、茶馆、餐厅”等服务上，指示了服务的内容或特点，不能发挥识别服务来源的作用，缺乏显著特征，不应予以核准	二审：北京市高级人民法院（2013）高行终字第95号 2013.02.17 一审：北京市第一中级人民法院（2012）一中知行初字第2459号行政判决	《商标法》第11条第1款第2、3项	非遗消极保护模式案例（排除外部人非遗商标注册，以商标为菜肴名称，具有描述性，缺乏显著特征为由）

续表

序号	案件名	纠纷类型	涉及非遗项目	案情、法院裁判观点和理由	案号	关键法律条款	案例评价
117	李渡案	行政授权确权（商标无效纠纷）	李渡烧酒酿造技艺（江西省非遗项目）	2003年3月18日余某珍申请注册第3490523号“古坑李渡”商标，2004年9月7日争议商标获准注册，核定使用在烧酒等商品上。2009年7月6日，李渡公司提出撤销注册申请。引证商标为李渡公司1979年10月31日申请注册的第114487号“李渡及图”商标。商评委裁定撤销争议商标，引发纠纷。 法院认为：争议商标和引证商标都指定使用在第33类酒类商品上，争议商标“古坑李渡”完整包含了引证商标的“李渡”文字且没有形成新的含义，容易使消费者误认为争议商标是引证商标的系列商标，从而对商品的来源产生误认。争议商标和引证商标已构成使用在同一种或类似商品上的近似商标，应予撤销	二审：北京市高级人民法院（2012）高行终字第84号 2012.02.20 一审：北京市第一中级人民法院（2011）一中知行初字第1829号行政判决	《商标法》第28条	1.非遗商标积极、消极保护模式成功案例； 2.内部人对非遗符号资源的争夺
118	巴肽案	行政授权确权（商标驳回纠纷）	宾阳封氏烧伤疮疡治疗术（广西壮族自治区级非遗项目）	封大为研究所于2020年6月1日申请注册第46841461号“巴肽”商标，指定使用商品（第5类，类似群0501）：医用止痛制剂；医用药膏；中药成药；人用药；治疗烧伤制剂；消毒剂；麻醉剂；抗生素；药用植物提取物；烧烫伤药。被商标局驳回，商评委复审也驳回。当事人起诉。 法院认为：诉争商标由汉字“巴肽”构成，其中“肽”字为有机化合物，系常见元素，其指定使用在“医用药膏；中药成药；人用药”等商品上，易使公众对商品的质量、原料等特点产生错误认识。诉争商标的申请注册构成《商标法》第10条第1款第7项规定的情形，应予驳回	二审：北京市高级人民法院（2021）京行终6962号行政判决 2021.12.09 一审：北京知识产权法院（2021）京73行初6491号行政判决	《商标法》第10条第1款第7项	非遗商标申请时商标符号选择问题（本案商标并非以非遗名称或其他相关符号为标识，选择了一个不相关的有机物元素）

续表

序号	案件名	纠纷类型	涉及非遗项目	案情、法院裁判观点和理由	案号	关键法律条款	案例评价
119	蒋有记案	民事侵权（商标侵权）	秦淮八绝（南京市市级非遗项目）	“蒋有记”系南京老字号，主营牛肉锅贴和牛肉汤，是夫子庙秦淮八绝之一，久负盛名。蒋玉友与南京夫子庙公司同一天申请“蒋有记”商标，后通过抽签方式确定商标归蒋玉友。但夫子庙公司在先使用未注册商标。蒋玉友起诉夫子庙公司商标侵权，引发纠纷。 法院认为：本案具有历史因素，正因为饮食公司的持续使用，使“蒋有记”在特定区域具有较高知名度和一定影响，因此蒋玉友虽然已成为涉案注册商标的权利人，但其并不能因此排斥饮食公司在贡院西街12号“蒋有记”餐馆在先善意使用“蒋有记”未注册商标所形成的既定事实和经营状态。但在先使用人并不能因此侵犯注册商标权利人的利益，饮食公司只应在贡院西街12号“蒋有记”餐馆原址继续使用“蒋有记”商标，且不得改变该未注册商标的标识和扩大经营区域及规模，在使用中还应加上适当标识，以便与蒋玉友的注册商标形成区分，避免引起消费者的混淆	二审：江苏省高级人民法院（2013）苏知民终字第0037号 一审：南京市中级人民法院（2011）宁知民初字第497号民事判决	2001年《商标法》第52条第1项； 2002年《商标法实施条例》第54条	1.非遗符号资源内部人争夺案例； 2.非遗商标共存判例
120	鲁锦案二	民事侵权	鲁锦织造技艺（国家级非遗项目）	原告原是嘉祥县瑞锦民间工艺品厂，多年来一直从事棉纺工艺品、服装和床上用品等产品的生产和销售。原告生产的棉布、工艺品、服装和床上用品等产品统称为“鲁锦”。1999年原告申请注册了“鲁锦”文字商标；2001年申请注册了“图形+LUJIN”组合商标，并在多个国家申请注册了“鲁锦”商标。被告梁山鲁锦公司在其产品包装上使用“鲁锦”字样。原告起诉侵权。 一审法院认定侵权成立。二审法院推翻一审法院判决，认为：原告对“鲁锦”文字商标和“L j+LUJIN”的组合商标依法享有注册商标专用权，受法律保护。但在（2009）鲁民三终字第34号一案中，山东高院已认定“鲁锦”是山东民间手工棉纺织品的通用名称。本案中的案情相同，因此被告的使用是合理使用，不构成商标侵权。但由于“鲁锦”毕竟是一个有效注	二审：山东省高级人民法院（2009）鲁民三终字第35号 2009.12.15 一审：济宁市中级人民法院（2007）济民五初字第34号民事判决	2002《商标法实施条例》第49条	1.内部人对非遗符号资源的争夺； 2.涉及非遗名称为通用名称问题（采用了指导案例“鲁锦”案的观点，认定为通用名称，不构成商标侵权）

续表

序号	案件名	纠纷类型	涉及非遗项目	案情、法院裁判观点和理由	案号	关键法律条款	案例评价
				册商标，其商标权应得到全社会的尊重。为了规范市场竞争秩序，保护公平竞争，遵循诚实信用、公平合理的市场竞争准则，梁山鲁锦公司在今后的市场经营中在标明其产品是鲁锦面料的同时，应合理避让他人对“鲁锦”商标的专用权利。梁山鲁锦公司在其产品的包装中应突出使用自己的商标，以标明其鲁锦产品来源，方便消费者识别鲁锦产品不同的生产厂家			
121	轧神仙案	行政授权确权（商标驳回纠纷）	轧神仙庙会（苏州市非遗项目）	2004年6月24日陆少华提出“轧神仙”商标注册申请，指定使用的服务为安排和组织会议；组织文化或教育展览；图书出版（广告宣传册除外）；文娱活动；电视文娱节目；娱乐；演出；提供娱乐设施；筹划聚会（娱乐）；提供娱乐场所。商标局予以驳回。陆少华不服，提出复审申请，商评委决定：申请商标“轧神仙”为民间传统习俗，将其作为商标由自然人个人在“文娱活动”等服务项目上申请注册，易使相关公众对服务来源或服务内容等特点产生误认。并且，如将公有领域内的民俗活动作为商业标志由个人专用，易妨碍公序良俗，从而造成不良社会影响。遂予以驳回。陆少华提起诉讼。 法院认为：“轧神仙”为苏州传统民俗节日、非遗，将“轧神仙”作为商标申请注册在文娱服务等项目上，反映了指定服务的相关特点，易使公众误认，不具有显著特征，不符合《商标法》第11条第1款第2项的规定，但申请商标“轧神仙”作为商标在指定服务上使用并不会对公序良俗造成不良影响，故商标评审委员会认为申请商标的注册具有不良影响的认定有误，应予纠正	二审：北京市高级人民法院（2009）高行终字第660号 2009.07.16 一审：北京市第一中级人民法院（2009）一中行初字第233号行政判决	《商标法》第11条第1款第2项、第10条第1款第8项	1.内部人对非遗符号资源的侵占（依据显著性条款被驳回）； 2.非遗消极保护模式案例（商标局主动驳回）； 3.非遗商标注册在相关性强的项目上，缺乏显著性

续表

序号	案件名	纠纷类型	涉及非遗项目	案情、法院裁判观点和理由	案号	关键法律条款	案例评价
122	贾寨任家案	行政授权确权（商标无效纠纷）	馨远斋五香豆腐干制作技艺（商丘市非遗项目）	商丘市丰禾食品有限公司（以下简称丰禾公司）于2010年10月27日申请注册第8783044号“贾寨任家”商标，核定使用商品（第29类）：肉；肉罐头；芝麻酱；咸菜；蛋；食用油；牛奶制品；加工过的花生；干食用菌；豆腐制品。虞城县贾寨任家豆制品厂提出撤销争议申请。商评委于2017年10月17日裁定：诉争商标在“豆腐制品”商品上撤销，在其余商品上予以维持。 法院认为：虞城县贾寨任家豆制品厂的商号为“贾寨任家”，该厂成立于2005年9月3日并一直使用“贾寨任家”从事五香豆腐干等豆制品的生产、销售。“贾寨任家”为河南老字号，其生产的‘馨远斋’牌豆腐干为非遗产品，均享有一定知名度。诉争商标由纯汉字“贾寨任家”构成，与虞城县贾寨任家豆制品厂的商号完全一致，且诉争商标核定使用的“豆腐制品”商品与虞城县贾寨任家豆制品厂生产、销售的五香豆腐干商品属于类似商品。丰禾公司和虞城县贾寨任家豆制品厂同处河南省商丘市，均为食品行业经营者，丰禾公司对虞城县贾寨任家豆制品厂商号的知名度和影响力理应知晓。故诉争商标的注册申请损害了虞城县贾寨任家豆制品厂的在先商号权益，构成2001年《商标法》第31条所指“不得损害他人现有的在先权利”的情形	二审：北京市高级人民法院（2018）京行终5430号 2018.12.04 一审：北京知识产权法院（2017）京73行初9133号行政判决 2018.07.24	《商标法》第31条	1.非遗符号资源内部人争夺案例； 2.非遗消极保护模式案例（以商号权在先权利阻止他人注册）

续表

序号	案件名	纠纷类型	涉及非遗项目	案情、法院裁判观点和理由	案号	关键法律条款	案例评价
123	周記三義春案一	行政授权确权（商标无效纠纷）	单县羊肉汤（山东省非遗项目）	单县三義春（周记）餐饮有限公司于2017年3月6日申请注册第23033503号“周保存三義春”商标，核定使用服务（第43类，类似群：4301-4302；4304；4306）：饭店；快餐馆；烹饪设备出租；茶馆；旅游房屋出租；餐厅；酒吧服务；住所代理（旅馆、供膳寄宿处）；日间托儿所（看孩子）；出租椅子、桌子、桌布和玻璃器皿。单县三義春餐饮有限公司提出无效申请。商评委裁定诉争商标予以维持注册。 法院认为：三義春单县羊肉汤由两家（窦家和周家）共同发展起来的。2016年周家退出合伙经营。但有协议明确约定“三义春”商标和公司名称各自可以单独使用，但须加“窦记”“周记”以区分。本案中，虽然诉争商标的汉字构成完整包含了引证商标一，但是诉争商标在“三義春”前面标注了“周保存”，已使二者形成不同的呼叫，进而使二者在文字构成及含义方面存在一定的区别。同时，周保存及三義春（周记）公司所获荣誉证书，使得相关公众在选择服务时的注意程度较高，《退股经营协议书》及《补充协议》的内容未违反法律法规的规定应予尊重和确认，可以作为排除混淆可能性的证据。因此，诉争商标与引证商标一共存于同一种或类似服务上，不易引起相关公众的混淆误认，二者未构成2013年《商标法》第30条规定的近似商标	二审：北京市高级人民法院 （2020）京行终4520号 2020.11.27 一审：北京知识产权法院（2019）京73行初13924号 2020.05.27	参照《最高人民法院关于审理商标民事纠纷案件适用法律若干问题的解释》第20条； 2013年《商标法》第30条	非遗符号资源内部人争夺案例（两家传承人之争，有明确的协议，导致共存认定）
124	周記三義春案二	行政授权确权（商标无效纠纷）	单县羊肉汤（山东省非遗项目）	商评字〔2020〕第129194号《关于第30211820号“周記三義春及图”商标无效宣告请求裁定书》。 法院裁判结果和理由基本同上。	北京市高级人民法院 （2021）京行终5859号 2021.11.25 行政判决	同上	同上

续表

序号	案件名	纠纷类型	涉及非遗项目	案情、法院裁判观点和理由	案号	关键法律条款	案例评价
125	韩氏芒针疗法案	民事侵权（不正当竞争）	韩氏芒针疗法（天津市非遗项目）	韩永海诉韩琳、韩派芒针（天津）医院管理有限公司（以下简称韩派公司）不正当竞争，引发纠纷。 法院认为：韩氏芒针疗法系天津市非遗项目，从其传承代系、过程来看，系由先人开创并延续下来。根据关于韩永海的相关报道、所获证书荣誉、相关部门出具的材料等，足以认定韩氏芒针疗法由以韩永海为代表的后人发扬光大并最终成功申报非遗，韩永海与韩琳同系韩氏家族后人，均应共享该疗法殊荣。双方能够通过开展与上述疗法相关的生产经营活动从而构成竞争，依法应受《反不正当竞争法》的规制和调整。韩永海为韩氏芒针疗法的发扬光大及非遗申报作出了较为突出的贡献，相关部门将其认定为韩氏芒针疗法的代表性传承人。韩琳在其微博、博客，韩派公司在其公司介绍中，多次称韩琳为韩氏芒针第四代掌门人，但未提供相关证据佐证。韩琳、韩派公司在未经有关部门或单位批准、同意的情况下，由韩琳私自复制、韩派公司授权案外人天津东丽区津门思邈堂门诊部悬挂非遗牌匾。上述行为容易使相关公众误认为韩琳系韩氏芒针疗法的权威代表性传承人、韩琳或韩派公司被有关部门授予了非遗牌匾。韩琳、韩派公司的上述行为构成虚假宣传。韩永海在天津地区针灸行业具有一定影响力。韩琳在微博、博客中发表了“韩永海盗用我公司版权，组织他人非法行医”“其（韩永海）携带弟子均无医师资格证”“长期由韩永海带领，非法行医、敛物敛财……对于韩永海一干人等，制假造假、变造使用职业医师资格证、非法行医的行为”“家族的耻辱、中医界的败类”“中医界的害群之马”等言论。前述言论除涉及韩永海《医师资格证》造假内容外具有一定的事实依据，其他言论与事实不符，对韩永海进行了商业贬低，容易误导相关公众，构成商业诋毁	二审：天津市高级人民法院 （2021）津民终565号 2021.08.17 一审：天津市第二中级人民法院 （2020）津02民初1814号民事判决	《反不正当竞争法》第8条第1款、第11条； 《最高人民法院关于审理不正当竞争民事案件应用法律若干问题的解释》第8条； 《反不正当竞争法》第11条	1.非遗内部人争夺案例； 2.非遗不正当竞争案（虚假宣传、商业诋毁）； 3.较为严重的家族内非遗争夺案例（韩琳对韩永海进行商业诋毁、虚假宣传，韩永海为该项目非遗传承人。该类情况在有些非遗项目发展中广泛存在，相互倾轧、相互拆台，值得研究）

续表

序号	案件名	纠纷类型	涉及非遗项目	案情、法院裁判观点和理由	案号	关键法律条款	案例评价
126	古方红糖案	行政授权确权（商标无效纠纷）	古方红糖制作工艺（贵州省省级非遗项目）	黔西南古方红糖有限责任公司（以下简称古方红糖公司）于2011年11月8日申请注册第10161510号“古方”商标，核定使用商品（第30类）：天然增甜剂；糖；食用葡萄糖；白糖；红糖；冰糖；方糖；醋；酱油。2016年2月1日，李蔚提出无效宣告请求，其主要理由为：争议商标“古方”为通用名称，是一种制糖方法和技巧，缺乏商标应有的显著性。商评委对争议商标裁定予以维持。 一审法院认为：争议商标“古方”一词的本意为古代传下来的药方的含义，将其使用在红糖、白糖等商品上易使相关公众认为系对红糖等商品制作工艺、制作方法的说明，缺乏商标应有的显著性，违反了《商标法》第11条第1款第3项的规定，商标评审委员会对此认定有误。 二审法院认为：争议商标在“红糖”等核定商品上的使用，属于对商品制作工艺、特点等的描述。尤其是“古方红糖制作工艺”已先后被认定为黔西南布依族苗族自治州和贵州省非遗代表性项目，相关公众对“古方红糖”的理解更容易和该制作技艺相联系。因此，争议商标属于《商标法》第11条第1款第2项规定的不得作为商标注册的情形。 虽然争议商标缺乏固有的显著特征，但古方红糖公司提交了争议商标在“红糖”商品上实际使用的大量证据，上述证据能够证明争议商标在“红糖”商品上经过使用取得显著特征并便于识别，属于《商标法》第11条第2款规定的可以作为商标注册的标志（经使用获得显著性）。因此，争议商标在“红糖”商品上的注册应予维持。古方红糖公司并未提交争议商标在其他商品上实际使用的证据，原审判决有关争议商标在其他核定商品上的注册应予撤销的认定并无不当。商标评审委员会应当区分具体商品项目，重新作出裁定	二审：北京市高级人民法院（2018）京行终6132号 2018.12.07 一审：北京知识产权法院（2017）京73行初1967号行政判决 2018.08.28	《商标法》第11条第1款第2、3项、第2款	1.非遗名称为通用名称问题（法院认为非遗身份更增加了其为通用名称的可能，不过经使用获得了显著性，在红糖商品上获得维持）； 2.非遗符号资源内部人争夺

续表

序号	案件名	纠纷类型	涉及非遗项目	案情、法院裁判观点和理由	案号	关键法律条款	案例评价
127	人主挂面案	行政授权确权（商标无效纠纷）	人主挂面制作技艺（河南省省级非遗项目）	秦慧星于2014年4月18日申请注册第14405585号“人主”商标，核定使用商品为第30类“茶、蜂蜜、谷类制品、面粉制品、面条、挂面、方便面、米粉、以谷物为主的零食小吃、粉丝（条）。后固始县张老埠乡人主村手工挂面专业合作社（以下简称人主村合作社）提出无效宣告请求，引发纠纷。 商评委裁定争议商标在部分商品上予以维持，部分商品上予以无效。 法院认为：“人主挂面制作技艺”系河南省固始县张老埠乡人主村具有百年历史的群体性传承非遗项目，通过该项工艺生产制作的“人主挂面”已经在当地形成具有历史稳定性的消费者认知。诉争商标在申请日前，人主村合作社的“人主”商标在“挂面”商品上已经在先使用并有一定影响。诉争商标“人主”与人主村的行政名称直接对应，诉争商标核定使用的“挂面、面粉制品、面条、方便面、米粉”商品与人主村“人主挂面”商品相同或类似。秦慧星与人主村合作社同处河南省固始县，且均为食品行业经营者，秦慧星对人主村合作社的未注册商标“人主”理应知晓。在此情形下秦慧星将诉争商标注册在“挂面、面粉制品、面条、方便面、米粉”商品上，确有不当，构成《商标法》第32条所指“以不正当手段抢先注册他人已经使用并有一定影响的商标”之情形。但在茶等商品上的注册不构成这种情况，予以维持	二审：北京市高级人民法院（2019）京行终4840号 2019.08.28 一审：北京知识产权法院（2018）京73行初12650号行政判决 2019.03.26	《商标法》第32条	1.处于邻近地域的外部人对非遗符号资源的侵犯； 2.非遗商标消极保护模式案例（成功排除相同商品上注册，未排除其他商品上注册）

续表

序号	案件名	纠纷类型	涉及非遗项目	案情、法院裁判观点和理由	案号	关键法律条款	案例评价
128	兰州牛肉拉面案	行政授权确权（商标无效纠纷）	兰州清汤牛肉面制作技艺（兰州市非遗项目）	兰州商业联合会于2007年9月21日提出第6288786号“兰州牛肉拉面Lanzhou Niurou Lamian及图”商标注册申请，指定使用在第43类“住所（旅馆、供膳寄宿处）；餐厅；寄宿处；饭店；餐馆；旅馆预定；自助餐馆；快餐馆；流动饮食供应；提供营地设施”服务上。2016年10月10日，王金勇提出无效宣告请求。 2017年11月30日，商评委裁定：争议商标“兰州牛肉拉面”整体具有与“兰州”地名相区别的其他含义，未违反2001年《商标法》第10条。但“兰州牛肉拉面”是甘肃省兰州地区的风味小吃，争议商标整体缺乏显著性，不易被相关公众作为商标识别，构成2001年《商标法》第11条第1款第3项所指情形。兰州商业联合会提交的证据不足以证明争议商标经使用已取得商标应有的显著特征。裁定争议商标无效宣告。 一审法院认为：单独考虑争议商标的文字与拼音部分确实缺乏显著性。但争议商标的图形部分占据了争议商标整体的大部分内容，且其图形具有独特设计，使用在争议商标所指定使用的服务上具有显著性。且争议商标整体经过长期、广泛的宣传使用，能够使相关公众区分服务来源，其整体显著性进一步得到了加强。加之在争议商标申请的过程中，兰州商业协会表示放弃对争议商标的文字与拼音部分的专用权。因此，争议商标整体上具有显著性，可以作为商标注册。 二审法院认为：争议商标整体上并未明显形成区别于文字部分的含义或视觉效果。相关公众在认读争议商标时，仍然会将其认知为甘肃省兰州地区的风味小吃，故争议商标作为标示商品来源商标的功能较弱，不易被相关公众予以识别，缺乏固有显著性，构成2001年《商标法》第11条第1款第3项所	二审：北京市高级人民法院（2018）京行终6256号 2019.01.24 一审：北京知识产权法院（2018）京73行初911号行政判决 2018.08.20	《商标法》第11条	1.非遗商标是否为通用名称问题（三个阶段的认定各有不同，判定标准极其不统一）； 2.非遗商标积极保护模式案例（兰州商业联合会主导）

续表

序号	案件名	纠纷类型	涉及非遗项目	案情、法院裁判观点和理由	案号	关键法律条款	案例评价
				规定的情形。但是，标志自身缺乏显著性并不当然失去作为商标获准注册的可能，该标志亦可以通过在市场流通、经营过程中的实际使用，获得其固有含义之外的“第二含义”，即通过实际、有效使用获得显著性。本案中兰州商业联合会已经能够举证证明争议商标通过持续使用、宣传具有“第二含义”，应当维持其有效注册			
129	栖凤渡鱼粉案	民事侵权（商标侵权）	栖凤渡鱼粉（湖南省省级非遗项目）	被告唐朝公司原系原告凤楚公司授权委托的代加工企业，双方合作合同结束后，组建了粉铺公司，使用“粉铺栖凤渡”作为标识，生产销售鱼粉产品。原告起诉被告商标侵权。 法院认为：“栖凤渡鱼粉”是湖南郴州地区特别是栖凤渡地区民间米粉小吃的通用名称。被告企业使用“粉铺栖凤渡鱼粉”不构成侵权	湖南省郴州市中级人民法院 判决书 （2017）湘10民初1号 2018.07.11	《商标法实施条例》第49条	1.涉及非遗商标为通用名称问题； 2.内部人对非遗符号资源的争夺
130	龙泉宝剑案	行政授权确权（商标无效纠纷）	龙泉宝剑锻制技艺（国家级非遗项目）	争议商标系第12719735号“龙泉宝剑及图”商标，由龙泉宝剑厂于2013年6月6日提出注册申请，于2015年3月13日初审公告，于2015年6月14日核准注册，核定使用在第28类：民族体育运动器具（刀、剑）、击剑用武器、体育活动器械、锻炼身体器械、弹弓（体育用品）、飞盘、射箭用器具、击剑用防护手套、运动腰带、玩具商品上。2016年1月6日，唐人刀剑公司针对争议商标提出无效宣告请求。 法院认为：“龙泉宝剑”商标与龙泉宝剑厂有着特殊的历史关系。新中国成立后龙泉宝剑厂的前身首先使用“龙泉宝剑”名称且长期被其独家使用，且1979年就有商标注册。龙泉宝剑厂一直在传承该非遗项目。被列为国家级非物质文化遗产的并不都是通用名称，不能据此推定“龙泉宝剑”系通用名称。虽然改革开放以来龙泉地区出现了其他集体或个体宝剑	北京知识产权法院 （2017）京73行初4340号判决书	《商标法》第11条第1款第3项	1.涉及非遗商标通用名称（龙泉宝剑并非通用名称）； 2.非遗商标积极保护模式典型案例（龙头企业长期独家使用、维权使其知名，当地多家其他企业也开始使用，法院维持了商标注册，保护贡献者的利益）； 3.内部人对非遗符号资源的争夺

续表

序号	案件名	纠纷类型	涉及非遗项目	案情、法院裁判观点和理由	案号	关键法律条款	案例评价
				厂家制造销售“龙泉剑”使得“龙泉宝剑”名称的使用产生了一定程度的泛化。但自1987年至今，龙泉宝剑厂及其前身针对假冒其宝剑商品及侵犯其“龙泉牌”商标等注册商标专用权的行为，积极通过行政和司法途径维权，进一步宣誓了其对“龙泉宝剑”商标所享有的在先权利。这一切都使得“龙泉宝剑”商标与龙泉宝剑厂之间建立了较为紧密的联系，增强了“龙泉宝剑”作为商标所起到的区分商品来源的作用，也增加了争议商标在核定使用商品上的显著性。因此，争议商标未构成《商标法》第11条第1款第3项的情形，具有显著性，不应无效			
131	古井烧鹅案	行政授权确权（商标无效纠纷）	古井烧鹅传统制作技艺（江门市市级非遗项目）	2003年12月26日，余衍文提出第3863039号“古井”商标的注册申请，2005年10月14日被核准注册，核定使用在第29类“烧鹅、烤鸭、腌肉”等商品上。2012年2月28日，林国斌提出争议商标撤销注册申请，商评委裁定：争议商标使用在烤鹅、肉等商品上，一般消费者不易将其作为商标加以识别，缺乏显著性，属于2001年《商标法》第11条第1款第3项所指缺乏显著特征的情形，应予撤销。 法院认为：“古井烧鹅被列为市级非遗”与争议商标“古井”是否具有商标应该具有的显著性并无因果关系；“古井烧鹅被列为市级非遗”是指其“传统手工技艺”，而并非“烧鹅”商品本身。“古井烧鹅传统手工技艺被列为市级非遗”的时间为2009年，而争议商标早在2003年就开始使用，故“古井烧鹅传统手工技艺被列为市级非遗”并非争议商标不具有显著性的合理理由。二审北京高院还指出：并非被认定为非遗的传统文化表现形式及相关实物、场所就必然进入公有领域，不	二审：北京市高级人民法院（2016）京行终2516号 2016.07.14 一审：北京市第一中级人民法院（2014）一中知行初字第4504号行政判决	2001年《商标法》第11条第1款	1.非遗符号资源内部人争夺（一家注册并使用多年，其他人提出无效申请）； 2.非遗商标积极保护模式案例（非遗传承地内部人一家注册一般商标，使用多年）； 3.对非遗商标的限制（其他人只要不是在商标法意义上使用“古井烧鹅”，不突出古井商标使用，则不属于侵权。同“鲁锦”案）

续表

序号	案件名	纠纷类型	涉及非遗项目	案情、法院裁判观点和理由	案号	关键法律条款	案例评价
				再成为知识产权权利的客体，与知识产权有关的相关事项仍然应当适用相关法律、法规的规定。同时，非遗本身并不等同于该传统文化表现形式及相关实物、场所的构成要素或其最终产品。如果上述要素不违反《商标法》的相关规定，则仍然可以作为商标标志或者商标标志的构成要素申请注册并取得商标专用权。《商标法》与非遗法的立法目的不同，《商标法》旨在通过对商标注册与保护，实现商标的区分商品来源的功能，而非遗法则旨在通过对非遗的保护、保存增强中华民族的文化认同，维护国家统一和民族团结，促进社会和谐和可持续发展。相应地，为了保护和传承非遗而在相关商品或者服务中使用非遗名称，因其并非在《商标法》意义上使用相关标志，并不发挥区分商品或者服务来源的识别作用，当然也不会因相关商标权的存在而受到限制。如果相关市场主体在传承非遗层面上使用“古井烧鹅”标志并且未突出“古井”二字，则不属于《商标法》意义上的商标使用行为			
132	哈尼古歌案	行政授权确权（商标驳回纠纷）	哈尼族多声部民歌等哈尼族民间音乐（国家级非遗项目）	元阳县梯田人家文化传播发展有限公司（以下简称梯田人家公司）于2015年4月1日申请注册第16616272号“哈尼古歌”商标，指定使用服务（第41类、类似群4101-4107）：培训；组织文化或教育展览；安排和组织专题研讨会；流动图书馆；书籍出版；电影放映；娱乐；演出；动物园服务；为艺术家提供模特服务。被商标局驳回。 商评委裁定：“哈尼古歌”是哈尼族民族文化艺术，是国家级非遗，作为商标易产生不良影响，根据《商标法》第10条第1款第8项、第30条的规定，予以驳回。	二审：北京市高级人民法院 判决书 （2017）京行终1226号 2017.05.16 一审：北京知识产权法院（2016）京73行初4640号行政判决	《商标法》第10条第1款第8项	1.内部人对非遗符号资源的侵占； 2.非遗商标消极保护模式案例（商标局主动驳回，依据为不良影响条款）

续表

序号	案件名	纠纷类型	涉及非遗项目	案情、法院裁判观点和理由	案号	关键法律条款	案例评价
				法院认为：申请商标的显著识别部分是“哈尼古歌”，其意指哈尼族传统民间文学艺术，内容涵盖了国家级非遗名录中的哈尼哈吧、哈尼族多声部民歌等项目。根据相关公众的一般认知水平，易将“哈尼古歌”与国家级非遗中的哈尼族民间文学、音乐项目相联系，“哈尼古歌”作为哈尼族传统民间文学艺术的概称，属于公共资源，不宜被个人或团体注册为商标单独占有。梯田人家公司将“哈尼古歌”申请注册为商标，并指定使用在组织文化或教育展览、安排和组织专题研讨会、演出等服务项目上，具有利用哈尼族传统民间文学艺术名称牟取不当商业利益的意图，不利于哈尼族非遗的传承和保护，易对社会公共利益产生消极、负面影响，属于《商标法》第10条第1款第8项所规定的具有不良影响的情形			

资料来源：威科先行法律信息库裁判文书库，经检索、阅读、筛选、信息提取和分析所得，数据截止时间：2021年10月。

三、涉非遗商标司法案例实证分析：案例总结与分析

（一）涉及的案件类型

从统计得到的司法案例来看，涉及非遗商标争议的案件可以从不同视角进行观察。

首先，从诉由来看，案件可分为两大类，一是商标侵权和不正当竞争纠纷；二是商标授权确权行政纠纷。前者主要是利用非遗符号注册了非遗商标的商标专有权人诉其他经营者商标侵权或不正当竞争，如统计表中的“鲁锦”“郫县豆瓣”“灯影牛肉”“玉屏萧笛”“茅台”“泸州老窖”“山莊老酒”“九制陈皮”“青稞酩馏酒”等案。后者主要是在利用非遗符号申请注册商标的过程中，因对商标异议、商标无效、商标驳回等行政决定或裁定不服而发生的行政诉讼案件，如“汤瓶八诊”“唐老一正斋”“季工坊”“老龙口”“祁门红茶”“象棋茶”“少林四宝”“蔡林记”“一得阁”“妥甸酱油”“沱茶”“稻香村集团”“冶春及图”“骑楼老街”“冼太夫人”等案，此类案件的核心主要是围绕含非遗符号的商标是否应予授权或是否应无效而展开。

其次，从当事人与非遗的身份关系来看，案件可分为“内部人对非遗符号资源的争夺”和“外部人对非遗符号的侵犯”两大类。前者涉及的案件当事人均位于非遗项目所在区域内，或均属于非遗项目传承者，由于非遗符号商标化利用的权属不清晰，从理论上来说，大家都有权利进行利用，由此发生纠纷。此类案件既可能涉及商标侵权或不正当竞争纠纷，也可能涉及商标授权确权行政纠纷，如统计表中的“祁门红茶”“古井烧鹅”“哈尼古歌”“鲁锦”“龙泉宝剑”“冼太夫人”“古方红糖”“韩氏芒针疗法”“周記三義春”“贾寨任家”“秋林面包”“莲花血鸭”“化橘红”“轧神仙”案等。后者是指非遗项目之外的人对非遗符号的侵犯，包括抢注非遗商标、将非遗符号作为商品包装、商品名称或未注册商标使用等。外部人侵权的案件也是既可能涉及商标侵权或

不正当竞争纠纷，也可能涉及商标授权确权行政纠纷。统计表中属于此类的案件包括“雷允上”“鸿福堂”“足球起源地”“内联升”“张吉武米花糖”“王麻子”“归德大有丰”“周虎臣”“东流水九天贡胶”“蔡明伟老蔡林记及图”“人主挂面”“象棋茶”“玉屏萧笛”“郫县豆瓣”“同仁堂”“季工坊”案等。

最后，从非遗商标保护模式或机制上来看，涉及非遗商标争议的案件也可分为积极保护模式（机制）和消极保护模式（机制）两种。前者是指内部人自己积极主动申请注册非遗商标，获得非遗商标专用权，对非遗符号资源进行主动利用和保护。属于此类的案件如统计表中的“祁门红茶”“郫县豆瓣”“山荘老酒”“鼎丰”“汤瓶八诊”“陈麻花”“唐老一正斋”“玉屏萧笛”“象棋茶”“兰州牛肉拉面”“龙泉宝剑”案等。后者是指排除外部人非遗商标注册或排除群体性非遗项目中不适当的独占性非遗商标注册的案件，如统计表中的“泥人张”“季工坊”“泰山大帝”“梦祥银”“骑楼老街”“化橘红”“足球起源地”“莲花血鸭”“冼太夫人”“佛跳墙”“轧神仙”案等。

（二）涉及的法律问题

1.非遗商标是否为通用名称的判断

由于非遗项目年代久远，流传广泛，以非遗符号注册商标可能面临是否构成通用名称的问题。如果构成通用名称，在商标申请注册阶段可能因违反《商标法》第11条第1款第1项，因缺乏显著性而被不予授权，即使侥幸得以授权，也会存在被无效的风险，而且在该商标嗣后维权中也可能会遭到对方的“通用名称”抗辩。因此在非遗商标司法案例中，涉及通用名称判断的案件数量很多，且往往构成案件审理焦点，有必要进行重点讨论。

在纳入统计表的案例中，就有许多涉及通用名称判断问题，如“鲁锦”“汤瓶八诊”“灯影牛肉”“妥甸酱油”“泥人张”“兰州牛肉拉面”“九制陈皮”“龙泉宝剑”“栖凤渡鱼粉”“德州扒鸡”“古方红糖”“古井烧鹅”“青稞酩馏酒”等案。其中，“鲁锦”案被最高人民法院确定为指导性案例，“汤瓶八诊”和“泥人张”案都是经过最高人民法院再审才最终尘埃落定，争议很大，引起的社会反响也很大，都引起了深刻的理论思考和争辩。这些案件从案由来看，既有行政授权确权纠纷，也有商标侵权或不正当竞争纠纷。如“龙泉宝剑”案属于商标无效行政诉讼，“鲁锦”案属于商标侵权纠纷，而“汤瓶八诊”系列案则既包括商标行政诉讼，又包括商标侵权诉讼。

对于诉争商标是否构成通用名称的判定，经过多年的司法实践，司法系统对此已经有了较为明确的规定，这一规定主要体现在《最高人民法院关于审理商标授权确权行政案件若干问题的规定》第10条。[1]根据该条规定，某一商标构成通用名称可从“法定”和“约定俗成”两个角度证明，为该问题的解决提供了很好的司法指引。非遗商标是否构成通用名称的判断当然也适用这一条款。

既然有相应的法律规定，那么非遗商标是否构成通用名称的判断是否就不成问题了呢？至少从统计表中案件裁判结果和理由来看，事实并非如此。我们发现，对非遗商标是否构成通用名称的判断虽然有司法解释的规定，但实践中仍然未形成统一标准，这种不统一不仅存在于类案之间，而且存在于同一案件的不同审级和裁判主体之间，如法院、商标局、商标评审委员会。由于个案事实、证据和对法律条款理解的差异，这些案件中通用名称的裁判结果不尽相同，裁判标准的把握也很难统一，是此类案件审判中的一个难点。[2]比如

---

〔1〕《最高人民法院关于审理商标授权确权行政案件若干问题的规定》最早于2017年发布，2020年修正，两个版本中关于通用名称的条款都在第10条，内容相同。该条共分4款，第1款规定：“诉争商标属于法定的商品名称或者约定俗成的商品名称的，人民法院应当认定其属于商标法第十一条第一款第（一）项所指的通用名称。依据法律规定或者国家标准、行业标准属于商品通用名称的，应当认定为通用名称。相关公众普遍认为某一名称能够指代一类商品的，应当认定为约定俗成的通用名称。被专业工具书、辞典等列为商品名称的，可以作为认定约定俗成的通用名称的参考。”第2款规定：“约定俗成的通用名称一般以全国范围内相关公众的通常认识为判断标准。对于由于历史传统、风土人情、地理环境等原因形成的相关市场固定的商品，在该相关市场内通用的称谓，人民法院可以认定为通用名称。”第3款规定：“诉争商标申请人明知或者应知其申请注册的商标为部分区域内约定俗成的商品名称的，人民法院可以视其申请注册的商标为通用名称。”第4款规定：“人民法院审查判断诉争商标是否属于通用名称，一般以商标申请日时的事实状态为准。核准注册时事实状态发生变化的，以核准注册时的事实状态判断其是否属于通用名称。”

〔2〕由于统计表中的案例有一部分发生在2017年之前，当时上述司法解释尚未出台，判断标准不一可以理解，但2017年之后的相关判决仍然存在裁判标准不一的问题，如统计表中的“九制陈皮”案，一、二审法院的判决就不同。

上述案例中，“鲁锦”“九制陈皮”“妥甸酱油”“灯影牛肉”“青稞酩馏酒”“栖凤渡”等被认定为通用名称，而“汤瓶八诊”“龙泉宝剑”“泥人张”“德州扒鸡”“古井”则未被认定为通用名称，“兰州牛肉拉面”“古方”则被认为构成通用名称，但经过长期使用获得了“使用显著性”，商标得以维持。这是类案之间的不同。另外，同案不同审理主体之间的差异也是存在的。如“泥人张”案中，一审和二审法院认为“泥人张”构成通用名称，但最高人民法院在再审中予以否定，认为“泥人张”是知名商品的特有名称，应受法律保护。“汤瓶八诊”案中，一审法院认为“汤瓶八诊”不构成通用名称，二审法院认为构成，再审最高人民法院又推翻了二审法院判决，认定不构成通用名称。“鲁锦”案中，一、二审法院对“鲁锦”二字是否为通用名称的判定也是矛盾的，一审认定不构成，二审认定构成。因此总体来看，非遗商标是否构成通用名称的判断仍然是一个需要重视和解决的问题。

2.使用非遗符号构成商标侵权和不正当竞争的判断问题

该问题主要发生在非遗商标侵权和不正当竞争类型的案件中。原告拥有含非遗符号的商标或商号、企业名称等权利，被告采取与原告相同或相似的方式商业化利用非遗符号，就会产生被告的行为是否构成商标侵权或不正当竞争的判断问题。

对于该问题的裁判，首先，虽然涉及的商标或权益较为特殊，即非遗商标或其他非遗符号权益，但在侵权或不正当竞争的判断标准上与一般情形并无太大区别。法院裁判的依据主要是《商标法》第五十七条、[1]《反不正当竞争

〔1〕《商标法》（2019年）第57条规定：“有下列行为之一的，均属侵犯注册商标专用权：（一）未经商标注册人的许可，在同一种商品上使用与其注册商标相同的商标的；（二）未经商标注册人的许可，在同一种商品上使用与其注册商标近似的商标，或者在类似商品上使用与其注册商标相同或者近似的商标，容易导致混淆的；（三）销售侵犯注册商标专用权的商品的；（四）伪造、擅自制造他人注册商标标识或者销售伪造、擅自制造的注册商标标识的；（五）未经商标注册人同意，更换其注册商标并将该更换商标的商品又投入市场的；（六）故意为侵犯他人商标专用权行为提供便利条件，帮助他人实施侵犯商标专用权行为的；（七）给他人的注册商标专用权造成其他损害的。”

法》第六条[1]及其他相关法规和司法解释的规定。法院裁判时基本遵循“商标近似+商品类似+排除正当使用”的准则，按照“混淆可能性”标准予以判断。如在“土沱麻饼”案中，被告注册了一个“水土坨”商标，但在使用该商标时，有意将“水”字与“土坨”二字分开，突出使用“土坨”二字，其行为即构成在相同或类似商品上使用近似商标的情形，可能造成公众混淆，构成商标侵权。其次，非遗商标侵权或不正当竞争的判断还有一个较为特殊的地方，即非遗文化内涵可能会对非遗商标的知名度带来积极效应，从而使非遗商标的显著性和知名度提高，而对商标近似判断时，商标知名度是一个重要因素，这一点在许多案件中有所体现。如郫县豆瓣系列案中，郫县豆瓣作为地理标志证明商标，经过长期使用，在市场中知名度极高，因此在判断侵权人具有攀附故意、构成商标近似时就很容易得到法院的肯定。类似的还有“德州扒鸡”“御骨堂”“赊店老酒”以及“泸州老窖”“茅台”“古蔺郎”等名酒维权系列案，都存在类似的情形。不过，非遗商标专用权人需要注意的一点是，非遗商标的知名度是靠长期使用和宣传积累起来的，且须与经营主体形成一一对应关系，并非属于非遗商标就天然能够获得市场知名度。最后，非遗商标侵权或不正当竞争案件中，被告方的“正当使用抗辩”也是一个需要关注的焦点问题。该类案件中正当使用的抗辩主要有“地名”抗辩、“通用名称”抗辩以及“在先使用”抗辩，其法律依据主要来自《商标法》第五十九条。[2]如在“鲁锦”“灯影牛肉”“栖凤渡鱼粉”“九制陈皮”等案中，被告都成功使用了通用名称抗辩，

[1] 《反不正当竞争法》(2019年)第6条规定：“经营者不得实施下列混淆行为，引人误认为是他人商品或者与他人存在特定联系：(一)擅自使用与他人有一定影响的商品名称、包装、装潢等相同或者近似的标识；(二)擅自使用他人有一定影响的企业名称(包括简称、字号等)、社会组织名称(包括简称等)、姓名(包括笔名、艺名、译名等)；(三)擅自使用他人有一定影响的域名主体部分、网站名称、网页等；(四)其他足以引人误认为是他人商品或者与他人存在特定联系的混淆行为。”

[2] 该条规定：“注册商标中含有的本商品的通用名称、图形、型号，或者直接表示商品的质量、主要原料、功能、用途、重量、数量及其他特点，或者含有的地名，注册商标专用权人无权禁止他人正当使用。三维标志注册商标中含有的商品自身的性质产生的形状、为获得技术效果而需有的商品形状或者使商品具有实质性价值的形状，注册商标专用权人无权禁止他人正当使用。商标注册人申请商标注册前，他人已经在同一种商品或者类似商品上先于商标注册人使用与注册商标相同或者近似并有一定影响的商标的，注册商标专用权人无权禁止该使用人在原使用范围内继续使用该商标，但可以要求其附加适当区别标识。”

但有时即使认为非遗商标构成通用名称，不侵权抗辩也未必成功，还要看被告对这一通用名称的使用是“商标性质的使用”还是“描述性质的使用”，如“灯影牛肉”案的被告，其一款产品突出使用“灯影”二字，与原告的商标近似，仍然构成侵权；“九制陈皮”案中，被告含有“九制陈皮”字样的产品包装与原告近似，构成不正当竞争。另外，在“杏花村”案中，被告使用了地名抗辩且成功，在“蒋有记”一案中，被告由于在先使用非遗商标而不侵权，但只能在原有范围内经营，等等。

3.非遗商标的权属问题

非遗商标的权属是一个基础问题。虽然按照《商标法》的规定，一个主体通过向商标局申请获得一个商标的授权，就拥有了这个商标的专用权，含有非遗符号的商标当然也遵循商标法这一基本规定。非遗符号权属的不确定，导致在非遗商标授权确权和维权过程中，总会遇到谁可以利用非遗符号申请商标、谁应该拥有非遗商标、非遗商标权利边界是怎样的这些根本问题的争议，于是就产生了诸多非遗商标权属问题的司法纠纷。

权属问题可以体现在诸多司法案件中。就非遗内部人、外部人的视角来看，它既可能体现在内部人就非遗符号资源争夺的案件中，比如“祁门红茶”“鲁锦”“德州扒鸡”“古井烧鹅”“童德大醉蟹”等案；也可能体现在外部人抢注非遗符号商标的案件中，如“东流水九天贡胶”“牛忠喜烧饼”“足球起源地”“莲花血鸭”等案。再从涉及的诉由来看，既可能体现在行政案件中，也可能体现在民事侵权案件中。首先，涉及权属问题的纠纷最典型的体现是在商标授权确权行政纠纷中，尤其是商标无效、商标异议和“商标撤三”[1]引起的行政诉讼纠纷，其纠纷模式一般是：一方认为某一非遗商标的申请、注册存在绝对的或相对的应予撤销的理由，提起商标无效、异议或撤销申请，从而引发后续的行政诉讼。虽然该类诉讼一方当事人是国家知识产权局，但其本

〔1〕 商标连续三年不使用，其他人可以提出撤销申请。

质乃是两个涉及非遗商标的利益相关方之间的纠纷。此类案件的典型代表如“汤瓶八诊”案。商标驳回和商标无效复审引发的涉及非遗商标的行政诉讼也会涉及非遗符号的利用权限问题，只不过这两个程序一开始是由商标局主动启动的，且没有第三人参与，但也关系到非遗符号商标化利用的权属问题，如“哈尼古歌”案等。另外，在涉及非遗商标的商标侵权和不正当竞争纠纷中也会涉及权属问题。严格来说，“商标权权属与侵权纠纷”才是我们常说的商标侵权纠纷的正式案由，由于商标侵权和不正当竞争纠纷首先要解决谁拥有权利的问题，因此当然涉及权属问题。在涉及非遗商标的此类纠纷中，非遗商标、知名非遗商品名称、知名非遗商品包装、含非遗符号的企业名称等权利的确认是首要审查的焦点，其次才谈得上侵权与否、混淆与否的问题。如在“泥人张案一”中，就涉及“泥人张”是否为原告所拥有的“知名非遗商品名称”问题，在确认其属于知名非遗商品名称之后，被告在先申请“泥人张”企业名称权的行为反而是一种不正当竞争行为了。另外，单就非遗商标而言，即使原告拥有某一非遗商标，但其非遗商标的权限范围也可能会由于非遗符号的特殊性而受限，以至于别人可以在一定程度上合理利用非遗符号，这方面最典型和常见的就是“通用名称”抗辩。由于非遗商标标识中含有通用名称，其他人可以合理地利用这一名称，相当于削弱了非遗商标的权限。此类典型案例就是“鲁锦”案等涉及通用名称抗辩的案件。

从统计的案例来看，由于对非遗符号商标化利用缺乏权利归属方面的规定，法院目前对非遗商标权属问题的裁判基本按照“申请在先，尊重历史，尊重协议”的基本原则予以处理。

“申请在先”是我国《商标法》的基本原则之一。对于同一个商标申请，商标只授予申请日在先的人，其他相同或近似申请予以驳回。当然，这一申请是否能够注册成功，还要看其是否违反《商标法》中规定的绝对理由和相对理由。秉持这一原则也就说明，法院在处理非遗商标权属纠纷时并不会因为非遗符号的特殊性而违反“申请在先”原则，对于没有违法事由的在先非遗商标申请，法院会持支持态度，除非其违反了现行商标法的相关规定。法院这么做主要是因为目前并没有任何法律法规对非遗符号的归属和利用权限作出规定。比如在“东流水九天贡胶”案中，拥有山东省省级非遗项目“宏济堂东流水阿胶制作技艺”的山东宏济堂阿胶有限公司申请注册了第12023306号“东流水九天贡胶”商标，指定使用商品（第5类）：阿胶。但由于第三人已经在第5类上在先注册了“九天贡胶”商标，第三人提起无效宣告，最终该非遗商标被认定无效。在“古井”案中，“古井烧鹅传统制作技艺”是江门市市级非遗项目，属于群体所有项目。2003年，内部人余某某在第29类“烧鹅、烤鸭、腌肉”等商品上申请注册了“古井”商标，后同为内部人的林某某提出无效申请，但法院最终维持了该商标的注册。上述两个案例分属于外部人和内部人注册非遗商标的案例，在该商标本身没有违法事由的情况下，法院都肯定了在先申请的非遗商标的权属。正因如此，非遗符号被“抢注”商标的问题在实践中就会经常出现。不过从相反的角度考虑，如果非遗所属地的民事主体或者政府具有较强的知识产权意识，提前将具有商业价值的非遗符号通过注册非遗商标的形式固定下来，让自己成为“在先申请”者，就可以阻止非遗符号的商标抢注，变被动为主动。

所谓“尊重历史，尊重协议”，是指在“申请在先”原则的基础上，法院会根据当事人提交的证据，考察某一具体案件中非遗项目传承历史、非遗符号具体利用情况，结合商标法的相关规定进行裁决。比如在“祁门红茶”案中，国润公司对祁门红茶协会申请的地理标志证明商标“祁门红茶”提出无效宣告，理由是该地理标志证明商标确定的产区范围只包含祁门县地域范围，未包含历史上客观存在的其他几个县市区。该案一波三折，北京市高级人民法院终审认为祁门红茶协会未向商标注册主管机关披露“大、小祁门红茶产区”的客观历史，属于“以其他不正当手段获取商标注册”，最终认定该商标无效。再如“汤瓶八诊”案，最高人民法院在再审程序中否定了一、二审法院的裁判，基于汤瓶八诊非遗项目传承和“汤瓶八诊”商标的实际使用情况，最终维持了杨华祥"汤瓶八诊"商标的注册。"周記三義春"案是"尊重协议"原则的一个典型案例。该案涉及山东省一个省级非遗项目"单县羊肉汤"，该项目历史上由窦家和周家共同发展起来，2016年周家退出合伙经营，但两家签订了《退股经营协议书》及《补充协议》，约定"三義春"商标和公司名称各自可以单独使用，但须加"窦记""周记"以区分。本案周家申请的"周保存三義春"商标完全符合当时协议的约定，法院最终维持了该商标的注册。按照"尊重历史，尊重协议"原则裁判的案件，还可参见统计表中"泥人张""老鼎丰""咀香园""蒋有记""吴山贡鹅"蔡林记""义兴张烧鸡""董氏桂香阁""童德大醉蟹""九阡""龙泉宝剑"等案。

"申请在先，尊重历史，尊重协议"的基本裁判标准是在缺乏现有法律规定的情况下司法机关遵循的基本原则。按照这一原则裁判的案件，其结果并不是确定的，可能将非遗商标的权属导向一些人不愿看到的结局，比如有些非遗商标就被某些人恶意地"抢注"成功。总体而言，它是在非遗符号权属规定不明的背景下维持基本公正的一种无奈之举。无论如何，法院是在商标法确定的"申请在先""商标是识别商品来源"的基本原则和刚性规定之下做出的选择，如果这种选择有缺陷，也只能说是不同社会子系统之间的隔阂造成的，即非遗所属的文化系统对非遗保护的需求与商标所属的法律系统对商标功能的定位之间的隔阂。解决这一问题，就需要两个系统之间进行有效的沟通和交流。

4.排除非遗符号商标注册的事由

《商标法》中规定了若干种商标不应予以注册的法定事由，从涉及的实体条文来看，包括《商标法》第4条、第10条、第11条、第12条、第13条、第15条、第16条、第19条、第30条、第31条、第32条等。[1]这些条款的规定当然也可以成为排除非遗商标注册的事由。

---

〔1〕 此处条文皆为2019年《商标法》条文，下文中如无特别指明，涉及商标法的条文均为2019年条文。

从统计案例来看，里面就涉及以上条文中的大部分。概括起来，现有案例中排除非遗符号商标注册的事由可以分为8类。

第一类为"通用名称"事由。即认为非遗商标在所注册的商品或服务类别上构成通用名称，不应注册，其法律依据为《商标法》第11条第1款第1项。如"汤瓶八诊""龙泉宝剑""古井烧鹅""利川柏杨豆干"等。通用名称事由从条文归属来看，实质上属于"缺乏显著性"事由的一种，但由于在非遗商标类案件中较为突出，因此单独作为一个事由列出。

第二类为"不良影响"事由。即认为非遗商标的注册"有害于社会主义道德风尚或者有其他不良影响"，其法律依据为《商标法》第10条第1款第8项。统计案例中有许多利用这一事由的例子，如"冼太夫人""骑楼老街""足球起源地""少林四宝""泰山大帝""慈圣禅艾""稻香村集团""杏野"案等。

第三类为"缺乏显著性"事由。即认为非遗商标标识"仅直接表示商品的质量、主要原料、功能、用途、重量、数量及其他特点的"，或具有其他缺乏显著特征的情形，其法律依据是《商标法》第11条第1款第2、3项。统计案例中"佛跳墙""轧神仙""化橘红""山珍肉饭""西施茶酥"等案就适用了这一条款。不过《商标法》第11条第2款规定："前款所列标志经过使用取得显著特征，并便于识别的，可以作为商标注册。"统计案例中，法院也的确有使用该条款最终维持商标注册的情形，如"兰州牛肉拉面"案，法院即认为该商标标志描述的是兰州地区的风味小吃，缺乏固有显著性，但通过在市场流通、经营过程中的实际使用，获得了其固有含义之外的"第二含义"，通过实际、有效使用获得了使用显著性，维持其有效注册。"古方"红糖案中，法院也认为"古方"描述了商品制作工艺和特点，尤其是其作为非遗项目，更易让人将"古方"与制作工艺和特点相联，缺乏固有显著性，但古方红糖公司提交了"古方"商标在"红糖"商品上实际使用的大量证据，经使用获得了显著性，可以维持其在"红糖"商品上的注册。

第四类为"带有欺骗性，容易使公众误认"事由。即《商标法》第10条第1

款第7项的规定："带有欺骗性，容易使公众对商品的质量等特点或者产地产生误认的。"该类案例如统计表中的"沱茶"案，该案中邹某某申请"the'Tuocha"商标，指定使用在第30类的可可饮料；茶；茶饮料；糖果；蜂蜜；糕点；谷类制品等商品上面，法院认为"沱茶"属于普洱茶的一种，是茶商品的通用名称，"tuocha"系中文"沱茶"的拼音和英文翻译，诉争商标容易被对应为"沱茶"。指定使用在"可可饮料、茶饮料、糖果、蜂蜜、糕点、谷类制品"等商品上，容易使相关公众误认为上述商品的原料、成分、功能、用途等与"沱茶"具有关联性，应予无效。统计案例中类似的案件还有"莲花血鸭""巴肽""九朝贡胶""九代灸王""睡灸""慈圣禅艾"等案。

第五类为"与在先商标近似"事由。即"同他人在同一种商品或者类似商品上已经注册的或者初步审定的商标相同或者近似"，法律依据为《商标法》第30条。如"内联升"案中，福联升公司申请注册第7504400号"福联升FULIANSHENG及图"商标，指定使用商品为第25类"服装、内衣、鞋"等。北京内联升鞋业有限公司以其第125412号"内联升"商标为引证商标提出异议。本案商标局、商评委、一审法院和二审法院意见不一，最终二审法院认定：被异议商标与引证商标构成使用在同一种或类似商品上的近似商标，不应核准注册。属于这种事由适用的案件还有统计表中的"连式御医""皇家灸宝""五子妃""周虎臣""王麻子""钟水饺""张吉武""李渡"案等。

第六类为"以欺骗手段或其他不正当手段取得注册"事由。即商标的取得具有"欺骗或其他不正当手段"的情形，该事由专用于商标无效程序，规定在《商标法》第44条。在统计案例中，属于这一事由适用的并不太多，只发现两例。一是"祁门红茶"案，二是"一得阁"系列案。在"祁门红茶"案中，法院对该条款做了一个示范性解释，非常具有代表性。对于祁门红茶协会注册"祁门红茶"地理标志证明商标时未向商标局披露历史上"大、小祁门红茶产区"的事实，将其解释为"违反了积极诚信义务"，属于"以其他不正当手段"取得注册的情形，最终认定该商标无效。"一得阁"案中，二审法院认定，一得阁文化公司在多个商品和服务类别上注册与一得阁墨业公司"一得阁"一模一样的商标，主观恶意明显，构成"以不正当手段取得注册"的情形，应予无效。

第七类为"损害在先权利"事由。法律依据为《商标法》第32条，即申请商标注册不得损害他人现有的在先权利，也不得以不正当手段抢先注册他人已经使用并有一定影响的商标。适用这一事由的案例也较多，如"人主挂面"案中，自然人秦某某在挂面等商品上注册"人主"商标，法院最终裁决该商标无效，原因是"人主挂面制作技艺"系河南省固始县张老埠乡人主村具有百年历史的群体性传承非遗项目，通过该项工艺生产制作的"人主挂面"已经在当地形成具有历史稳定性的消费者认知，诉争商标申请日前，人主村合作社的"人主"未注册商标在"挂面"商品上已经在先使用并有一定影响。类似案例还有"三碗不过岡""季工坊""贾寨任家""振興祥""王麻子"案等。

第八类为"商标撤三"事由。即对连续三年不使用的商标可以申请撤销。法律依据是《商标法》第49条第2款。该事由在非遗商标纠纷中的适用不多，统计案例中仅有一例适用该事由的情况，且未成功。该案即"归德大有丰"案，该案是由于非遗商标出现了债权转让事实，在商标使用上出现了表面上的中断，但法院最终认定，由于转让协议中有关于商标许可使用的约定，实际上其使用行为也未中断过，因此并不符合"商标撤三"的条件。不过本案"归德大有丰及图"商标只是在酱菜商品上维持了注册，在其他商品上被撤销。

四、本章小结

本章是从司法维度展现非遗商标保护的面相。首先从裁判文书库中检索相关案例，然后在检索结果的基础上进行阅读、筛选、信息提取、统计、分类、分析和总结。在选取的132件典型案例的基础上，就非遗商标保护中常见的司法纠纷类型、涉及的法律问题进行总结和分析，发现其中的现实状况和规律，并就法院处理这些纠纷的经验、做法和实践问题进行归类总结。通过案例统计发现，非遗商标纠纷中涉及的法律问题主要包括4个，一是非遗商标是否为通用名称的判断问题。发现目前虽有司法解释的规定，但实践中仍然未形成统一标准，这种不统一不仅存在于类案之间，而且存在于同一案件的不同审级和裁判主体之间。二是使用非遗符号是否构成商标侵权和不正当竞争的问题。法院裁判时基本遵循“商标近似+商品类似+排除正当使用”的准则，按照“混淆可能性”标准予以判断。三是非遗商标的权属问题。针对目前非遗符号商标化利用缺乏权利归属方面的规定，法院的做法和经验是：按照“申请在先，尊重历史，尊重协议”的基本原则予以处理。四是排除非遗符号商标注册的事由问题。案例统计发现常用的事由包括“通用名称”“不良影响”“缺乏显著性”等8种。本章关于非遗商标司法纠纷实证分析的内容，既有宏观视角的分类和统计，也有微观视角的个案展示，有助于发现非遗商标保护中相关利益方的现实需求、商标法律制度方面的欠缺以及目前面临的实践问题，为后期的解决方案设计提供真实的论据。

第六章　非遗商标侵害与保护现状：问卷调查和调研

以上第三、四、五章分别从媒体关于非遗商标问题的报道、非遗商标申请与注册数据、涉非遗商标司法案例视角对非遗商标侵害与保护的现状进行实证考察，也确实发现了一些问题。不过上述考察主要面向客观维度。主观维度的问题，如社会公众对非遗符号商标化利用的态度或看法，以及非遗手艺人、[1]从业者与政府相关部门等对非遗商标侵害、保护与开发的观念、意识、态度和愿望等，不仅是非遗商标保护的现状组成部分，也是我们后期设计解决方案的重要参考因素，因此也有必要予以考察。本项实证考察，笔者根据实际情况采取“问卷调查+实地走访调研”的方式，以下分述之。

一、非遗符号商标注册问题问卷调查

（一）问卷设计

1.问卷设计目标、名称和类型

根据项目总体的研究内容，本次问卷设计目标主要是探察社会公众对非遗符号商标化利用的态度或看法，因此将问卷命名为“非遗符号商标注册问题调查问卷”。

---

〔1〕 此处并未使用“非物质文化遗产代表性传承人”这一术语，是因为目前代表性传承人的称呼仅指那些经国家或地方政府认定的非遗传承者，而在民间，大多数非遗传承者都自称“手艺人”，这才是非遗传承者的大多数。

具体而言，问卷设计目标可细分为以下方面：(1)不同调查对象在非遗符号商标化利用问题上态度的区别。(2)哪些人可以利用非遗符号申请商标？可以在什么样的商品或服务类别上申请商标？考察社会公众对这一问题的看法，为非遗符号权属问题提供支撑。(3)社会公众对抢注非遗商标进行阻止或排除的意愿、态度和行动能力，为后续的问题解决方案提供参考。(4)社会公众对谁应享有非遗符号商标化利用带来的经济利益的观点，为后续的解决方案设计提供参考。(5)社会公众对谁应负担非遗符号商标保护职责的态度和观点，也是为后续的问题解决方案提供参考。(6)公众对非遗符号商标注册问题的其他意见和建议，以弥补问卷中的问题设计可能不周延、不充分的弊端。

就问卷的类型而言，根据问卷考察目标的情况，该问卷为非结构化问卷，各问题之间无特定关联关系。[1]另外，问卷中的问题均为非量表题。

2.问卷设计中可能面临的问题及解决

考虑到该问卷涉及问题的专业性，对公众来说可能较为生僻，如果用抽象的描述性方式设计问题，可能导致无法作答的情况出现，比如问卷设计中关于非遗符号利用权限问题的调查，公众如果不具备商标、商标指定的商品或服务等这些商标法知识，很可能读不懂问卷，进而无法回答问题。因此在设计问卷时通过一系列措施解决这一问题：第一，在“问卷说明”部分用简洁的语言介绍非遗、非遗符号和商标，以及为什么会产生非遗符号商标注册的问题，帮助调查对象理解问卷。第二，针对最难以理解的第2、3、4题，采用具体案例的形式，一旦将问题具体化，公众就很容易能够理解其中的差别。问卷采用实践中曾经出现过的一个现实案例——“二人转”商标抢注案，加以改编，形成三个相互联系却又具有微妙区别的问题，区别点就在于商标指定的商品或服务类别不同，三道题分别代表着“与非遗文化内涵强相关”“与非遗文化内涵不

---

〔1〕 第6题和第7题之间有预设的隐含的对比关系，不过并不在问卷中明示，调查对象无论是否注意到该预设的内在对比关系均不妨碍问卷作答。在问卷分析中会考察两者数值的对比关系。

相关”“对非遗文化内涵具有歪曲、侮辱、诽谤性”的意义，从而考察公众的态度。公众无须知晓这三道题背后的意义，但能够对这种具体的、形象的案例产生自己的认知，从而考察公众的态度和观点。第三，在第2题中，针对选项中公众可能感到陌生的专业术语或概念，如集体商标、证明商标的概念，内部人、外部人的概念，以及商标注册意味着一种垄断权的问题，尽量用通俗的语言在选项中做出提示，帮助考察对象理解。第四，问卷试做，小范围考察被试者对问卷的接受和理解程度，逐步完善问卷，尽量提高问卷调查的可行性以及结果的可信度。

3.问卷结构和内容

在上述问卷设计方案和反复修改的基础上，最终设计的调查问卷包括问卷说明和问题两个部分，共有8个问题，其中前7题为客观题，第8题为主观题。问卷结构和内容如下。

非遗符号商标注册问题调查问卷

问卷说明：我国传统文化丰富，不同民族都有灿烂的民族文化。非物质文化遗产（非遗）就是这些传统文化的体现，它往往是某一个地区或民族历史传承而来，不经常为个人所专有。非遗含有丰富的符号要素，比如非遗名称（如阿诗玛、梁祝、汤瓶八诊）、传承人姓名（如巴德玛、马金山、杨翠娥）等。商标是区分某个经营者的商品或服务的一个标志。由于非遗符号具有深厚的文化底蕴，加上现代商标符号的匮乏，近年来抢注非遗符号为商标的现象层出不穷。您对该社会现象的看法是怎样的？请回答以下问题。（共8题，在选项前□中打钩）

1. 您的工作是（单选）

□A. 与非遗、传统文化传承保护相关

□B. 与知识产权、法律相关

□C. 其他职业

2.“二人转”是东北地区著名曲艺形式。如果有人想注册“二人转”商标，用在表演服务上，该注册与“二人转”的文化内涵接近，您觉得下面哪个人或组织应获得授权？（单选）

□A. 二人转行业协会，注册为证明商标、集体商标（注：证明商标、集体商标是由协会等申请注册，成员或从业者共同使用）

□B. 二人转传承地之内的某人或组织（即内部人，注：按照商标法申请在先原则，一此人成功，其他任何人都不能再获权）

□C. 二人转传承地之外的某人或组织（即外部人，注：同样，按照商标法申请在先原则，一旦此人成功，其他任何人都不能再获权）

□D. 任何人或组织（在先申请者获得商标权）

□E. 任何人或组织都不应获权

□F. 不知道如何选择

3. 如果有人想注册“二人转”商标，用在白酒上，白酒与二人转的文化内涵不相关，但长期使用可能让“二人转酒”出名，“二人转曲艺”可能被人淡忘，会侵害二人转的文化内涵，您觉得下面哪个人或组织应获得授权？〔1〕（单选）

□A. 二人转传承地之内的某人或组织

□B. 二人转传承地之外的某人或组织

□C. 任何人或组织

□D. 任何人或组织都不应获权

□E. 不知道如何选择

4. 如果有人想注册“二人转”商标，用在避孕套上，该注册可能对二人转

〔1〕 问卷第3、4题选项中之所以没有第2题中的“由行业协会注册为证明商标、集体商标”选项，是因为非遗符号注册在不相关类别上时，一般不能满足证明商标、集体商标的注册条件，实践中也未曾见到这样的注册申请。

的文化内涵构成歪曲、贬损、侮辱，您觉得下面哪个人或组织应获得授权？（单选）

□A. 二人转传承地之内的某人或组织

□B. 二人转传承地之外的某人或组织

□C. 任何人或组织

□D. 任何人或组织都不应获权

□E. 不知道如何选择

5. 如果您发现有人将非遗符号抢注为商标，可能损害非遗的文化价值，您是否愿意按照《商标法》的规定提出异议或无效宣告，阻止或撤销其注册？（单选）

□A. 愿意并付诸行动

□B. 不愿意

□C. 心有余而力不足

6. 您觉得下面哪些人应享有非遗符号的经济收益？（多选，最少选择2项）

□A. 非遗项目的代表性传承人（传承人是国家认可的身份，是项目的优秀代表）

□B. 非遗项目传承地之内的所有民众（不包括传承人）

□C. 非遗项目传承地政府

□D. 非遗项目行业协会

□E. 非遗项目传承地之外的所有民众

7. 您觉得下面哪些人应负有非遗符号商标保护的职责（比如发现有人抢注时提出异议，对已注册的非遗商标提起无效宣告，积极组织申请证明商标、集体商标等）？（多选，最少选择2项）

□A. 非遗项目的代表性传承人

□B. 非遗项目传承地之内的所有民众（不包括传承人）

□C. 非遗项目行业协会

□D. 非遗项目传承地政府

□E. 非遗项目传承地之外的所有民众

8. 关于非遗符号商标注册问题，您还有其他什么想说的？

该问卷中第1个问题与后面的问题相结合，对应于第一个问卷设计目标，即不同调查对象对非遗符号商标注册的态度是否有所不同。第2、3、4三个问题对应于第二个设计目标，即哪些人可以利用非遗符号申请注册商标？可以在什么样的商品或服务类别上申请注册商标？即非遗符号商标利用权限问题。第5个问题对应于第三个设计目标，即社会公众对抢注非遗商标进行阻止或排除的意愿、态度和行动能力。第6个问题对应于第四个设计目标，即社会公众对谁应享有非遗符号商标化利用带来的经济利益的观点。第7个问题对应于第五个设计目标，即社会公众对谁应负担非遗符号商标保护职责的态度和观点。第8个问题为主观发散性问题，对应于第六个设计目标，即公众对非遗符号商标注册问题的其他意见和建议。

4.问卷调查的实施

问卷调查的实施包括线上和线下两种途径，问卷发放从2021年6月开始，到2021年12月结束，共发放问卷10120份，收回有效问卷10111份。在此基础上予以信息搜集、赋值、填表、统计和分析。具体分析结果如下。

（二）问卷分析

1.关于非遗符号商标利用权限问题

问卷中第2、3、4题以“二人转”非遗符号的商标注册为例，设置了三种情形，根据统计分析结果，可以发现以下问题。

首先，“二人转”这一非遗符号被申请注册在表演服务上，这是一个与非遗文化内涵强相关的商品或服务类别，此时，排在第一位的选项是“二人转行业协会，注册为证明商标、集体商标”，在10111份回答中，有6087份选择了该项，占比60%。排在第二位的是“任何人或组织都不应获权”（占比23%），第三位是“二人转传承地之内的某人或组织”（占比10%）。第四位到第六位分别是：“任何人或组织”（4%）、“不知道如何选择”（2%）、“二人转传承地之外的某人或组织”（1%）。可见，对于和非遗文化内涵强相关的非遗商标申请，六成的公众倾向于由协会申请证明商标或集体商标的方式，谁都不可以申请注册此类商标是次优选择，达到了两成多，也有一成的公众接受由内部人中的个人或组织申请注册。而选择放任任何人注册以及允许外部人注册的总共只有5%（见图6-1）。公众的选择还是更倾向于要么由内部人申请注册，而且最好是统一管理（证明商标、集体商标模式），要么就谁都不能注册，不应将非遗符号商标化。

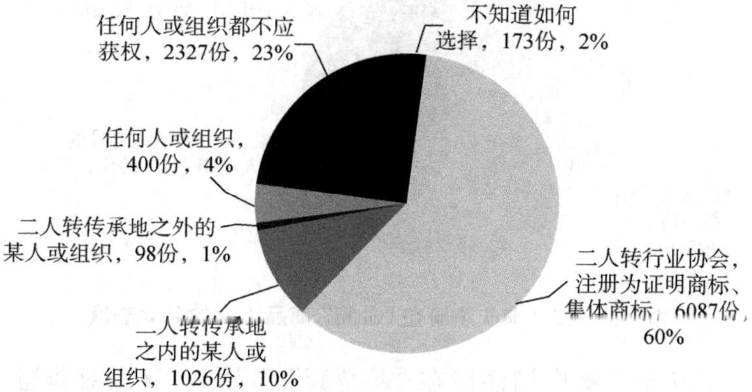

图6-1　“二人转”注册在“表演”服务上时的公众态度

其次，“二人转”被申请注册在“白酒”商品上，这是一个与非遗文化内涵不相关或者说相关性不强的商品或服务类别，此时各选项占比由高到低排序为：“任何人或组织都不应获权”（49%），“二人转传承地之内的某人或组织”（28%），“不知道如何选择”（11%），“任何人或组织”（7%），“二人转传承地之外的某人或组织”（5%）（见图6-2）。可见，不同意非遗符号在不相关商品或服务上的商标注册占比仍然接近五成，公众对在不相关商品或服务上的非遗商标注册是不太支持的，无论是内部人注册还是外部人注册。与此相反，支持放任方式即谁都可以注册的占比仅为7%。不过，在内部人和外部人相比之下，支持内部人注册的接近三成，支持外部人注册的只有5%。另外值得注意的一点是，回答“不知道如何选择”的占比达到了11%，与第2题和第4题的同一选项相比，在本题中该数字最高（第2题和第4题中选择该项的占比分别为2%、6%），这说明，对于那些将非遗符号注册在不相关商品或服务上且没有歪曲、侮辱、诽谤等消极影响的商标申请，公众在支持与否的问题上，与其他两种注册相比更难以抉择。

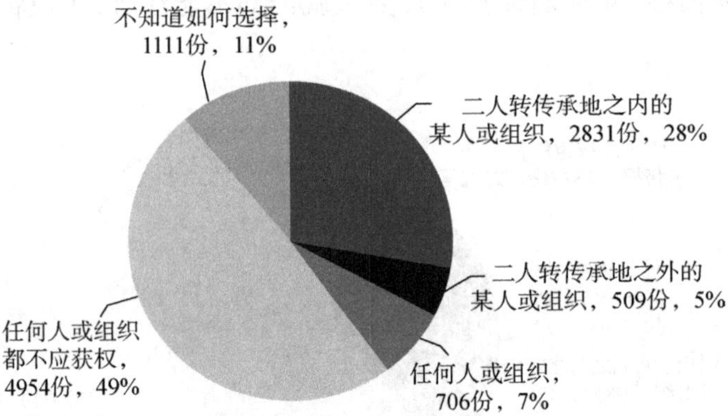

图6-2 “二人转”注册在“白酒”商品上时的公众态度

最后，“二人转”被申请注册在“避孕套”商品上，这是对非遗文化内涵具有歪曲、侮辱或诽谤等消极影响的情形，此时公众意见较为一致，几乎八成（79%）都认为任何人或组织都不应获权，只有2%的人认为任何人或组织都可以获权，而认为内部人可以注册的有11%，认为外部人可以注册的有2%，还有6%的人不知道如何选择（见图6-3）。可见，绝大多数的公众不支持这种具有贬损性的非遗商标注册，不过也有一成多一点的人认为即使这种情形，内部人也可以注册。

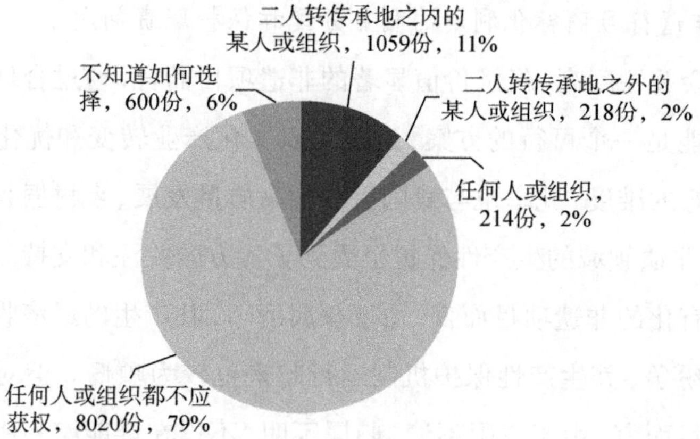

图6-3　“二人转”注册在“避孕套”商品上时的公众态度

2.关于排除恶意利用非遗符号抢注商标的意愿与能力问题

发生恶意利用非遗符号抢注商标的现象时，公众是否愿意阻止或撤销其注图册，这是非遗商标消极保护模式是否能顺利实施的关键环节之一。问卷结果显示（见图6-4），84%的人“心有余而力不足”，愿意并付诸行动的占11%，不愿意的只有5%。可见，绝大多数公众还是愿意排除这种恶意注册的，但可能是时间、精力、专业知识等方面的欠缺，导致这其中只有少量的人能够付诸行动，大多数是心有余而力不足。

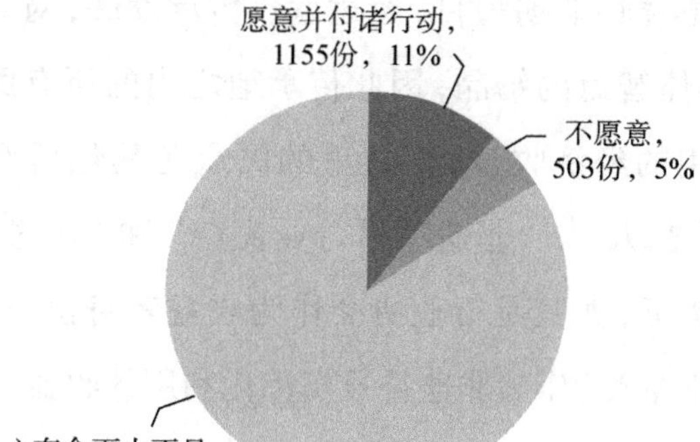

图6-4　公众对排除非遗商标恶意注册的态度

3.关于非遗符号商标化利用的利益分配和保护职责问题

对于社会关注度高、经济价值显著的非遗项目而言，通过合理开发利用为当地经济赋能是一个可行的方案，这也是以文化产业转变和优化地方经济结构的一个很好的维度，此举也与我国目前的高质量发展、乡村振兴等战略方针一致，因此，非遗领域的生产性保护也受到了各方的关注和支持。对于家族传承或已经私有化的非遗项目而言，由于权属清晰，其产生的经济收益分配问题不容易产生纷争，其生产性保护机制运行起来也较为顺畅。但对于众多的群体性非遗项目而言，由于权限不清，归属不明，不仅在谁能够利用非遗资源获取经济利益方面产生纷扰，而且利用非遗资源产生的经济利益如何分配也是一个十分棘手的问题。如果没有一个很好的利益分配机制，可能会对非遗生产性保护形成根本的阻碍，导致其运行困难，裹足不前。

因此，问卷第6题做了一个"谁应该享有非遗符号商标化利用的经济收益"的调查，对涉及的利益群体进行分类，探察公众对这些利益群体收益者身份的看法。从问卷结果来看（见图6-5），"非遗项目的代表性传承人"获得了高达91%的选票，可见公众对于代表性传承人对非遗的贡献和代表性是比较认可的。排在第二位的是"内部人"，即非遗传承地之内的所有民众，达到了78.2%，作为群体性非遗项目，经过世代传承发展，对其做出贡献的人可能很多，往往是群体智慧的结晶，因此传承地之内的所有民众理应共同享有非遗符号商标利用的经济收益，而这里的民众尤其包括没有评选为代表性传承人的众多"手艺人"。"非遗项目行业协会"和"非遗项目传承地政府"也获得了一定的认可，尤其是行业协会作为收益者身份，也达到了57%的比例。相比之下，"外部人"作为非遗符号商标化利用的收益者身份只有8%的认可度。

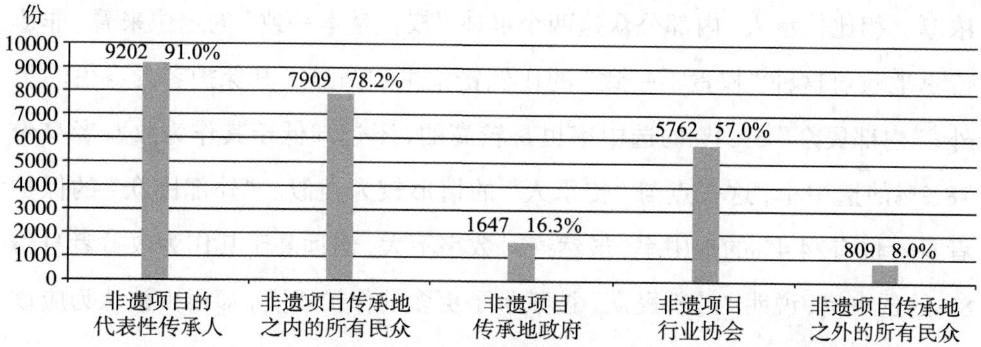

图6-5 公众对谁应该享有非遗符号商标化利用中经济收益的态度

问卷第7题是关于“谁应负担非遗符号商标化利用保护职责”的调查，以探察公众对5类利益相关群体保护者身份的态度。该问题的设计与第6题具有对比性，针对同样的5类利益群体，一个探察“收益者身份”，一个考察“保护者身份”。调查结果显示，对保护者身份认同度最高的是“非遗项目的代表性传承人”（86%），其次为“非遗项目行业协会”（79%），“非遗项目传承地政府”居第三位（72%），“内部民众”和“外部民众”分别为69.4%和24.4%。看来在非遗符号商标保护问题上，传承人群体仍然是被公众寄予厚望的，该“最高保护者身份”与其“最高收益者身份”还是一致的。不过，就二者被选中的比例来看，收益者身份还是高出了5个百分点。按照这样的思路来看，作为保护者身份排在第二位的“非遗项目行业协会”也被公众赋予了较高的期待，而且其79%的选中率远高出其作为收益者身份57%的选中率。可见在公众心目中，行业协会虽然是一个可以受益的群体，但其保护者身份的色彩更为浓重，应负担更多的保护职责。排在第三位的“非遗传承地政府”的选中率为72%，虽然绝对数字低于前两位主体，但该项数值也并不低，说明公众心中还是对政府保护非遗符号商标化利用有较高期待。特别应注意的是，该比例远远高于其作为收益者身份的16.2%的选中率，这一比例差在所有主体中最大，说明“非遗传承地政府”这一主体在公众看来，其作为保护者身份的色彩最为浓厚。相比传承人、内部公众这两个群体“权责基本一致”的定位来看，非遗传承地政府这种“权责不一致”的比例错位更加凸显了其保护者的身份。另外，“内部民众”69.4%的选中率也是较高的，不过却低于其作为收益者身份78.2%的选中率，这一点与“传承人”的情形较为类似。“外部民众”的保护者身份也有24.4%的选中率，虽然绝对数字不大，但远高于其作为收益者身份8%的选中率，说明“外部民众”被赋予了更多的保护职责，却很少被认为应该受益。（见图6-6）

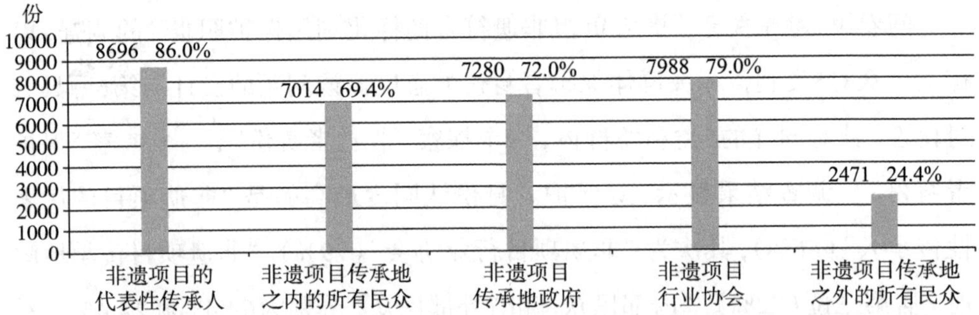

图6-6 公众对谁应该负担非遗符号商标化利用中保护职责的态度

4.不同调查对象在上述问题上态度的区别

问卷第1题对调查对象进行了职业上的分类，该分类主要是依据与非遗保护工作相关性强弱进行的。第一类“与非遗、传统文化传承保护相关”，主要是指非遗保护工作机构相关人员、非遗传承人、手艺人、相关经营者等。第二类“与知识产权、法律相关”主要包括知识产权保护或法律从业者，尤其是知识产权专家学者、知识产权律师、其他律师、知识产权代理从业人员等。第三类“其他职业”即非上述两类人员的从业者。如此划分的目的主要是考虑到前两类人员更接近非遗知识产权保护的实践，可能在某些问题上有更切身的体会和认知，他们的意见也具有一定的参考价值。这样，经过数据筛选和统计分析得到相关图（见图6-7-1～图6-7-6），[1]与上面的总体调查结果相比，以

〔1〕 图6-7-1～图6-7-6的数据内容分别对应于上述图6-1～图6-6，其区别在于，图6-1～图6-6是“公众”的态度，图6-7-1～图6-7-6的数据反映的是“与非遗、传统文化传承保护相关”职业群体的态度。

便发现它们之间的区别。

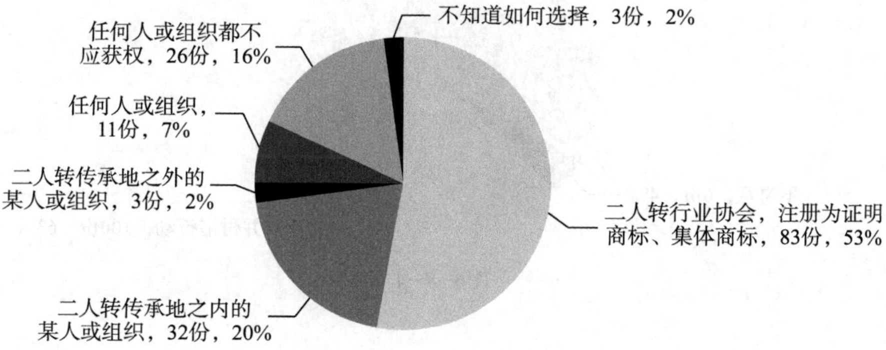

图6-7-1

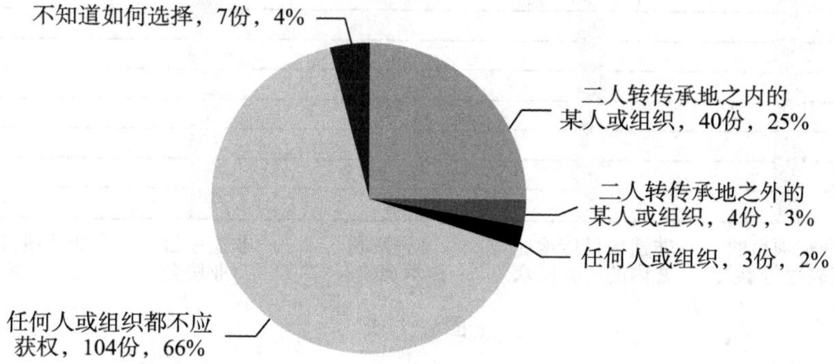

图6-7-2

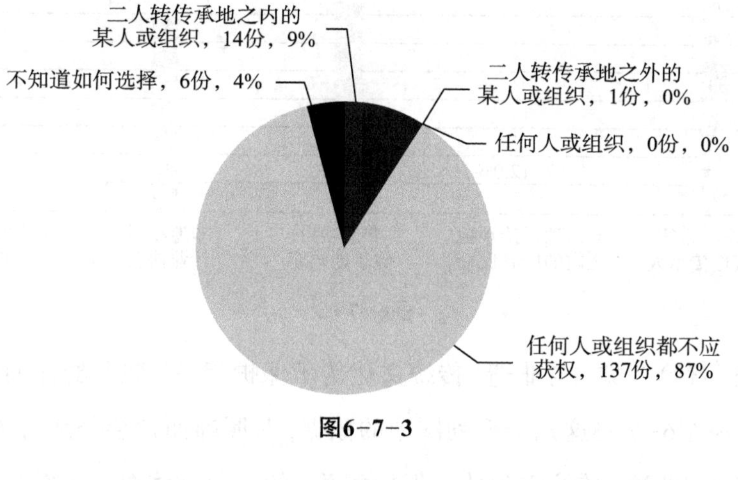

图6-7-3

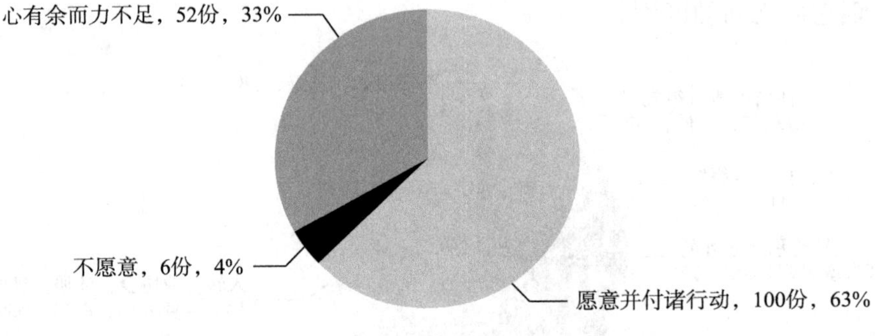

图6-7-4

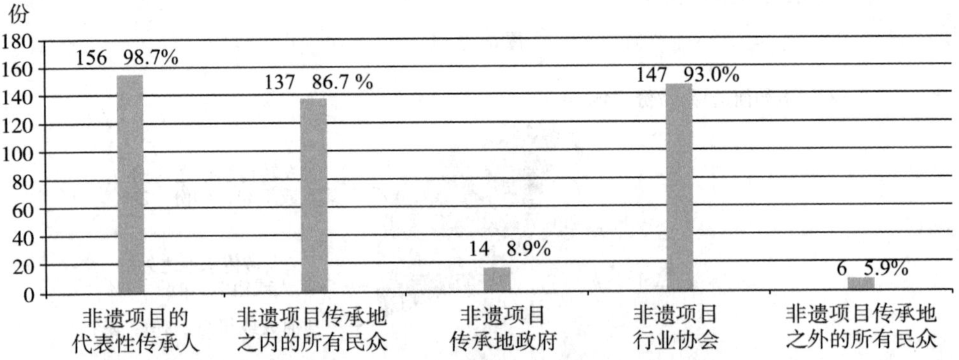

图6-7-5

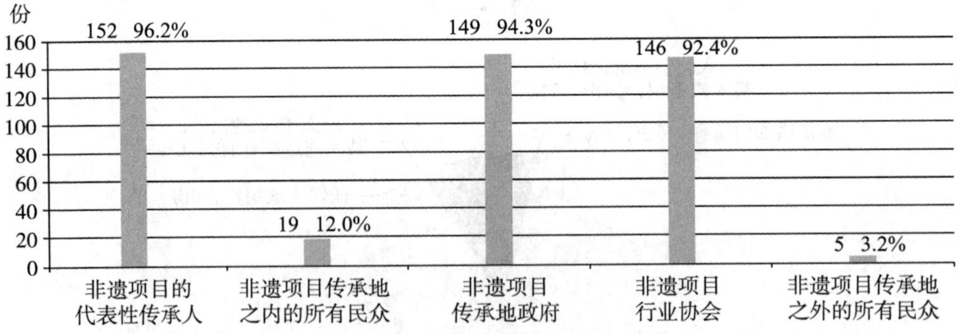

图6-7-6

首先，就第一类“与非遗、传统文化传承保护相关”职业群体而言。根据图6-7-1～图6-7-6这几个系列图中的数据，对照前面社会公众总体数据图，可以发现“与非遗、传统文化传承保护相关”的职业群体对非遗符号商标注册问题的看法与社会公众总体的数据相比，整体观察是较为一致的，不过在某些数据上也有一些变化。

将图6－7－1与图6－1进行比较，可见各选项所占比例大体相当，不过对“由行业协会注册为证明商标、集体商标”的支持度有一定差别，第一类职业群体的选择比例为53%，略低于社会公众的60%；支持内部人注册的比例，第一类职业群体选择比例为20%，正好是社会公众的2倍（社会公众总体数据为10%）；“任何人或组织都不应获权”的选择比例（16%）低于社会公众的23%。将图6－7－2与图6－2进行比较，“任何人或组织都不应获权”的比例有所提高（从49%提高到66%），其他数据变化不大。将图6－7－3与图6－3进行比较，最明显的变化也是“任何人或组织都不应获权”的比例，从79%提高到87%，其他数据变化不大。

将图6－7－4与图6－4进行比较，“愿意并付诸行动”的比例有了较为突出的变化，从原来的11%陡增到63%，说明这一群体保护非遗符号的意愿较为强烈。

将图6－7－5与图6－7－6，以及它们综合起来与图6－5、图6－6进行比较可以发现，各选项所占比例的趋势基本一致，“非遗传承人”和“内部民众”作为收益者身份得到了更强烈的肯定，作为保护者身份时，“内部民众”的比例有较大幅度的降低。“行业协会”的收益者身份得到了较高程度的认定，可能是某些事实让他们更加认识到行业协会在非遗符号保护中的作用，从而觉得应该赋予更多的激励。另一个变化就是“传承地政府”的保护者身份超过了“行业协会”，被认为在非遗符号商标保护中具有更高的职责。

其次，就第二类“与知识产权、法律相关”的职业群体而言。从图6－8－1～图6－8－6[1]并与前述社会公众总体统计数据、第一类群体统计数据相比来看，各项数据所占比例也基本一致。其中较为明显的一项数据变化也是出现在保

〔1〕 图6－8－1～图6－8－6的数据内容分别对应于上述图6－1～图6－6，其区别在于，图6－1～图6－6是“公众”的态度，图6－8－1～图6－8－6的数据反映的是“与知识产权、法律相关”职业群体的态度。

护意愿方面，即第5题的统计结果。第二类职业群体中“愿意并付诸行动”的回答占到56%，该数据与社会公众总体相比差异较大，但与第一类群体相比较为接近。

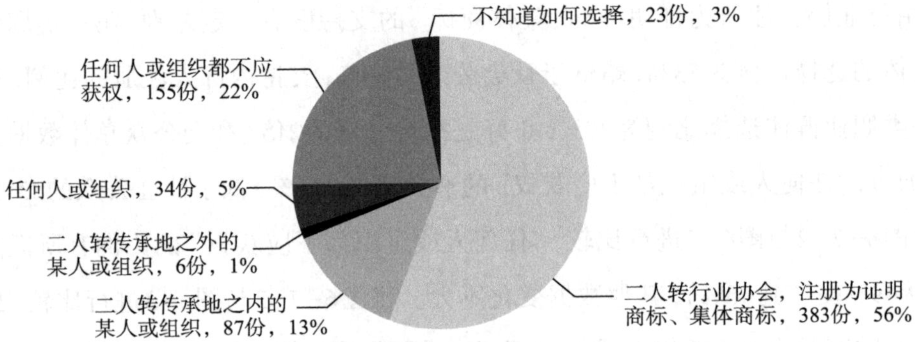

图6-8-1

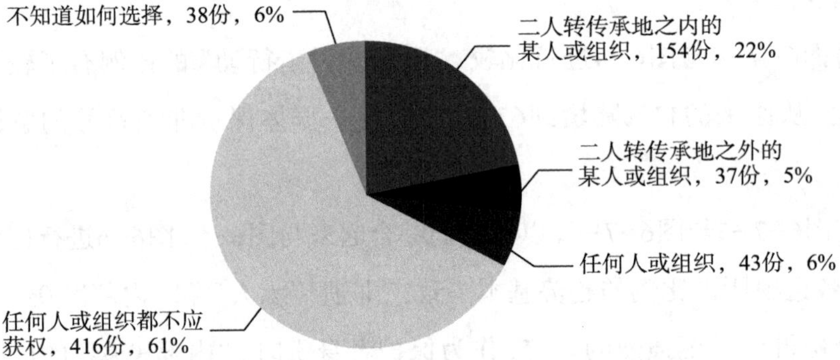

图6-8-2

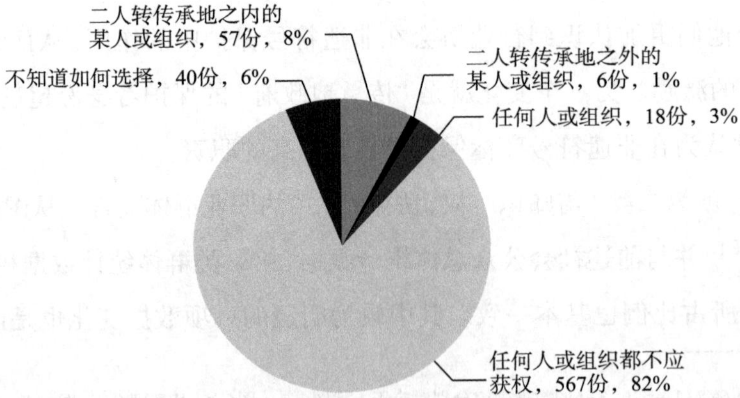

图6-8-3

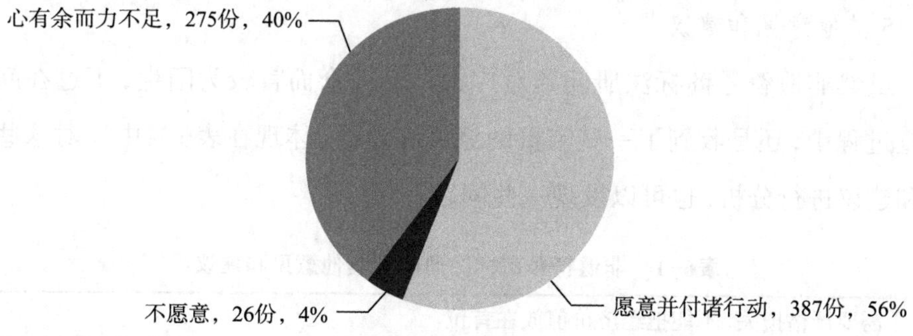

图6-8-4

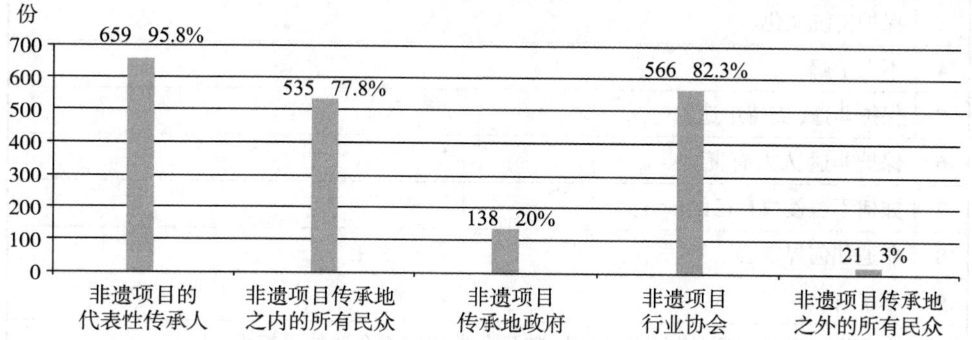

图6-8-5

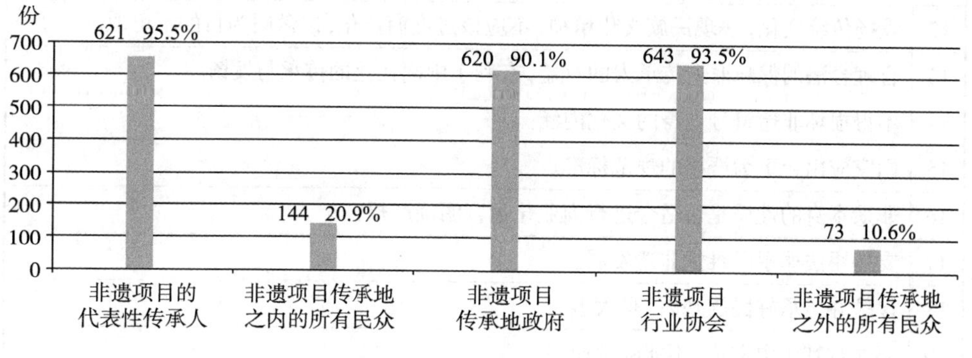

图6-8-6

可见，两类特殊职业群体在上述问题上的态度与社会公众的认识基本上是一致的。就区别来说，最明显的一点就是在保护意愿上更强烈一些。其次在非遗符号注册权限的选择上，特殊职业群体选择证明商标、集体商标的比例稍低（但绝对数字还是很高的），这可能源自他们对实践中现实困难的顾虑。

5.其他意见和建议

虽然非遗符号商标注册问题对广大社会公众而言较为陌生，不过在问卷调查过程中，还是收到了一些宝贵的意见和建议，体现在表6-1中。对这些意见和建议进行分析，也可以发现一些问题。

表6-1　非遗符号商标注册问题其他意见和建议

1	需要严格把关，不能把经济价值放在首位。
2	需要注意防范某些恶意抢注商标，比如韩国抢端午节非遗商标等。
3	保护传统文化。
4	不太了解。
5	保护非遗，支持申遗。
6	保护非遗 人人有责。
7	如何不被侵权自己的logo。
8	非遗如何界定。
9	不了解。
10	有积极意义的合适的行为要提倡，避孕套类似的不合适的要禁止。
11	保护非遗符号。
12	发扬传统文化，表现民族文化精神，不应该过度商业化，以敛财为目的不可取。
13	合理合法的保障非遗传承人的权益，有利于中国文化的传承与发扬。
14	不得损坏非遗符号本身的文化内涵。
15	国家应出台更为严格的规范标准。
16	非遗本身的性质是否适合进行商业化运营明确产权？
17	支持用法律手段维护非遗发展。
18	保护并传承好民族基因，是大事。
19	要注重其历史文化，不能随意使用。
20	非遗属于人民，属于国家，不应该属于某个人！
21	政府及相关组织对非遗符号商标的注册是否应当具有一个相对稳定的标准，这个标准应当怎么制定还能既保护了非遗文化又能使非遗得到推广和传承？
22	法律保护是最有力的保护。
23	应增加规定无效宣告没有期限限制，同时不宜由公权力认定非遗传承人，应交给民间团体或市场。

续表

24	对非遗传承的保护力度应加大。
25	严格审查并附加条件。
26	不应获商标。
27	非遗路还很长，需要不断加快发展步伐。
28	道阻且长，且行且珍惜。
29	非遗保护的普法宣传很少，需要进一步提高。
30	保护非遗文化遗产任重道远。
31	非遗并非个人财产，可以严格保护，不独占。
32	加大保护力度，不让非遗变成资本的市场，而是让非遗以另外一种方式存活下去，来代表我国古代人民高超的智慧和技艺。
33	相关知识以及法律普及性很低，大众很少了解。
34	大家应该积极保护，传承下去。
35	非遗项目的商标注册最好与国际公约保持一致，不要脱离公约另搞一套。
36	如果能达到有效利用，对非遗保护多样化可以提倡。
37	特殊之特殊商标，由商标委员会过半数通过。
38	保护非遗，人人有责。
39	不必过分纠结。
40	关注非遗，人人有责！
41	在没有其他专门保护之前，商标保护可以作为选择。
42	保护非遗　需要大家提高意识。
43	加大普法宣传。
44	有关部门应加大宣传注册非遗商标的力度，让传承人的技艺得以保护。
45	保护好，免得后人遗憾！
46	与非遗符号相关的名称和内容，是祖先留给我们子孙共同的精神财富和文化自信，按目前的保护形式来看，代表性项目的代表性传承人和当地政府保护机构可以享有一些方面的权利，其他的不能获利。
47	这个我一点不懂的领域　被您设置的题目感染了　原来知识产权这么有趣。
48	在媒体加强知识产权宣传。
49	必须协调好政府与传承群体或传承人的关系。
50	非遗商标的注册应有利于非遗的发展，商标注册带来的利益大部分应该用于非遗的长期发展。

续表

51	尽可能地保护吧。
52	觉得和京剧这种一样，不应该允许被注册。
53	各地应成立非遗协会，协会有非遗符号商标注册问题的话语权。
54	人类文明前进道路上，非遗作为重要组成部分之一，应该得到且采取有效措施落实。非遗符号商标注册需要综合考虑知识产权的财产属性和人身属性，决定非遗符号作为商标注册更要考虑为文化传承带来的积极影响和消极影响。不能因为某个主体或个人申请了商标阻碍或影响文化保护和传承。
55	发动全社会力量，提高非遗保护意识。
56	不赞成做商标。
57	非遗是全民共同享有的，不应该由某个单位或个人注册用于商业盈利，要突出公益性。
58	不提倡！
59	作为非遗传承人或政府，应该对积极注册商标给予优惠政策。
60	非物质文化遗产不应商业化运作。
61	非遗是民族的，也是社会的，对其私权保护只能是公益性集体利益保护，而不能成为个人和组织的私权利益。
62	非遗是全民共享的文化符号，不应作为商标来注册，非遗是一个国家、民族的文化根脉，是多样的也是共享的，是人类文明和进步的记忆和精神家园。
63	加强政府对非遗符号商标注册的引导和管理。
64	重大非遗项目由国家注册保护，普通性非遗项目，由地方政府或民间传承人、协会等注册保护，能够起到保护、传承、发展的目的。
65	非遗符号商标注册应该慎重，应该分不同类型非遗符号分别处理，集体项目和个人项目不同的处理方式，具体问题具体分析。
66	保护重视。
67	需要多加关注这类问题。
68	注意保护与发扬非遗文化。
69	严格审查。
70	严格审查非遗符号商标注册申请人，防止商标流氓恶意抢注。
71	保护非物质文化遗产，保护符合法律规定的相关符号商标注册。
72	不仅应提高企业意识，非遗企业创新自救也很重要。
73	多普法、多宣传相关的法律、案例。

续表

74	应当保护好非遗文化。
75	非遗符号商标注册如果一定要注册的话，需要把权力交给公正公开的机构，避免有些人别有用心，对非遗符号商标的使用也要加以关注。
76	作为中国文化的沉淀积累，建议商标局在法律范围内提高审查条件，保护好中国传统文化的符号。
77	做好保护，才有传承。
78	保护传统文化，人人有责。
79	非遗符号同时也应当做商号保护。
80	作为地理商标或证明商标申请。
81	保护好非遗文化。
82	政府应该加强管理。
83	政府加强资金支持。

首先，公众对非遗符号商标注册问题了解不充分。问卷回答中有数量众多的无实质性内容的意见，比如，有许多诸如“保护非遗，人人有责”“保护非物质文化遗产任重道远”“做好保护，才有传承”等意见，表达了保护非遗和传统文化的善意，但没有对该问题提出实质性意见和建议，可能是对问题本身没有太多了解。还有些直接表示“不太了解”。有一位调查对象的回答很有意思，他表示：“这个我一点不懂的领域，被您设置的题目感染了，原来知识产权这么有趣。”说明公众对非遗与知识产权、商标等关系平时较少关注，但他们更多是因为不了解，如果深入进去，他们也可能是很感兴趣的。还有一项回答是：“需要注意防范某些恶意抢注商标，比如韩国抢端午节非遗商标等。”实际上韩国抢注端午是抢注非遗项目，而非商标，这也说明公众对该事项了解得不够充分和确切，需要进一步向公众宣传这些事项。

其次，对非遗符号商标注册问题的意见不一致。从现有的意见和建议来看，既有对非遗符号商标注册持谨慎态度甚至完全反对的，如有的意见直接表明：“非遗是全民共享的文化符号，不应作为商标来注册。”但更多是持“有条件开放态度”，如“有积极意义的合适的行为要提倡，避孕套类似的不合适的要禁止”的观点。

最后，有若干富有建设性的意见和建议被提出。在上述意见和建议中，也不乏一些富有建设性的观点，这些观点多出自那些对非遗符号商标注册持“有条件开放态度”的调查对象。比如有观点指出：“政府及相关组织对非遗符号商标的注册是否应当具有一个相对稳定的标准，这个标准应当怎么制定还能既保护了非遗文化又能使非遗得到推广和传承？”就涉及非遗符号商标注册的审查标准如何确定问题。再如“应增加规定无效宣告没有期限限制”的观点，涉及消极保护模式中排除恶意注册的商标法制度供给问题。还有观点提出：“非遗项目的商标注册最好与国际公约保持一致，不要脱离公约另搞一套。”更是将该问题与国际知识产权法联系在一起，具有国际视野。更有“非遗商标的注册应有利于非遗的发展，商标注册带来的利益大部分应该用于非遗的长期发展”的观点，也颇具新意。

二、非遗商标保护问题的实地走访调研

为探察非遗项目商标注册的情况，笔者先后到北京、江苏、河南、内蒙古等地进行实地走访调研，就非遗项目商标注册情况、非遗手艺人或传承人对非遗商标保护的认知、利用证明商标或集体商标保护非遗的看法，以及商标局对非遗商标注册的审查问题等进行调研。

（一）某木雕艺术传承人访谈

时间：2019年4月17日下午

地点：某市郊区非遗体验馆

访谈对象：该项目代表性传承人

访谈内容如下。

调研者：您可以简单介绍一下您的这项非遗项目的情况吗？

被访对象：我的这项技艺是祖传的，不过也有许多人学习，已经扩大到许多地方了。目前属于市级非遗项目，我是传承人。我们由自己的匠人自己组建了组织，我们就是强调工匠精神，让艺人专注工艺，有自己的章程，有专门的销售部门，有自己的定价、提成、分成制度。其实，我们自己不叫自己传承人，那是政府的叫法，我们都是匠人、手艺人。

调研者：您对非遗的商标保护有了解吗？自己注册的有商标吗？

被访对象：非遗的商标保护，不了解。木雕这种工艺品，有自己的行业特色，对作品的把控，我们有一个审核组，防止低劣的作品进入市场。不过你说商标，我们也很注重品牌问题，前些年我倒是专门咨询过一个代理公司，想把我在这个行业内的称号注册了，他们说单一注册保护不足，但要想在带有"木"字的产品上都注册，得要几万元呢，后来就没注册。

调研者：其实您可以先在木雕艺术品之类的产品上注册，这样起码有一个保护，也能防止别人抢注，之后再逐渐注册其他的。你注册这个商标后，经过使用如果特别出名了，甚至成为驰名商标，还可能跨类保护，也有用。

被访对象：如果是这样，那应该考虑考虑，先在最紧要的产品上注册一个商标。

调研者：您对证明商标、集体商标保护非遗有没有什么了解？

被访对象：什么？证明商标、集体商标是什么？不清楚。

调研者：这两种商标是商标法规定的两种特殊商标，他们都是由一个组织申请注册，比如一个行业协会，注册下来后也由这个协会管理这个商标，符合条件的人，就可以使用这个商标，这些事项都是由协会章程规定的，也由协会管理这个商标的使用。这样，一个非遗项目的经营者都可以使用这个商标，大家共同经营这个品牌。像咱们这个项目，如果有很多匠人做木雕，就可以共用这个商标，咱们不是本身就有自己的组织嘛，就可以注册一个这种商标，共同经营，创建自己的品牌。

被访对象：哦，要这么说的话，这是一个好制度，以前没听说过。不过，这个行业协会就重要了，还是得有一个有能力的带头人，要不然匠人这么多，很难聚在一起。另外，我觉得如果是这样，行业协会不仅要管理好商标，还要帮助大家开拓销售渠道，推广项目产品、作品，这样才能维系协会和会员，抱团做好。

调研者：是的是的，行业协会的运营很重要，你们目前的组织不就是一个协会吗？

被访对象：我们这个组织还不是协会，也没登记，也没这个时间和精力，只是大家认可我，一起拓展市场，维护这个木雕的销售，最重要还是想能够让匠人专注于自己的创作，让销售人员去管销售，出精品，做好这个手艺。我本人也没有这么多时间和精力，我是手艺人出身，也是想把手艺做好做精，其他的没有那么多精力。

调研者：明白了。那您有没有留意过有人抢注非遗商标的现象？如果有人抢注，您会不会去阻止？

被访对象：那倒没有留意过，有这种事儿吗？

调研者：有过，曾经有个人把“二人转”注册在避孕套上，后来被人提起无效申请。商标法上有无效、异议这些程序，可以阻止和排除这些抢注。

被访对象：哦，那还真不知道。个别人抢注非遗商标，我觉得就我们这个项目而言，其他传承人或群体成员应该不会，如果真有这种抢注，我们也没有能力去阻止，那些什么无效、异议的程序，都太专业了，我没有时间和精力去做这些事。这种事应该由政府、法律去解决，应该有这方面的制度或政策，不让这种商标注册。

调研者：您还有其他什么想说的吗？

被访对象：其他的倒是有一点，就是觉得民间手艺保护、开发这种事，还是应该由政府部门专人负责，需要有担当的领导、有担当的人真正负起责任来，否则政策难以落实，走形式居多。别来个人管几天，椅子还没暖热就换人了，那不行。还有就是，政府应该从资金上照顾匠人、艺人，不用太多，也不能过少，保证匠人的基本生活，让匠人专注于高端艺术品创作，出精品，每年对非遗项目的资助资金，应该使用透明，不应该都给某些人，应该让更多的匠人享受到这个支持。政府的非遗保护部门应该帮助匠人处理一些他们不能做、不会处理的问题，比如你说的这些商标注册、维权，还有帮助推广、宣传非遗项目，让匠人得实惠，获得经济效益。

（二）某省非遗保护中心访谈

时间：2019年4月18日上午

地点：某省非遗保护中心

访谈对象：该中心一位从事非遗保护的老师

访谈内容如下。

调研者：作为非遗保护中心，您这里对非遗商标保护有没有了解，有没有什么数据或资料？

被访对象：没有。

调研者：好的，那您平时接触到的非遗传承人有没有提到过商标保护，或者有没有在这方面寻求过什么帮助？

被访对象：没有，据我所知，非遗传承人对商标保护也不太了解。我们对这一块儿比较陌生，我们中心主要是就一些主要的传统戏剧、传统舞蹈等表演类的重点非遗项目进行保护，对项目进行资金资助、人才培养、建档传承等，您说的商标保护这一块儿几乎不涉及。您倒是可以跟我们说说商标保护的内容，我觉得商标保护应该是主要涉及那些传统手艺类的非遗项目，像小吃、泥人、瓷器之类的。

调研者：您说得对，人们一说商标保护，一般都会把它与传统技艺类项目相联。您说的中心的保护工作主要是行政性保护，商标保护主要是一种私权性质的保护，这种保护模式如果做得好，非遗项目所有者可以自己获得很好的经济效益，自己造血，也是一种很好的方式。商标保护涉及两方面的内容，一方面是非遗项目的内部人把非遗项目中的一些符号注册为商标，在非遗项目传承过程中，用商标打出品牌，提高传统产品的知名度，这一点是与非遗的生产性保护紧密相关的，而且，对于那些群体性非遗项目，还可以申请注册一个证明商标或集体商标，这样，所有从业者都可以使用同一个商标，共同做好一个品牌，做好非遗传承和保护工作。另一方面是有些外人可能会把非遗符号抢注为商标，比如把“二人转”抢注在避孕套上面，对非遗文化内涵造成侵害，需要有人排除这些注册，这时候可以利用商标法上的无效、异议等制度，排除这些商标的注册。

被访对象：您这么一说，我明白了。不过我也有一些疑问。

调研者：什么疑问，您说。

被访对象：就是，像传统戏剧、传统舞蹈这种表演类的非遗项目是否适合用商标保护呢？再有，像戏剧，还有其他一些非遗项目，像瓷器类的等，因为传承人不同，出现了不同的流派，如果用商标保护，怎样去实施呢？

调研者：不同流派的问题，如果是同一个非遗项目，在可能的条件下，最好的办法是证明商标、集体商标保护。因为证明商标、集体商标是群体性的，这两种商标不是归某个人所有，是一个组织申请注册，符合条件的使用者都可以使用，最适合群体性非遗项目的保护。这样，即使存在不同流派，只要都属于同一个非遗项目，能够在现实中组织一个协会，共同管理这些项目，就可以用这两种商标进行保护。

被访对象：哦，这么说，证明商标、集体商标倒是一种很好的方式，之前没听说过。那您说的这两种商标，跟地理标志是不是一个概念？地理标志是否能够，或者说在多大程度上与非遗相关？由哪个部门具体负责该事宜呢？

调研者：这个问题问得好，这两者不是一回事儿，地理标志是一种单独的知识产权类型，具体是由国家知识产权局和农业农村部负责，非遗能不能用地理标志保护得看它自身的特点，需要满足地理标志制度规定的条件，不过的确是有一些非遗项目产品已经申请了地理标志保护的，比如汝瓷、普洱茶、郫县豆瓣等。不过证明商标和集体商标制度又与地理标志制度有交叉，因为地理标志保护模式中本身就包含商标保护，就是把地理标志名称申请注册为地理标志证明商标或地理标志集体商标，这样，实际上两者之间也有紧密联系。

被访对象：明白了，原来这里面分得这么细呢。我还有一个问题，比如有多个传承派别的非遗项目，比如"道口烧鸡"有很多经营者、从业者，比如说将道口烧鸡注册为证明商标，在这个证明商标之下可否再有经营者自己单独的商标呢？比如，张某某道口烧鸡、李某某道口烧鸡等，协会如何处理这一问题呢？

调研者：这种情况是可以的，就是双商标，因为不同派别或传承人可能对技艺都有自己的创新和特点，此时可以通过双商标使用，在证明商标之下再突出自己的品牌，不过这个事项可能需要协会章程的允许，因为证明商标、集体商标的使用都有自己的管理制度。

被访对象：明白了。

调研者：我们还有一个问题，如果有人将某项非遗项目中的符号抢注为商标，非遗保护中心会不会利用商标法中的无效制度或异议制度等程序，去排除或阻止它？

被访对象：真要有这种事，中心恐怕难以去实施这些措施，我们是事业单位，以前也没有遇见过这种事情，既没有这方面的知识储备，也没有预算。另外，就注册非遗商标而言，中心的事业单位身份估计也难以以自己的名义注册，这些事情应该还是行业协会去做，中心的作用，包括政府的作用，应该主要是引导。

调研者：好的，非常感谢您的回答，如果有什么问题，我们再进一步沟通交流。

（三）商标局审查员访谈

时间：2019年4月19日上午

地点：北京

访谈对象：商标局某资深审查人员

访谈内容如下。

调研者：您知道，目前有许多人利用非遗符号申请注册商标，针对这种非遗商标申请，咱们商标局有没有什么特别的识别机制吗？还有，针对非遗商标注册，你们审查时用到的商标法条款一般有哪些？

被访对象：你说的非遗商标，在商标局审查体系中并没有这个词汇，这个概念，不过能够理解，因为也听到过有些学者提这个词，就是用非遗符号申请注册的商标。我可以肯定地说，目前商标局对这种商标并没有一套特殊的识别机制，我们就是按照《商标法》的相关规定，按照其中关于商标注册的绝对理由和相对理由进行审查，比如是否有违反《商标法》第10条规定的标识，是否有在先注册等。即使有时候审查员知道这个商标可能带有文化属性，文化商标，可能会从是否有消极影响的角度多关注一些，但这也都是以现行审查标准为据，作出批准或不批准的决定，没有特别的识别和判断机制。

调研者：好的，明白。咱们商标局在进行商标审查时是否有一些数据库，这些数据库里的符号不能被注册为商标，就是有一个过滤机制。另外，这些数据库里是否会涉及非遗符号呢？

被访对象：目前商标局是有一些参考数据库，不过数量不多，也没有专门的涉及非遗的库。不过你这么一说我倒是想起来，比如涉及国字号的数据库，里面有国家级工艺美术大师的名字，这些名字如果被不适格的人申请注册商标，就会被驳回。我想这个应该可能涉及非遗符号。

调研者：对对对，这就是一种典型的非遗符号，看来我们的系统也关注到了一部分非遗符号。

被访对象： 据你所知，其他国家商标审查系统有这样的数据库吗？

调研者： 其他的不知道，就是美国专利商标局，他们曾经发起过一个实验，就是NATI数据库，中文翻译叫“美国土著印第安部落标记数据库”，就是由美国土著印第安人自己申报部落名称、部落图腾崇拜等部落标记，汇总成一个数据库，商标审查时进行检索，如果涉及这些部落符号，商标就不能注册，不过这只是一个实验性项目，目前进行得也不是特别顺利，存在一些问题。其实我们也正想了解这个问题：也就是说，如果商标局多一套这样的数据库，对商标审查流程、审查周期、审查工作成本等会带来什么影响，会不会造成审查系统较大的压力，可行性如何呢？

被访对象： 还真有这样的数据库呀，那还真要好好学习一下。多一套数据库并不会造成太大问题，因为审查时本来就要进行检索的，只是就可行性问题，我觉得如果要增加非遗符号数据库，建议一定要具体到某一级别，如国际一级、国家一级，还是省一级等，否则实践中不好操作，必须明确这个级别，但是具体到哪一级是合适的？这个问题恐怕要好好考虑一下。

调研者： 您说的这个具体到一个级别的建议太好了，我们会重点考虑的。我们还有一个问题，是关于证明商标、集体商标的，您知道，这两种商标对非遗商标保护比较契合，因为都具有群体性，不过实践中有很多人对此较为陌生，尤其是申请费用是不是比较高？申请难度是不是有些大？

被访对象： 证明商标、集体商标申请费用其实比一般商标也高不了多少，不过确实申请条件多一些，需要满足相应的条件，而且申请下来之后，商标管理是一个问题。就费用来说，现在商标申请已经实行“一标多类”了，这个类指的是大类，对费用的影响主要是看指定的商品、服务项目，10项以内按一个费用收取，此后每多一项增加一定费用，证明商标、集体商标基本也是按照这个模式收费，也多不了多少。

调研者： 好的，明白了。实践中还有一个问题，就是有一些非遗符号，尤其是非遗名称符号，有时候非遗自己人去申请，往往由于指定商品或服务与非遗文化内涵相近，被以通用名称的理由驳回，比如“汤瓶八诊”那个案子的问题，外边的人申请时，因为指定商品或服务往往与非遗文化内涵不相关，反而能获得注册，这种问题您是怎么看的？

被访对象：这个问题是存在的，确实，按照现行《商标法》的规定，这个问题的产生是难以避免的，尤其是商标中含有地名的话，不过如果非遗内部人利用非遗符号申请证明商标、集体商标，由于法律有明确规定，地名作为证明商标、集体商标组成部分的，不会丧失显著性。对于其他这种类型的申请，除非能证明商标经过使用获得了显著性，才会通过审核。

调研者：非常感谢，您的回答为我们解除了许多困惑。

被访对象：不客气，听你说的这些问题，我也有许多收获，我觉得商标审查应该注重文化问题。前不久“成吉思汗”商标申请被驳回，驳回的理由是“不良影响条款”，看来以后应该多注意商标审查的文化问题。

(四)北方某市非遗实地走访

时间：2019年4月20日下午

地点：某市老街巷(著名文旅地，非遗项目集中)

走访考察内容：

(1)某传统美术项目经营者。

该经营者是该非遗项目产品的销售者，牌匾上有“××斋”字号，经与老板交流，得知该字号作为一个销售品牌，有若干专卖店，店内非遗产品为若干传承人所做。老板表示对非遗商标问题不熟悉，不太注重商标，“××斋”字号也未注册商标。

(2)某传统医药项目经营者。

其牌匾为“××成”，该名称为非遗项目名称中的符号，也是老字号，为不公开传承的非遗项目，该非遗符号在多个类别上注册有商标，商标注册人为某品牌管理公司，有较为规范的商标管理规则。

（3）其他非遗项目。

老街巷中还有许多传统美术等非遗项目，由于有非遗产品销售，因此大多有销售店，不过这些销售店面的招牌上一般都不是注册的商标，而是一些较有创意的字号。还有许多小型的传统美术类非遗项目，产品小巧，知名度也不是很高，往往依附于某一手工艺品商店，没有自己的字号、招牌，由非遗手艺人自己现场演示制作过程和售卖产品，张贴有非遗项目认证、获奖证书等文件，以此获得经济收益。还有一些非遗项目打出“常年招收学员”的广告，不过观察可见，消费者似乎并不多。

启示：可通过销售品牌囊括一个流派或部分传承人的作品，该销售品牌的商标标识可不使用非遗符号，不存在通用名称问题。不过这一方案不能充分利用非遗符号本身的文化感召力和热度，需要从头做起，将这一商标与某非遗项目之间建立起对应关系，这需要较高的投入。

（五）南方某市非遗实地走访

1.某市非遗馆、民俗博物馆走访

时间：2021年3月21日下午

走访考察情况：

首先，考察该市非遗项目的整体情况。非遗馆是该市非遗项目的集中地，包括传统美术、传统戏剧、传统技艺、民间音乐、传统舞蹈、民间文学等众多非遗项目，如布艺、竹刻、面塑、泥塑、剪纸、布贴画、木雕等。馆内有各非遗项目内容和特点的宣传介绍栏，设有众多非遗传习基地、研究机构、社团，也有非遗项目代表性传承人展演区，不过当天去考察时展演项目很少，许多传习场馆也没有开放。其次，了解该市非遗项目商标的注册情况。经与展演区及工作人员交流，在众多非遗项目中，很少有主动注册非遗商标的例子，包括手艺人、工作人员在内都对非遗的商标注册、商标保护不太熟悉。

2.某市某非遗项目博物馆走访

时间：2021年3月22日上午

走访考察情况：

该非遗项目为传统技艺类项目，入选2006年第一批国家级非遗名录，也是联合国人类口头和非物质遗产代表作项目。该项目已获得地理标志证明商标，也是国家地理标志保护产品，品牌建设做得比较好，产品定价较高，市场发展情况良好。该项目非遗商标开发与保护工作之所以做得好，一方面是项目本身历史上声誉就很高，项目包含的传统技术很难模仿，有较高的机密性，手工操作，需要传承人自身较高的技术和艺术修养，且现代化生产无法替代，产品在市场上也较有吸引力。另一方面，政府对该项目的保护、发掘和传承非常支持，做了大量引导和支持工作。而且，项目在传承过程中，其行业协会、研究所起到了很好的组织、引导和带头作用，将最好的技艺传承、保护起来，而且积极推进市场化运作，申请证明商标和地理标志产品保护，排除市场上假冒伪劣产品，项目生产性保护获得了巨大成功。

（六）某木版年画项目实地走访调研

时间：2021年10月3日上午

地点：某省某著名文旅小镇

调研内容如下。

1.某木版年画博物馆考察和访谈

先参观和考察该博物馆，之后与该项目传承人之一进行访谈。

博物馆所见：该木版年画博物馆从规模和现场情况来看应该为个人兴办，博物馆同时也是其年画老店。博物馆包括上下两层，其中最主要的展览物为木版年画的宣传介绍材料、木版年画成品展览、年画所用木版以及颜料、该项目行业规范内容等。从木版年画成品来看，几乎所有年画上都印有其老店名号，该传承人的老店名号为“××老天成”，还有些年画上印有“天×号”，还印有年画的作品名称。博物馆一层关于该木版年画的行业规范内容吸引了笔者。该行业规范包括适用范围、术语定义、规格、要求、检验方法、检验规则、储存包装标志几个部分，其中最后一部分的“标志”要求中，就有“各老字号注册商标标志”的表述，说明其行业管理中关于产品的规范要求已经关注到了商标问题。

访谈内容：

调研者：×老师您好，看到您的年画博物馆设计得真不错，您能简单介绍一下咱们这个非遗项目的情况吗？

被访对象：这个博物馆我是花了很大心血的，其实也就是我自己的年画老店，我们这个项目传承历史非常悠久了，目前来说有9家老店，以前叫作坊，现在叫店，我们一般叫老店。这个项目现在在外地也有一些传承出去的支系，比如在河北、河南周口等地。我是当地传承人之一，不过我们一般都叫手艺人，传承人那是国家政府的叫法。我们这个画有自己的特点，比如在木版的材料选取上，颜料的材料和制作技术上，年画作品的内容方面，以及年画线条、用色等方面，都有自己的特色。你们刚才看墙上的介绍应该也看到了。

调研者：是的，看到了，作品非常漂亮，很有特色。不知道您对非遗的商标保护有没有了解，比如咱们这个非遗项目，作品既然有市场销售，有没有注册商标呢？

被访对象：商标注册有。不瞒你说，我自己是亲身经历过商标纠纷的。我这个老店就注册过商标，注册商标为“××老天成”号，在第16类年画上，35类上都有，后来又注册了一个“天×”号，还有个其他商标。注册的时候遇到了异议，打了几年官司，很麻烦。

调研者：哦，那您应该对非遗的商标保护感受较深了。您注册的这些商标都是以自己的名义注册的吗？

被访对象：对，以个人名义注册。我们这个项目，几个老店差不多都有自己的商标。

调研者:就是说都是个人注册自己的字号为商标对吧?那有没有外部人注册过“××镇年画”商标的呢?如果有人将这个词注册为商标,您是否同意?

被访对象:那应该不会同意,因为外来人会反过来说我们侵权。

调研者:如果有人注册了,您是否愿意提起异议或无效呢?

被访对象:愿意,但没有时间精力,手艺人没有这个能力、时间和经费,而且法律程序异常烦琐,我自己亲身经历过。

调研者:那如果是咱们镇子上的人自己注册,是否同意呢?

被访对象:内部人注册的话,没办法阻止。

调研者:其实,商标法上有证明商标、集体商标制度,像×老师你们这个非遗项目,完全可以申请注册一个证明商标或集体商标,刚才参观看到你们有自己的行业规范,内容还挺完整的,咱们应该有自己的行业协会吧?如果有,由行业协会组织申请证明商标或集体商标,可以以“××镇年画”为标识,大家聚起来一起努力,说不定能把项目做得更好。甚至我看咱们这个项目,还有可能符合地理标志条件,如果好好整理一下,说不定还能申请地理标志商标或地理标志产品保护,那就更能打响品牌了。

被访对象:行业协会有,但实际上没有多少作用,不能有效组织大家共同经营,目前为止我们都是各做各的。至于你说的证明商标、集体商标,不太了解,不过听你说的情况,就算要申请,也应该由行业协会领头,但协会会长没有这样的魄力和能力。如果协会真有作用,我申请商标也不会遇到那么多麻烦了,你们外人不知道,内部人、兄弟之间都在相互斗争,怎么聚在一起?我觉得应该由政府主导,协会可以协助组织申请,没有政府主导,这个事儿不好做。

调研者:就是说主要出在组织、引领问题上,咱们项目不是有一些非常著名的传承人吗,这些人也不能组织大家吗?

被访对象:手艺做得好,组织能力不一定强,组织能力强的又没有业界的号召力，这个事情不好办的，还得政府出面。

调研者：明白了，您还有其他什么想说的吗？

被访对象：其他的，我觉得应该将非遗资金合理分配，尤其是真正让手艺人享受这些资金，现实中专项资金拨下来后，不知道拨到哪一级了，给谁用了，应该由文旅部门、财政部门等联合对资金进行监管，让手艺人得到实惠。

2.某木版年画馆参观考察

该年画馆位于该镇一景区内，是另一家年画老店，字号为“万×老店”。该年画老店背后由一公司经营，规模也较大，该公司为另一位省级传承人张××经营，其作品获得了多项荣誉。店内陈列、悬挂的年画作品大都印有其老店字号，经询问经营者得知，该老店字号也早已注册了商标，比较注重产品的品牌建设。

（七）某市非遗小镇走访调研

时间：2022年2月5日

地点：某市郊区非遗小镇

调研情况：

该非遗小镇是一个文旅景点，其中有若干当地非遗项目入驻。其中较大一处非遗项目为某皮艺、皮雕画项目，独占一个较大展厅，分两层。其中有纸质和电子屏幕两种方式介绍该项目的发展情况、非遗传承的人个人情况，以及多幅传承人皮艺、皮雕画作品，该项目代表性传承人贾某某成立了“格××皮艺”文化公司、艺术馆。就该项目的商标情况，在其入厅背景墙以及宣传介绍栏目中，均有“格××皮艺”注册商标标识，该商标为项目代表性传承人贾某某注册，注册时间为2006年，可见其商标与公司名称是相符的，不过并非用非遗名称、传承人名字等符号注册，而是采取了其他符号注册商标。另外，在其获奖、荣誉墙处，展示有多件《作品登记证书》《外观设计专利证书》，说明其较为重视非遗的知识产权保护工作。该非遗小镇中其他非遗项目的展示不是很充分，有个别项目有手艺人在现场演示，不过经交流得知，都没有非遗商标注册，手艺人对商标注册问题都比较陌生。

三、本章小结

本章是关于非遗商标保护问题问卷调查和实地走访调研的实证研究内容。其中问卷调查聚焦于社会公众对非遗符号商标注册相关问题的态度，走访调研主要是通过走访、个案访谈等方式，收集非遗代表性传承人、手艺人、经营者、商标局、非遗保护中心等主体对非遗商标保护的了解程度、关心的问题、现实需求等。通过对10111份调查问卷的统计与分析，以及若干个案访谈的总结，通过若干图表、谈话的方式展现出来，展现社会公众以及非遗相关人员在非遗商标保护方面的认知、主观态度和意愿，为后期的问题分析和解决方案设计提供现实论据支撑。

第七章 非物质文化遗产商标保护实证研究发现、问题总结及原因分析

基于非遗商标侵害与保护多个视角的实证研究可以发现，非遗符号的商标化利用在我国已然成为一个事实，无论主观上愿意与否，非遗商标保护在实践层面上已经展开，是一个需要客观面对的问题。根据上述四部分实证研究的发现，对我国非遗商标保护在实践中存在的问题进行总结，并分析产生这些问题的原因，是我们下一步进行制度完善，推进非遗商标保护的必要步骤。

一、非遗商标保护实证研究中发现的问题

（一）非遗商标保护媒体报道数据中的发现和问题

从上述第三章媒体报道的数据分析可以发现，我国非遗商标保护中存在以下情况和问题。

第一，我国各地对非遗符号商标化利用的关注度呈现出参差不齐的现状，关注度较高的地区往往也是经济发展较为活跃的地方，而目前还有近1/3的地区尚无这方面的报道，说明还有许多地方非遗符号商标化利用的意识和行动均不充分。

第二，热度较高、社会关注度较高的国家级非遗项目在报道中占比很高，说明不同级别的非遗项目在其符号的商标化利用方面吸引力不同，也间接说

明不同级别的非遗项目，其符号商标化利用的市场价值可能有所差别。

第三，不同类别的非遗项目涉及的媒体报道数量差别较大，传统技艺类项目显然占据了其中的绝大多数，说明非遗符号商标化利用中存在类别上的吸引度差异。

第四，从媒体报道的信息来看，注册非遗商标的符号选择范围很广泛，既有非遗名称，也有传承人姓名、别称、称号，以及地名加非遗项目名（实际上是注册为地理标志商标）、传统名号等，这显示出实践中人们是如何利用非遗符号注册或抢注非遗商标的。

第五，在媒体报道中，属于内部人自注非遗商标的数量还是较多的，这说明至少在比较重视非遗商标化开发的地方，当地政府、媒体对利用非遗符号注册非遗商标进行品牌化推广，还是比较关注的。

第六，从非遗符号商标注册的类别来看，注册为证明商标或集体商标的数量还是太少，说明有组织地利用证明商标、集体商标制度对非遗进行有序化开发还是不充分。

（二）非遗商标申请注册数据中的发现和问题

从上述第四章非遗商标申请注册数据的定量分析可以发现，我国非遗商标保护中存在以下情况和问题。

第一，在我国，将非遗符号注册为商标的现象已经大量存在，而且呈现出快速增加的趋势，未来利用商标法保护非遗的需求可能更大。

第二，非遗商标申请中由企业和个人申请的一般商标占比很大，而由协会、政府或事业单位申请的集体商标和证明商标占比极低，说明非遗商标申请更具私人性和分散性，由协会、政府或事业单位统一组织非遗的商标法保护不充分，这与非遗的群体性特征不符，说明非遗符号被滥用的情况较为严重。

第三，非遗商标申请中存在太多与非遗文化内涵不相关的申请，甚至可能构成贬损性申请、欺骗性申请、代理机构申请以及恶意申请，这些注册极可能造成对非遗文化内涵的诽谤、歪曲或淡化。

第四，内部人在一定程度上具有通过商标法保护非遗的意识和行动能力，他们更注重非遗商标与非遗文化内涵的契合性，更多是出于保护非遗并对非遗开发的需求。而外部人的申请更多是指定在不相关的商品或服务上。

第五，显著性问题对非遗商标申请的阻碍部分程度上存在，与此相比，非遗商标显著性判断标准不统一的问题更值得关注。

另外，单就非遗证明商标、集体商标申请注册的数据来看，存在如下情况和问题。

第一，此类商标注册总量还是太少，说明有组织地利用证明商标、集体商标制度保护非遗、开发非遗符号资源不是很充分。

第二，传统技艺、传统美术类非遗项目占据证明商标、集体商标申请的大多数，且注册成功率较高。

第三，地理标志证明商标在申请注册数据中占比最高，说明有许多非遗项目申请注册地理标志证明商标是成功的，这可以为非遗商标保护提供一个很好的启示。

第四，与非遗符号总体商标申请年度变化趋势呈现一种波动中走高的态势相比，非遗集体商标、证明商标的申请则是一种逐渐上升后又逐渐下降的趋势，说明人们对于利用非遗证明商标、非遗集体商标的兴趣不增反降，这与我们的预期不符。

第五，从非遗项目申请集体商标、证明商标时指定的商品或服务类别和具体的商品或服务项目看，所有的申请都具有浓郁的中华传统文化气息，如瓷器、茶叶、木雕、笔墨纸砚等，且这些申请指定的商品或服务与非遗的文化内涵保持高度一致。这再次说明，以集体商标、证明商标，尤其是以地标集体商标和地标证明商标对非遗项目进行保护，并在此基础上进行文化资源开发，是目前商标法律制度为非遗保护与开发提供的一条独特而有效的路径，应该充分利用。但结合前面的数据可见，目前我们的利用率太低，应该充分运用证明商标、集体商标制度进行有效保护和开发利用。

（三）非遗商标司法纠纷数据中的发现和问题

从上述第五章非遗商标司法纠纷统计案例的研究可以看出，司法系统对非遗商标纠纷已经积累了一定的经验，但也存在一些问题。具体情况如下。

1.积累的经验

从非遗商标纠纷司法案例的考察中可以发现，在缺乏非遗符号商标利用法律依据的情况下，司法机关通过适用《商标法》等相关法律法规和司法解释，解决了大量实践中的问题，积累了一定的经验。

首先，针对非遗商标保护与开发过程中出现的法律问题给出了司法系统的态度，即充分利用现有法律法规和司法解释等规定，主要从商标法的基本原则、规则入手，兼顾非遗项目传承、保护与开发的客观历史和现实，通过对现行法律条文的解释性适用，灵活解决现实问题和争议。比如前述关于非遗商标权属问题发展起来的“申请在先，尊重历史，尊重协议”的司法裁判经验等。

其次，在部分典型案例中，法官裁决时对涉及非遗的证据资料进行了认真审查和认定，这对法庭正确调查事实、准确适用法律提供了很好的事实基础。从统计案例中可见，凡是裁判文书中对该方面证据进行了认真考察的案件，其事实认定就越发趋于清晰，案件裁判意见也越发令人信服。比如“泥人张”案中，法院通过对“泥人张”非遗项目传承历史和现状的精准考察，认定“泥人张”为特有名称，并非通用名称，为案件的正确解决奠定了事实基础。

最后，部分典型案例的裁判理由的确很有创造性和示范性，案件中对相关法律规定的个案解释和适用，对类似案件的裁决可以起到很好的指导作用。比如被列入最高法院指导性案例的“鲁锦”案，山东高院在确定“鲁锦”是否为通用名称时指出：“对于具有地域性特点的商品，其广泛性的判断应以其特定产区及相关公众为标准，而不应以全国为标准。虽然在我国其他省份的手工棉纺织品不叫‘鲁锦’，但不影响‘鲁锦’指代山东地区独有的民间手工棉纺织品这一事实，其指代是具体的、明确的。”为非遗商标是否为通用名称的判断提供了一个“地域性标准”。在“祁门红茶”案中，北京市高级人民法院指出：“地理标志商标注册申请人所负有的诚实信用义务，不仅仅限于消极方面，即‘不提供虚假的商标注册申请文件’的消极不作为义务；而且也应当包括‘向商标注册主管机关全面准确说明客观情况’的积极作为义务。提交虚假文件或者以其他方式弄虚作假而取得商标注册的，即属于2001年《商标法》第四十一条第一款[1]规定的‘以欺骗手段’取得注册的情形；而未尽到积极作为义务，未向商标注册主管机关全面准确报告客观情况而取得商标注册的，即属于2001年《商标法》第四十一条第一款规定的以‘其他不正当手段取得注册的’情形。”这就对《商标法》第四十四条第一款规定的“以欺骗手段或者其他不正当手段取得注册”的问题给出了一个具体的判断标准，可为同类案件提供很好的指导和借鉴。再如“泰山大帝”案中，最高法院认为：“判断有关标志是否构成具有其他不良影响的情形时，应当考虑该标志或者其构成要素是否可能对我国政治、经济、文化、宗教、民族等社会公共利益和公共秩序产生消极、负面影响。如果某标志具有宗教含义，不论相关公众是否能够普遍认知，该标志是否已经使用并具有一定知名度，通常可以认为该标志的注册有害于宗教感情、宗教信仰或者民间信仰，具有不良影响。”这样，就确立了判断不良影响条款时的“可能性”标准。在“化橘红”案中，法院指出：“化州市人民政府办公室虽然为政府机构，但其同时亦为民事主体，在法律并未禁止其作为复审申请人提出复审申请的情况下，李某认为化州市人民政府办公室主体不适格的主张不能成立。”这就为政府部门参与非遗商标保护司法程序确立了可行性。

2.存在的问题

与积累的经验相比，非遗商标司法纠纷中发现的问题可能更值得关注。

---

〔1〕 即2019年《商标法》第44条第1款。

(1)非遗项目商标保护与开发不均衡。

在涉及非遗商标的案例实证研究中,我们发现非遗项目的商标保护与开发呈现一种不均衡的状况。有些非遗项目很早就注册了商标,很多还属于中华老字号,还有的申请了地标证明商标或地标集体商标,而且经过多年经营,在市场中的知名度和经济价值极高,比如茅台、泸州老窖、古蔺郎、汾酒等酒类非遗项目,以及如郫县豆瓣、玉屏萧笛、德州扒鸡、一得阁、周虎臣、王麻子、泥人张、龙泉宝剑、兰州牛肉拉面等。这些非遗项目或者本身就是家族项目,传承脉络清晰,权属明确,市场化利用未间断,不断积累起较高的知名度,如泥人张、王麻子等;或者早期经历过公私合营、国有化改造,转入大企业之手,由一个龙头企业传承下去,非遗商标保护与开发也获得了较好的发展,大量的名酒商标就是如此;又或者有一个强有力的协会带领,将非遗项目所属地的经营者集中起来,申请地理标志商标,对非遗项目进行有序开发和利用,也获得了很好的发展,如郫县豆瓣等。

但与我国丰富的非遗资源相比,商标保护与开发不充分的非遗项目更多。司法案例中发现,大量非遗项目存在着内部人或外部人对非遗符号的侵占,以及内部人之间的相互争夺。常见的情况是内部人或外部人中的某一个经营者抢先注册非遗符号为商标,引起无尽的纷争。如"古井"烧鹅、"古方"红糖、"牛忠喜烧饼"等案就是内部人的注册,"东流水九天贡胶""利川柏杨豆干""雷允上"等案属于外部人的侵占。这样,本属于公共资源的非遗符号就被私有化了。"足球起源地"案中,当事人在多个类别上注册该非遗商标,虽然有些被异议或无效,但还是有注册成功的。一得阁墨业有限公司的"一得阁"商标,被其他公司在若干类别上抢注,还好法院将这些注册认定为恶意注册,基本都驳回了。还有许多家族非遗项目因分家析产引起非遗商标纠纷,产生争讼,如"董氏桂香阁""童德大醉蟹"案等。还有些非遗项目,因对非遗符号使用的争议,内部人争斗十分激烈,甚至发展到虚假宣传、商业诋毁,如"韩氏芒针疗法"案。

对群体性非遗项目而言，由于非遗符号权属不明，谁都可以随意拿来申请商标，这样的非遗商标“抢注”“滥注”情形更为严重，“公地悲剧”效应在这个问题上得以充分显现。统计案例中可以看到，由非遗项目所属地之内的政府部门对非遗商标抢注提出异议或无效的案例也是存在的。“骑楼老街”案中，海口市文物局针对某公司在咖啡等商品上注册的“骑楼老街”商标提出无效申请，最终将其予以无效。“足球起源地”案中，临淄区足球产业开发领导小组办公室针对某自然人申请且已初审公告的，指定商品为第32类的啤酒、矿泉水（饮料）等的“足球起源地”商标提起异议，最终该商标被驳回。其他还有：化州市人民政府办公室对“橘王化橘红JUWANGHUAJUHONG及图”商标提起异议，最终成功阻止了该商标注册；莲花县商务局通过商标无效程序宣告某自然人在板鸭商品上“莲花血鸭”商标的注册。电白县人民政府通过无效程序宣告某自然人在第30类“米、面粉、麦片、咖啡、茶、糖、蜂蜜、饼干、玉米（磨过的）、酱油”等商品上的“冼太夫人”商标无效。在政府部门之外，也不乏非营利性组织参与非遗商标保护与开发的身影，兰州商业联合会经过持续不断努力维持了“兰州牛肉拉面”在第43类上的注册，这是由协会组织开发利用非遗符号的典型案例。以上这些是我们乐于看到的，但这种案例仍然较少，更多的群体性非遗项目中发生的非遗商标司法纠纷，是内部人与外部人之间或内部人相互之间的私有商标权争端，这种争讼对于非遗符号的商标化利用、非遗项目的商标保护与开发而言，很难起到积极作用。因为这种无序的非遗符号商标化利用，不仅会造成非遗资源的不充分不合理开发，还会造成非遗商标识别功能的降低或丧失，不利于非遗项目的保护与开发。

（2）司法裁判标准难以统一，裁判结果确定性不强。

虽然司法系统充分发挥司法能动性，在非遗商标案件中对现有法律条文进行创新性解释，灵活解决现实问题，也确实积累了不少经验。但总体来看，由于缺乏直接明确的法律规定，类案裁判结果不一致、同案不同审级意见不一等现象还是广泛存在。这就给人一种非遗商标案件裁判标准不统一、裁判结果确定性不强的感觉，不利于息讼止争目标的实现。

首先，关于类案不同判的问题。在统计案例中可以看到，在与非遗项目文化内涵不相关或相关性不强的商品或服务上的非遗商标申请，是否应予核准注册的问题，不同的案件结果并不一致。如在“老龙口”案中，法院明确指出：老龙口在第35类上注册，与老龙口白酒酿制技艺不相关，可以注册。其他如“冶春及图”在食用油商品上的申请，“雨田允上”（雷允上案）在非医用口香糖商品上的申请，“人主”（人主挂面案）在茶和蜂蜜等商品上的申请，“伊雅秋林”（秋林面包案）在非面包类商品上的申请，“鸿福堂”在莲茸等商品上的申请，“贾寨任家”在非豆腐制品上的申请，“杏花村”在树木等商品上的申请，“九代灸王”在第35类上的申请，法院最终都予以维持或核准了。但类似的案件，如“足球起源地”在啤酒等商品上的申请。“冼太夫人”在米和面粉等商品上的申请，“郝家沟帮子”在咖啡等商品上的申请（沟帮子系列案），“绿柳居”在醋和酱油等商品上的申请，“骑楼老街”在咖啡和香肠等商品上的申请，“橘王化橘红”（化橘红案）在中药袋和医用保健袋上的申请，“蔡林记”在食盐商品上的申请，“三凤桥”在饭店服务上的申请，以及一得阁文化公司在第35、36、42类等服务上注册的10余枚“一得阁”商标，则均被无效或驳回。

虽然法院在个案中都有自己的裁判理由，但类案不类同的最终结果总归会让人觉得无法得出相对确定性的结论。更何况，涉及非遗商标是否近似、商品或服务类别是否类似、指定的商品或服务与非遗文化内涵相关性程度大小、引证商标知名度高低、是否会造成混淆等的判断本就有较强的主观性，这就会给该类案件的裁判结果带来更大的不确定性，也无法真正解释得清。

再如，在“三凤桥”和“杏花村”案中，相对方都提出了地名抗辩，但最终“三凤桥”在饭店服务上的注册被无效，而“杏花村”在树木等商品上的申请得以核准。

还有，关于非遗商标是否构成通用名称的相关案件中，通用名称判定结果也是不一致的，虽然这些案件中法院也给出了支持自己结论的裁判理由，但通用名称的证明标准究竟为何，证据需要达到多高的标准，更多依赖于司法经验和主观判断。当然，随着司法解释规定的“法定”和“约定俗成”两个角度的通用名称判断标准的出台，这一问题可能有所缓解。

其次，关于同案不同判问题，即同一案件不同审级意见不一的问题。如果说类案不同判还能有解释的余地，毕竟属于不同的案件，案情不同。但同一案件不同审级意见不统一甚至完全相反的现象就更能说明裁判标准的不统一问题了。

在统计案例中，这样的案件也大量存在。如在“祁门红茶”案中，祁门红茶协会在注册地标证明商标时未客观划定地域范围，这是否属于“欺骗或以其他不正当手段获取商标”的行为。商标评审委员会、一审和二审法院的观点都不一样。商评委认为该做法违背客观历史，违反诚实信用原则，构成“以欺骗手段取得注册”之情形。一审北京知识产权法院推翻了商标评审委员会的裁定，认为判断争议商标之申请是否属于“欺骗”，并不在于确定祁门红茶的产区范围客观如何，而在于祁门红茶协会在申请该商标时主观上是否有欺瞒商标行政机关之故意，客观上是否实施了伪造申请材料等欺骗行为，本案祁门红茶协会并未实施这些行为，因此不属于此种情形。二审北京市高级人民法院又推翻了北京知识产权法院的意见，其将“欺骗性”和“其他不正当手段”分别进行解释。认为提交虚假申请文件属于违反消极诚信义务，构成“欺骗性申请”，不向商标注册主管机关全面准确说明客观情况，属于违反积极诚信义务，构成“其他不正当手段申请”，因此违反该条规定。本案祁门红茶协会在明知存在“大、小祁门红茶产区”争议的情况下，未全面准确地向商标注册主管机关报告该商标注册过程中存在的争议，即违反了积极诚信义务，构成“以其他不正当手段取得注册”的情形，争议商标最终被宣告无效。

再如在“汤瓶八诊案一”中，商标评审委员会、一审法院和二审法院都认为涉案商标缺乏显著性，但他们的裁判理由又不尽相同。一审法院认为涉案商标的使用，系对“汤瓶八诊”非遗的一般性传承，而非商标法意义上的使用。二审法院虽然认同其商标性使用，但又认为：相对于已有1300年历史、在回族民间广泛流传并被认定为国家级非遗的“回族汤瓶八诊疗法”，无论是在争议商标的使用时间、使用范围方面，还是在相关公众的客观认知效果方面，争议商标通过使用所建立的知名度，仍不足以抵销或者超越相关公众对“汤瓶八诊”是一种具有中国回族特色的养生保健疗法的认知。但是再审时最高法院认为：基于杨华祥及其杨氏家族长期以来对争议商标的实际使用，争议商标已经与杨华祥形成了较为明确的服务来源指向关系，相关公众在看到争议商标时，能够将其与杨华祥及其杨氏家族建立联系，争议商标在客观上已经发挥了指示特定服务来源的功能，争议商标的注册应当予以维持。

类似的情况在“汤瓶八诊案二”“泰山大帝案”“兰州牛肉拉面案”“鲁锦案”“九制陈皮案”“古方红糖案”中也都存在。

3.法律不完善造成的司法裁判难以兼顾非遗保护诉求问题

截至目前，非遗的商标保护与开发，甚至扩大来说，包括非遗的知识产权保护与开发，还属于一个立法未予充分关注的领域，更多是实践催生的一个问题，因此目前该领域的法律法规是缺位的。

虽然2011年《非物质文化遗产法》对非遗保护进行了制度性规定，将非遗保护提升到法律的高度上来，但该法的规定偏重行政法保护，更多是从传承意义上对非遗的保护。《非物质文化遗产法》中涉及非遗知识产权保护的条款只有第44条第1款的原则性规定，即“使用非物质文化遗产涉及知识产权的，适用有关法律、行政法规的规定”。而有关法律、行政法规的规定，是指《商标法》《著作权法》《专利法》等的规定。但是这些法律法规有其自身立法目标和制度宗旨，并未就非遗知识产权保护与开发制定专门条款或有特别关注，因此就出现了非遗所属的文化系统对非遗保护的诉求与商标所属的法律系统自身宗旨之间的系统际阻隔。涉及非遗商标案件的司法裁判自然属于法律系统，他们使用的是商标法律系统的语言、商标法上的制度安排、原则规则和裁判标准，其结果未必能满足非遗文化系统的诉求。

关于商标法能否为非遗传承和保护提供有效支撑的问题，从统计案例中可以总结出以下三种情况。

第一种情况是有时裁判结果可能正好耦合了非遗商标保护与开发的诉求，对非遗传承和保护有利。比如非遗内部人早就注册了非遗商标，面对恶意抢注，充分利用商标法条款提出异议、无效、撤销申请。一得阁墨业公司依据自己在先注册的"一得阁"非遗商标，利用商标法条款排除其他人的恶意抢注就是这种情况；或者非遗商标专用权人面对侵权或不正当竞争行为，主动提出诉讼，打击假冒伪劣。如"郫县豆瓣"系列案，成都市郫都区食品工业协会在拥有"郫县豆瓣地理标志证明商标"的基础上，利用商标法大胆维权，打击假冒。又或者有人想独占非遗商标，商标局却主动排除注册。如"冼太夫人""哈尼古歌""轧神仙"等案中，商标局依据《商标法》规定的"不良影响"条款，主动驳回这些申请，排除某些个人对非遗商标的独占。但这些案件裁判者并非专门注意到非遗保护的诉求而有意为之，只是这些案件的事实恰恰契合了商标法上的条款，且往往需要非遗内部人要有意识地充分利用商标法条款。

第二种情况是司法裁判未必能顾及非遗文化系统的诉求，从而产生不利于非遗保护和有序开发利用的裁判结果。典型如"祁门红茶"案，法院依据案件事实创造性地解释了《商标法》(2001年)第41条第1款"欺骗性或其他不正当手段获取商标"条款的意义，但最终的结果是该地理标志证明商标的无效。通读裁判文书，其均属于法律系统的语言，不涉及非遗文化系统的问题，且法院明确说明商标审查仅为形式审查，不关注产区范围的具体判定，该案虽然完结，但该地理标志证明商标被判无效，利用商标保护和开发非遗文化资源的实际问题并未解决。"古井烧鹅"案中的"古井"商标，虽然法院的裁判理由十分充分，说理也很透彻，但最终的结果仍然是"古井"商标被个人独占。更不用说如"东流水九天贡胶""牛忠喜烧饼""足球起源地""冶春及图”“利川柏杨豆干”等案，内部人或外部人抢先注册非遗商标成功的例子，如果本属于某家族或群体所有的非遗符号被单个经营者注册为商标，对非遗资源的有序开发利用可能造成很大的消极影响，这与非遗的传承和保护目标不符。

当然我们也欣喜地看到第三种情况，即在有些非遗商标案件中，法官充分发挥司法能动性，关注非遗和商标之间的联系，创造性、灵活性地解释法律法规，作出法律效果和社会效果相统一的判决。最典型的如在“泥人张”案中，最高法院指出：“‘泥人张’作为非物质文化遗产受到保护，与其受知识产权法和反不正当竞争法保护并不矛盾，相反，在一定程度和意义上，‘泥人张’被纳入非物质文化遗产项目名录，也反过来更加证明了其具有长久而广泛的知名度和私权保护的价值。”最高人民法院在“汤瓶八诊”案中也指出：“杨华祥及其杨氏家族在通过培训、提供医疗服务等多种方式推广‘回族汤瓶八诊疗法’的同时，也使得争议商标‘汤瓶八诊’产生了指向特定服务来源的功能。因此，维持争议商标的注册，实质上也促进了传统文化的传承与发展。”这样的裁判已经关注到非遗与商标之间的系统际阻隔问题，且巧妙地利用商标法规定达到非遗商标保护与传统文化传承与发展之间的良性循环。

（四）非遗商标保护问卷和实地调研的发现和问题

1.问卷分析的发现和问题

从第六章中问卷分析的结果，可以发现如下情况和问题。

（1）公众对非遗符号的商标权限更倾向于集体所有。

从问卷分析来看，第一，对于和非遗文化内涵强相关的非遗商标申请，公众的选择更倾向于要么统一管理，即申请注册为证明商标或集体商标，要么谁都不能注册，不将非遗符号商标化。第二，对于将非遗符号注册在与非遗文化内涵不相关或相关性不强的商品或服务上的情况，无论是内部人还是外部人的注册，公众更倾向于不支持（占比接近50%）。不过，如果可以允许这种情况，那么支持内部人注册的比例（30%）要高于支持外部人的比例（仅5%）。同时也发现，对于将非遗符号指定在不相关商品上的商标注册的情况，与指定在强相关商品、具有侮辱诽谤等消极影响商品上的注册，公众似乎更难抉择，因为此时回答“不知道如何选择”的占比达到了11%（其他两种情形下该项占比分别为2%、6%）。联系第一章中关于非遗的商标侵害类别的分析，出现这种情况也是可以理解的。因为这种情形的侵害属于“淡化”式，与其他两种情形相比不太明显，而且即使在学术界也有支持的观点。不过不能忽视的是，毕竟这一回答的占比只有11%，公众总体的态度还是趋向于不支持这种情形的注册。第三，对于将非遗符号注册在可能对非遗文化内涵具有歪曲、侮辱或诽谤等消极影响的商品或服务上的情形，公众意见倾向性较强，即绝大多数公众不支持这种具有贬损性的非遗商标注册。这一结果与我们的预想也是相符的，因为这种情形的注册对非遗的侵害十分明显。而且，联系非遗商标司法纠纷实证分析的结论，这种情况的注册也是最容易被排除的，因为将其归类在《商标法》“不良影响”条款是比较容易的。

综上，总体来看，公众对于利用非遗符号注册商标的态度比较趋向于集体商标、证明商标，且是指定在与非遗文化内涵强相关的商品或服务上。对于其他类别的非遗商标申请，无论是具有消极影响的情形，还是虽无消极影响但不相关的情形，不支持注册的比例都较高。可见，公众的意见还是倾向于非遗符号商标权限的集体所有，不太支持分散的个体所有。

（2）多数公众对恶意注册非遗商标没有能力真正实施排除行动。

从问卷结果可见，针对恶意利用非遗符号注册商标的行为，绝大多数公众还是愿意排除这种注册的，但行动能力受限。这种结果可以理解，因为商标、商标法、非遗商标等问题的专业性，加上个案的特殊性和偶然性，以及法律程序的复杂、成本的高昂，即使是法律人士也未必能够胜任这些事务，更何况一般公众。这一结果也给我们带来一个“非遗商标消极保护模式的动力机制究竟应该如何设置”或者说“如何防止非遗符号商标化滥用”的问题。

(3)传承人和内部民众的“收益者”角色更为突出，传承地政府、行业协会和外部民众的“保护者”角色更为突出。

从问卷分析中关于“谁应享有非遗符号商标化利用的经济收益”和“谁应负担非遗符号商标化利用保护职责”的数据可以看出，在涉及非遗符号商标化利用的5类利益相关群体中，公众的态度是这样的：非遗传承人和非遗传承地内部民众这两类群体作为“收益者”身份的选中率都高于其作为“保护者”身份的选中率，说明其收益者身份更为突出，但两者比例之差都不大（均小于10%），基本上来看权责较为一致；而且其选中率的绝对数字都较大，说明在公众心目中，他们既是收益者也是保护者，只不过收益者角色更为突出一些。非遗传承地政府和非遗行业协会这两类群体的情况比较相似，即作为保护者身份的选中率均高出其作为收益者身份的选中率，且比例差值较大（政府为55.8%，行业协会为22%），说明其作为保护者的角色定位更为突出，尤其是传承地政府，在公众心目中负有较大的保护职责。非遗传承地之外的民众（外部民众）的保护者角色也更突出，其差值为16.4%，不过对于外部民众而言，很难要求其积极履行保护非遗符号商标化利用的作为义务，因此这种保护者身份更多是以一种消极不作为的模式实现，比如自己不去抢注非遗商标，不去侵害非遗文化内涵等。

另外，两类特殊职业群体的回答相对于社会公众总体数据而言，在这个问题上也大致是统一的，不过也有微小的区别。首先，在内部民众作为保护者身份的选择上，两类特殊群体选择的比例都较低，说明他们对分散的民众保护者身份持有更多质疑，相信这更多也是实践的考量。其次，他们对政府和行业协会保护者身份的重视较为一致，这一数据上，两者的选择都比社会公众的总体数据提高了不少，说明他们都很重视政府和行业协会在保护非遗符号商标化利用方面的作用。

(4)对非遗符号商标注册持“有条件开放态度”是更多人的选择。

分析问卷中主观问题的回答，从对非遗符号商标注册给出的意见和建议来看，持谨慎态度甚至完全反对意见的的确有一些，但属于少数，持完全放任意见的更是极少，绝大多数是持“有条件开放”的态度，这些意见或建议不乏启发和建设性，且对所谓“有条件开放”赋予了丰富的含义，许多意见直指非遗商标保护问题的解决方案。

2.实地调研的发现与问题

综合实地走访调研的情况，发现在非遗商标保护实践中存在如下问题。

（1）许多非遗手艺人、经营者对非遗商标问题不熟悉。

调研中发现，许多非遗手艺人、经营者对非遗商标问题不太熟悉，尤其是那些小型的、社会关注度不很高、市场空间较小的非遗项目，或者是传统美术、传统技艺之外的非遗项目（如传统戏剧、传统舞蹈、民间音乐等），从业人员存在一个不适合进行生产性保护、与商标保护不相关的“认识误区”，于是也不愿考虑商标保护问题。多种因素综合起来，导致他们比较关注的主要是两个问题：一是聚焦于自己的手艺、作品，如何将传统手艺传承下去，这是匠人的终极追求，是十分可贵的精神；二是对非遗的传承与保护，更多将希望寄托于国家与政府的支持与激励，尤其是经费预算方面的支持，他们觉得这样就可以让他们把精力集中在手艺本身，多出精品，保护和传承好民族传统文化。以上原因就在许多非遗传承人、手艺人、经营者、行政保护单位中形成了一种固有认知，即认为非遗商标保护离他们比较遥远，这是他们从来没有或很少纳入考虑范围的事项。当然他们也肯定不知道，非遗商标保护既有积极保护机制的问题，还存在消极保护机制的问题。哪怕自己不去注册非遗商标，也挡不住外部人抢注非遗商标，而排除外部人抢注，就是排除对非遗文化内涵的消极影响和侵害，这也是一种保护。

（2）不少非遗手艺人、经营者认为注册非遗商标事项专业、花费时间精力、体验感不好。

也有不少非遗手艺人、经营者认识到非遗商标保护的重要性，其中有些人已经有注册非遗商标的意愿，有些甚至已经经受过非遗商标注册中的异议、无效和法院诉讼程序等历程。调研中我们注意到，对非遗商标有所认知的非遗项目多是传统技艺、传统美术类，多是在市场中有非遗产品售出的项目，而且这种项目的发展情况比较好，技艺本身有一定的复杂度，有较高的艺术价值、市场价值。有些在传承过程中本身就已形成了传统的字号、商号等传统名号，这些符号本身就具有商标属性。但他们的经历可能让他们得到了一些消极的反馈，主要是感到注册非遗商标有许多法律风险，该事项较为专业，需要付出较多的时间、精力和经费成本，体验感不是很好。

（3）证明商标、集体商标在非遗保护中的运用不充分。

基于前期实证研究中的发现，在实地走访中笔者有意识地多关注证明商标、集体商标制度在非遗商标保护中的运用情况，发现绝大多数非遗直接从业者对该制度极其陌生，即使那些对非遗商标保护有一定认知、意识较强的非遗手艺人，也几乎从未听说过证明商标、集体商标制度，当然也谈不上对该类商标的组织申请和注册以及之后的管理和运营。当然，也不是没有成功运用的例子，只是这样的例子相对较少。不过调研中也发现，实际上有些非遗项目已经初步具备运用证明商标、集体商标保护和运营的条件，甚至某些非遗项目还具有获得地理标志产品保护、地理标志证明商标或集体商标保护的可能，只是需要良好的引导、专业知识的支持和一个强有力的组织者，带领所有的从业者凝聚在一起，共同将非遗项目做大做强。我们认为，这是非遗商标保护中一个亟待解决的，也是具有重大现实意义的一个命题！

（4）"输血机制"和"造血机制"：非遗保护意识的问题。

实地走访中发现，许多非遗手艺人对政府的帮助寄予较大的希望，尤其是在目前行政保护模式作为主导模式的背景下，许多非遗手艺人对政府的资助抱有较大希冀，希望政府拨发更多的经费预算，以及增加现有经费使用中的公平透明度。这说明政府资助这种"输血机制"仍然是非遗手艺人习惯的一种认知。而通过自己开拓市场，既获得经济效益又传承传统文化的"造血机制"不是他们熟悉的模式，而非遗商标保护正是这种"造血机制"下的一个重要制度保障。目前的问题就是，如何能够让非遗手艺人越来越接受、熟悉和掌握非遗商标保护这种“造血机制”下的重要制度体系，以便在激烈的市场竞争中充分运用这种制度，建立非遗项目的文化品牌，排除仿制劣质品，在保障内部人经济效益的基础上，更有动力传承自己的非遗，达到保护和传承的良性循环。这种保护模式也不与行政保护模式相冲突，两者完全可以兼容并蓄、扬长补短，但最终要让非遗内部人认识到不能总是依赖政府的“输血机制”，更要学会将文化资源转化为文化效益的“造血机制”。

（五）非遗商标保护实证研究结论

从上述实证研究的发现和问题总结来看，在我国，非遗商标保护方面的案例或事例不但媒体时有曝光，而且在注册的数量上也呈现日益增长的态势。不仅有外部人注册，也有内部人注册，不但有积极保护模式的实践，也有消极保护机制的实例。但各地对非遗商标保护的关注程度不一，有些地方比较重视，大力推行，而有些地方不太关注，推进乏力，总体来说，目前对非遗符号资源的合理开发利用尚不充分。

目前，非遗符号的商标化利用更大程度上处于一种分散无序的状态。由于非遗符号权属的不确定，谁都可以随意注册，而利用证明商标、集体商标有序化统一开发利用非遗符号资源的事例占比极低。这种权利分散的状况也导致大量的非遗符号被抢注商标，不同权利人手中拥有不同商品或服务类别上的非遗商标专用权，像“专利灌丛”一样形成了一道道商标权的“篱笆”，谁都难以顺利运营非遗商标获取经济收益，而且消费者也难以选择，造成非遗符号资源的无谓损耗。

这种情况也导致内部人之间、外部人之间以及他们相互之间经常发生商标争议，而且由于目前法律依据的缺乏，商标局、商评委以及法院面对个案争议，只能通过对现行商标法条款进行解释性适用以解决纠纷，虽然也积累了一定的经验，但难以实现裁判标准的统一。

另外，就非遗商标保护问题而言，社会公众、非遗代表性传承人、手艺人、相关从业者、政府相关部门等相关利益主体认识不充分。对非遗的商标法保护模式了解不够，尤其是对证明商标、集体商标、地理标志等制度更是较少关注。或者是对该保护模式的局限性有所顾忌，对其重要性认识不足，也有对利用商标法保护非遗实践运营困难的考虑，如组织工作的困难、利益分配的难题等，导致非遗商标保护工作推进受阻。而且，调查中还发现许多非遗代表性传承人、手艺人还是对“输血机制”的行政保护更为依赖，因为政府经费预算的支持是他们急需的资源，而商标保护模式的市场化机制毕竟是有风险的，这也是非遗商标保护甚至是非遗知识产权保护这种“造血机制”不受关注的一个原因。关注到这些问题，笔者也对非遗符号商标注册的问题进行了问卷调查。调查中发现社会公众对非遗符号的商标利用权限更倾向于集体所有；多数公众对恶意注册非遗商标没有能力真正实施排除行动；在非遗符号商标权益和保护职责问题上，传承人和内部民众的“收益者”角色更为突出，传承地政府、行业协会的“保护者”角色更为突出；对非遗符号商标注册持“有条件开放态度”是更多人的选择。

总体而言，目前在我国，非遗的商标保护处于一种理论可行、实践混乱、法律依据欠缺、推进乏力的状态。

二、非遗商标保护推进困难原因分析

非遗商标保护中出现的问题，可能有各方面的原因。笔者认为，以下几个方面的原因应该是需要重点考虑的，也将构成后续解决方案设计的基础。

（一）非遗符号权属问题

谁拥有非遗符号，谁可以利用非遗符号申请注册商标或作为商标使用，这是非遗商标保护工作推进的基本前提。实证研究结果显示，即使是那些非群体性的非遗项目，也存在非遗符号商标纷争，更不用说群体性非遗项目了，其非遗符号的商标化利用基本呈现一种无序状态。不仅有外部人在不同类别商品或服务上抢注非遗商标引起的纷争，也有内部人之间对非遗符号注册商标权限的争夺。

可以认为，正是非遗符号权属不明的桎梏，使非遗的商标保护要么处于“公地悲剧”的境地，要么陷入“反公地悲剧”的泥潭。具体来讲，在非遗符号权利公有的情况下，谁都可以随意将其申请注册为商标或作为商标使用，导致非遗符号商标化的滥用，最终市场上存在大量非遗商标，这些商标所对应的商品或服务众多，指向混乱，难以与真正的非遗项目形成唯一对应关系，非遗商标的识别功能被严重削弱，消费者搜寻成本提高，最终导致非遗符号资源这一“公地”经济效益的降低甚至消散，形成非遗商标保护中的“公地悲剧”。另外，即使某些非遗项目符号有明确权利人的情况下，也可能陷入“反公地悲剧”。如目前有些非遗项目，名义上是由某一级政府作为权利人的，但实际上其权利往往被下放到不同级别的下级政府共同管理，造成上下级政府都有管理权，或者由于非遗项目联合申报的需要，其管理权被分散到不同地方的政府分别行使，政府再将相应的管理使用权转移给多个市场主体，造成多头行政、权利平均。这样，对包括非遗符号在内的非遗资源的开发成本增高、权属风险增大，可能让那些真正想开发利用非遗资源的主体望而却步，导致非遗资源开发不充分，陷入“反公地悲剧”的泥潭。非遗符号资源作为非遗资源的一部分，也存在这样的情形。

不过，就非遗符号来说，在“公地悲剧”式的资源滥用和“反公地悲剧”式的资源不充分利用中，前者显得更加突出。一方面是因为许多群体记忆、群体传承的非遗项目本身就处于权利公有的状态，名义上属于某地区公众共有，但实际上无人管理、无人负责；另一方面，非遗符号仅仅是非遗项目的外在表征，它是非遗的碎片化存在，与实体性的非遗项目相比，将非遗符号注册为商标的利用方式可能不触及非遗项目实体，不容易引起注意，往往尚未进入非遗传承人、主管政府部门、非遗项目协会等的视野中，游离在非遗项目权利保护范围之外，实际上处于公有状态。这就导致非遗符号在没有任何阻力的情况下被不同的人随意注册为商标或作为商标使用，等到发现时往往为时已晚，或至少需要经过艰难的法律程序排除侵害。

综上所述，非遗符号权属不明是非遗保护推进困难的一个基础原因，其或者引致非遗符号的商标滥用，使符号资源的商标利用价值消耗殆尽；或者导致非遗符号的商标不充分使用，使符号资源的商标利用价值很难彰显。“英山云雾茶”被抢注、“章丘铁锅”品牌的无序开发[1]等就是前者的典型实例，而“祁门红茶”地理标志证明商标被无效的经历则是后者的典型体现。因此，在非遗商标保护推进的进程中，非遗符号权属问题亟须解决。

（二）系统际沟通问题

这里所谓的系统际沟通问题，即商标法法律系统与非遗文化系统之间的沟通问题。在本书第一章我们就指出，非遗符号的商标利用问题将商标法法律系统与非遗文化系统联系起来，非遗商标就是两个系统联结的耦合点，但也正是由于涉及两个系统，系统之间的对话、沟通问题就成了非遗商标保护推进中的一个阻碍因素。

根据功能主义法社会学家尼克拉斯·卢曼和贡塔·托依布纳的相关理论，[2]现代社会是一个功能高度分化的社会，在这样的社会结构中，存在政治、经济、法律、文化、教育、宗教等子系统，各子系统有其社会功能。法律系统作为一个社会子系统，是一个自我运行封闭和认知开放的系统，相对于社会其他子系统（构成法律系统的环境）具有自治性，当其内部组成部分（如法律学说、法律规范、法律行为、法律秩序等）的自治构成一个超循环时就成为一个自创生系统。社会其他子系统也是这样相对封闭的自创生系统，它们有

---

〔1〕 2018年，章丘铁锅因《舌尖上的中国3》快速走红，之后各种打着“章丘铁锅”招牌的锅纷纷进入市场，质量参差不齐，消费者难辨真伪，市场迅速降温。

〔2〕 参见[德]尼克拉斯·卢曼：《法社会学》，宾凯、赵春燕译，上海世纪出版集团、上海人民出版社2013年版；[德]贡塔·托依布纳：《法律：一个自创生系统》，张骐译，北京大学出版社2004年版。

自己的边界。不同的社会子系统有自己独特的代码和沟通媒介，如法律系统的代码是“合法与不合法”，而文化系统的代码是“有意义与无意义”，这些系统自我观察、自我调整、自我描述、自我构成和自我再生产。不过，虽然不同子系统运行封闭，相互之间存在边界，但它们之间并非不能沟通，因为它们的认知是开放的，“法律自治指那种法律在其中生产自己的方式的循环性，并非指它对环境的因果独立”。[1]不过此种沟通并不是一个简单的因果逻辑，“需要有一个从原因与结果的简单逻辑向一个‘摄动’（perturbation）逻辑的转移”。[2]亦即，系统之间的沟通有赖于一个复杂的系统结构转换过程。比如，文化系统构成法律系统的一个环境要素，文化系统的一种需求要被法律系统接受，不是通过简单的“输出输入”方式，而要将这种需求反映给法律系统，通过法律系统的现象读取、案例反思、理论研究、规范建议、立法程序、规范确立等，转换成法律系统的代码、语言，即通过一部新法，或在某一级别的规范性文件中，修正或新设某一法律规则，通过设定权利义务的方式，对文化系统的这种需求予以回应。由此，法律得以改变和进化，社会系统也因此进化，实现通过法律的社会控制目标。

目前来看，在非遗的商标法保护上，就存在商标法无法充分认识非遗保护之需，未能供给有效的制度资源，从而不能有效提供保护的问题，其本质上就是一个系统际沟通问题。在上述实证调查过程中，就能发现多处这样的情况。首先，商标局的商标审查程序和实体审查标准中并没有关于非遗符号或者说传统文化标识的单独、特殊标准，在现行《商标法》以及相关审查审理标准中也没有关于非遗符号或者传统文化标识的条款，审查员检索时也缺乏关于非遗符号或者传统文化标识的信息依托。其次，司法系统对非遗商标纠纷的态度也是“法律系统的”，它很少或者根本不顾及文化系统的需求，法官们在案件的审判中使用的是法律的语言，遵循着法律规则、原则和概念体系，即使偶

〔1〕［德］贡塔·托依布纳：《法律：一个自创生系统》，张骐译，北京大学出版社2004年版，第47页。
〔2〕［德］贡塔·托依布纳：《法律：一个自创生系统》，张骐译，北京大学出版社2004年版，第47页。

尔涉及文化目标的论述，也必须将其纳入现行法律的范畴。当然，这并非商标法的错误，因为作为法律系统的商标法，有自己的专业化语言体系，自己的一套概念、规则和原则体系，自己的专门法律程序，自己的权利义务设定，自己的判断某种行为是否合法以及识别和排除不正当商标注册的标准，甚至还要与国际商标法制度和规范接轨。因此在两个系统未能实现有效沟通，商标法尚未将这一文化系统的环境需求导入自己的内部循环之前，商标法不会将非遗保护、非遗符号的商标注册等问题作为一个单独事项纳入自己的制度规范中。即使未来可以将这些事项纳入其体系中，也必须经过一个复杂的系统转换过程，且最终实现的结果如何，都需要法律系统的自我观察、自我调整以及自我再生产，提供适当的制度安排将非遗商标保护这一需求融入自己的体系之中。

（三）动力问题

动力问题是非遗商标保护推进中的另一个阻碍因素。在有人不正当地将非遗符号申请注册为商标或作为商标使用时，谁愿意阻止这种行为？而且不仅是有这种意愿，还要真正付诸实施，保护非遗不被滥用。当非遗符号具有商标化利用的空间，而且如果正当化开发，能够为非遗所属地人民带来巨大经济效益，为大家谋福利，且有利于保护和传承非遗时，谁愿意组织大家通过申请集体、证明商标，或者地理标志、地理标志商标等方式，有序化地利用非遗符号资源？要知道这是一项艰难的事业，不仅要花费大量的时间、精力，还要具备专业的知识和非凡的能力，稍有不慎，则有可能使自己或自己的公司陷入困境。

在前面的实证研究中，就有众多非遗符号被抢注且成功的事例，虽然也有提出异议、无效等排除注册的案例，但除个别政府部门、协会基于非遗保护公共利益提出的请求之外，大多属于对非遗符号的私权争夺，真正为了保护非遗的文化内涵阻止注册的案例少之又少。问卷调查中，对不正当地非遗符号商标注册愿意提出异议、无效等排除措施并付诸实施的比例也很低。另外，与非遗一般商标相比，非遗集体商标、证明商标注册数量的贫乏也说明，集体化开发、有序化利用非遗符号资源的成功事例还是太少。许多非遗项目传承人即使对集体化开发有想法，但实践中要想把非遗项目传承地的公众组织起来，共同开发，也是困难重重，导致许多人还是把希望寄托在政府或相关政府部门身上。但政府部门对开发非遗资源也有自己的担忧，一方面自己本身的行政事务就很多，经费往往也不够；另一方面也可能受限于具体非遗项目传承情况，传承地不同传承主体之间可能存在利益纠葛，组织工作较为困难，还有可能存在一个非遗项目分布较广，在不同地区都有传承，申请集体、证明商标时可能遇到较大阻碍等问题。综上，动力问题也是非遗商标保护推进中一个必须排除的阻碍因素。

（四）利益分配问题

在包括非遗符号在内的非遗资源开发利用中，利益分配始终是一个重大问题。从微观角度说，它关涉非遗资源的权属、开发利用的模式、受益的利益主体，比如非遗所有权归谁所有，谁可以从非遗开发中受益，采用何种方案进行利益分配等。开发模式是采用"大企业独家开发""小作坊分散经营"，还是采用两者结合的"大企业带头人加小作坊"等。从宏观角度看，甚至关系到地方经济结构转型、供给侧结构性改革，关涉国家乡村振兴战略、高质量发展战略。在我国，的确已经有若干地方凭借非遗品牌资源发展特色产业，成功完成经济结构的转型升级，造福一方百姓，很好地践行了乡村振兴战略。〔1〕

非遗资源开发过程中的利益分配，涉及不同的利益主体，包括非遗代表性传承人、未被授予代表性传承人资格的手艺人、传承地的一般公众、非遗开发

〔1〕　这方面的新闻报道很多，比如朱文文：《非遗在乡村振兴中大放异彩》，https://baijiahao.baidu.com/s? id=1735018515944759617&wfr=spider&for=pc，最后访问日期：2022年10月19日；徐华陵：《云南：非遗助力乡村振兴大放异彩》，http://www.yn.xinhuanet.com/topic/2022-07/11/c_1310640218.htm，最后访问日期：2022年10月19日，等等。

企业及个体经营者、非遗项目协会、当地政府等。这些主体可以通过知识、资本、劳动、税收等要素投入的形式受益。比如，非遗传承人或手艺人就可以通过自己的知识特长，以非遗关键技术或创作的非遗作品、精湛的非遗表演等知识要素的投入获取应有的收益。非遗开发企业的投资者，可以以投入的资本要素获益。非遗项目传承地的一般公众，可以作为非遗开发企业的员工或个体经营者，参与非遗项目的生产销售，以劳动或劳务的形式获取收益。非遗项目协会的人员，也可以以组织管理工作或服务工作，通过非遗生产性开发获取一定的收益。引导非遗项目开发的当地政府，在生产性开发取得成功后也可能以税收的形式获得相应收益。当然，税收收益取之于民、用之于民，可以投入进一步的非遗传承和保护工作中去。在非遗资源开发中，如果能够理顺上述各利益主体的要素投入和分配比例，就有助于形成有效的激励机制，反之则会对非遗开发形成掣肘。

具体到非遗符号商标化利用、非遗商标保护问题上，其实质是对非遗符号资源的合理开发利用。与非遗实体资源开发利用不同的是，非遗符号的开发利用有时与非遗实体资源的开发利用结合在一起，比如内部人注册非遗商标，且指定在非遗产品或服务上。但有时也可能脱离非遗实体资源而单独存在，如将非遗符号注册在与非遗文化内涵不相关的产品或服务上，产生一些额外的利益分配难题。而且，即使与非遗实体资源开发利用结合在一起的利用方式，也可能会产生一些额外的利益分配问题。这是因为，以非遗符号注册的商标具有独立于非遗资源开发利用收益之外的衍生知识产权收益。非遗符号虽然只是非遗的碎片化存在，但利用这些符号注册的商标基于非遗的文化内涵和历史声誉，本身就具备优良资产的秉性，由于商标可作为无形资产转让、许可、投资入股、质押融资，其本身就具有单独的利益，尤其是在商标成为驰名商标时，商标本身的市场价值就非常可观，[1]有时甚至能超过企业有形资产的

〔1〕 比如“王老吉”商标系列案中体现出来的王老吉商标的价值。

价值。

因此，在非遗符号与非遗实体资源的开发利用结合在一起时，除了非遗生产性开发本身产生的可分配利益之外，利用非遗符号注册的非遗商标本身又会产生额外的、单独的商标资产性收益，这一收益的受益人，一般是商标的专用权人，因此，谁最早注册非遗商标，谁就可能获得额外的利益，而且随着商标知名度的提高利益也会随之增长，有时这项收益甚至比产品收益还高。除此之外，还有因非遗商标知名度提高而带来的市场优势地位，以及随之而来的额外产品收益，都将加之于商标专用权人身上。如此，本属共有的非遗符号资源却被个别人或企业独自占有，此时就会产生针对商标资产性收益的争夺，实践中许多司法案件正是因此而产生。比如前述实证研究中的“古井烧鹅案”“古方红糖案”等。

另外，即使是非遗符号脱离非遗实体资源的利用方式，也会产生单独的、额外的利益分配难题。比如，有些人将非遗符号抢注为商标，自己也不用，而是待价而沽，在非遗内部人自己想使用这些商标时，如果无法排除其注册，最终就只能通过协商转让的方式有偿获得商标。或者是将非遗符号注册在与非遗文化内涵不相关的商品或服务上，利用非遗符号的在先文化吸引力获得商标、品牌的迅速提升，获取额外的商业利益。

综上所述，在非遗商标保护过程中，基于非遗符号的商标化利用产生的利益分配问题是一个重要问题。它不仅涉及非遗实体资源产生收益的分配，而且由于衍生的商标资产性收益，还产生了单独的、额外的利益分配问题。在非遗符号权属不明、实际上几乎处于公有的情况下，这一问题的实践面相异常扭曲，市场抢注之风盛行，非遗商标权利极其分散，对非遗的开发利用产生了非常消极的影响，是一个必须解决的问题。

（五）对非遗商标保护模式的认知问题

非遗商标保护推进中的最后一个阻碍因素，可能在于主观方面，即人们对非遗商标保护模式的认知问题。一方面可能是对非遗商标保护模式局限性的担忧；另一方面可能是对非遗商标保护模式重要性的认识不足。

非遗的商标保护模式是否能够对非遗进行全面的保护？答案的确是否定的。该种保护模式确实存在一定的局限性。比如，它是对符号的保护，不直接保护非遗本身的内容。如果其他人利用传统技艺、民间音乐、传统美术的要素进行创作，商标法不可能阻止。再如，它更适合对市场化的非遗项目进行保护，因为商标是市场竞争性的，申请商标就是为了进入市场，获取市场竞争优势。再如，它更适用于传统技艺、传统美术等非遗项目，不能包容所有非遗项目。又如，商标注册需指定特定的商品或服务项目，不符合非遗的全面保护诉求，如果要在全部45类商品上注册，成本又太高，而且实践中也很难顺利全类注册等。

对非遗商标保护模式局限性的认识又造成了对该种保护模式重要性认识的不足。既然这种模式不能保护非遗内容，不能涵盖所有非遗项目，成本又高，还不如回归到非遗的行政保护上去，或者适用著作权、专利权、商业秘密等模式保护。于是，非遗的商标保护推进就可能受到消极影响。

应该说，这两种认识有一定的合理成分，但绝不应成为阻碍非遗商标保护推进的原因。首先，就局限性来说，对非遗的法律保护，无论是行政保护，还是著作权、专利权、商业秘密等其他知识产权模式，也都存在一定的局限性。实际上，商标权保护模式是得到学界更多认可的模式，而且其保护范围相对更大，适应性更强。其次，就商标保护模式的重要性而言，姑且不论积极保护机制对非遗生产性开发的重要保障作用，如果仅仅能够充分运用集体商标、证明商标制度，实现对非遗项目的有序化开发利用，就会使非遗焕发新生。仅就消极保护机制而言，其重要性、必要性也是显而易见的，因为即使非遗内部人自己不申请非遗商标，也挡不住众多外部人抢注非遗商标，此时只有通过商标法赋予的程序才能排除这些恶意申请或注册，否则就可能对非遗造成侵害。

综上所述，非遗的商标法保护模式虽然有一定的局限性，但在非遗保护中势必要扮演一个重要角色，是必须要推进的项目。而且，如果商标法改善制度供给，很可能将这种局限性大大降低，为非遗保护做出更大贡献。

三、本章小结

本章内容是对前述四部分实证研究的总结和分析，包括对各项实证研究的发现和现实中存在问题的总结，以及对目前非遗商标保护推进中存在问题的原因分析。通过对各项实证研究中的发现和问题的总结，发现我国目前的非遗商标保护存在一定的问题，包括：一方面各地重视程度不一，非遗符号的商标化利用不充分，另一方面分散无序的开发利用模式可能带来非遗符号资源的浪费和耗散。非遗商标纠纷判断标准不统一，纠纷多，争议大，符合非遗群体性特征的有序开发利用的模式未能充分推广开来等。总体而言，目前我国的非遗商标保护处于一种理论可行、实践混乱、法律依据欠缺、推进乏力的状态。在此基础上，从非遗符号权属问题、系统际沟通问题、动力问题、利益分配问题、对非遗商标保护模式的认知问题五个方面进行原因分析，以便为后续的解决方案设计奠定基础。

第八章　非物质文化遗产商标保护解决方案：应考虑的要素

非遗的商标保护模式对非遗保护与传承具有重要意义，理论上具有可行性，实践中也已经开展起来，但还存在各种问题。因此，基于上述实证研究发现和问题的总结、分析，针对非遗商标保护进行制度完善就显得十分必要了。本章拟在上述实证研究的基础上，为非遗商标保护解决方案的制定进行要素考察，包括方案制订的目标、要解决的问题、现有制度资源等，以期为制度完善提供必要的基础支撑。

一、非遗商标保护解决方案的制订：目标设定

（一）根本目标：保护和传承非遗

无论是以行政法为主导的公法模式，还是以知识产权法为主导的私法模式，在非遗保护问题上其终极目标都是一致的，即保护和传承非遗，将宝贵的传统文化资源留存下来，保持文化生态多样性。就我国而言，这还是继承和弘扬中华民族优秀传统文化、促进社会主义精神文明建设、增强文化自信的重要一环。因此，非遗的商标法保护同样以此为终极目标，所有的制度方案设计都应以此为根本遵循。

不过，非遗商标保护模式对非遗保护和传承的作用机制是间接的，它通过

非遗符号的媒介，一方面阻止人们对非遗的商标化侵害，防范非遗资源的流失，另一方面内部人积极申请非遗商标，保障和增益非遗生产性开发。通过上述两种机制，使非遗内部人群体获取非遗文化资源的经济收益，激励内部人在文化自信的基础上保护和传承非遗，构建非遗保护和传承的"造血机制"。在这个过程中，使非遗传承群体适应市场机制，逐步摆脱行政保护的"输血机制"，将政府的有限资源留给那些不适合市场开发的或濒临灭绝的非遗项目。

（二）直接目标：为非遗商标保护的推进扫除障碍

从前述实证研究结论可见，我国非遗商标保护在实践推行中存在若干问题，包括各地重视程度不一、非遗符号商标化利用不充分、分散无序的开发利用模式居多、非遗商标纠纷判断标准不一、有组织和有序化的开发利用模式未能充分推广等。因此，非遗商标保护解决方案的制定，目标在于尽力扫除这些障碍，使非遗的商标保护模式能够更加符合非遗保护和传承的需要，更加顺畅地推进下去，为非遗保护与传承贡献制度力量。

（三）具体目标

1.具体目标一：排除不适当的非遗商标注册或使用行为

这是非遗保护和传承根本目标之下的具体目标之一，是非遗商标保护中消极保护机制的体现，它是对非遗符号的商标侵害的排除，也是对非遗文化内涵的保护和保留，同时也是防止非遗符号滥用的有效方式。目前实践中虽然也有部分以非遗符号注册的商标被排除，但目前的排除机制依赖于现行商标法中相关条款的灵活性适用，对非遗保护而言，其排除范围不确定，排除标准不清晰，且排除机制中缺乏有效的动力源，难以达到对非遗商标侵害的阻止效果。新的方案设计应有效解决这些问题，排除不适当的非遗商标注册或使用行为，为非遗商标保护的推进奠定基础。

2.具体目标二：合理开发利用非遗符号资源

这也是非遗保护和传承根本目标之下的具体目标之一，是非遗商标保护中积极保护机制的体现，即由非遗内部人积极申请非遗商标，用于与非遗文化内涵强相关的商品或服务上，开发非遗文化产品或文化服务，将文化资源转化为文化效益。“非遗符号资源”虽不是非遗实体内容，但构成非遗项目整体的组成部分，对非遗符号的商标化利用直接关系到“非遗内容资源”的开发利用，如非遗品牌的确立、市场占有率的提高、经济效益的实现。这样，通过保障和增益非遗生产性开发，也就间接关系到非遗保护和传承的实效。我国《非物质文化遗产法》第三十七条〔1〕对开发利用非遗资源持支持态度，但也有明确的条件限制，即“在有效保护的基础上合理开发利用”。根据该条规定，非遗符号资源的开发利用同样应遵循“保护前提之下的合理原则”。非遗符号资源的合理开发利用，其内含应该是：在不损害非遗文化内涵、保持非遗原真性前提下的开发利用。从实证研究的发现来看，目前对非遗符号资源分散性、无序化的商标化利用完全不符合合理开发利用的内涵，应予纠正。

二、非遗商标保护解决方案的制订：非遗符号权属安排

实证考察结论和分析表明，正是因为非遗符号权属的不确定，才造成了目前非遗商标保护中一系列问题的产生。可以说，非遗符号权属问题是非遗商标保护的根源问题，对此必须予以妥当安排，才能理顺后续一切制度方案。

由于我国尚未实施真正意义上的“非遗权利登记”制度，因此包括非遗符号在内的非遗资源都处于一种权利不确定状态，至少从“法律权利”的意义上

---

〔1〕 该条规定：“国家鼓励和支持发挥非物质文化遗产资源的特殊优势，在有效保护的基础上，合理利用非物质文化遗产代表性项目开发具有地方、民族特色和市场潜力的文化产品和文化服务。开发利用非物质文化遗产代表性项目的，应当支持代表性传承人开展传承活动，保护属于该项目组成部分的实物和场所。县级以上地方人民政府应当对合理利用非物质文化遗产代表性项目的单位予以扶持。单位合理利用非物质文化遗产代表性项目的，依法享受国家规定的税收优惠。”

来讲，权属是不确定的。我们目前所实施的“非遗代表性项目名录”制度并非非遗的权利登记。正如中国非物质文化遗产网·中国非物质文化遗产数字图书馆中对该制度的介绍，该制度的建立既是我国履行联合国教科文组织《保护非遗公约》义务的要求，也是我国《非物质文化遗产法》中规定的义务。该制度建立的目的是对保护对象予以确认，以便集中有限资源，对体现中华民族优秀传统文化，具有历史、文学、艺术、科学价值的非遗项目进行重点保护，是非遗保护的重要基础性工作之一。因此，该制度的建立是实施非遗行政保护的一个基础措施，并非法律权利的规定。

因此，非遗资源的权利归属问题一直未有明确安排，导致非遗符号权属不确定。理论研讨中虽然有众多学者反对将其纳入公共领域，但实践中其几乎已经处于公共领域，谁都可以利用。而且根据《商标法》规定，一个人或企业利用非遗符号申请商标注册，一旦授权即获得商标专用权，如果再经过长期使用，该非遗符号就将与特定的商品或服务产生唯一联系，非遗符号就会被以商标的形式独占，成为私人财产。即使未经注册，如果一个市场主体长期使用某非遗符号，也可能获得未注册商标权的保护或成为反不正当竞争法上的“知名商品名称或包装、装潢”，也可能被转换为私人财产。而且更为严重的是，这种不加约束的状态还可能导致不同主体分别占有同一非遗项目中由不同非遗元素构成的商标的情况，形成商标权利的重叠，让消费者无所适从。因此，如果将包括非遗符号在内的非遗资源置于公共领域，就会产生彼得·德霍斯所谓“纵容从公共领域获取利益的行为”，〔1〕单就非遗符号而言，就会产生一种“商标法在纵容某些人从公共领域获取利益的行为”。而非遗内部人应该是不希望看到这种情况发生的，而且他们一般也不会将自己的非遗视为公共领域的标的。

当然，已有学者注意到上述问题，并提出补足非遗商标“唯一性”要素的

〔1〕［澳］彼得·德霍斯：《知识财产法哲学》，周林译，商务印书馆2008年版，第2页。

建议，即“不论非遗是否解决私权权利归属问题，其均要求客观上非遗商标的权利归属存在唯一性”。[1]也就意味着，“一个特定的非遗项目应当只存在唯一一个与之对应的商标权权利主体，增补唯一性之后，当特定非遗上已存在有效注册商标时，可通过阻断非遗中剩余指向性元素进入私权领域的可能性，从而避免同一非遗上存在多个商标”。[2]该建议注意到了非遗符号与非遗商标的唯一对应关系问题，承认首次注册人的商标权利，这一点应该肯定。但这一方案未能从根本上解决非遗商标权属问题，而且会更加鼓励对非遗符号的商标抢注行为。试想，如果首次注册人是非遗内部人尤其是传承人尚好，如果是与非遗项目毫不相关的外部人，且将非遗符号注册在不相关产品上甚至是可能对非遗文化具有侮辱、歪曲的商品或服务上，岂不是会对非遗文化内涵造成更大的侵害？

那么该如何解决这一问题呢？彼得·德霍斯的“抽象物理论”，具体说是该理论中的“知识共有理论”可以提供一个适当的理论借鉴。根据德霍斯的观点，“知识财产法的目的是在我所称的‘抽象物’上创设权利”。[3]而“当社会要对抽象物的创造和利用进行调整时，必须在四种知识共有模式中作出选择”。[4]该4种知识共有模式即“包容式消极共有”“包容式积极共有”“排他式消极共有”“排他式积极共有”。该4种模式的划分是基于消极共有/积极共有、包容式共有/排他式共有两对概念区分而来的。所谓“消极共有”，是指一切事物对所有人开放并平等属于每一个人。所谓“积极共有”，是指资源共同属于全体有共有权的人，任何人对这些资源的使用必须得到全体共有权人的一致同意，这对概念指向共有权的内部结构形式。“包容式共有”和“排他式共有”的概念指向知识共有的范围，包容式共有是指共有的群体具有普遍性，不限地理位置、种族、文化等；排他式共有则将资源的利用限制在一个特定群体之

[1] 郑璇玉、郑雨欣：《“非遗”标识私权属性认定的“唯一性”标准研究》，载《中华商标》2022年第6期。
[2] 郑璇玉、郑雨欣：《“非遗”标识私权属性认定的“唯一性”标准研究》，载《中华商标》2022年第6期。
[3] [澳]彼得·德霍斯：《知识财产法哲学》，周林译，商务印书馆2008年版，第2页。
[4] [澳]彼得·德霍斯：《知识财产法哲学》，周林译，商务印书馆2008年版，第3页。

内。[1]在阐述该理论的基础上德霍斯指出，建议社会应该选择积极共有而不是消极共有。

运用“知识共有理论”观察非遗符号的商标化利用，可以发现目前实践中的情况比较接近于“包容式消极共有”模式，即非遗符号属于社会上所有的人[2]共有，且任何人都可以不经同意任意使用。但这明显与非遗的群体性所有属性不符，非遗的群体性所有并非无范围限制的包容式共有，而是局限在创造、发展非遗项目的社区、群体或个人，因此对非遗符号的共有模式从范围上来看绝不应该是包容式共有，而是“排他式共有”。另外，从共有权内部的结构形式来看，目前消极共有的模式显然带来了公地悲剧式的资源浪费和耗散，并不可取。如果采取积极共有模式，则不仅与德霍斯的建议一致，而且也符合我国目前非遗符号商标保护的实际需求。因此，对非遗符号的权属安排，借鉴德霍斯的知识共有理论，应该在“排他性积极共有”的模式下予以调整。[3]亦即，对非遗符号的权属问题，应采“集体所有权”模式。这样，非遗符号的权属只能在特定非遗项目传承地的社区、群体中共有，[4]对非遗符号的利用应该取得共有权人的一致同意，不能随意利用。

进一步探究，如果采用“排他性积极共有”模式，意味着对非遗符号的商标利用需要取得共有权人的“一致同意”，这一要件会带来哪些影响，利弊如何，也需要详细分析。首先，可以肯定的是，“一致同意”要件对非遗商标消极保护机制有利，即有利于排除对非遗符号的个体抢注式的商标注册。无论是非遗内部人还是外部人，也无论是指定在与非遗文化内涵相关性强还是相关性弱的商品或服务上，未经一致同意的非遗商标注册，都是对“排他性积极

〔1〕 参见［澳］彼得·德霍斯：《知识财产法哲学》，周林译，商务印书馆2008年版，第3页。

〔2〕 理论上甚至超过国家范围，全世界民众都享有利用权，实证考察中也确实发现了国外公司或自然人利用我国的非遗符号申请注册商标的情况。

〔3〕 事实上，不仅是非遗符号资源，非遗实体内容的权属安排，也完全可以按照这一模式进行确定。

〔4〕 对于家族传承的项目，如果仅有单支传承，可能不涉及共有问题，但即使如此，只要有两人或两支以上传承支系，就可能发生权属争议问题，此时也涉及共有问题。

共有”模式的违反，这样，只要有人对此类商标注册提起异议、撤销、无效等程序，即可认为未经非遗符号共有人的一致同意，不可获得注册。其次，“一致同意”也可能带来非遗符号商标利用的阻碍，因为在共有权人数量众多、分散无组织的情况下，很难真正做到一致同意，那就可能反过来成为非遗符号商标利用的桎梏，造成谁也无法开发利用的资源闲置状态，此时就弊大于利了。因此，对“一致同意”要件不能理解为一种理想状态的“全部同意”，亦即，我们追求的不能是“绝对的一致同意”，只能是“相对的一致同意”。正如卢梭设想的社会契约论，不可能真正在每一个人之间，以及个人与社会、国家之间达成一种肉眼可见的契约。那么实践层面，如何在非遗符号商标利用方面确立一种适当的非遗符号权属安排呢？商标法上的证明商标、集体商标制度，以及地理标志、地理标志商标制度提供了较好的解决方案。这些商标类型如果运用得当，可以最大限度地体现非遗社区、群体成员对非遗符号的共有权利，也能最大程度得到共有权人的“一致同意”，符合“相对的一致同意”标准。

综上，对非遗符号权属问题，应该采用“排他性积极共有”模式。这样，既承认了非遗符号资源的社区、群体共有权能，又意味着对非遗符号合理化商标利用的正当程序。依据该模式，引导非遗传承社区、群体利用证明商标、集体商标等制度，实现非遗符号商标利用的有序化，改善目前的混乱局面。

三、非遗商标保护解决方案的制订：国际考量

国际考量因素在此主要是指，我国在制定非遗商标保护相关制度时，应该考虑到相关国际条约、协议等确立的基本原则和制度，尽量与其保持一致，为可能的国际协调和安排保留空间。目前来看，涉及非遗商标保护的国际条约包括两个方面，一是“与非遗保护相关的国际条约及相关文件”，二是“与商标法相关的国际条约及相关文件”。

（一）与非遗保护相关的国际条约

传统文化保护、文化多样性保留一直是国际社会关注的一个命题。联合国教科文组织经过努力，协调多个成员国通过了若干国际条约及相关文件，如《保护非遗公约》《保护和促进文化表现形式多样性公约》（2005年）、《建立“活的人类财富”国家体系指南》（2003年）、《实施〈保护非物质文化遗产公约〉的业务指南》（2008年通过，分别于2010年、2012年、2014年、2016年、2018年修订）、《保护非物质文化遗产伦理原则》（2016年）等。

非遗商标保护是非遗保护的一个组成部分，虽然上述国际条约和相关规定主要归属于非遗行政保护模式，但其中某些原则和制度也涉及非遗生产性保护与开发、商业性利用的内容，对于非遗的私法保护、商标法保护亦可适用，且无论是行政法这种公法保护还是商标法这种私法保护，虽然方式、机制不同，但殊途同归，其保护目标终归是一致的。因此非遗商标保护的制度方案设计也应考虑到上述国际条约的基本原则和制度，这也是保障非遗商标保护不偏离根本目标的重要因素。

就这些条约和相关文件确立的基本原则和制度来看，其中可能与非遗商标保护相关的内容可归纳如下。

第一，承认和强调非遗各社区、各群体以及个人对非遗保护和传承的广泛参与、管理、实践和文化自决的规定。《保护非遗公约》第15条规定：“缔约国在开展保护非物质文化遗产活动时，应努力确保创造、延续和传承这种遗产的社区、群体，有时是个人的最大限度的参与，并吸收他们积极地参与有关的管理。”《保护非物质文化遗产伦理原则》第1条规定，社区、群体和或有关个人应在保护其自身非物质文化遗产中发挥首要作用。”第2条规定：“社区、群体和有关个人为确保非物质文化遗产存续力而继续进行必要实践、表示、表达、知识和技能的权利应予以承认和尊重。”《实施〈保护非物质文化遗产公约〉的业务指南》第171条(a)项规定:“确保创造、维护和传承该等遗产的社区、群体和有关个人尽可能广泛参与,并积极动员其参与该等计划、政策和方案的制定和施行。”从非遗商标保护制度完善的视角考虑,条约的这些规定赋予了非遗传承社区、群体以及相关个人尽可能广泛地参与、管理和自我决定非遗符号商标化利用的权利,这对群体性非遗项目的商标保护提出了确定的要求,即不能延续目前分散性、无序化的非遗符号商标利用现状,不能让某些个体独占非遗符号商标权,而应该让非遗传承社区、群体的成员尽可能广泛地参与,或者动员其广泛参与。按照这一要求,非遗符号资源的商标化利用最适合的方式就是证明商标、集体商标或地理标志商标,或者地理标志,只有这些模式才能保证非遗保护与开发中的广泛参与以及自我管理的实现。

第二,强调非遗传承各社区、各群体以及个人对非遗拥有的精神和物质利益,以及他们基于非遗的受益权的规定。《保护非物质文化遗产伦理原则》第7条规定:“创造非物质文化遗产的社区、群体和个人应从保护该遗产所产生的精神和物质利益中获益。”第171条(b)项规定:“确保该等相关社区、群体和有关个人是主要受益者,无论是在该等计划、政策和方案的精神还是物质层面。”《实施非遗公约业务指南》第173条(b)规定:“通过运用知识产权、隐私权及其他法律保护的适当形式,以此确保在提高创造、维护和传承非物质文化遗产的社区、团体和个人对遗产或参与商业活动的认识时,其权利得到应有的保护。”第185条(b)规定:“确保相关社区、群体和个人是其非物质文化遗产所带来收入的主要受益人,且其收入不会被剥夺,特别是不可因以为他人创收为目的而被剥夺。”第186条(b)规定:“确保相关社区、群体和个人是与其非物质文化遗产相关的工作机会的主要受益人,且其机会不会被剥夺,特别是不可以为他人创造机会之目的而被剥夺。”第187条(b)ⅰ规定:“确保相关社区、团体和个人是任何与非物质文化遗产相关旅游业的主要受益人。”

上述国际条约的规定也为非遗商标保护提出了明确的要求,即在非遗符号的商标化利用过程中,非遗各社区、各群体以及相关个人才是其主要的受益人，其受益权应受到法律的保护，《实施〈保护非物质文化遗产公约〉的业务指南》第173条还特别规定了运用知识产权保护非遗传承社区、群体的成员在商业活动中的权利，这为非遗的商标保护提出了更为直接的要求。

第三，非遗传承社区、群体或个人保持非遗真实性、排除侵害的权利的规定。此类规定如：《保护非物质文化遗产伦理原则》第8条规定："非物质文化遗产的动态和鲜活本质应持续获得尊重。真实性和排他性不应构成对非物质文化遗产保护的担忧和障碍。" 第9条规定："社区、群体、地方、国家和跨国组织和个人应对可能影响非物质文化遗产存续力或相关社区的任何行动所造成的直接或间接、短期或长期、潜在和确定影响进行仔细评估。" 第10条规定："社区、群体和相关个人应在确定何物对其非物质文化遗产构成威胁（包括脱离情境、商品化和失实陈述）以及确定如何防止并减轻该等威胁时发挥重要作用。"《实施〈保护非物质文化遗产公约〉的业务指南》第171条（b）项规定："（缔约国应）确保该等计划、政策和方案尊重道德考虑因素，不对相关的非物质文化遗产的存续力产生负面影响，不脱离遗产的背景或改变其本质。" 第176条规定："缔约国应……确保其（非遗名录中的项目）不被滥用以损害非物质文化遗产以及社区、群体或有关个人，特别是为了短期经济收益。" 第187条（b）ii也规定："确保文化遗产的活性、社会功能和文化含义不会因旅游业削减或受到威胁。"

这些规定聚焦于缔约国保护非遗的真实性、排他性、可持续发展和防止其被不适当的商业开发侵害的义务。这些规定对于非遗的商标保护也是完全适用的。非遗符号的商标化利用本身就是一种商业化开发非遗资源的活动，即使是非遗内部人商标化利用非遗符号也应防止对非遗文化内涵的侵害，而目前分散性、无序化的个体随意利用行为，对非遗真实性、文化内涵、可持续发展无疑会带来极大的侵害可能性，对非遗社区、群体或个人的排他性权利显然构成侵害。这就要求商标法应该为非遗社区、群体或相关个人提供制度供给，以有效排除该种形式的对非遗的侵害行为。

第四，对非遗利用的条件和程序的规定。《保护非物质文化遗产伦理原则》第4条规定："与创造、保护、维持和传播非物质文化遗产的社区、群体和有关个人之间的所有互动，应以透明合作、对话、谈判和协商为特征，并以自愿、事先、持续和知情同意为前提。"该条规定言简意赅，对开发利用非遗资源的条件和程序进行了原则性规定。按照这条规定，开发利用非遗资源的人，应该与非遗社区、群体或有关个人进行接洽，并在自愿和知情同意的基础上通过协商、谈判、对话，达成透明的合作协议，只有这样才能开发利用。该条规定与《生物多样性公约》确立的"知情同意，惠益共享"原则[1]是一致的。虽然这里没有明确提到"惠益共享"，但基于自愿协商、知情同意达成的合作必然包含利益分享的成果。这一伦理原则对非遗商标保护也提出了明确的要求，而且对我国现有的实践具有重要的指导意义。按照这一要求，我国目前在非遗符号的商标化利用上存在诸多问题，需要按照公约条款完善制度安排，提供符合公约要求的商标法具体制度。

（二）与商标法相关的国际条约

非遗商标保护毕竟涉及商标法，是利用商标制度和运行机制进行的保护，因此关于商标法的国际条约和相关文件也是一个不能回避的考量因素。

我国自改革开放以来，在知识产权领域一直在积极融入国际大环境，尤其在2001年加入WTO前后，更是积极修法，在知识产权法治建设方面发展迅速，也是多个国际知识产权条约、协议，以及双边和多边协议、贸易协议的成员国。其中与商标有关的国际条约就有《建立世界知识产权组织公约》（Convention Establishing the World Intellectual Property Organization，简称WIPO公约）、《与贸易有关的知识产权协定》（Agreement on Trade-Related Aspects of Intellectual Property Rights，简称TRIPs）、《保护工业产权巴黎公约》

〔1〕 参见《生物多样性公约》第15条第5款、第7款。公约文本可参见联合国网站：https://www.cbd.int/doc/legal/cbd-zh.pdf，最后访问日期：2022年11月6日。

(Paris Convention for the Protection of Industrial Property，简称《巴黎公约》)、《商标国际注册马德里协定》(Madrid Agreement Concerning the International Registration of Marks，简称《马德里协定》)、《商标国际注册马德里协定有关议定书》(Pr-otocol relating to the Madrid Agreement concerning the International Registration of Marks，简称《马德里协定议定书》)、《商标注册用商品和服务国际分类尼斯协定》(Nice Agreement Concerning the International Classification of Goods and Services for the Purposes of the Registration of Marks，简称《尼斯协定》)等。

我国《商标法》经过40年左右的发展，已经比较完善，而且在发展过程中，一直尽力保持与国际条约、公约的一致。我国商标法中的基本原则、规则都能满足国际条约、公约的要求，比如注册取得原则、商标类型的规定、商标使用的规则、商标保护期、续展的规则、商标注册程序、商标构成要素、商标显著性要求、驰名商标规则、商标保护规则、侵权责任规定等，甚至在某些方面还做到了对条约义务的超越，比如10年保护期的规定、声音商标、惩罚性赔偿的规则等。商标法国际条约既有对缔约国基本义务的规定，也有缔约国可自由安排的空间。具体到非遗商标保护的要求，可能需要相应的商标法制度变革。唯需注意的是，在制度变革方案设计时，需要在我国现有商标制度的基础上，关注商标国际条约和相关文件的规定，做到不违反条约规定的义务即可。

(三)国际考量因素总结

综上所述，从国际条约、公约及相关文件的要求来看，非遗商标保护制度方案设计应该考虑非遗社区、群体或相关个人广泛参与和管理的权利，普遍受益的权利，保护非遗真实性、排他性、可持续发展，防止和排除对非遗侵害的权利。在非遗符号商标化利用中还要求满足特定的条件和程序，即应该与非遗社区、群体或有关个人进行接洽，并在自愿和知情同意的基础上通过协商、谈判、对话，达成惠益共享的合作协议。另外，制度方案还应该不与商标法国际条约义务相违背。

四、非遗商标保护解决方案的制订：经济效益创造与文化权利保护的平衡

非遗生产性保护的机制就是将文化资源转化为文化效益，通过对非遗的合理开发产生经济利益，为非遗保护与传承增加动力，但同时又要保护好非遗的文化内涵，做到合理开发利用，否则可能适得其反，比如短期经济利益的追求可能导致经济效益的不可持续，且导致文化资源的衰竭。因此，这些内容一直作为重点贯穿在非遗保护的国际公约和相关文件中。〔1〕

而非遗商标保护的实施过程必然伴随非遗生产性保护，它是加入了商标、品牌要素的非遗生产性保护，是非遗生产性保护的"加强版"。这个过程不仅涉及文化要素到经济要素的转化，还可能衍生出知识产权的要素，即"非遗文化品牌"。因为非遗是知识产权的源泉，基于非遗实体资源，不仅有可能产生专利权、著作权，还可能产生大量技术秘密。而基于非遗符号资源，则可能产生优质的、高质量的文化商标品牌。这些品牌不仅有利于非遗经济效益的提高，而且有助于非遗文化的宣传，进一步提高非遗传承群体的文化自信。因此，如果运用得当，它将有助于在非遗文化权利保护和经济效益创造之间达成最佳平衡。

这就有赖于非遗符号商标化利用制度规范的建立。这些制度规范至少不能鼓励非遗符号的滥用，而是有助于合理开发利用，当存在对非遗符号滥用的行为时能够有人、有途径阻止和排除；这些制度规范不能将有限的非遗符号资源分散，而应该聚力于一点，让非遗符号转化的商标品牌清晰地指向一个非遗项目和相应的商品或服务，将非遗符号资源的文化品牌要素最大化。

---

〔1〕 可参见《实施〈保护非物质文化遗产公约〉的业务指南》中涉及的非遗保护与包容性经济发展、创收和可持续生活、生产性就业和体面工作以及非遗保护与旅游业发展等内容，均属于非遗保护中文化保护与经济发展之间关系的规定。

五、非遗商标保护解决方案的制订：现有制度资源参考

前述实证研究结论已经表明，我国在非遗商标保护领域的确存在若干制度不足的问题，但非遗商标保护制度的完善也并非无据可依。现行《商标法》及配套规定本身就已提供了若干具体制度安排，只是还需要在此基础上做好现有制度梳理和其他制度资源借鉴，为非遗商标保护提供更加完善、充分的制度供给。

（一）国外制度资源列举

1.美国专利商标局NATI数据库制度

NATI数据库即“土著美国部落标志数据库”（Native American Tribal Insignia database），是美国专利商标局建立的一个用于商标审查的数据库。处于数据库中的相关标志主要为土著印第安部落官方标志，这些标志不能被部落之外的主体作为商标注册或使用，但部落自身可以注册为商标用于商业使用。NATI数据库制度建立的依据主要是美国为实施1994年《商标法条约》（Trademark Law Treaty）所颁布的1998年的《商标法条约实施法案》（Trademark Law Treaty Implementation Act）。[1]该法案第302条授予了土著印第安部落对其官方标志享有的权利。该条款赋予专利商标局行政长官一项调查研究义务，即研究如何根据商标法对土著美国部落官方标志进行更好的保护，并要求其不晚于1999年9月30日提交一份研究报告。在此背景下，美国专利商标局在调查研究的基础上制定了该数据库制度。按照美国专利商标局在研究报告中的解释，土著美国部落官方标志是指“由联邦或州政府承认的土著美国部落的旗帜、盾徽或任何其他标志或设计，且这些标志由部落决议通

---

〔1〕 See PUBLIC LAW 105–330—OCT. 30, 1998.

过并通知美国专利商标局”。[1]另外，在美国专利商标局的报告中，也表明了该制度建立的商标法依据，即美国《兰哈姆法》第2条(b)[2]关于“国家标志禁止商标注册”条款。因此，其实质是对该条款进行解释，将土著美国部落视为政府性质的机构，以此纳入该条款。也正因如此，其适用条件中才包含“联邦或州政府承认的土著美国部落”的前提条件。亦即，只有经过联邦或州政府承认的土著美国部落的官方标志(official insignia)，才能进入该数据库受到保护。

NATI数据库制度是一种典型的商标消极保护机制，有学者对该制度的意义进行评价，认为“这一制度的运营形成了一个有效的防护盾，以保护美国印第安部落的符号资产不被其他人注册为商标。这一手段虽然损失了一部分普通商标收益，但保护了一个部落的主权，同时它能保护部落财产中的文化方面的利益”。[3]虽然该数据库排除注册的标志是土著美国部落官方标志，其制度建立的理论基础和依据更多是“政治属性”而非非遗商标保护的“文化属性”，但土著美国部落官方标志实质上就是一个民族、族群的名称、标志或其他符号，其完全可以归入非遗的范畴。因此该制度为非遗的消极保护机制提供了一个立法例，可以在此基础上，通过制度调整以及建立类似数据库的方式，排除对非遗符号的抢注。

当然，该制度模式也有一定缺点。NATI数据库并没有授予土著美国人类似于知识产权的排他权，部落标记或符号的登记并不意味着任何积极的权利，比如针对侵权提起诉讼的权利，或是针对标记使用的排他权。[4]其权利范围仅

---

〔1〕 UNITED STATES, & DICKINSON, Q. T. (1999). Official insignia of Native American tribes: report pursuant to P.L. 105-330. Washington, D.C., The Office. p.24.

〔2〕 Section 2(b) of the Lanham Act, 15 U.S.C. § 1052.

〔3〕 Charles D. Bernholz, Linda G. Novotny, Ana L. Gomez, *American Indians and the United States patent and trademark office: The Native American Tribal Insignia database*, Government Information Quarterly, Volume 26, Issue 1, 2009, p.184.

〔4〕 See Nina Mantilla, *The New Hawaiian Model: The Native Hawaiian Cultural Trademark Movement and the Quest for Intellectual Property Rights to Protect and Preserve Native Hawaiian Culture*, American University Intellectual Property Brief. Fall 2011: p.35.

为排除第三方主体对这些符号的商标注册。但该制度模式对于在现行知识产权体系下完善非遗的商标保护具有重要意义，是一种低沉本、有效率的消极保护机制，对我们的方案设计具有重要的借鉴价值。

2.巴拿马模式

巴拿马模式是针对非遗的一种特殊知识产权保护模式（Sui Generis Intellectual Property）。2000年6月26日巴拿马通过了第20号法律，即《关于保护和捍卫土著人民的文化特征及其传统知识的集体知识产权特别制度》。〔1〕学者评论该法案为世界上第一部以特别知识产权法模式保护非遗的立法，“当世界上多数国家还处在承认土著居民权利的早期阶段时，巴拿马，一个发展中国家和前西班牙殖民地，就已经通过了一部授予其原住民针对他们的创造、发明和传统表达以排他、集体和永久权利的法律”。〔2〕根据法案第1条的规定，其立法目的是保护巴拿马土著居民基于他们的创造享有的集体知识产权和传统知识，这些创造包括发明、模型、图画、设计，包含在形象、人物、符号、图形、石雕和其他具体细节中的创新，以及包含在他们的历史、音乐、美术和传统艺术表达中的文化要素，不过获得保护的前提是适合于商业化利用的上述传统知识和表达。至于保护的方式，法案提供一种注册的专门制度，以促进和市场化这些权利，并通过这种方式突出原住民文化的社会和文化价值并保护他们的正义诉求。法案同时规定：除非原住民明确提出要求，否则他们的传统文化表达不得成为未经授权的第三方以任何种类的知识产权制度专有的对象，例如版权、工业设计、商标、地理标志和其他标志。法案还详细列举了能够获得保护的对象，包括土著居民的服饰、乐器、音乐、舞蹈、表演、口头和书面表达、传统艺术、生产工具、制作技术、原材料、模具、木雕、传统的篮子、皮包等传统文化表达。

〔1〕 LAW NO. 20 OF JUNE 26, 2000, On Special System For The Collective Intellectual Property Rights Of Indigenous Peoples For The Protection And Defense Of Their Cultural Identity And Their Traditional Knowledge. 参见世界知识产权组织网站，https://wipolex.wipo.int/zh/text/177308，最后访问日期：2022年11月23日。

〔2〕 Joel Sherzer, *Western Intellectual Property And Indigenous Cultures: The Case of The Panamanian Indigenous Intellectual Property Law*, Boston University International Law Journa Vol. 23, 2005, p.338.

根据法案规定，土著居民经过注册登记取得的知识产权没有期限限制，是一种永久性知识产权。

巴拿马模式在保护非遗方面的特点非常突出：首先，它提供了一种独特的知识产权保护模式，直接地、断然地对土著居民的传统文化表达授予一种特殊的知识产权，这种权利包含的客体种类广泛，其中当然也包括商标的范畴，亦即通过将其某些传统文化表达注册为商标获得保护。另外，授予的知识产权是永久性的。其次，法案一直在强调授予的权利是一种集体权利，是全体土著居民享有的权利，不针对个人提供保护，是为了保护原住民传统文化表达的原创性和真实性。再次，法案对传统文化表达授予知识产权，是一种积极权利，这是该模式的一大创举。但同时也提供消极保护机制，如法案第2条规定的，未经土著居民明确同意，非土著居民不得将其传统文化表达知识产权化。最后，法案能够保护的传统文化表达限于适合商业化利用的部分，这是该法案一个常被人提起的缺陷。

总体来说，巴拿马模式对非遗的保护是一种大胆的尝试，其本身已经包括了"非遗商标保护"的制度革新，应该说对非遗商标保护具有很好的启发意义。不过这一模式的立法可能会遇到较大阻力，因为其对国际、国内现行知识产权法体系的冲击和影响太大，这也是许多国家至今未采纳该模式的主要原因，但还是能够给我们提供很好的参考，其也很可能代表着未来非遗私法保护、非遗特殊知识产权保护的一个趋势。

3.美国《印第安艺术与工艺法案》(IACA)

《印第安艺术与工艺法案》(the Indian Arts and Crafts Act, IACA)，是一部专门保护印第安部落艺术品与手工艺品的美国联邦法案，也是不多的所有印第安人都一致同意的涉及印第安人事务的一部联邦法案。其最早于1935年颁布实施，后于1990年、2000年和2010年先后修订。该法案属于"诚实广告法"，其主要立法目的是禁止对印第安艺术和工艺品的市场仿冒、假冒，防止假冒产品对印第安艺术家造成的不正当竞争。根据IACA的规定：凡是真实的印第安艺术和手工艺品，都会有相应的证明文件，消费者可以向出售者要求出具该证明文件。以虚假标明印第安制造、印第安产品或特定印第安部落产品的方式许诺销售或销售艺术或手工艺品的行为是违法的。实施此类行为可能会受到民事或刑事的处罚。为该法目的的实现，在IACA首次颁布的1935年就专门成立了一个“印第安艺术和工艺局”（the Indian Arts and Crafts Board，IACB），IACB成立的初衷是通过发展印第安艺术和手工艺以及扩张印第安艺术和手工艺品市场，促进印第安部落和印第安人的经济福利。IACB并不是法律实施机构，主要是通过各种方式收集违法信息，将该信息向违法者通报或向执法机构报告以进行处理。根据2000年修正案，印第安艺术和工艺组织以及印第安个人也可以直接向法院提起民事诉讼，以停止违法行为。[1]

IACA对印第安艺术和手工艺的保护，是通过对印第安文化符号规范使用的方式，保护印第安艺术和手工艺品市场，防止非部落成员的不正当竞争，保证印第安艺术和手工艺品的真实性。IACA在美国与商标法并存，各自独立，通过不同的方式保护印第安部落及成员的符号权益，其“印第安制作”（Indian-made）等标记虽在功能上类似于证明商标，但又不同于证明商标，而且并无特定标记，从法律属性上讲，其更类似于反不正当竞争的保护方式。IACA模式也有其缺陷，首先，其判定印第安艺术和手工艺品的标准为“印第安种族或族群”，亦即，非印第安族群创作的作品都不能使用“印第安制作”等标记、符号，以此区分真品和仿冒品，但并不包括艺术品和手工艺品的“质量标准”。由于印第安部落的人也可能会有质量低劣的艺术品或手工艺品流入市场，长期来看，这可能会造成“印第安制作”标记的淡化，使印第安艺术和手工艺品的市场价值降低。其次，这一模式并没有授予土著印第安人类似于知识产权的排他性权利，比如第三方主体复制印第安人的艺术或手工艺品

---

〔1〕 See Zark，Brian，*Use of Native American Tribal Names as Marks*，American Indian Law Journal：Vol. 3：Iss. 2，2015，p.537-557.

但不标明任何印第安制作标记，就无法追究其法律责任。[1]

IACA模式对于我们设计"非遗商标保护"方案可借鉴的价值并不很大。首先，它主要针对美国印第安人——一个明确的种族、族群。基于美国特殊的社会和历史背景，每一个印第安部落都需要美国联邦或州政府承认，才能具有宪法上的种族身份，也才能适用该法，它是一部"属人法"。如果放在我国，也就是说只有民族身份特别清晰的少数民族地区才能适用，而我国是一个多民族融合的国家，如果适用该模式，需要每个民族都专门立一部法，可行性较低。其次，事实上我们已经有了类似IACA的制度安排，即"中国非物质文化遗产标识"制度，根据该制度，所有列入国家级非遗项目名录的非遗经营者，都可以向相关部门申请非遗标识的使用许可，在自己提供的非遗产品上标记"中国非物质文化遗产"标识。[2]非遗标识制度本质就是表明所提供的产品或服务属于非遗项目，未经许可的经营者不能违法使用该标识，同样可以起到禁止第三方仿冒非遗产品的作用。因此，IACA模式在我国的适用存在背景不符、可行性不强等问题。

4.新西兰Toi Iho商标项目

Toi Iho是新西兰Aotearoa[3]独有的"毛利品质和真实性"注册商标，它代表"毛利人制造"(Mā ori made)。Toi Iho商标于2002年2月在奥克兰Toi o Tamaki美术馆推出，一开始该商标由新西兰艺术委员会(the Arts Council of

[1] See Nina Mantilla, *The New Hawaiian Model: The Native Hawaiian Cultural Trademark Movement and the Quest for Intellectual Property Rights to Protect and Preserve Native Hawaiian Culture*, American University Intellectual Property Brief. Fall 2011: p.35.

[2] 参见原文化部于2007颁布的《中国非物质文化遗产标识管理办法》，其第6条规定，中国非物质文化遗产标识可用于公益活动和商业活动。中国非物质文化遗产标识权利人鼓励将标识用于非物质文化遗产保护公益活动。使用人将中国非物质文化遗产标识用于商业活动，应当事前向中国非物质文化遗产保护中心提出申请，并取得许可。第8条规定，将中国非物质文化遗产标识用于商业活动，应当向中国非物质文化遗产保护中心提交《中国非物质文化遗产标识使用申请书》……经审核同意的，申请人应当与中国非物质文化遗产保护中心签订中国非物质文化遗产标识许可使用协议书。协议双方应当按照协议书的具体约定，行使权利，承担义务。

[3] Aotearoa即奥特亚罗瓦，是毛利人对新西兰的称呼。

New Zealand）和毛利艺术基金会（Te Waka Toi[1]）管理。2009年，新西兰政府取消了对毛利艺术基金会的资助，并要永久注销Toi Iho商标和所有注册艺术家，遭到了毛利人的反对。经过一个过渡期在Toi Iho基金会（Transition Toi Iho Foundation，TTIF）一系列的努力和操作下，2010年10月，TIKI（Toi Iho Kaitiaki）公司最终成为管理该商标的法律实体。2013年，Toi Iho慈善信托基金会成立，成为Toi Iho商标的实际管理者。目前，Toi Iho慈善信托基金已牢固建立，其拥有252名经评估和注册的艺术家（截至2022年10月15日），致力于维护Toi Iho艺术家登记册，支持他们的高质量创造性工作，保护其文化有形和无形表达的知识产权，并推动毛利人作为土著人民的文化未来。[2]目前来看，该项目的运营比较顺利，在维护毛利人传统文化表达、文化效益等方面也取得了较好的效果。

Toi Iho商标从性质上来说属于一种证明商标，该项目与其他类似制度的主要区别在于其独特的运营模式。第一，项目由一个基金会对该商标负责，制定商标管理规则并负责运营管理，毛利艺术家需要经过评估登记才能成为注册艺术家。虽然商标由基金会负责管理，但该项目尊重毛利人的文化自决权，在项目启动时政府提供资金支持，而他们还可以根据自己的文化传统独立自主地决定项目如何运营。第二，毛利艺术家的作品需经过严格认证，以艺术品或手工艺品的高质量作为使用该证明商标的标准，而非以其毛利人的种族身份为标准，强调艺术或手工艺品的高水平、高质量。这一规则能够防止毛利人中那些普通的甚至低质量的作品流入市场，保证该商标不被淡化。第三，该证明商标有三种不同标识，即“毛利人制作”（Māori made）“主要由毛利人制作”

---

〔1〕 英文翻译为：the Māori Arts Board。

〔2〕 See About Toi Iho，http://www.toiiho.co.nz/，以及Arts Council of New Zealand Toi Aotearoa Act 1994（Public Act 1994 No 19），https://www.legislation.govt.nz/act/public/1994/0019/latest/DLM330162.html?search=ts_act%40bill%40regulation%40deemedreg_Arts+Council+of+New+Zealand+Toi+Aotearoa+Act+_resel_25_a&p=1#DLM330161和Arts Council of New Zealand Toi Aotearoa Act 2014（Public Act 2014 No 1），https://www.legislation.govt.nz/act/public/2014/0001/latest/DLM3007308.html?search=ts_act%40bill%40regulation%40deemedreg_Arts+Council+of+New+Zealand+Toi+Aotearoa+Act+_resel_25_a&p=1，最后访问日期：2022年11月23日。

（Mainly Māori）和“与毛利人合作制作”（Māori Co-Production），即采用了一种具有灵活性的所有权模式，保证毛利人艺术家的创作自由，既可以独立创作，也可以与非毛利人艺术家合作，同时还能保持毛利人艺术的真实性，有利于非遗的活态传承，不至于造成文化封闭。

Toi Iho商标项目对于非遗商标保护制度方案设计具有重要的参考价值，不过该价值的产生并非基于这一商标本身，因为我国商标法对证明商标也有详细规定。对我们来说，重要的是Toi Iho证明商标的运营模式，一个负责任的管理机构、健全的管理规则；启动资金的支持，文化自决权；对产品质量的高标准、严要求；灵活的艺术家创作空间等。这些具体制度的设计可以为我们构建非遗商标积极保护机制提供很好的范例，比如，如何更好地利用和运营好集体商标、证明商标以及地标集体商标、地标证明商标制度，对非遗资源进行商标保护和开发。

5.美国《兰哈姆法》第2条（a）禁止注册条款

美国商标法中也有关于非遗商标保护的相关规定，虽然并不直接相关，但亦可解释性适用。《兰哈姆法》第2条（a）[1]规定：“对于包含或由以下事项组成的符号不予注册，即不道德、欺骗性或诽谤性的事项；可能贬损或错误地表明与特定个人（活着或死去的）、机构或组织、特定信仰、民族象征存在一定关系，以及可能给他们带来歧视、歪曲的事项；……”该条款中涉及的情形都可能适用于非遗符号注册的禁止，“事实上，USPTO也的确根据该条款驳回了一家软件公司和一家鸡尾酒混合制造公司的商标申请，因为他们的商标包含有Zia部落太阳符号的变体”。[2]由于商标注册利用非遗符号可能构成上述条款中的多种情形，因此该条款的解释性适用可以构成一种典型的消极机制的非遗商标保护模式。

对于这一条款来说，我国《商标法》第10条等相关规定也具有类似的功

[1] Section 2(a) of the Lanham Act, 15 U.S.C. § 1052.

[2] Michael Fobes Brown .Who owns native culture?Harvard university press, 2003, p.77.

能，同样可以通过解释性适用阻止非遗符号商标的注册，而且在我国，也确实已经有许多阻止成功的案例，〔1〕因此该条款对我们设计非遗商标保护方案的借鉴意义也是有限的。

6.澳大利亚真实性证明模式

澳大利亚真实性证明模式（The Authentication Model）是针对澳大利亚土著居民和托雷斯海峡岛民的艺术和手工艺品设计的一种制度模式。该制度设立的初衷是阻止非土著人对土著居民传统文化表达的假冒、侵占、窃取，以及对消费者的欺诈和误导。具体包括：保护澳大利亚土著居民和托雷斯海峡岛民的艺术文化完整性；确保土著居民和托雷斯海峡岛民等可以从其文化产品获得公平、公正的补偿；最大化确保消费者能够购买到保证原真性的土著居民和托雷斯海峡岛民的产品、艺术和服务；最大化促进澳大利亚土著居民及托雷斯海峡岛民的艺术多样性；促进国家和国际上对土著居民和托雷斯海峡岛民文化遗产和艺术的了解。〔2〕从性质上来说，澳大利亚真实性证明模式也是一种典型的证明商标模式，正如澳大利亚学者所言："这一政策倡议代表着一种重点从根据版权法保护土著创作者到根据商标法保护消费者的转变。"〔3〕其制度依据为1997年澳大利亚土著居民法案，〔4〕以及澳大利亚1995年《商标法》关于证明商标的规则。根据土著居民法案，澳大利亚土著艺术倡议委员会（The National Indigenous Arts Advocacy Association，NIAAA）于1999年申请注册了两个证明商标，一是真实性标识（label of authenticity），二是协作标识（collaboration mark）。前者适用于澳大利亚土著艺术家创作、复制、生产和制造的艺术品或提供的服务；后者适用于非土著居民使用土著居民的设计生

〔1〕参见本书第五章统计案例。

〔2〕See Annas，Marianna，*The Label of Authenticity*：*a Certification Trade Mark for Goods and Services of Indigenous Origin*，http://www5.austlii.edu.au/au/journals/AboriginalLawB/1997/20.html#fn23，最后访问日期：2022年11月13日。

〔3〕Matthew Rimmer，*Australian Icons*：*Authenticity Marks and Identity Politics*，Indigenous Law Journal，Volume 3，2004，p.153.

〔4〕（1997）Aboriginal Law B 20.

产的产品。

澳大利亚真实性证明模式与新西兰的Toi Iho模式一样，其实质均为证明商标模式，都是为了阻止非土著居民对土著居民传统文化表达的假冒、侵犯，而且两种模式都十分注重证明商标的具体管理规则，对证明商标进行分类，保证土著居民与非土著居民的合作。澳大利亚模式对我们构建非遗商标保护方案也具有一定的借鉴意义。

7.南非“知情同意，惠益分享”模式

南非2019年第6号法案即《关于土著知识的保护、促进、发展和管理的法案》,[1]该法案共9章34条，确立了对土著知识（indigenous knowledge）利用的“知情同意，惠益分享”模式。根据法案第二章的规定，法案的目标包括：第一，保护土著社区的土著知识免受未经授权的使用、盗用和误用；第二，促进公众对土著知识的认识和了解，以便更广泛地应用和发展这些知识；第三，发展和增强土著社区保护其土著知识的潜力；第四，规范利益的公平分配；第五，促进在开发新产品、新服务和新方法中对土著知识的商业化利用；第六，为土著社区拥有的土著知识提供登记、编目、证明和记录制度；第七，建立评审员认可和土著知识从业人员认证的机制；第八，根据知识产权法，承认土著知识为现有技术。

根据上述目标，法案建立了一套通过对土著知识进行登记和管理进行保护和利用的制度体系，也即“知情同意，惠益分享”（Prior Informed Consent And Benefit Sharing）的制度安排。首先，法案规定了登记机构的建立和权力，即“国家土著知识系统办公室”（National Indigenous Knowledge Systems Office，NIKSO），负责土著知识的登记、保护和利用等管理工作。其次，规定了针对土著知识的保护制度，包括：(1)明确宣布土著知识构成宪法意义上的土著社区的财产，法案保护的土著知识限于已登记或注册的土著知识。(2)土

[1] Protection，Promotion，Development and Management of Indigenous Knowledge Act.Act No. 6 of 2019.

著知识财产的保护期，只要土著知识符合法案第11条规定的资格标准，就会永久受到保护；反之，如果土著知识不再符合第11条规定的资格标准，从证明不符合资格之日起，它就进入公共领域。(3)土著知识的资格认定标准，包括在土著社区内世代相传；已在土著社区内发展；且已成为土著社区的文化和社会认同的一部分。(4)规定受托人(Trustee)制度，土著社区的受托人代表土著社区托管土著知识，保护土著社区的权利；如果土著知识不能被识别和指定，则必须由NIKSO担当受托人。(5)授予土著社区关于土著知识的权利，包括商业利用的受益权、被承认为发源地的权利、限制未经许可使用的权利，并规定了权利行使的规则，包括必须通过NIKSO申请许可证，并在申请时表明三个事项：土著社区的身份、土著知识的发源地、是否事先获得了土著社区的知情同意并与该土著社区达成了利益分享安排。如果土著社区成员希望商业化利用本社区的土著知识，需要获得土著社区的许可，并只能在与受托人达成的协议中规定的条款和条件下，同等地利用。再次，规定商业化利用土著知识的条件、程序，即知情同意、惠益分享的要求，并规定了对土著知识利用支付特许权使用费的期限，功能性土著知识[1]为20年，土著文化表达[2]则为50年，亦即为土著知识的商业化利用规定了期限。除此之外，法案还就土著知识的合理使用进行了规定，即对土著知识权利的限制条款，合理使用的情形包括：(1)批评或学术评论；(2)报道新闻或时事；(3)司法程序；(4)与上述目的无关的任何用途；而且(5)在国家紧急情况或自然灾害的情况下，只要有关土著社区因使用其土著知识而得到补偿。最后，还就商业化利用的纠纷处理进行了规定。设置纠纷解决委员会，并规定了相应的处罚措施。

南非2019年第6号法案确定的非遗保护和开发模式是“知情同意，惠益分享”原则的一种实施例，对于其他国家具有重要的借鉴意义。在这一模式中，

---

〔1〕 functional indigenous knowledge，即科学或技术性的土著知识，参见南非Act No. 6 of 2019，section 1。

〔2〕 indigenous cultural expression，指在土著社区内发展并已融入其文化和社会认同的具有文化内容的表达，包括但不限于(1)语音或口头表达；(2)音乐或声音表达；(3)行动表达；(4)行动的具体表达，参见南非Act No. 6 of 2019，section 1。

对土著知识的商业化利用应该也可以包括对相关土著知识中特定符号的商标注册这种利用形式，因此对于非遗商标保护同样具有参考价值。不过，这种模式是对土著知识的整体保护和利用，不是专注于商标保护单一维度。这一模式固然重要，而且从国际制度统一的视角来看，可能是未来非遗保护的主要进路之一。对于我国而言，目前对该模式立法的讨论还未提上日程，而且该模式的建立势必是针对非遗的整体，不可能单就非遗符号而言。因此，对于我们目前的非遗商标保护制度的设计，主要的借鉴意义在于其“知情同意，惠益分享”的基本原则。

（二）国内现有制度资源

我国目前虽然没有专门的非遗商标保护制度规范，但现有的以《商标法》（2019）为主的相关规定也能够且已经在发挥着非遗商标保护的功能。这些制度资源形成了以《商标法》为中心和基础，以相关法律、行政法规、部门规章、司法解释和其他规范性文件为辅助和扩展的规范体系。这些法律文件除了《商标法》之外，还有《商标法实施条例》（2014年）、《集体商标、证明商标注册和管理办法》（2003年）（以下简称《集体商标、证明商标办法》）、《集体商标、注明商标注册和管理规定》[1]、《商标审查审理指南》（2021年）、《规范商标申请注册行为若干规定》（2019年）（以下简称《规范商标申请规定》）、《最高人民法院关于审理商标授权确权行政案件若干问题的规定》（以下简称《商标授权确权规定》）、《最高人民法院关于审理商标民事纠纷案件适用法律若干问题的解释》（以下简称《商标民事纠纷解释》）、《最高人民法院关于审理涉及驰名商标保护的民事纠纷案件应用法律若干问题的解释》（以下简称《驰名商标解释》）等。另外，《非物质文化遗产法》《反不正当竞争法》《地理标志产品保护规定》《农产品地理标志管理办法》《地理标志专用标志使用管理办法（试行）》

---

〔1〕 2023年12月29日公布，国家知识产权局令第79号公布，自2024年2月1日起施行。

（以下简称《地标专用标志办法》）等法律文件虽然不以商标为主旨，但实践中也与非遗商标保护具有紧密联系，可以构成国内制度资源的一部分。上述规范体系的规范内容可以按照非遗商标保护中的消极保护机制和积极保护机制分为两大部分。

1.与消极保护机制相关的规范

《商标法》及相关法律法规中有若干实体和程序条款都可以对不正当的非遗商标注册进行阻止或排除，属于消极保护机制的内容。

首先，就实体条款而言，包括但不限于以下规定。

（1）“恶意注册禁止”条款。

根据《商标法》第4条的规定，不以使用为目的的恶意商标注册申请，应当予以驳回。对此，《规范商标申请规定》第8条进行了细化，其规定：“商标注册部门在判断商标注册申请是否属于违反商标法第四条规定时，可以综合考虑以下因素：（一）申请人或者与其存在关联关系的自然人、法人、其他组织申请注册商标数量、指定使用的类别、商标交易情况等；（二）申请人所在行业、经营状况等；（三）申请人被已生效的行政决定或者裁定、司法判决认定曾从事商标恶意注册行为、侵犯他人注册商标专用权行为的情况；（四）申请注册的商标与他人有一定知名度的商标相同或者近似的情况；（五）申请注册的商标与知名人物姓名、企业字号、企业名称简称或者其他商业标识等相同或者近似的情况；（六）商标注册部门认为应当考虑的其他因素。”另外，《商标审查审理指南》下编第二章专章规定了“不以使用为目的的恶意商标申请”的审查审理规则，且以典型案例的形式加以列举，帮助理解和在实践中予以把握。

该条款对某些恶意非遗商标申请可提供一种可用的手段，成为一种阻止或排除的理由。比如，某商贸公司申请了20多件商标，都指定在第35类“替他人推销；市场营销”服务上，其中有20件商标标识都是“工艺美术师姓名+建盏”的模式，如“陈大鹏建盏”“蔡炳龙建盏”“黄文勇建盏”“吴立主建盏”等，这些工艺美术师的姓名就是一种典型的非遗符号，且这些商标申请人也未提供实际使用这些商标的证据，审查员依据《商标法》第4条予以驳回。再如，某被异议人在多个类别的商品或服务上申请注册了1000多件商标，其中大量商标都与他人已注册且有一定知名度的商标相同或相近，其中就有“张小泉”商标，申请人也未能就使用意图做出合理解释，审查员认为构成对该条款的违反，予以无效。其中“张小泉”也是非遗符号。还有某企业管理咨询公司也申请了很多商标，其中就包括“春分”“处暑”“大暑”“寒露”这些非遗符号，也被驳回。[1]

（2）“与官方标志冲突”条款。

根据《商标法》第10条第1款第4项的规定，“与表明实施控制、予以保证的官方标志、检验印记相同或者近似的”不得作为商标使用。该条款也可能构成非遗符号商标注册的排除依据，最典型的如“中国非物质文化遗产”标识（见图8-1），该标识权利人为中华人民共和国文化与旅游部，[2]授权给“非遗保护中心”行使使用与保护管理权。该标识就是该条款中的官方标记，用以保证附有该标识的商品或服务为非物质文化遗产项目，如果有商标申请的符号与该标识相同或近似，则构成对本条的违反，将会被驳回。

图8-1　中国非物质文化遗产官方标识

---

〔1〕 参见《商标审查审理指南》第168、169、172页。

〔2〕 根据《中国非物质文化遗产标识管理办法》（文化部办社图发〔2007〕14号）第3条的规定，2007年该办法颁布时权利人为文化部，后文化部变更为文化与旅游部。

（3）“民族歧视性”条款。

规定在《商标法》第10条第1款第6项，即申请商标的符号“带有民族歧视性”的，不得使用。根据《商标审查审理指南》第2.6节的解释，“民族歧视性”是指“标志中带有对特定民族进行丑化、贬低或者其他不平等看待该民族的内容”，如申请人将“蛮子”申请注册在蜂蜜产品上，就属于对少数民族的蔑称。民族歧视性条款在非遗符号的商标注册中也会扮演一个重要角色，因为许多非遗项目本身就具有民族性，如果申请人将非遗符号指定在特定的商品或服务上，造成民族歧视的消极影响，就可能违反该条款。

（4）“欺骗性”条款。

根据《商标法》第10条第1款第7项的规定，“带有欺骗性，容易使公众对商品的质量等特点或者产地产生误认的”，不得作为商标使用。《商标审查审理指南》对此的解释为，所谓“带有欺骗性”，是指“标志对其指定的商品或服务的质量等特点或来源做了超过其固有程度或与事实不符的表示，容易使公众对其商品或服务的质量等特点或者来源产生错误的认识”。如将“铁观音”注册在“烟草”上，就具有欺骗性。欺骗性条款对于非遗符号的商标注册可以构成一个重要的排除依据。前述非遗商标保护司法纠纷统计案例中已经有若干实践案例，法院正是依据该理由最终驳回或无效类似的商标注册，如“沱茶”“莲花血鸭”“巴肽”“九朝贡胶”“九代灸王”“睡灸”“慈圣禅艾”等案。

（5）“不道德性和不良影响性”条款。

即《商标法》第10条第1款第8项，根据该条款的规定，“有害于社会主义道德风尚或者有其他不良影响的”不得作为商标使用。该条款涉及因素众多，包括政治、经济、文化、民族、宗教、社会公共利益、公共秩序等多方面，而且由于“社会主义道德风尚”“其他不良影响”并无确定性含义，因此该条款的内涵及外延非常丰富，实践中进行扩张性解释的空间较大。近年来商标局依此对一些不适当的商标注册进行驳回的案例较多，如“MLGB”“包二奶”“黑社会”“泼妇鱼庄”“新型冠状”等。非遗项目包含丰富的文化内涵，与历史、政治、文化、民族、宗教等都具有紧密关系，再加上该条款宽广的解释空间，使之成为阻止或排除非遗符号注册商标的重要法定事由。本书第五章统计案例中就有许多利用这一事由的例子，如“冼太夫人”“骑楼老街”“足球起源地”“少林四宝”“泰山大帝”“慈圣禅艾”等案。

（6）“缺乏显著性”条款。

该条款主要规定在《商标法》第11条第1款中，根据该规定，在三种情形下，商标会被认为缺乏显著性而不能获准注册，但可以使用，即第一，仅有本商品的通用名称、图形、型号的；第二，仅直接表示商品的质量、主要原料、功能、用途、重量、数量及其他特点的；第三，其他缺乏显著特征的。不过第11条第2款又规定：“前款所列标志经过使用取得显著特征，并便于识别的，可以作为商标注册。”

在本书第五章关于非遗商标纠纷的司法统计案例中，有诸多案例均涉及这一条款，与非遗商标注册关系密切。其中，通用名称条款的适用最为突出，如“汤瓶八诊”“龙泉宝剑”等案中，都涉及该条款的解释适用。第二种情形也有许多实践案例涉及，如“佛跳墙”“轧神仙”“化橘红”“山珍肉饭”“西施茶酥”等案。第三种情形实际上具有兜底条款的意思，实践中也有适用的情况。

不过“缺乏显著性”条款在非遗商标保护中的适用有时难以起到排除或阻止的功能，反而会对内部人的积极保护机制造成妨碍。比如汤瓶八诊案就是这方面的典型代表。本书第四章关于非遗商标申请注册统计数据的实证研究结果也表明，由于内部人在注册非遗商标时更倾向于指定在与非遗文化内涵相关性强的商品或服务上，与外部人往往指定在与非遗文化内涵不相关的商品或服务上的蹭热度的抢注相比，更容易构成该条款所谓的“缺乏显著性”，即缺乏“固有显著性”，因此该条款对非遗商标消极保护机制的运转而言弊大于利。对于非遗内部人而言，尤其是想通过注册非遗商标对非遗资源进行积极开发与保护的情况下，《商标法》第11条第2款的“使用获得显著性”显得更为亲切，也的确在许多案例中，申请人依据该条款获得了非遗商标专用权，如“兰州牛肉拉面”“汤瓶八诊”案等。

（7）“欺骗或其他不正当手段取得注册”条款。

该条款规定在《商标法》第44条，根据该条款的规定，如果“是以欺骗手段或者其他不正当手段取得注册的，由商标局宣告该注册商标无效；其他单位或者个人可以请求商标评审委员会宣告该注册商标无效”。《规范商标申请规定》第3条也将这种行为列入了恶意商标申请的范畴。另需注意，该条款的规定只限于已注册的商标，可以被无效，是指消极保护机制中的“排除”事由，不属于通过“异议”程序的“阻止”事由，因为商标已经注册。

该条款也可以构成非遗商标保护中一种重要的排除事由，本书第五章统计案例中“一得阁”系列案，法院适用这一条款，认为构成“以其他不正当手段取得注册”。在“祁门红茶”案中，法院还对“欺骗手段”和“其他不正当手段”进行了详细具体的司法解释。

（8）“驰名商标保护”条款。

驰名商标保护条款主要规定在《商标法》第13、14条中，根据第13条的规定：“为相关公众所熟知的商标，持有人认为其权利受到侵害时，可以依照本法规定请求驰名商标保护。就相同或者类似商品申请注册的商标是复制、摹仿或者翻译他人未在中国注册的驰名商标，容易导致混淆的，不予注册并禁止使用。就不相同或者不相类似商品申请注册的商标是复制、摹仿或者翻译他人已经在中国注册的驰名商标，误导公众，致使该驰名商标注册人的利益可能受到损害的，不予注册并禁止使用。”根据第13条第2、3款的规定，如果是未注册驰名商标，可以对在相同或类似商品上的商标申请进行排除，如果是已注册驰名商标，还可以实施“跨类保护”，对他人在不相同或不相类似的商品上的申请进行排除。

该条款也可以构成非遗商标消极保护机制的一种途径，不过其前提条件是非遗内部人已经有驰名的非遗商标在手。如果能够满足这一前提，该条款对排除不当的非遗商标抢注将具有较大的力度，尤其对已注册的驰名非遗商标而言，因为其可以实施“跨类保护”，虽然跨类保护并不意味着能够排除第三人在任何类别上的注册，但也会比知名度不高的普通商标更有力度。在我国，众多中华老字号也注册了商标，此类商标一般可归入非遗商标的范畴，且该类商标往往知名度都较高，完全可以适用该条款对第三人的注册进行阻止和排除。

(9)“代理机构限制注册”条款。

《商标法》第19条第4款规定：“商标代理机构除对其代理服务申请商标注册外，不得申请注册其他商标。”《商标法》第15条第1款还规定：“未经授权，代理人或者代表人以自己的名义将被代理人或者被代表人的商标进行注册，被代理人或者被代表人提出异议的，不予注册并禁止使用。”代理人或代表人抢先注册相关商标也是商标注册领域的多发问题，由于代理机构熟知商标注册领域的前沿动态，其抢注商标具有便捷条件，有些代理机构违反诚实信用原则，将可能具有市场潜力的符号抢先注册为商标，或者将被代理人意欲注册的商标或相近的商标抢注，都会给商标注册秩序带来巨大消极影响，因此《商标法》在2013年修改时对此问题加以关注，从制度上进行限制。不过在此之前，非遗符号被相关代理机构抢注的情形也是存在的，在本书关于非遗商标注册统计数据的实证研究中就有若干该类注册。如有代理机构将“杨家将传说”“陶朱公传说”“阿里郎”中的关键词“杨家将”“陶朱公”“阿里郎”注册为商标。目前，由于该条款的存在，该类注册已经大为减少，如果有抢注非遗符号商标的情形，可以依此进行阻止。

(10)“地理标志”条款。

《商标法》第16条第1款规定：“商标中有商品的地理标志，而该商品并非来源于该标志所标示的地区，误导公众的，不予注册并禁止使用；但是，已经善意取得注册的继续有效。”该条款对于不正当注册的非遗商标的排除或不当使用具有重要作用。由于非遗与地理标志之间关系紧密，若干非遗项目已然获得地理标志登记，即使未登记或注册，只要条件许可，亦有可能被法院认定为实际上的地理标志，从而排除不正当的非遗商标注册或使用。本书第五章统计案例中也不乏此类案例，如“玉屏萧笛”案中，非玉屏地区的经营者打着“玉屏萧笛”商标出售萧笛乐器，玉屏萧笛协会基于自己已注册的“玉屏萧笛”地理标志证明商标排除了外部人的非法使用。

(11)“与在先注册相同或近似”条款。

《商标法》第30条规定：“申请注册的商标，凡不符合本法有关规定或者同他人在同一种商品或者类似商品上已经注册的或者初步审定的商标相同或者近似的，由商标局驳回申请，不予公告。”此处，“同他人在同一种商品或者类似商品上已经注册的或者初步审定的商标相同或者近似的”予以驳回，即“与在先注册相同或近似”条款，这是一种商标驳回的相对事由，即已存在一个或多个引证商标，被异议商标与引证商标构成使用在同一种商品或者类似商品上的相同或近似商标，予以驳回。在非遗商标纠纷司法统计案例中，该条款的适用十分常见，如“老鳳祥”对“老凤凰”商标的排除，“象棋山”对“象棋红”商标的排除，“内联升”对“福联升”商标的排除，以及“李渡”对“古坑李渡”商标的排除等，都是内部人成功运用已注册的非遗商标排除或阻止外部人的不当利用。当然，适用该条款的前提是内部人拥有已注册非遗商标。如果相反，外部人提前抢注了非遗商标，则亦可排除内部人后来的注册，如“东流水九天贡胶”案中，内部人的注册反而被外部人排除。

(12)“在先申请原则”条款。

我国《商标法》在商标注册中与世界上多数国家相同，均适用“在先申请原则”，即“商标权授予在先申请人”。《商标法》第31条规定：“两个或者两个以上的商标注册申请人，在同一种商品或者类似商品上，以相同或者近似的商标申请注册的，初步审定并公告申请在先的商标；同一天申请的，初步审定并公告使用在先的商标，驳回其他人的申请，不予公告。”对于非遗商标而言，当然也适用该原则。非遗内部人如果意欲获得非遗商标，充分利用和保护好自己的非遗符号资源，就需要适应商标法的该项原则，及早进行商标注册，防止外部人抢注或内部人中的个人抢注，以实现对非遗符号的集体化利用。前述非遗商标纠纷司法统计案例中，“牛忠喜烧饼”“利川柏杨豆干”案都是这一原则的体现。甚至还有同一天提出申请的非遗商标案例，即“蒋有记”案，该案最终由法院认定可共存使用，但非商标专用权人只能在原有范围内使用。

（13）“在先权利”条款。

《商标法》第32条规定：“申请商标注册不得损害他人现有的在先权利，也不得以不正当手段抢先注册他人已经使用并有一定影响的商标。”此处所谓的“在先权利”包括著作权、姓名权、肖像权、字号权、外观设计专利权、企业名称权、地理标志权、商号权、有一定影响的知名商品名称或包装装潢等，且该条后半句针对“已使用的有一定影响的未注册商标”也提供了保护。该条款对于非遗所有人排除他人不正当注册具有十分重要的价值，比如非遗符号中的传承人姓名，传承人在条件满足的情况下可依据姓名权作为在先权利排除他人注册，如果非遗符号已构成历史上享有盛誉的老字号，或已登记为企业名称，或由于在市场上长期使用已构成《反不正当竞争法》中的知名商品名称或包装装潢，或作为未注册商标长期使用在商品中，在市场中已具有一定影响，或属于享有著作权的非遗作品，或传承人的肖像，或已申请登记了地理标志等，都可依据该条款对不正当抢注予以排除。在本书第五章的统计案例中，“季工坊”案就是以季克良姓名权为基础对不当注册予以排除的。“人主挂面”案中，法院认为人主村合作社的“人主”未注册商标在“挂面”商品上已经在先使用并有一定影响，排除了外部人的“人主”商标注册。“贾寨任家”案中，法院认定争议商标的注册侵犯无效申请人的“贾寨任家”商号权，成功排除。

值得一提的是，如果非遗的“文化权利”身份能够被法律明确确认，实现非遗的权利登记，则可直接衔接该条款，成为排除非遗商标注册的统一条款，因此该条款对保护非遗商标不被第三方主体抢注不仅具有重要的现实意义，还有巨大的法律效力拓展空间和价值。而且笔者注意到，国家知识产权局2022年12月7日发布的《关于商标申请注册与使用如何避免与在先权利冲突的指引》第3条第8项专列一条"与其他应予保护的合法权益相冲突的情形"，这里的"应予保护的合法权益"明显具有拓展"在先权利条款"法律效力的效果。那么，目前尚未获得法律权利身份的"与非遗相关的合法权益"是否能够纳入该"应予保护的合法权益"？是值得分析和考虑的一个事项。

(14)《非物质文化遗产法》禁止不当利用非遗条款。

在《商标法》之外，我国《非物质文化遗产法》实际上也有关于非遗资源利用中的禁止性条款。《非物质文化遗产法》第5条规定："使用非物质文化遗产，应当尊重其形式和内涵。禁止以歪曲、贬损等方式使用非物质文化遗产。"在非遗符号资源商标化利用过程中，如果将非遗符号注册在某些不适当的商品或服务上，就可能对非遗造成歪曲、贬损，如本书实证研究部分发现的将"阿诗玛""董永""女书""穆桂英""牛郎织女"注册在避孕套或吸奶器上，将"穆桂英""十八般武艺"注册在避孕套、性爱娃娃或性交润滑剂上，或者将"少林功夫"注册在酒类商品或直接注册"少林功夫酒"等案例。此类行为完全符合《非物质文化遗产法》第5条的情况，但遗憾的是，针对第5条规定的不当使用行为，《非物质文化遗产法》本身缺乏法律责任的规定。不过这倒不影响《商标法》对该种使用行为的禁止，因为此类行为可以适用《商标法》中的"不道德性或不良影响"条款予以驳回。当然，《非物质文化遗产法》第44条提供了与相关知识产权法规范衔接的依据，该条第1款规定："使用非物质文化遗产涉及知识产权的，适用有关法律、行政法规的规定。"

因此，如果《非物质文化遗产法》能够在其法律责任部分针对第5条的情形规定相应的行政法律责任，则可与《商标法》形成民事责任、行政责任并行的两条线，对不当的非遗符号商标使用行为进行禁止。

其次，就程序条款而言，阻止或排除对非遗商标的不正当注册包括三个基本条款，即"商标异议""商标无效"和"商标撤三"。

（1）商标异议条款。

《商标法》第33条规定："对初步审定公告的商标，自公告之日起三个月内，在先权利人、利害关系人认为违反本法第十三条第二款和第三款、第十五条、第十六条第一款、第三十条、第三十一条、第三十二条规定的，或者任何人认为违反本法第四条、第十条、第十一条、第十二条、第十九条第四款规定的，可以向商标局提出异议。公告期满无异议的，予以核准注册，发给商标注册证，并予公告。"该条款针对两种主体提供了异议的权利：首先，对在先权利人、利害关系人而言，既可基于绝对事由提出异议，亦可基于相对事由提起异议。绝对理由即本条中指出的《商标法》第4条（恶意注册条款）、第10条（禁止作为商标使用条款）、第11条（显著性条款）、第12条（三维标志条款）、第19条第4款（商标代理机构条款）；相对事由即本条中指出的《商标法》第13条第2、3款（驰名商标条款）、第15条（代理人或代表人条款）、第16条第1款（地理标志条款）、第30条（与在先注册相同或近似条款）、第31条（在先申请原则条款）、第32条（在先权利条款）。其次，对于社会公众而言，可基于绝对事由提出异议。

也就是说，商标异议条款不仅为利益相关者、在先权利人，也为社会公众提供了阻止非遗商标注册的程序。因此，无论是非遗代表性传承人，还是非遗所属地的任何民众、政府、政府相关部门、企事业单位，甚至全国范围的社会公众，都可以在符合条件的情况下提起商标异议，阻止不正当的非遗商标注册。

（2）"商标无效"条款。

即针对已注册商标宣告无效条款，主要规定在《商标法》第44条、第45条中。其中第44条第1款规定："已经注册的商标，违反本法第四条、第十条、第十一条、第十二条、第十九条第四款规定的，或者是以欺骗手段或者其他不正当手段取得注册的，由商标局宣告该注册商标无效；其他单位或者个人可以请求商标评审委员会宣告该注册商标无效。"第45条第1款规定："已经注册的商标，违反本法第十三条第二款和第三款、第十五条、第十六条第一款、第三十条、第三十一条、第三十二条规定的，自商标注册之日起五年内，在先权利人或者利害关系人可以请求商标评审委员会宣告该注册商标无效。对恶意注册的，驰名商标所有人不受五年的时间限制。”

该两项规定提供了商标无效程序的基本内容。首先，针对绝对事由的违反，商标局可自行作出无效决定，其他任何单位或个人可请求商标评审委员会宣告无效。其次，针对相对事由的违反，只有“在先权利人或利害关系人”才能主动提起无效宣告请求，且有5年时效限制。

依此规定，如果存在与非遗相关的在先权利人或利益相关者，如涉非遗的商号、在先非遗商标、传承人姓名、有一定影响的未注册非遗商标、非遗相关的地理标志、非遗企业名称权、知名非遗商品名称或包装装潢等的权利人，既可依据绝对理由亦可依据相对理由提起无效宣告请求。如果是社会公众，则可以依据绝对理由提起无效请求，排除不当的非遗商标注册。

（3）“商标撤三”条款。

“商标撤三”即对连续三年不使用的商标可以申请撤销。《商标法》第49条第2款规定：“注册商标……没有正当理由连续三年不使用的，任何单位或者个人可以向商标局申请撤销该注册商标。商标局应当自收到申请之日起九个月内做出决定。……”“商标撤三”条款对非遗符号的不正当商标注册的排除也有一定的价值，当然其前提条件是该商标在注册后，商标专用权人无正当理由连续3年以上不使用。该条款对于不正当的已注册非遗商标亦可起到排除的效果，当然其前提是该非遗商标注册后无正当理由连续3年以上未使用。实践中，“商标撤三”条款也是一个经常被使用的商标撤销事由，不过从本书前述的统计案例来看，非遗商标纠纷中对该条款的适用不多，仅有“归德大有丰”一案，且未成功。不过无论如何，该条款在非遗商标的排除事由中应有一席之地，尤其对于那些以抢注商标为业、并非真正使用商标的情况，在加强商标监测的基础上，是有适用空间的。

2.与积极保护机制相关的规范

与非遗商标积极保护机制相关的规范。首先,《商标法》及相关规定中关于商标申请、注册、保护和使用相关的规定均属该类规范,尤其关于商标保护、商标转让与许可等方面的规则,如《商标法》第七章关于“注册商标专用权的保护”,《商标法》第四章中关于商标转让、许可的规则,《商标民事纠纷解释》《驰名商标解释》中关于商标保护和许可等条款。如果非遗所有者将非遗符号注册为商标,对非遗资源进行积极的保护与开发,都可适用这些规范。比如,在非遗内部人已经拥有在先注册非遗商标的情况下,创造自己的非遗品牌,甚至将非遗商标发展成为驰名商标,扩大非遗产品市场知名度,就是非遗商标积极保护机制的典型展现。其次,针对非遗群体性特点,关于非遗商标积极保护机制,更为重要的是关于集体商标、证明商标、地理标志领域的规范。基于上述分析,与非遗商标积极保护机制相关的现行主要制度可列举如下。

(1)关于商标保护的规则。

《商标法》第七章专章规定了“注册商标专用权的保护”,这些规则涉及注册商标专用权的权利范围和边界(第56条、第59条等)、侵权行为的认定(第57条等),以及停止侵权、赔偿损失等法律责任规则(第63条等),这些规定当然也适用于非遗商标保护。

(2)关于商标运营的规则。

《商标法》第四章中对商标转让、许可进行了规定,包括商标转让的程序和条件,商标许可的条件和效力等。这些规定都属于商标注册人商标运营的基本规则,属于商标积极保护机制的内容。对于非遗商标的所有人而言,也可以适用这些规则对非遗商标进行运营,获取相关的利益。

(3)关于团体性或群体性商业标志的规则。

“团体性”或“群体性”商业标志并非我国《商标法》中的法律概念,使用这一术语在于用其指代《商标法》中的“集体商标”“证明商标”和“地理标志商标”“地理标志”等商业性标志,便于研究过程中的表达和描述。“团体性”

或“群体性”商业标志并非由某一市场主体培育和发展而来，而是由某一特定区域内公众共同努力而产生，虽然有明确的权利人，但权利人并不直接使用这些标志，其主要作为标志的管理人在监督和管理标志时使用，目的是保证商业标志所指代的产品质量。所以，这些标志又区分于《商标法》中的“共有商标”。由于大多数非遗的群体属性，团体性商业标志在非遗的积极保护机制中具有突出的优势地位，因此是我们研究的重点。目前我国法律中关于团体性商业标志的法律制度包括以下内容，这些内容可以成为非遗商标积极保护机制的基础。

第一，关于团体性或群体性商业标志类别的规定。

就我国目前的法律规定来说，团体性或群体性商业标志的类别包括集体商标、证明商标、地理标志、地标集体商标、地标证明商标这几类。这些制度都可能适用于非遗的商标保护。

《商标法》第3条对集体商标和证明商标进行了定义。根据该条规定，集体商标和证明商标是法律明确规定的商标类别。集体商标是指以团体、协会或者其他组织名义注册，供该组织成员在商事活动中使用，以表明使用者在该组织中的成员资格的标志。因此集体商标的主要功能是识别集体成员身份，在识别身份的过程中保证其指代的商品或服务品质。证明商标是指由对某种商品或者服务具有监督能力的组织所控制，而由该组织以外的单位或者个人使用于其商品或者服务，用以证明该商品或者服务的原产地、原料、制造方法、质量或者其他特定品质的标志。因此证明商标的主要功能是证明某种商品或服务的品质。

关于地理标志，《商标法》第16条就地理标志进行了定义，所谓地理标志，是指标示某商品来源于某地区，该商品的特定质量、信誉或者其他特征，主要由该地区的自然因素或者人文因素所决定的标志。《地理标志产品保护规定》第2条的定义是：“本规定所称地理标志产品，是指产自特定地域，所具有的质量、声誉或其他特性本质上取决于该产地的自然因素和人文因素，经审核批准以地理名称进行命名的产品……"《农产品地理标志管理办法》第2条对农产品地理标志进行了定义，是指标示农产品来源于特定地域，产品品质和相关特征主要取决于自然生态环境和历史人文因素，并以地域名称冠名的特有农产品标志。

关于地理标志商标，《商标法实施条例》第4条对地理标志申请商标进行了规定。根据该条款，地理标志可以申请商标，但只能作为证明商标或者集体商标申请注册。因此地理标志商标只能有"地理标志证明商标""地理标志集体商标"两种形式。地标证明商标、地标集体商标本身以地理标志为基础申请，由于地理标志本身就是团体性或群体性的商业标志，因此完全符合集体商标、证明商标的要求，是两种商业标志的叠加。非遗如果能够满足地理标志的条件，也就可以申请地理标志或地理标志商标。

第二，关于团体性或群体性商业标志申请注册或登记等要件和程序的规定。

首先，关于集体商标、证明商标，以及地标集体商标和地标证明商标的申请注册。除了遵守《商标法》关于商标申请注册的相关规则外，《集体商标、证明商标注册和管理办法》又作了若干特殊规定，包括：①关于集体商标、地标集体商标申请需提交主体资格证明文件，以及申请地标集体商标需提交相应的能够证明其具有监督使用地标商品的特定品质能力的文件；并规定了地标集体商标申请人的地域资格条件。[1]②关于证明商标申请需提交主体资格证明文件，以及能够证明其具有监督使用地标商品的特定品质能力的文件的

---

〔1〕《集体商标、证明商标注册和管理办法》第4条规定，申请集体商标注册的，应当附送主体资格证明文件并应当详细说明该集体组织成员的名称和地址；以地理标志作为集体商标申请注册的，应当附送主体资格证明文件并应当详细说明其所具有的或者其委托的机构具有的专业技术人员、专业检测设备等情况，以表明其具有监督使用该地理标志商品的特定品质的能力。申请以地理标志作为集体商标注册的团体、协会或者其他组织，应当由来自该地理标志标示的地区范围内的成员组成。

规定。[1]③关于地标集体商标、地标证明商标申请需提交部门批准文件的规定。[2]④关于地标集体商标、地标证明商标申请需提交的地理标志产品的说明内容，包括品质特征说明、自然和人文因素、地域范围等。[3]另外，《商标审查审理指南》下编第九章专章规定了集体商标、证明商标以及地标集体商标、地标证明商标的审查审理规则，是这些团体性商标的具体审查审理规则，对申请注册实践十分重要。

其次，关于地理标志产品的审批和农产品地理标志产品的登记。《地标产品规定》第二、三章对地标产品的申请和审核批准进行了规定，根据这些规则，申请地标产品需经过申请、形式审查、受理公告、技术审查、保护公告的程序，对申请时需提交的具体材料等作了详细规定，如有关地方政府关于划定地理标志产品产地范围的建议，有关地方政府成立申请机构或认定协会、企业作为申请人的文件，地理标志产品的证明材料，拟申请的地理标志产品的技术标准等。[4]《农产品地标办法》第二章对农产品地理标志登记的农产品条件、[5]

---

〔1〕《集体商标、证明商标注册和管理办法》第5条规定，申请证明商标注册的，应当附送主体资格证明文件并应当详细说明其所具有的或者其委托的机构具有的专业技术人员、专业检测设备等情况，以表明其具有监督该证明商标所证明的特定商品品质的能力。

〔2〕《集体商标、证明商标注册和管理办法》第6条第1款规定，申请以地理标志作为集体商标、证明商标注册的，还应当附送管辖该地理标志所标示地区的人民政府或者行业主管部门的批准文件。

〔3〕《集体商标、证明商标注册和管理办法》第7条规定："以地理标志作为集体商标、证明商标注册的，应当在申请书件中说明下列内容：（一）该地理标志所标示的商品的特定质量、信誉或者其他特征；（二）该商品的特定质量、信誉或者其他特征与该地理标志所标示的地区的自然因素和人文因素的关系；（三）该地理标志所标示的地区的范围。"

〔4〕《地理标志产品保护规定》第10条规定："申请人应提交以下资料：（一）有关地方政府关于划定地理标志产品产地范围的建议。（二）有关地方政府成立申请机构或认定协会、企业作为申请人的文件。（三）地理标志产品的证明材料，包括：1.地理标志产品保护申请书；2.产品名称、类别、产地范围及地理特征的说明；3.产品的理化、感官等质量特色及其与产地的自然因素和人文因素之间关系的说明；4.产品生产技术规范（包括产品加工工艺、安全卫生要求、加工设备的技术要求等）；5.产品的知名度，产品生产、销售情况及历史渊源的说明。（四）拟申请的地理标志产品的技术标准。"

〔5〕《农产品地理标志管理办法》第7条规定："申请地理标志登记的农产品，应当符合下列条件：（一）称谓由地理区域名称和农产品通用名称构成；（二）产品有独特的品质特性或者特定的生产方式；（三）产品品质和特色主要取决于独特的自然生态环境和人文历史因素；（四）产品有限定的生产区域范围；（五）产地环境、产品质量符合国家强制性技术规范要求。"

申请人资格、[1]申请时提交的材料、[2]省级农业部门的初审和现场核查、[3]国家农业部的专家评审以及社会公示[4]等进行了规定。

第三，关于团体性或群体性商业标志权利和限制的规定。

首先，就集体商标、证明商标、地标集体商标和地标证明商标而言。基于这些商标的团体性或群体性，商标注册人与一般商标的注册人不同，其权利的排他性也与一般商标不同，在商标使用和限制方面有一些特殊规定。根据商标法关于集体商标的定义，集体商标的功能主要是表明使用者的集体成员身份，因此集体商标不得许可非集体成员使用。[5]而证明商标的主要功能是证明性，商标注册人自己恰恰不能使用，他只是拥有商品品质检测监督能力的商标管理者，使用者的商品或服务满足证明商标规定的品质要求，就不能拒绝经营者的使用申请。对于地标集体商标、地标证明商标而言，则另需叠加地理标志的条件。根据《商标法实施条例》第4条第2款的规定，以地理标志作为证明商标注册的，其商品符合使用该地理标志条件的自然人、法人或者其他组织可以

---

〔1〕《农产品地理标志管理办法》第8条规定："农产品地理标志登记申请人为县级以上地方人民政府根据下列条件择优确定的农民专业合作经济组织、行业协会等组织。(一)具有监督和管理农产品地理标志及其产品的能力;(二)具有为地理标志农产品生产、加工、营销提供指导服务的能力;(三)具有独立承担民事责任的能力。"

〔2〕《农产品地理标志管理办法》第9条规定："符合农产品地理标志登记条件的申请人，可以向省级人民政府农业行政主管部门提出登记申请，并提交下列申请材料:(一)登记申请书;(二)申请人资质证明;(三)产品典型特征特性描述和相应产品品质鉴定报告;(四)产地环境条件、生产技术规范和产品质量安全技术规范;(五)地域范围确定性文件和生产地域分布图;(六)产品实物样品或者样品图片;(七)其它必要的说明性或者证明性材料。"

〔3〕《农产品地理标志管理办法》第10条规定："省级人民政府农业行政主管部门自受理农产品地理标志登记申请之日起，应当在45个工作日内完成申请材料的初审和现场核查，并提出初审意见。符合条件的，将申请材料和初审意见报送农业部农产品质量安全中心;不符合条件的，应当在提出初审意见之日起10个工作日内将相关意见和建议通知申请人。"

〔4〕《农产品地理标志管理办法》第11条规定："农业部农产品质量安全中心应当自收到申请材料和初审意见之日起20个工作日内，对申请材料进行审查，提出审查意见，并组织专家评审。专家评审工作由农产品地理标志登记评审委员会承担。农产品地理标志登记专家评审委员会应当独立做出评审结论，并对评审结论负责。"第12条规定："经专家评审通过的，由农业部农产品质量安全中心代表农业部对社会公示。有关单位和个人有异议的，应当自公示截止日起20日内向农业部农产品质量安全中心提出。公示无异议的，由农业部做出登记决定并公告，颁发《中华人民共和国农产品地理标志登记证书》，公布登记产品相关技术规范和标准。

专家评审没有通过的，由农业部做出不予登记的决定，书面通知申请人，并说明理由。"

〔5〕参见《集体商标、证明商标注册和管理办法》第17条第2款。

要求使用该证明商标，控制该证明商标的组织应当允许。以地理标志作为集体商标注册的，其商品符合使用该地理标志条件的自然人、法人或者其他组织，可以要求参加以该地理标志作为集体商标注册的团体、协会或者其他组织，该团体、协会或者其他组织应当依据其章程接纳为会员；不要求参加以该地理标志作为集体商标注册的团体、协会或者其他组织的，也可以正当使用该地理标志，该团体、协会或者其他组织无权禁止。正因如此，2021年潼关肉夹馍事件中，“潼关肉夹馍图文商标”作为地标集体商标，其使用者仅限于潼关县内该协会的集体成员，且其商标品质也需符合潼关肉夹馍地理标志的要求，潼关肉夹馍协会要求潼关县之外的经营者交纳加盟费使用商标，超越法律规定的商标权限。而如果是潼关县境内的经营者，其即使不加入协会，也有使用“潼关肉夹馍”这一地理标志的权利，但不能使用协会的“潼关肉夹馍图文商标”。

其次，就地理标志产品和农产品地理标志产品来说，其权利和限制可从对内和对外两个方面来看。对内方面，根据《农产品地理标志管理办法》的规定，农产品地理标志登记证书长期有效，其登记证书持有人有管理登记证书的权利，符合法定条件的单位或个人可以与登记证书持有人签订协议，无偿使用登记证书。使用人在获得农产品地理标志使用权后，享有在产品及其包装上使用农产品地标的权利，以及使用登记的农产品地标进行宣传和参加展览、展示及展销的权利。同时要承担相应的义务，包括：自觉接受登记证书持有人的监督检查，保证地理标志农产品的品质和信誉，正确规范地使用农产品地理标志。〔1〕根据《地理标志产品保护规定》，地标产品产地范围内的经营者经申请、审核和公告后，可以获得地标产品专用标志的使用权，但同时需履行相应义务，包括按照相应标准和管理规范组织生产，并至少在2年内使用该专用标志，否则将被注销使用资格。〔2〕对外方面，《农产品地理标志管理办法》规定，任何

〔1〕 参见《农产品地理标志管理办法》第15、16、17条。
〔2〕 参见《地理标志产品保护规定》第20、23条。

单位和个人不得伪造、冒用农产品地理标志和登记证书。[1]《地理标志产品保护规定》也规定，对于擅自使用或伪造地理标志名称及专用标志的；不符合地理标志产品标准和管理规范要求而使用该地理标志产品的名称的；或者使用与专用标志相近、易产生误解的名称或标识及可能误导消费者的文字或图案标志，使消费者将该产品误认为地理标志保护产品的行为，质量技术监督部门和出入境检验检疫部门将依法进行查处。[2]

第四，关于团体性或群体性商业标志运营管理的规定。

首先就集体商标、证明商标以及地标集体商标、地标证明商标而言，《集体商标、证明商标注册和管理办法》对其运营管理既有强制性规则又有任意性规则。强制性规则包括：商标初步审定公告时应包括该商标使用管理的规则，后续使用管理规则的任何修改应报商标局审查核准；集体商标成员发生变化时，注册人应申请变更注册事项；证明商标增加使用人的，注册人应及时备案；商标的转让和移转有特殊要求，受让人或权利继受人需具备相应的主体资格；符合条件的商标使用人履行相应的手续后，商标注册人不能拒绝使用人的使用，并发放《商标使用证》；商标注册人还应该对商标进行有效管理和控制，否则应承担相应的法律责任。[3]任意性规则主要是指集体商标、证明商标注册人制定的内部使用管理规则。根据《集体商标、证明商标注册和管理办法》第10条、第11条的规定，商标注册人在提交商标申请时就需要就该商标的使用管理制定详细规则，包括商标的使用宗旨；使用商标的商品的品质；使用商标的条件；使用商标的手续；使用商标的权利、义务；使用人违反管理规则应承担的责任；商标注册人对使用商标的商品的检验监督制度。对证明商标而言，还要加上“使用该证明商标的条件”。这些规则的具体内容是商标注册人在满足强制性规则和不违反其他法律规定的前提下，根据其项目的特殊性和具体

---

〔1〕 参见《农产品地理标志管理办法》第20条。

〔2〕 参见《地理标志产品保护规定》第21条。

〔3〕 参见《集体商标、证明商标注册和管理办法》第13～21条。

情况，可以自由约定的内容，因此称为任意性规则。当然，自由约定也并非完全自由，一切应以确保商标指定的商品或服务的品质，保护消费者权益，能够提升商标信誉、市场声誉为目标。我国地理标志制度中也有任意性规则的规定，如《地理标志产品保护规定》第17条就规定，拟保护的地理标志产品，应根据产品的类别、范围、知名度、产品的生产销售等方面的因素，分别制定相应的国家标准、地方标准或管理规范。《农产品地理标志管理办法》第15条第2款规定，使用农产品地理标志，应当按照生产经营年度与登记证书持有人签订农产品地理标志使用协议，在协议中载明使用的数量、范围及相关的责任义务。两条款中的“管理规范”“责任义务”等约定事项，就是一种任意性规则的体现。

3.国内制度资源小结

综上所述，从我国《商标法》及其相关配套规定，以及其他法律法规的现有条款来看，的确能够为非遗商标保护提供一定的消极和积极保护机制。

在消极保护机制方面，现有制度资源能够为不正当的非遗商标注册提供若干阻止或排除的事由、法律依据，也能够提供相应的法律程序，这些消极保护机制能够从一定程度上排除针对非遗符号的不正当商标利用。但客观来看，现有制度资源对不当的非遗商标排除仍不充分，比如商标审查员在商标检索时缺乏非遗符号信息，存在信息不对称问题，可能让一些不当的非遗商标注册顺利通过。另外，上述事由毕竟不是专门针对非遗商标，仍可能有大量的非遗商标注册无法纳入这些条款的规制范围，不能产生确切的阻止或排除效果。

在积极保护机制方面，关于商标保护、商标运营方面的基础制度安排是相对完善的，尤其是关于团体性或群体性商业标志的规范，不仅有集体商标、证明商标制度，还有地理标志专门保护模式中提供的规则，还有两者相结合的地标集体商标、地标证明商标制度。在这些制度的安排下，群体性非遗项目的所有者就可以根据项目传承情况、非遗项目的特点申请非遗集体商标或非遗证明商标，或者申请登记非遗项目的地理标志，或非遗地标集体商标、非遗地标证明商标。这些商业标志适应非遗项目群体性的特征，项目传承地内所有愿意从事非遗开发的经营者都可以申请使用上述商标或地标，获取正当收益。不过，我国目前在这一领域仍有进一步完善的空间。事实上，前述的新西兰Toi Iho项目、澳大利亚真实性证明模式等实质上就是一种证明商标模式，其特色之处恰恰体现在商标的运营管理上。我国目前在团体性或群体性商业标志方面的基础制度安排是较为完善的，关键是如何在集体商标、证明商标等制度的基础上，充分运用该制度赋予的运营管理空间，在此基础上进行内部任意性规则的创新，实现制度资源效益的最大化，这是目前需要重点考虑的方向。

六、非遗商标保护解决方案的制订：历史和现实问题的考虑

基于前述实证分析，非遗商标保护解决方案的制定还需要考虑由于目前现状引起的两个问题，一个是历史问题，另一个是现实问题。所谓历史问题，是指由于目前制度缺陷造成的某些非遗符号已被不适当地注册为商标的问题，比如被外部人或某些内部个人抢注，从而沦为个人财产。所谓现实问题，是指在目前制度缺乏的情况下非遗符号仍然在被大量抢注、抢占的急迫状况，如何能够阻止这种不正当地商标申请和注册，并尽快规制此种行为。

针对这种情况，解决方案的制定不仅需要尊重现行商标制度的连续性、法律效力，也需尽快建立起针对非遗符号商标注册的有效排除机制和有效利用机制。首先，尊重现行商标制度的连续性和法律效力，就需要承认某些非遗商标已经被不当注册的现实。这是因为，按照商标法的基本理论，商标的主要功能是识别，对于那些已然注册成功且已使用多年的非遗商标，如果该标识已经与注册人形成了固定的唯一对应关系，无论注册当时是由于制度缺乏还是注册人侥幸所得，而且按照修改后的法律规则，这种注册应属“毒树之果”，也很难依照商标法撤销这种商标的注册，这也是“法不溯及既往”原则的体现。比如“鲁锦”商标，在权利人注册使用多年的情况下，即使该商标在侵权诉讼中最终被认定为“通用名称”，其权利受到了一定程度的限制，但该商标仍然未

被撤销，其商标权利就仍然存在。在商标法实践中，如果某一商标自注册之日起满5年，一般很难再被无效，只有在驰名商标的情况下才不受5年期限的限制。不过非遗所有人也可以充分利用商标法提供的制度资源，对那些刚刚初审公告，或者尚未超过撤销期限，权利尚未稳定的不当非遗商标注册，提起异议或无效，排除不当注册。如“骑楼老街”“足球起源地”案等，都被异议成功。其次，在现有制度之外，针对目前抢注非遗商标的急迫形势，也亟须完善制度。一方面要有效排除非遗符号的不当商标注册，这就需要根据目前的实际情况进行一定的制度创新，从而及早发现和制止不当注册；另一方面要尽量将非遗符号的商标法利用纳入统一的轨道之中，在非遗商标保护中充分利用团体性或群体性商业标志制度，契合群体性非遗项目的特征，实现有序利用、合理利用，推进非遗商标的保护与开发，结束目前的混乱局面。

七、本章小结

本章是关于制订非遗商标保护解决方案时应考虑要素的梳理和总结。概括而言，这些要素包括解决方案的目标设定、非遗符号权属安排、国际条约义务考量、经济效益创造与文化权利保护的平衡、国内外现有制度资源、历史和现实问题的考虑6个方面。其中目标设定方面，将解决方案的目标按层次区分为根本目标、直接目标和具体目标。在非遗符号权属安排方面，借鉴彼得·德霍斯的“知识共有理论”，为该问题的解决提出一个具有合理性和可行性的突破口，即建议对非遗符号资源权属采用“排他性积极共有”模式，承认非遗符号资源的社区、群体共有权能，将非遗符号的商标化开发利用引入团体性或群体性商业标志管理下的有组织、有序化的轨道中。在国际考量方面，主要根据非遗保护相关条约的具体内容，对后续的非遗商标保护制度方案设计提出一系列要求，以保证解决方案符合国际条约的要求，具备国际协调空间。如应该考虑非遗社区、群体或相关个人的参与管理权、普遍受益权、排除侵害权，并满足知情同意、惠益分享的基本原则等。关于经济效益创造与文化权利保护的平衡方面，要求设计的制度规范不能鼓励非遗符号的滥用，应该有适当的阻止和排除机制，不应将非遗符号分散性利用，而应有组织地、凝聚化地利用。在与非遗商标保护相关的国内外制度资源考察方面，首先是对美国专利商标局NATI数据库制度、巴拿马模式、美国《印第安艺术与工艺法案》、新西兰Toi Iho商标项目、美国《兰哈姆法》第2条（a）禁止注册条款、澳大利亚真实性证明模式和南非“知情同意，惠益分享”模式共7种国外制度资源进行了具体译介，并对其制度特色和借鉴价值进行评价。其次对我国以《商标法》为中心的，与非遗商标保护相关的法律法规、司法解释等的具体条款和制度进行了条分缕析的梳理，并对这些制度在非遗商标保护中的作用、价值、优缺点、完善空间进行总结分析，为后续的制度完善做准备。在历史和现实问题的考虑方面，主要就已被不正当注册的非遗商标和目前急迫的非遗商标抢注形势如何对待的问题，从商标法基本原则、功能以及制度完善的视角给出明确的方向。总体而言，本章内容作为非遗商标保护解决方案设计的前置步骤，通过对各项应考虑要素的分析、考察、梳理和总结，目的均在于为最终的方案设计确立方向、提供参考、扫除障碍。

第九章 非物质文化遗产商标保护解决方案：排除+统一利用

非遗的商标保护模式对非遗保护与传承具有重要意义，理论上具有可行性，实践中也已经开展起来，但还存在各种问题。因此，基于上述实证研究发现和问题的总结、分析，针对非遗商标保护进行制度完善就显得十分必要了。笔者拟在实证研究的基础上，综合考虑非遗商标保护的目标、解决方案制定时应考虑的要素、现有资源，提出一种"排除+统一利用"的解决方案，以完善商标法制度供给，有效推进非遗商标保护，希冀为非遗的保护与传承提供一些有用的意见和建议。

一、"排除+统一利用"方案阐释

（一）方案的内容

1.方案内容简述

所谓"排除+统一利用"方案，包含两个方面的内容：首先，所谓"排除"是指要尽力排除个人、企业等使用非遗符号注册"一般商标"，包括外部人的抢注和内部人的个体性、分散性注册，但非遗传承过程中基于个人、家族、企业贡献而专属于其自身的非遗符号除外。其次，"统一利用"是指将非遗符号的商标化利用纳入有序化、有组织的轨道中来，由代表或管理非遗项目的群体性、非营利性组织如非遗行业协会等，且也只能由类似组织申请注册非遗团体性或群体性商标，在对这些商标的统一管理运营中实现对非遗符号资源的统一利用，保护和开发非遗项目。

2.方案适用对象

“排除+统一利用”方案主要适用于“群体性非遗项目”，对于非群体性非遗项目亦可适用。之所以主要适用群体性非遗项目，一方面，是因为群体性非遗项目是占绝对数量优势的类型，也是实践中问题较多、最值得研究的类型；另一方面，对于非群体性非遗项目来说，非遗符号权属一般是清晰、明确的，其管理人或保护人一般也是明确的，其可以自己决定商标化利用的方案，以及排除他人侵害。方案的内容已经包括非群体性非遗项目的适用问题。下文的论述如果不特别指明，一般是指群体性非遗项目。

但是，何谓群体性非遗项目，实非一个容易定义的概念，出于研究所需，现从非遗商标保护的角度对此予以明确。按照《非遗保护公约》的定义，非遗的主体类型可分为社区、群体和个人三种。个人传承（家族传承）的非遗自然可归于“非群体性非遗项目”，如前述非遗商标司法纠纷统计案例中涉及的非遗项目：中庄醉蟹制作技艺（童德大醉蟹案）、利川柏杨豆干制作技艺（利川柏杨豆干案）、牛忠喜烧饼制作技艺（牛忠喜烧饼案）、桂香楼糕饼制作技艺（董记桂香阁案）等。社区或群体传承的非遗项目一般应归于“群体性非遗项目”，如前述实证研究中的鲁锦织造技艺（鲁锦案）、冼太夫人信俗（冼太夫人案）、妥甸酱油酿造技艺（妥甸酱油案）、九制陈皮制作技艺（九制陈皮案）、轧神仙庙会（轧神仙案）等。

如此来看，归类界限似乎是清晰的，但真实情况并非这样简单。非遗保护过程中关于传承人资格、传承派系，以及非遗商标的若干争议往往让问题变得异常复杂。龙泉宝剑案中法院根据案件事实和证据最终认定“龙泉宝剑”商标（系一般商标，非集体或证明商标）为龙泉宝剑厂所有。法院认为，该项目在传承过程中曾发生中断，新中国成立后龙泉宝剑厂的前身首先使用该商标且持续传承该项目，其他集体或个体宝剑厂家制造销售龙泉宝剑的现象是在改革开放后才出现的，这使得龙泉宝剑的名称被一定程度泛化，但龙泉宝剑厂的一系列维权行为阻止了该商标的淡化。因此，龙泉宝剑商标的知名度是龙泉宝剑厂单独打造出来的，并非群体传承、集体贡献的结果。结合实证研究数据，国家商标局也先后驳回了"龙泉宝剑协会"关于"龙泉宝剑"证明商标、集体商标的若干次申请。这似乎意味着该项非遗实际上已不是群体性非遗项目，至少从非遗商标保护视角来看，其非遗商标归属已经确定，"龙泉宝剑"并非通用名称。但商标权属确认毕竟是一个法律问题，有专门的法律认定标准，该案的最终结论实际上受到一个关键事实的影响，即该非遗项目的传承在新中国成立前的一段时期出现了中断。但抛开商标法律问题，从文化的视角，从更长远的传承历史视角来看，龙泉宝剑锻制技艺恐怕很难说不是一个群体性非遗项目，国家级非物质文化遗产代表性项目名录中关于该项目的介绍也似乎更显示出其群体性项目的特点。[1]类似的还有"回族汤瓶八诊疗法"，涉及"汤瓶八诊"商标系列案件，最高人民法院最终再审认定，该商标归于其唯一的传承人杨华祥所有，不过，我们恐怕不能因此得出该非遗项目为非群体性非遗项目的结论。

另外，即便个人、家族传承的一些非遗项目，只要不是单线传承，比如只传给长子长孙等，就可能发展出不同的传承支系。还有许多非遗项目也会通过收徒方式传给外人。因此非遗项目经过长期发展，往往已经不是个人、家族项目。但如果其传承脉络清晰，那么在非遗资源归属问题上可能还是明确的。但也有可能出现传承脉络已经模糊的情形，此时如果有一定数量的传承者存在，就产生从个人性非遗项目向群体性非遗项目转化的可能，但究竟达到什么样的程度才可能定性为群体性非遗项目，这个标准是难以界定的。

因此总体来说，出于非遗商标保护的研究目标，所谓群体性非遗项目，是

〔1〕 参见《龙泉宝剑锻制技艺》项目介绍，https://www.ihchina.cn/project_details/14325/，最后访问日期：2022年12月24日。

指那些传承地域广泛，传承者、贡献者数量众多，传承脉络已不太清晰的非遗项目。对群体性非遗项目的判断需要从项目本身的特点、传承的实际情况等方面确定，具体说应该从两个维度考虑：一个是非遗项目传承脉络的清晰度，这决定着非遗资源包括非遗符号资源的权属是否清晰问题，如果传承脉络清晰，即使有多个传承者，也可以通过“商标共有”解决商标权属问题；另一个是非遗项目传承地域的广泛性，以及传承者、贡献者的数量和规模，该测量维度可能体现为一个行政区划、一个民族、一个种族等。

3.排除和统一利用的具体含义

首先，方案中的“排除”涉及两个层次的对象。第一层次是排除外部人对非遗符号的抢注。无论其抢注的非遗商标指定的商品或服务与非遗文化内涵相关性强还是弱，也无论是注册何种类型的商标，[1]都不应予以核准。例如，某文化公司将“长调”注册在第41类表演服务上，与国家级非遗项目“蒙古族长调民歌”的文化内涵紧密相关。再如，某制油株式会社在食用油脂产品上注册“長調得德”商标，蒙古族长调民歌是国家级非遗项目，德德玛是著名长调表演艺术家，该商标标识是明显的非遗符号简单叠加。按照“排除+统一利用”方案，这样的商标注册申请都应予以驳回。[2]第二层次是排除内部人的个体性、分散性注册。即排除非遗传承社区或群体内的个人、企业或其他组织的“一般商标”注册，这种排除也无论其注册的非遗商标指定的商品或服务与非遗文化内涵相关性的强弱。仍以“长调”为例，内蒙古西乌旗境内的某旅行社作为长调非遗项目的内部人，就注册了“长调之乡”一般商标，指定使用在第41类涉及表演服务的多个具体项目上，与“长调”非遗项目的文化内涵高度相关。内蒙古呼和浩特市的一家商贸公司则在第29类和第35类上注册了“长调悠悠”商标，这两个类别与“长调”非遗项目的文化内涵相关性不强。按照

[1] 当然，现实中外部人的抢注几乎均为“一般商标”，不太可能抢注集体商标、证明商标等团体性或群体性商标。

[2] 但实践中后者已经被成功注册。

“排除+统一利用”方案，这样的商标注册申请也都应予以驳回。[1]当然，对内部人非遗商标注册的排除主要是对“非遗一般商标”的排除，不包括内部人中公益性组织的团体性或群体性非遗商标的注册，因为这正是“统一利用”方案的内容。

不过需要指出的是，方案中的排除有两种例外情形。第一，如果申请注册的商标是在非遗符号代表的文化内涵基础上进行商标标识的创新，属于“非遗符号创新利用”的情形；或者虽然是与非遗符号相同或近似，但可能具有其他含义，用在特定商品或服务上不会与非遗产生关联，属于“符号巧合”情形，则不应属于排除注册的对象。前者如利用京剧脸谱的图形，并结合其他元素创新的商标标识，即使含有一定的非遗符号，但属于对非遗符号的创新性利用，并非“拿来主义”式的非遗符号利用；后者如“木兰”这样的标识，可能与“木兰传说”非遗符号相同或近似，但它本身可能有“木兰花”的含义，如果指定使用在香皂等商品上，不会将其与非遗项目产生关联，诸如这样的商标申请，应该结合具体情况进行判断。第二，对于非遗传承过程中基于个人、家族或企业的贡献[2]而专属于其自身的非遗符号，如果权利人自己申请或授权其他人申请注册一般商标，则无论其指定的商品或服务与非遗文化内涵的关系如何，均不应予以驳回。这里所谓的例外的非遗符号，既包括本身就是个人、家族或企业传承的非群体性非遗项目中的符号，如马应龙眼药制作技艺、王致和腐乳酿造技艺、张一元茉莉花茶制作技艺等项目中的符号，也包括群体性非

---

〔1〕 实际上，这几个商标均已成功注册。

〔2〕 之所以加入“企业的贡献”，是因为考察中发现，我国许多非遗项目本身为个人、家族传承，或传承脉络本身不清晰，但在特殊的历史情况下由于实施公私合营、国有化改造，其可能已不再专属于个人或家族，而是流传到某些大型企业手中，在非遗代表性名录中，其保护单位往往是大型公司或医院等单位，如漳州片仔癀制作技艺保护单位是漳州片仔癀药业股份有限公司，同仁堂中医药文化的保护单位是中国北京同仁堂（集团）有限责任公司，泸州老窖酒酿制技艺保护单位是泸州老窖股份有限公司等，这些非遗项目中的非遗符号往往也都是传统名号，一般都已被认定为“老字号”，而且其权利人往往都已确定为传承企业，其非遗符号的商标化利用一般已比较充分，应尊重历史，予以判断。不过即使如此，这些非遗项目仍然可能存在传承支系问题，如雷允上六神丸制作技艺就存在苏州和上海的两个公司传承，这种情形下对非遗符号的商标化利用亦需尊重历史。上述情况下，如果将非遗符号注册为一般商标，也不应涵盖在排除方案的范围之内。

遗项目中不同传承人或传承支系基于自身贡献产生的专属于其自身的非遗符号，如宜兴紫砂陶制作技艺是群体性非遗项目，其代表性传承人各自的姓名如周桂珍、吕尧臣、汪寅仙等非遗符号，就专属于其自身或其继承人。再如钧瓷烧制技艺项目，在神垕镇上百余家钧瓷作坊都是钧瓷的传承者，但其作坊名、传承人姓名、作品名称等符号就专属于某些个人或其继承人。针对这些符号的商标利用，就应基于非遗项目传承的客观历史情况，在提供证据的情况下，允许合法的权利人申请注册商标，而不属于排除注册的范围。当然，上述所有不在排除范围的例外情形，也均需遵循《商标法》的其他规定，不能违反其中关于禁止性注册的各种条款。

其次，关于统一利用的含义，需要从以下方面理解：第一，统一利用的目标。统一利用的目的是对非遗符号进行有组织、有序化的商标性使用，结束目前无序化的混乱利用状态。统一利用方案要求在每一个非遗项目上，仅能存在一个或有限的几个[1]团体性或群体性商业标志，非遗传承者或经营者们以该商业标志为统一的商标、品牌，聚力而行，共同为提高非遗项目的知名度而努力。第二，统一利用的主体。对非遗符号商标化的统一利用需要一个主体，该主体应为公益性、非营利性的组织，能够代表或管理非遗项目。实践中常见的主要是非遗项目协会，比如祁门红茶协会、宜兴市陶瓷行业协会、南京云锦行业协会、芜湖铁画协会等，也有非以协会命名但功能类似的各种组织，如南京云锦研究所、景德镇市手工制瓷技艺研究保护中心、富阳竹纸文化保护与传承发展促进会等。统一利用的主体最主要的功能是实现对非遗符号资源的统一管理，将传承者共有的对非遗的参与权、管理权等进行民主集中。第三，统一利用的制度工具。对非遗符号的商标化统一利用，是通过团体性或群体性商业标志实现的，这些商业标志在目前来看，主要包括集体商标、证明商标、地理标志、地标集体商标、地标证明商标。一般来说，对不同的项目，需要根

---

〔1〕 最好是一个，但考虑到历史因素，目前在某些项目上可能已存在若干个这种商业标志，比如在铁观音制作技艺项目上，已经形成地理标志证明商标、地理标志产品、农产品地理标志产品三种团体性商业标志。

据非遗项目本身的特点和传承情况，结合不同的团体性或群体性商业标志的条件，确定选取何种类型的标志。当然，统一利用并不排斥某非遗项目中不同的非遗传承者或经营者就自己享有正当权益的非遗符号申请注册一般商标，但这些一般商标与统一注册的团体性或群体性商业标志之间应该形成一种类似“母子品牌”的关系，即可在非遗产品上使用双商标或多商标战略。如朱仙镇木版年画可以注册为证明商标或地理标志，在此团体性标志之下，各年画老店又可将自己的老字号注册为一般商标，如“天成老店”“万同老店”等。这样，针对该项目，既有一致对外的母品牌，提高朱仙镇年画的整体知名度，又有内部区分的子品牌，传承者之间可以此区分各自作品，并在此基础上公平竞争、传承创新非遗项目。第四，统一利用非遗增益和统一分配。统一利用方案是为了更好地实现非遗资源利用的受益权分配，以改变目前混乱状态下收益分配极端不平衡或收益被无谓损耗的状况。在统一利用方案下，非遗资源可以被合理有效地开发，从而将资源效益最大化，比如，一个运营良好的非遗证明商标或非遗地理标志，本身就是一项巨大的资产增益。在效益最大化的基础上，各非遗相关利益群体又可通过知识、资本、劳动、税收等要素投入的形式受益。总之，统一利用方案相比于目前无序化的利用方式，更有利于实现非遗资源的经济效益转化、增益和公平分配。

4.排除和统一利用的制度角色和相互关系

“排除+统一利用”方案包含的两方面内容分别对应非遗商标消极保护机制和非遗商标积极保护机制，且两大内容之间既相互独立又紧密联系。排除混乱的非遗一般商标注册可以为统一利用创造必要条件。如果不能排除外部人抢注，以及内部人的个体性、分散性注册，在同一非遗项目上就可能存在若干指向不同市场主体和不同商品、服务的商标，形成商标指代的不唯一，造成市场混乱，对非遗符号的统一商标化利用就难以进行，甚至根本无法注册团体性或群体性的非遗商标。而反过来，统一利用的成果又有助于排除不当注册，因为随着统一利用的成功推进，团体性或群体性非遗商标的市场知名度将会越来越高，该商标对应于特定非遗项目或非遗产品的唯一性也将越来越强，甚至达到驰名商标的程度，这样，法律提供给团体性或群体性非遗商标的保护力度将会极大加强，其对非遗符号的不当商标注册的排除效力也将增强。

（二）方案的理论正当性

“排除+统一利用”方案的理论正当性问题，其实质是非遗符号的权属问题，对此可以结合前述关于非遗符号权属问题的论证，从以下几个方面予以说明。

首先，群体性非遗项目的“集体所有”属性，决定了非遗符号权属的“集体所有权”性质，也就决定了“排除+统一利用”的理论正当性。从群体性非遗项目的发展历史来看，这些非遗项目资源包括其符号资源是众多传承者甚至传承地域内公众集体智慧的结晶，客观上也不可能厘清其归属，因此无论将非遗符号的商标权归属于哪个主体进行私有化、排他性使用都不具有历史正当性。正因如此，基于彼得·德霍斯“知识共有理论”，我们认为对非遗符号权属宜采用“排他性积极共有”模式，而不能采用“包容性消极共有”模式，因为这正是造成目前混乱局面的根本原因。“排他性积极共有”模式意味着非遗符号应属非遗社区、群体共有，属于一种“集体所有权”模式。这样，对集体所有的非遗符号的商标化使用须征得全体共有人的一致同意，就为“统一利用”提供了理论基础，同时也为排除个体性、分散性的非遗一般商标注册提供了正当理由。

其次，“排除注册的例外情形”肯定了“集体所有权”之下合理的“个体所有权”的存在，不仅有理论上的正当性，也符合客观事实。“排除+统一利用”方案中提到，对于非遗传承过程中基于个人、家族或企业的贡献而专属于其自身的非遗符号，以及属于“非遗符号创新利用”的情形，不在方案排除注册的范围之内，这可以从约翰·洛克的“财产权劳动说”获得正当性依据。按照洛克的理论，每个人对其人身享有所有权，这是毋庸置疑的，那么“他的身体所从事的劳动和他的双手所进行的工作，……是正当地属于他的”，[1]这样，当一个人通过自己的劳动使一个东西脱离自然界时，就掺入了他的劳动，因此“对于这一有所增益的东西，除他以外就没有人能够享有权利，至少在还留有足够的同样好的东西给其他人所共有的情况下，事情就是如此”。[2]洛克的财产权劳动说虽有一定缺陷，但一直以来都是知识产权正当性证成的一个重要理论，用该理论说明“排除注册的例外情形”具有较好的适用性。首先对于“非遗符号创新性利用”的情形，因为是对符号的创新使用，不是直接的“拿来主义”式的使用，其中加入了使用者的创造性劳动，因此不应归入排除注册的范围。进言之，方案的目标是排除那种简单、拙劣和粗鄙的“拿来主义”式的非遗符号利用模式，如果是在对非遗符号所代表的文化内涵深刻理解的基础上再融入现代元素而精心创作的商标标识，则恰恰是应该鼓励支持的利用模式，这才是对传统文化的正确打开方式。这种创造性利用产生的商标，不仅符合商标法要求的显著性，而且有更强大的生命力，不仅有利于阻止低成本、低质量和不诚信的商标滥注行为，而且有利于产出民族精品文化品牌，这才真正契合我国商标品牌战略所要求的高质量发展内涵。另外对“基于个人、家族或企业的贡献而专属于其自身的非遗符号”，也是基于其历史上的劳动、贡献而具有私有化的正当权利，因此可以申请注册一般商标，不能纳入排除注册的范围。

再次，“排除+统一利用”方案具有国际条约上的法理基础，也有比较法上的可行性，有助于与国际相关制度的衔接一致。从本书前述对非遗相关国际条约或公约的考察可以看出，国际条约十分肯定非遗传承社区、群体对非遗保护与传承的参与权、管理权、受益权、保持非遗原真性和排除侵害的权利，并规定了以透明合作、对话、谈判和协商为特征，以自愿、事先、持续和知情同意为前提的非遗资源利用程序。“排除+统一利用”方案能够满足国际条约的

---

〔1〕［英］洛克著：《政府论（下篇）》，叶启芳、瞿菊农译，商务印书馆1964年版，第18页。
〔2〕［英］洛克著：《政府论（下篇）》，叶启芳、瞿菊农译，商务印书馆1964年版，第18页。

实体和程序要求，有利于与国际社会的制度衔接。另外，“集体所有”的非遗符号权属设定也与目前国际上的典型立法例相符，具有一定的实践和制度基础。比如巴拿马、南非、新西兰、澳大利亚等国对传统文化表达的制度安排，都是“集体所有权”模式的典型代表。与巴拿马、南非不同，新西兰和澳大利亚的证明商标模式实际上是“集体所有”和“个体所有”混合的制度模式，这与“排除+统一利用”方案中“集体所有权之下也允许特定情形的个体所有权存在”的权属安排非常一致，说明该方案的理论基础不仅自洽，也具有比较法上的合理性和可行性。

最后，“排除+统一利用”方案与我国非遗知识产权保护的立法趋势相一致，能够满足体系化要求。“排除+统一利用”方案是针对非遗的商标法保护方案，主要考虑的是非遗符号资源的商标法保护与开发问题。在商标法之外，针对非遗内容资源的知识产权保护与开发可能需要更加全面的制度完善甚至全新的立法。但这一问题究竟如何处理，未来是采用“特殊知识产权”（Sui Generis IP）模式，还是分别纳入各知识产权专门法，还是其他模式，目前尚无定论。近年来，我国“民间文学艺术作品著作权保护条例”被提上立法议程，〔1〕很可能会有所推进。而《专利法》在2008年已经确立了“遗传资源信息披露制度”。如此，涉及非遗范畴的遗传资源、民间文艺已经采用或很可能采用“纳入知识产权专门法”的方式，分别融入专利法、著作权法体系之中。而非遗资源中涉及商业秘密的部分又可通过《反不正当竞争法》中商业秘密制度予以保护。这样看来，我们似乎是在朝着将非遗中的不同对象“纳入不同的知识产权专门法”的模式推进。如果立法趋势如此，那么非遗的商标法保护更应该提上立法议程，因为这不仅符合当前非遗知识产权保护的立法趋势，满足体系化要求，而且从实践来看也十分紧迫，更有必要加快立法或者修法进程，完善相关制度安排。

〔1〕 国家知识产权局2022年10月28 发布的《深入实施〈关于强化知识产权保护的意见〉推进计划》第6条明确，2025年12月底前要完成并持续推进制定“民间文学艺术作品著作权保护条例”。

（三）方案的任务分解

根据“排除+统一利用”方案的内容，实施该方案需完成两大方面的任务，即排除不当的非遗符号商标注册和非遗符号的统一商标化利用，亦即非遗商标消极保护机制和积极保护机制完善的任务。结合我国目前在非遗商标保护方面的现状，实施该方案的任务至少应包括以下几个方面。

1.排除注册的对象和范围界定的问题

“排除+统一利用”方案需要排除那些不当的非遗符号商标注册，究竟哪些非遗符号可归入“不当”的范围，需要在制度修订中予以明确，否则可能造成制度实施中的不确定。根据方案内容，在“集体所有权之下也允许特定情形个体所有权存在”的权属安排下，排除注册的应该是那些简单地将非遗符号拿来申请注册一般商标的情形，既包括外部人的抢注，也包括内部人的分散性、个体性注册，但有4种例外情形，一是由符合条件的非营利性组织申请团体性或群体性商标或其他商业标志的情形；二是能够提供证据证明自己对特定非遗符号拥有专属权利的个体性注册的情形；三是虽然是利用非遗符号进行一般商标注册，但属于对非遗符号创新性利用的情形；四是商标构成要素中存在与非遗符号巧合但具有与非遗符号不同含义的情形。在排除制度构建中应该将这些条件具体化到立法条文的标准，以清楚界定排除的对象和范围。

2.排除注册的模式选择和制度构建问题

在排除注册的对象和范围确定的基础上，如何进行排除机制的安排，是另一个需要解决的重要问题。实证研究的发现表明在排除不当注册方面明显存在动力不足、信息不对称等现实问题，因此面对不当注册，由谁去排除侵害，商标审查员又如何发现不当注册，这就需要研究排除不当注册的模式和制度构建问题。如排除模式的选择，是采用官方主动模式，还是申请人披露模式，还是第三人模式，是选择事前模式还是事后模式，均需妥当安排。同时，不同的排除模式也就对应着不同的制度构建和完善方向，也对应着相关主体的不同职责和权力（权利）义务安排。

3.统一利用非遗符号的制度工具选择问题

即在现存的集体商标、证明商标、地理标志、地标集体商标、地标证明商标5种团体性或群体性商业标志中，如何选择合适的方式对非遗符号进行统一利用的问题。按照我国非遗项目的分类，共有十大类不同的非遗项目，而每一非遗项目的发展和传承历史、现状又各具特色。5种不同的团体性或群体性商业标志又有不同的法定申请注册条件、功能和权利边界，其运营、管理和法律保护各有特色，因此，哪些非遗项目适合哪些商业标志，需根据非遗项目发展的具体情况进行选择，方案的实施需给出一些规律性的总结和引导。

4.团体性或群体性非遗商业标志的运营管理问题

在选定团体性或群体性商业标志之后，组织和管理者如何具体运营这些标志，是保护和开发非遗项目的重要一环。事实上，我国在团体性或群体性商业标志的制度方面还是较为丰富的，实践中也有若干成功的实施例，如南京云锦、郫县豆瓣等非遗项目，通过地标证明商标、地理标志等的运营管理，取得了较好的经济效益，也很好地保护和开发了非遗项目。但这种有组织、有序化的开发利用总体来说发展并不充分，尚未广泛推广，有些是流于形式。造成这种现象的原因，有法律制度的不完善因素，但可能也存在运营管理方面的不足，比如动力机制的不健全、资金的缺乏、利益分配机制的不完善、相关主体的缺位等。因此如何完善相关制度，让相应的利益主体方能够积极投入其中，是一个要解决的问题。

5.与非遗相关各利益主体的职责问题

“排除+统一利用”方案的实施需要相关主体的行动，如非遗传承地政府、非遗保护相关主管部门、国家知识产权局、司法机关、非遗项目协会、非遗代表性传承人、非遗各经营者、非遗传承地域之内的所有主体（内部人）、非遗传承地域之外的所有主体（外部人）等，在制度完善的基础上，这些相关主体应该赋予何种职责、权力（权利）、义务，怎样联合行动，共同实现非遗商标保护的目标，也需予以明确。

6.短期和长期规划的问题

“排除+统一利用”方案需要对现有制度进行修订完善，但在完善之前，现实的排除不当注册需求仍然是紧迫的，而且许多正处于争议之中的非遗商标纠纷也需要妥善解决，尽力阻止正在发生的非遗商标不当注册行为。因此，“排除+统一利用”方案的实施需要进行阶段的划分，可称为短期规划和长期规划。短期规划是指在制度全部完善之前，至少解决非遗商标注册审查中的信息不对称问题，在现有制度资源的基础上对不当的非遗商标注册进行排除；长期规划主要是在《商标法》修改时加入专门条款，在非遗商标保护问题上进行针对性的完善，同时进一步完善配套规定。在排除机制完善的同时，统一利用的方案可同时进行，因为“统一利用”方案涉及的制度修订不多，可以直接继续推进。

二、“排除＋统一利用”方案的实施

根据“排除+统一利用”方案的内容、含义、任务分解，结合前述非遗商标保护的目标、可借鉴的制度资源等因素，该方案的实施就有了具体的方向和任务。

（一）相关法律制度的完善

基于“排除+统一利用”方案的要求，《商标法》需要从以下方面进行完善，以构建有效的“排除不当非遗商标注册”和“统一利用非遗商标”的机制。

1.排除不当非遗商标注册的模式选择

如何排除不当的非遗商标注册，不同的模式意味着不同的发起机制、动力机制、非遗符号识别机制、制度安排和法律效果。通过考察和总结，笔者将这一问题中的模式归结为三种，分述如下。

第一，“第三方模式”。我国目前《商标法》中，并未有针对非遗符号商标注册的专门排除制度，针对一些不当的非遗商标注册，往往是由与非遗商标相关的第三方主体[1]披露并提出阻止或排除的请求，这种模式可称为“第三方模式”。该模式下，对不当的非遗商标注册进行阻止或排除的发起人是第三方，从本书前述实证研究结论看，第三方发起阻止或排除的动力主要来自“私益”，即非遗商标的申请、注册或使用侵害了该第三方的商标权益。而出于“公共利益保护”而对不当的非遗商标申请或注册发起阻止或排除程序的案例少之又少，统计案例中仅见“冼太夫人”“足球起源地”“化橘红”“骑楼老街”案屈指可数的几个，而且无一例外，这些案件中排除程序的发起人均为当地政府或政府相关部门。也有少量属于非遗保护的集体组织排除不当注册的案例，如“人主挂面”案，虽属商业利益的维护，但也符合非遗商标保护的目标，这种案件也很少。因此，“第三方模式”下，发起排除行动的动力机制几乎都是出于商业利益、私益，从案件表现来看，实际上是一件件的“非遗私人商标争夺战”，在这些案件中，除了非群体性非遗项目商标权利人的维权行动之外，完全不符合非遗商标保护的目标。另外，在该模式下，非遗符号的识别也主要是“第三方商标监测”，而在“私益保护”的动力机制下，非遗符号识别和监测的判断标准主要是“是否会对第三方构成商业利益的侵害”，而非“非遗商标保护”的公益目标。因此目前的“第三方模式”无法提供合适的排除不当非遗商标注册或使用的机制。此外，该模式还有一个弊端，即它更大程度上属于“事后排除模式”，由于缺乏有效的非遗符号识别机制，排除程序的发起人最早也只能在争议商标初审公告后才能提出商标异议程序，更多时候可能是争议商标已经注册公告了，只能发起商标无效程序，而这些程序往往还可能导致后来的商标授权确权行政诉讼，加大了司法成本。

第二，“申请人模式”。即由非遗商标申请人在申请商标时披露非遗符号利用的信息，并提供有权使用非遗符号以及缴纳使用许可费证明的模式。该

[1] 此处所谓“第三方主体”是指非遗商标申请人或注册人、商标局之外的第三方，一般是商标异议程序中的异议申请人，商标无效程序中的无效申请人，或商标撤三程序中的撤销申请人。

模式与《专利法》中“遗传资源信息披露制度”的机制相同，属于该机制在《商标法》中的适用。严永和曾在传统名号的商标保护研究中提出过“建立传统名号商标申请事先知情同意制度”，根据该制度，“要求申请人提供有关传统部族或传统社区出具的事先知情同意证明和缴纳有关使用费的证明，否则，不予注册或者使已经注册的商标无效”。[1]申请人模式实际是《生物多样性公约》(CBD)确立的“知情同意，惠益分享”原则在非遗商标保护领域的套用。非遗保护国际条约基本原则中关于“以透明合作、对话、谈判和协商为特征，以自愿、事先、持续和知情同意为前提”的非遗资源利用程序的规定，也可成为“申请人模式”在非遗商标保护中适用的国际法基础。因此，“申请人模式”并不缺乏国际法理基础。在“申请人模式”下，披露或识别非遗符号商标使用的主体为非遗商标申请人，其披露的动力为法律的强制义务，因为其要承担未充分披露的法律后果，要么予以驳回，要么即使注册了也会被无效，商标申请人就会慎重考量其商标申请，如果不满足条件，可能就不再提交该商标申请，因此其属于“事前排除”机制。由于申请人一般来说比较清楚其商标是否包含或利用了非遗符号，尤其是针对非遗符号的商标恶意抢注行为，该模式的排除效果应当会更好。不过该模式在适用中可能存在条件不成熟的问题，我国目前尚未确立非遗资源的权利登记制度，非遗符号权利归于谁，谁对其拥有所有权和管理权，都缺乏明确的规定，利用非遗符号的商标申请人即使愿意取得正当许可和付费使用，也恐难以找到准确的许可人和明确的许可程序，更何况，如非遗符号本身存在权属争议，则被许可人事后还要面对商标被无效的风险。因此，该模式具有其优势，但其有效实施尚需非遗权利登记制度的明确确立和实施，这不是《商标法》能够单独解决的问题。

第三，“官方模式”。即由商标审查机关对非遗符号的商标利用进行主动识别和披露，在商标审查程序中阻止或排除不当的非遗商标注册。事实上，在

---

〔1〕 严永和：《论商标法的创新与传统名号的知识产权保护》，载《法商研究》2006年第4期。

各国商标法的实践中，商标审查机关或商标审查员一直都在履行着商标主动审查的职责，在商标审查中均要对申请的商标进行检索，以判断其是否违反商标注册的绝对事由和相对事由。我国商标局在商标审查中也都有内部的检索数据库，以识别是否存在不能注册的情形，因此该模式至少在我国的商标法实践中有制度和实践基础。在该模式下，对非遗商标识别和披露的发起人是商标局和商标审查员，只要存在不当的非遗符号商标申请的情形，商标审查员即可第一时间发现并驳回其申请，因此该模式也属于一种“事前排除”机制，可以较早发现不当的商标申请行为并禁止，而如果申请人有正当理由，可以在驳回复审环节提交证据，进行答辩。目前在非遗商标保护领域中出现的未能排除不当注册的问题，主要归因于“信息不对称”和“制度不完善”，商标审查员并不掌握非遗符号的相关信息，且《商标法》并无关于非遗符号禁止注册的专门规定。目前产生的非遗商标相关争议都是第三方提出异议或无效之后，在具体的个案中由当事人提交相关证据后才发掘出来，而且也只能在现有商标法禁止注册条款之下进行排除与否的适用。而且，由于信息不对称，商标审查员在审查时就可能产生不确定的结果，如果审查员对某一非遗符号比较了解，就可能通过相关条款阻止其注册，反之则可能通过其申请，这是问题产生的根源。事实上，即使在目前的制度环境下，商标局也有成功发现不当非遗商标注册并驳回的成功案例，如前述统计案例中的“哈尼古歌”案，商标局就主动识别了非遗符号并依据“不良影响”条款驳回其申请。[1]

应该说，“官方模式”在我国具有一定的可行性。首先，据考察，目前与非遗符号相关的商标局内部检索数据库也是存在的，如“国家级工艺美术大师”的姓名信息，就在禁止商标注册之列，不过该数据相对于非遗符号整体而言显然不够充分。其次，在考察中商标局审查员也表示，增加一个非遗符号数据库

〔1〕 该案后经北京知识产权法院、北京市高级人民法院两级法院审理，均支持了商标局、商评委的裁定，“哈尼古歌”商标最终被驳回。参见北京市高级人民法院（2017）京行终1226号判决书，本书第五章表5-1中第132号案例对该案有所介绍。

并不会带来太多额外的成本，因为商标审查时肯定都要进行检索，只要建好该数据库并接入其检索系统，即可实现，因此建立非遗符号数据库是可行的。而且，美国NATI数据库制度可以提供有益的借鉴，根据本书前述对国外制度资源的考察，该数据库比较接近于非遗符号数据库，可见建立非遗符号数据库具有可行性。再次，关于非遗符号数据库的构建，这是应予重点考虑的一个问题。比如该数据库中非遗符号的范围、层级如何确定，这可能是实践中首先要解决的问题，因为其直接关系到排除注册的范围，关系重大，但无论如何，其实施的可能性还是较大的，本书在下面关于制度完善的部分，也会对此数据库的建立提出意见和建议。最后，关于"官方模式"中商标局排除不当非遗商标注册的动力是否充足的问题，说明如下：(1)问卷调查结论表明，政府部门在非遗商标保护中的"保护者身份"获得了绝大多数社会公众的认可，国家知识产权局商标局在非遗商标排除机制中扮演着一个重要角色，这是其职责所在。相反，其他非遗相关主体往往即使有较强的行动意愿，也缺乏相应的能力、时间和精力。(2)我国近年来在打击商标恶意注册方面十分重视，2019年《商标法》第4条第1款专门规定："……不以使用为目的的商标恶意注册申请，应当予以驳回。"2019年10月11日，国家市场监督管理总局颁布《规范商标申请注册行为若干规定》，专门针对商标恶意申请予以规制。利用非遗符号的商标申请行为中，有许多就可以纳入商标恶意申请的范畴，比如将"二人转"申请注册在避孕套上的行为，本书在非遗商标申请与注册实证研究中也发现了诸多类似的申请。另外，笔者注意到，于2022年12月21日发布的《最高人民法院关于加强中医药知识产权司法保护的意见》第4条也规定："依法制裁中医药领域商标恶意注册行为。"显然可适用于传统医药领域的非遗符号商标保护。因此，目前无论从《商标法》规定，还是商标授权确权领域的行政和司法政策来看，赋予商标审查机关排除商标恶意注册的职权和职责是一个大趋势。因此总体来看，"官方模式"下，赋予商标局非遗符号商标排除的职权，并未增加过多的行政成本，相比于其他排除模式，利大于弊，更加可行。

2.排除不当非遗商标注册的制度构建

根据上述排除模式的分析与选择，在“官方模式”之下，可以对排除制度进行构建。从目前的现状来看，可通过增设“非物质文化遗产符号禁止注册条款”（以下简称“非遗符号禁止注册条款”，或“非遗商标法保护专条”），或完善现有“不良影响条款”，并构建“非物质文化遗产符号数据库”（以下简称“非遗符号数据库”）。其中“非遗符号禁止注册条款”是在“集体所有权之下也允许特定个体所有权存在”的非遗符号权属安排之下确立，可称之为“非遗商标法保护专条”，目的在于构建排除不当非遗符号商标注册的明确法律依据，改变目前只能依赖其他禁止性条款进行解释性适用，排除机制不健全，排除效力不充分的现实问题。完善“不良影响条款”是退而求其次的一种弥补措施，如果“非遗商标法保护专条”的立法难度太大而不能顺利出台，可作为候补方案。而“非遗符号数据库”是一项配套性制度，配合前两项制度在实践中的实施，作为商标审查员在商标审查中的工具，无须在《商标法》条文中体现出来。该数据库的功能主要是解决非遗符号商标审查中的信息不对称问题，帮助审查员排除和过滤不当的非遗商标申请。

根据上述制度目标、性质与功能定位，本书试对上述三项制度方案进行尝试，提出一些合理化建议。

（1）增设非遗商标法保护专条。

关于“非遗商标法保护专条”，即“非遗符号禁止注册条款”，条文建议稿暂定两款，第1款为排除注册和例外情形的规定，第2款为非遗符号的定义条款。条款内容如下：

与非物质文化遗产符号相同或近似的标志，不得作为商标注册。但符合以下条件的，可以注册：

①由符合条件的非营利性组织使用非物质文化遗产符号申请集体商标、证明商标；

②是特定非物质文化遗产符号的创造者或贡献者；

③属于对非物质文化遗产符号的创新性利用；

④虽与非物质文化遗产符号相同或近似，但明显与该符号代表的非物质文化遗产含义不同。

前款所谓非物质文化遗产符号，是指非物质文化遗产传承过程中形成的能够表征其文化内涵的各种符号，包括但不限于非物质文化遗产代表性项目名称、代表性传承人姓名、传统字号、曲目剧目名称、角色名称、传统产品名称、传统地理名称、传统医药名称、礼仪节庆名称、族群名称和标志、图腾标志、传统形象、传统音符等。

针对该专条，可从以下方面予以进一步阐述。

第一，关于条款的位置。有三种方案：单列一条；作为《商标法》第10条中的两款；作为《商标法》第10条第1款中的一项。考虑到该两条款属于《商标法》中的“禁止注册”条款，且属于一种绝对禁止事由，性质上应归于现行《商标法》第10条，因此出于体系考虑，不宜单列一条。又由于该条款的内容较多，表述较为复杂，如果作为第10条第1款的一项，在条文结构安排上不太合适，因此建议《商标法》修订时以独立的两款增列入第10条，作为第10条的第3款和第4款。

第二，关于该两条款中第1款的释义。该条款为“排除+例外”结构，首先规定对与非遗符号相同或近似的标志，禁止作为商标注册，以此排除外部人对非遗符号的抢注或内部人的分散性、个体性注册。其次，以例外的形式列举4种特殊情形，允许使用。其中第1项规定的例外情形就是“统一利用”方案所期望的情形，即由非营利性组织申请集体商标、证明商标。这里需要明确一点，此处所谓集体商标、证明商标，包含地标集体商标和地标证明商标，因为根据我国《商标法》的规定，以地理标志申请商标只能是集体商标或证明商标两种情形。另外，由于地理标志不属于《商标法》的规范内容，因此该条款无法涵盖地理标志专门保护模式中所规定的地理标志，对于以非遗符号申请地理标志，可依相关地理标志法律法规予以规范。第2项规定的例外情形，即针对个人、家族或企业对特定非遗符号拥有专属权利的情形，是肯定“个体所有权”的体现。第3项规定的例外是对“非遗符号创新性利用”的肯定，该条款也以此表明法律对非遗符号商标化利用的态度，即不是不允许利用，而是要通过创新利用，产生含有传统文化要素的高质量商标。第4项规定的是“符号巧合”的情形。该条款的内容正是前述关于非遗符号权属安排，以及排除不当使用、统一利用含义的法条体现。

第三，关于非遗符号的定义条款。由于非遗符号范围广泛，很难用准确的文字描述予以穷尽，因此本条采取了抽象定义加列举的方式，且用“等”字兜底，表面来看似乎囊括了较广泛的范围，那么是否会有排除注册打击面太广的问题？笔者认为，采此广义定义不会出现打击面过宽的问题，对该定义条款的理解应与前款内容结合起来，前款规定采“排除+例外”结构，正是为了尽可能排除不当使用，而4种例外情形的规定又可将正当的非遗商标使用过滤出来，且第3项规定还为使用非遗符号指明了方向，即“创新性利用”，因此一个广义的定义条款是该条立法目的所需要的，是合适的。

（2）完善“不良影响条款”。

考虑到商标法修订的难度，增设一个禁用条款可能会有阻力，此时另一个替代方案可以选择，即寻求现行《商标法》中的禁用条款，进行扩展适用，且将其扩展效力以合适的方式明确确立下来，替代目前缺乏确定性的解释性适用。经过对现行禁用条款的考察，“在先权利条款”和“不良影响条款”应属潜力条款。但“在先权利条款”中“在先权利”虽有一定的扩张性，[1]但“权利”二字的限制导致这一扩张性极大受限，在目前非遗权利登记制度尚未确立的情况下，恐难将其归入该“在先权利”范畴，因此不适合。而“不良影响条款”因其较强的包容性，应该是一个合适的备选对象。这样，就可以直接将

---

〔1〕 国家知识产权局2022年12月7日发布的《关于商标申请注册与使用如何避免与在先权利冲突的指引》第3条第8项专列一条“与其他应予保护的合法权益相冲突的情形”，就似有一定的扩展“在先权利”的效果。

现行《商标法》第10条第1款第8项“不良影响条款”作为排除机制的基础法律依据，即，将利用非遗符号注册商标的行为视为“具有不良影响”的情形，不予授权。但很显然，以目前商标行政和司法实践对不良影响条款的解释，该禁用理由恐难以阻止或排除所有针对非遗符号的不当注册。因此，在将“不良影响条款”确立为非遗符号商标注册排除机制基础法律依据的基础上，仍需一些配套制度的完善，目的是扩展“不良影响条款”的适用范围并在制度的层面上明确确立该法律效力，将“非遗符号不当使用”纳入该条款的规制范围。

具体方案是修订《商标审查审理指南》，在其下篇第3.8部分增加“可能对我国非物质文化遗产的文化内涵产生消极、负面影响的”，作为第3.8.3.12条规定下来，并将现在的第3.8.3.12后延，作为第3.8.3.13条。关于修改后第3.8.3.12条的具体内容，仍然是上述“非遗商标法保护专条”两个条款的内容，但要根据《商标审查审理指南》的立法体例进行具体化描述。总体要求是：以本书前述关于“非遗的商标侵害理论”，即贬损侮辱型、混淆误导型、淡化型三种侵害类型作为“不良影响”的理论基础，阐释为何外部人抢注和内部人分散性、个体性的注册会造成不良影响，以此确定不良影响的具体内涵。同时将上述4种例外情形具体列出，阐释其为何不构成不良影响，并对上述各种情形进行实例列举。在此修订的基础上，商标审查员在商标审查时，可以以《商标法》“不良影响条款”为基础法律依据，以《商标审查审理指南》为具体审查依据，并以下文建议构建的“非遗符号数据库”为检索依托，对不当的非遗商标注册予以驳回。

该完善方案虽难以达到“非遗商标法保护专条”方案的法律效力等级和直接性，但有自己的优势和可行性。首先，该方案的立法成本低，阻力小，可以达到相对较好的立法目标。相比“非遗商标法保护专条”方案，该方案无须对《商标法》条文进行增修，仅需修改《商标审查审理指南》，因此立法成本大大降低，遇到的阻力会减小。该方案实际上是采取折中方式，虽不能达到最优效果，但相比目前不确定的解释性适用，将“不良影响条款”对排除不当非遗商标注册的扩展性解释予以确定化，从而达到在不修订《商标法》的前提下，扩张其条款效力。其次，该方案具有可行性。目前无论是商标局、商标评审委员会还是法院，均有以不良影响条款排除不当非遗商标注册的实例，说明“不良影响条款”的确有解释性适用的可能。而且现行《商标审查审理指南》第3.8.3条已经包括“对我国文化产生消极、负面影响”的规定，只是目前的规定含义不够宽广、具体，对是否能适用于不当的非遗商标注册问题不够明确，完全可以对该条涉及的“文化不良影响”内涵予以扩展，将非遗代表的“传统文化”吸纳进去，因此在第3.8.3条之下增加第3.8.3.12条“可能对我国非物质文化遗产的文化内涵产生消极、负面影响的”，具有立法体系逻辑上的合理性，也具有现实可行性。

（3）构建“非遗符号数据库”。

“非遗符号数据库”作为上述两套方案的配套制度，作为非遗商标识别和排除的“官方模式”的一环，必不可少。非遗符号数据库的构建，需要从以下几个方面着手。

第一，非遗符号数据库的性质和形式。非遗符号数据库作为排除不当非遗商标注册制度的配套制度安排，主要功能在于弥补信息不对称，并非符号权属的确认。而且，非遗项目中包含的符号异常丰富，数据库构建时恐难以穷尽所有，因此如严格据此确认权属，也难免以偏概全。因此该制度有别于理想中的“非遗权利登记制度”，也不同于美国的NATI数据库。但依此数据库，商标审查员就可以过滤掉大部分不正当申请，阻止不正当抢注行为。因此从性质上来讲，可将非遗符号数据库视为非遗商标授权确权案件的初步证据，发生个案纠纷时再结合双方提交的具体证据进行裁决。就非遗符号数据库的形式来说，鉴于目前数字技术的普及以及商标审查检索的便利，该数据库应为电子数据库。

第二，非遗符号数据库的级别范围。根据我国《非物质文化遗产法》第18条的规定，由国务院建立国家级非物质文化遗产代表性项目名录（以下简称“国家级非遗项目”），由省、自治区、直辖市人民政府建立“地方非物质文化遗产代表性项目名录”（以下简称“地方非遗名录”）。我国许多地方政府在此基础上已经建立了省级、市级、县级非物质文化遗产代表性项目名录。这样，我国已形成国家级、省级、市级、县级4个层级的非遗名录，再加上联合国教科文组织的“人类口头和非物质遗产代表作清单”，〔1〕实际上形成了包括国际和国内两个层面，共计5级非遗代表性项目名录。那么有待构建的非遗符号数据库，应该将这5级非遗名录中的哪些纳入，这将直接决定商标局检索和排除的非遗符号的级别，也就直接决定了非遗商标保护的级别范围。在本项目的实证考察过程中，商标局相关人员首先就关注到了该问题，说明其丰富的工作经验和对实践工作的敏感度。〔2〕这的确是一个影响较大的因素，比如关于“工艺美术大师”的姓名，在目前商标局的检索数据库中也仅收录了“中国工艺美术大师”，以下的省、市、县级工艺美术大师并未收录进去。考虑到目前的现状，笔者认为，如果能够一步到位当然最好，但采取“两步走方案”可能更为合适。第一步暂时仅将国家级非遗项目名录中的符号纳入非遗符号数据库，在观察实施效果的基础上再将其他级别的非遗项目符号纳入。采此方案的理由有二：首先，我国自2006年公布首批非遗项目名录后，又先后于2008年、2011年、2014年和2021公布了4批国家级非遗名录，截至目前已公布5批非遗代表性项目名录，项目总数已达1557项，按子项统计多达3610项。应该说，国家级非遗项目名录中已经覆盖了相当数量的历史、文学、艺术、科学等价值较高的非遗项目，作为数据库建设的先期尝试，数量已经相当可观，且其往往代表着影响力较高的传统文化，对其进行商标保护也更容易获得公众认可，有利于该制度的顺利推行。其次，对国家级以下的非遗项目，在前述排除制度构建的基础上，也可以获得保护，且在前期制度实施效果的基础上再逐次推进，会更为顺利。

---

〔1〕 根据联合国教科文组织《宣布人类口头和非物质遗产代表作条例》（1998年）建立。

〔2〕 笔者也在此对商标局相关访谈人员表示感谢，这让我们注意到了该问题可能引起的重要影响，为方案的设计提供了非常好的建议。

第三，非遗符号数据库构建的基础。非遗符号数据库的构建是建立在非遗田野调查积累的档案基础上的。我国自非遗名录制度建立以来，各级非遗项目申报过程中已经积累了比较丰富的非遗档案，包括文字、实物、数字化等形式体现的各种资料。这些档案中的非遗名称、认定或未认定的传承人或手艺人姓名、传统产品名称、传统字号、曲目剧目名称、角色名称、传统地理名称、传统医药名称、礼仪节庆名称、传统音符，都是非遗符号数据库构建的重要资源。数据库构建应该在这些文献资料的基础上进行整理归类和记录，并且以数字化的方式体现出来。

第四，非遗符号数据库内部项目设计。在整理完成各非遗项目符号的基础上，是否需要将非遗符号按照各种标准进行分类，贴上标签，是需要进一步分析的一个问题。比如，是否需要按照非遗名称、传承人姓名、传统字号等类型进行具体划分，是否按照集体所有还是个体所有划分非遗符号权属且标明权利人，是否按照视觉、听觉的分类给各非遗符号贴标签〔1〕等。笔者认为，在制度设计初期，非遗符号数据库的内部项目设计宜粗不宜细。诸如各非遗符号权属问题，往往争议很大，在数据库构建阶段很难厘清，不宜引入这一标签，否则数据库构建将寸步难行，数据库仅需将这些符号纳入，权属问题可留待商标授权确权程序，在个案事实和证据的基础上解决。再如，符号类型的划分也没有必要，但视觉、听觉符号的划分具有一定的现实意义，也不难实现，可以引入。

第五，非遗符号数据库构建的主体及职责。本书第一章曾指出：非遗商标保护是一个非遗文化系统和商标法律系统耦合的命题，其耦合点即“非遗商标”。非遗的商标保护中出现的若干问题也是商标法律系统与非遗文化系统之间系统际冲突造成的，而非遗符号数据库的构建正是沟通两个系统的重要一环，需要文化系统和法律系统之间的通力合作。基于非遗符号数据库的内

〔1〕 实践中已经出现利用非遗符号申请声音商标的例子，如本书第三章媒体报道案例统计表中的“姑苏吆喝”案。

容、性质和功能考量，可以制订如下合作方案：商标局作为最终使用者，该数据库最终要接入商标局的检索系统，因此商标局可以负责该数据库的框架构建或直接使用现有数据库框架，并事先确定非遗符号的形式要求，如数字文件的格式、图片大小、清晰度、文字要求、音符的具体要求、说明性文字的要求等。数据库的具体内容应由文化系统负责，具体可由各级政府文化主管部门，尤其是其下属的“非遗保护中心”负责动员和组织，由非遗项目保护和管理单位组织人力、物力、财力整理、汇总和归纳，按照设计好的格式提供非遗符号资料。

3.团体性或群体性商业标志制度的完善

前文述及，集体商标、证明商标、地理标志、地标集体商标和地标证明商标作为团体性或群体性商业标志，是“排除+统一利用”方案中“统一利用”的核心制度工具。本书对非遗项目利用这些制度现状的考察结论也表明，目前的利用范围和方式等均不充分。课题组也对目前我国的相关制度进行了考察，发现我国在这些领域的制度资源还是较为丰富的，但也存在一定的不足。目前，我国在集体商标、证明商标以及地理标志方面的制度完善进程正在进行。需要注意的是，基于“统一利用”方案对这些制度工具的需求，这些制度完善与非遗商标保护之间具有非常紧密的关系。

（1）我国集体商标、证明商标以及地理标志制度的发展历程。

我国集体商标、证明商标制度最早在1993年确立。1993年《商标法》并未明确规定该制度，但1993年《商标法实施细则》第6条规定了核准注册的集体商标、证明商标受法律保护，并授权原国家工商行政管理总局会同国务院有关部门制定集体商标、证明商标的注册和管理办法。根据该条款，《集体商标、证明商标注册和管理办法》于1994年颁布，后经1998年、2003年两次修订，集体商标、证明商标的注册和管理规则不断完善。后2001年《商标法》不仅将集体商标、证明商标在其条文中明确规定出来，且地标集体商标、地标证明商标制度也予以确立，2002年《商标法实施条例》就地理标志申请集体商标、证明商标进行了具体规定，同时对该两种商标的权利边界进行了限定。因此，截至

2003年，我国在集体商标、证明商标以及地标集体商标、地标证明商标方面的制度基本趋于稳定，这种状况一直持续到2023年。

在地理标志专门制度方面。该制度肇始于1999年原国家质量技术监督局颁布的《原产地域产品保护规定》，通过“原产地域产品专用标志”的规范使用予以实施。2005年变更为原国家质检总局的《地理标志产品保护规定》，以“地理标志保护产品专用标志”取代原来的“原产地域产品专用标志”。之后，原国家农业部于2007年颁布了《农产品地理标志管理办法》，使用“农产品地理标志专用标志”予以规范。与此同时，原国家工商行政管理总局商标局于2007年颁布了《地理标志产品专用标志管理办法》，与前三种专用标志不同的是，该专用标志属于《商标法》上的官方标志。这种由三个部门同时管理地标的状态一直持续到2018年机构改革，此次改革将原质检部门和原工商部门的地标管理权限统一到国家知识产权局。随后，国家知识产权局于2020年颁布了《地理标志专用标志使用管理办法（试行）》，启用新版地理标志专用标志，代替原来质检部门和工商部门的两个专用标志。截至目前，地理标志专门制度方面形成了分别以国家知识产权局和农业农村部为主管部门的两条保护线，形成“地理标志产品”“农产品地理标志产品”两种保护方式或路径。

（2）我国集体商标、证明商标以及地理标志制度的问题。

我国在集体商标、证明商标以及地理标志方面的制度自确立以来，长时间没有较大变化。虽然2018年在地理标志方面进行了一次较大幅度的改变，不过仍未解决地理标志领域管理权限分散的状况。再加上2021年发生的“逍遥镇胡辣汤”“潼关肉夹馍”等地理标志商标维权事件，引起了较大的舆情，也将多年以来积累的关于集体商标、证明商标以及地理标志方面的制度问题集中呈现出来，引起了国家知识产权局、最高人民法院等相关部门的高度重视。这些问题总体来说可以概括为几个方面：第一，集体商标、证明商标以及地标商标的注册条件、权利边界问题，亦即这些商标的商标专用权与社会公共利益的平衡问题。第二，商标注册人主体资格和管理职责问题，关系到这些商标的运用、管理以及对地方特色经济发展的推进效益问题。第三，对集体商标、证明商标的保护力度不够的问题。第四，地理标志多头管理、权限分散导致的重复登记备案、权利交叉和冲突，以及保护制度层级不一、制度之间不协调等问题。〔1〕

笔者发现，上述问题与非遗商标保护中存在的问题多有重合，甚至当时处于舆论暴风眼的“潼关肉夹馍”“逍遥镇胡辣汤”事件正是非遗商标保护中出现的问题。如“潼关肉夹馍制作技艺”是陕西省省级非遗项目，其“潼关肉夹馍图文商标”是地理标志集体商标；而“逍遥胡辣汤制作技艺”是2021年新入选的第五批国家级非遗项目，争议中的“逍遥镇”商标虽为一般商标，但其注册人是“逍遥镇胡辣汤协会”，实质上也涉及非遗符号资源的集体化利用问题。这也充分说明，集体商标、证明商标以及地理标志制度的问题与完善与非遗商标保护紧密相关。

（3）我国集体商标、证明商标以及地理标志专门制度目前的完善进程及对非遗商标保护方案的影响。

实践中出现的问题已经引起我国知识产权法学界和相关政府部门的关注，目前相应的制度完善措施已经在酝酿中。

首先，关于集体商标、证明商标以及地标集体商标、地标证明商标方面。2022年6月7日，国家知识产权局就《集体商标、证明商标管理和保护办法（征求意见稿）》〔2〕（以下简称《集体、证明商标管理和保护办法意见稿》）发出公开征求意见的通知，该办法对《集体商标、证明商标注册和管理办法》作了相当大的修改。根据国家知识产权局的说明，《集体、证明商标管理和保护办法意见稿》共35条，其中修改合并13条，新增21条，可见修改力度之大。修改的内

〔1〕　正如郭禾教授所言：“这种叠床架屋多重管理的状况直接造成诸多市场主体不知所措、无所适从。由于发布这些规范性文件的政府部门都是行使公权力的中央国家机关，所以诸多市场主体抱着尽最大可能满足相关规范要求的心态，以致有的产品按照不同的规定分别申请了多种标志。这不仅造成市场混乱、维权不便，还导致社会和行政资源浪费。更为严重的是，由于不同商业标志的权利效力存在差异，实务中维权困难或权利冲突的情况屡屡发生。”郭禾：《我国地理标志保护制度发展的应然进路》，载《知识产权》2022年第8期，第8页。

〔2〕　草案参见中国司法部立法意见征集系统，http://zqyj.chinalaw.gov.cn/index，最后访问日期：2023年1月5日。

容主要包括：对规章名称的修改；进一步规范申请注册行为；强化对注册人和使用人的管理要求；增加含地名商标的注册和正当使用规定；促进商标运用提升公共服务水平和完善行政保护强化处罚措施。正如国家知识产权局在修改说明中所言，本次修订的总体立法思路就是“引导集体商标、证明商标注册人注册有德、行权有度、维权有效；明晰权利边界，兼顾商标依法使用与他人正当使用；推动行政机关管促结合，综合施策，助力地方产业发展”。

在此之后，国家知识产权局经过充分研究和吸收各方意见，又将规章名称修改为《集体商标、证明商标注册和管理规定》，于2023年12月29日以国家知识产权局令第七十九号公布，自2024年2月1日起施行。新公布的《集体商标、证明商标注册和管理规定》与《集体商标、证明商标注册和管理办法》并行。其又从以下方面进一步完善了该两项制度。一是以问题为导向，完善含地名集体商标、证明商标的注册和使用要求；二是结合集体商标、证明商标的特点，细化管理规则，明确注册人管理义务，规范使用人使用行为；三是采取有力措施，强化运用，便利当事人，规范集体商标、证明商标的注册、管理、运用。

这与我们倡导的非遗商标保护“统一利用”方案的要求十分契合，能够对方案的实施产生积极影响，这些内容可从以下四个方面体现出来：第一，规章更加突出集体、证明商标的运营管理要求，针对集体或证明商标的注册人、集体成员、证明商标使用人、地方人民政府、相关行业主管部门、国家知识产权局、地方知识产权管理部门等规定了一系列权利义务，以保证集体或证明商标的成功运营、使用商标的商品品质和地方公共资源品牌建设（第11、18、19、20、21条等）。而“统一利用”方案也提出，目前非遗商标保护方面欠缺的正是运营管理的完善和推进。第二，增加含地名集体商标、证明商标标志的显著性要求（第9条），该条规定与“排除+统一利用”方案提出的“非遗符号的创新性利用”相符，不过这可能会增加非遗符号申请集体商标、证明商标的难度（非遗地标商标除外），但这对高质量的非遗集体商标、证明商标的产生具有引导作用。第三，增加商标注册人向集体成员、使用人收取合理费用的规定，意味着商标管理人可以获得一定的管理费用，不过同时要求收费金额、缴纳方式、缴纳期限应基于公平合理原则协商确定（第12条），该规定与非遗商标保护"统一利用"方案中利益分配问题、动力机制紧密相关。肯定商标注册人受益权既是非遗符号资源使用中管理要素利益分配的体现，也对协会积极履行保护管理职责具有促进作用，因此具有积极影响；公平合理协商程序有助于商标内部管理机制的顺畅实施，不过实践中这一程序如何具体实施、实施效果如何可能是一个关键问题。第四，特别规定集体成员、使用人可将集体商标、证明商标与自己的注册商标同时使用，这与我们前述的"统一利用"方案中的母子商标或母子品牌战略一致，也是契合的（第17条第2款）。

其次，关于地理标志专门制度方面。近年来，我国关于地理标志专门立法、地理标志制度统一等方向的理论研究、实践探索不断。2021年发生的几件大事更是将地理标志保护问题推上了年度热榜。是年3月1日《中欧地理标志协定》生效，12月31日《地理标志保护和运用"十四五"规划》颁布，而始自11月的逍遥镇胡辣汤、潼关肉夹馍和库尔勒香梨等事件又在民间引发了一场地理标志大讨论，因此，甚至可将2021年称为"地理标志年"。地理标志作为一种典型的团体性或群体性商业标志，已在《民法典》中被确认为一项单独的知识产权客体，虽然其性质不属于商标，但也属于与商标同类型的"商业标志类"知识产权，在非遗商标保护"统一利用"方案中也扮演着一个重要角色。因此将其纳入非遗商标法保护的广义范畴，具有合理性。另外，在我国的实践中也确实有若干非遗项目已通过地理标志制度进行保护，如藏族唐卡获"地理标志产品"保护，盆景技艺（如皋盆景）、景德镇手工制瓷技艺、南京云锦木机妆花手工织造技艺获"地理标志产品"和"地理标志商标"双重保护，乌龙茶制作技艺（铁观音制作技艺）更是获得地理标志产品、地理标志商标和农产品地理标志产品三重保护。因此，地理标志专门制度的完善，对非遗商标保护"统一利用"方案而言具有直接的影响。

2018年机构改革之后，新组建的国家知识产权局被赋予了地理标志的管理职责。国家知识产权局在接管该工作之后，首先统一了地理标志专用标志，通过了《地理标志专用标志使用管理办法（试行）》。其次，2022年11月17日，农业农村部废止了《农产品地理标志登记程序》，[1]农业农村部信访处在答复网民时也明确，已经停止农产品地理标志登记工作，[2]可见，我国地理标志统一专门立法已经有了显著进展。

另外，国家知识产权局在专门立法方面起草了《地理标志保护规定（征求意见稿）》（以下简称《地标保护意见稿》），并于2020年9月24日发布征求意见的通知。到了2023年9月18日，国家知识产权局又发布了《地理标志产品保护规定（征求意见稿）》（以下简称《地标产品保护意见稿》）。单从规章名称来看，从《地标保护意见稿》到《地标产品保护意见稿》，意味着国家知识产权局从"以知识产权客体为主线的体系化立法思路"到"以具体保护对象为主线的延续性立法思路"的转变，因为《地标产品保护意见稿》实际上是对2005年原《地理标志产品保护规定》的修订。然而，2023年12月29日公布了《地理标志产品保护办法》[3]（以下简称《地标产品保护办法》）。上述规章均对我国地理标志专门保护制度作了较大幅度的修订，且其中若干修订对非遗的地理标志保护也具有一定影响，具体如下：

第一，《地标保护意见稿》将地理标志的管理、运用和使用单列为第五章，

[1] 农业农村部公告第623号。

[2] 信访处答文：按照中央编办构建地理标志统一认定制度有关工作要求，2022年3月，我部已停止了农产品地理标志登记工作，包括受理、评审、公示和公告，2022年制定的有关登记计划也相应停止实施。按照部门"三定"，我部正配合国家知识产权局构建地理标志统一认定制度。对于您提到的有关产品公示公告问题，待相关制度明确后，一并妥善处理。关于地理标志专门立法工作，建议您咨询国家知识产权局。参见《信访处答网民关于"农产品地理标志认证政策咨询"的留言》，http://www.moa.gov.cn/bzxxlyhf/xfwy/netizen/replyDetail.html?strMinisterCode=W20220922009，最后访问日期：2022年12月29日。

[3] 《地理标志产品保护办法》2023年12月29日公布国家知识产权局令第80号，自2024年2月1日起实施。总结集体商标、证明商标与地理标志专门保护制度方面的最新立法，有两个事实比较有趣：第一，《地理标志产品保护办法》与《集体商标、证明商标注册和管理规定》均自2024年2月1日起实施。第二，这两个规章与之前的相关立法涉及相同事项，仅仅主体不同，因此均未废止原相关规章，即《集体商标、证明商标注册和管理规定》（2023年）未废止《集体商标、证明商标注册和管理办法》（2003年）；《地理标志产品保护办法》（2023年）未废止《地理标志产品保护规定》（2005年），但又的确是对前规章内容的实质性改变和修订。

突出强调运用管理问题，这与非遗商标保护“统一利用”方案中提出的加强运营管理的建议相符。《地标产品保护意见稿》和《地标产品保护办法》在这个方面有所欠缺，不过也有相关规定。第二，上述两个意见稿和最终的《地标产品保护办法》均将地理标志与商标、已受保护地理标志、植物品种名称、动物育种名称联系起来，明确如有上述在先权利存在，不给予地理标志保护，该规定有利于减少重复授权、权利冲突问题，这对非遗商标保护“统一利用”方案来说十分有利，因为该方案主张统一利用中团体性或群体性商业标志的数量要尽量少，最好是一个，指代要明确，避免权利冲突。第三，上述两个意见稿和最终的《地标产品保护办法》也有一些规定有待商榷，而且这些规定可能对非遗商标保护不利。比如，规定“产品名称仅为产品的通用名称的”不能给予地理标志保护，这可能导致许多历史上并未获得地理标志保护的地域特色产品通用名称化，再也不能获得保护，而且该规定尤其对非遗产品不友好，因为许多非遗项目在商标保护过程中往往易遭受“通用名称”抗辩，而地理标志保护本可以弥补这一缺陷，该规定却减弱了地理标志的这一功能。类似的情况还有，“产品名称为他人注册商标、未注册驰名商标的”也不能获得地理标志保护，这一规定可能导致某些本身为地理标志的资源被抢注商标，导致地理标志资源的流失，这对非遗商标保护也是不利的，因为实证研究中可以发现众多的非遗商标抢注行为。上述规定与目前地理标志保护的一些国际条约也不太相符，比如《原产地名称和地理标志里斯本协定日内瓦文本》(2017年，以下简称《里斯本协定日内瓦文本》)对于地标强保护效力的规定，[1]虽然该国际条约的规定针对的是已注册地理标志，但对我国而言，很多地理标志资源尚未开发，这一规定可能导致许多地理标志资源的流失。

综上所述，我国地理标志专门制度目前正处于修订完善进程中，由于非遗资源有相当一部分可适用地理标志保护模式，且有相当的非遗符号资源具有地

〔1〕 对该强保护效力的具体阐述，参见下文“涉地标类制度工具对非遗商标保护的适应性和优势”部分。

理标志的资质，因此在我国地理标志制度完善过程中应考虑到非遗地理标志保护的需要，在后续的各类各级法律、法规或规章制定中关注这一特殊问题。

（二）“统一利用”方案中制度工具的选择

“排除+统一利用”方案实施中，“统一利用”方案涉及制度工具的选择，即在集体商标、证明商标、地标集体商标、地标证明商标、地理标志这些团体性或群体性商业标志中，如何选择适合某一非遗项目的制度工具。由于上述不同商业标志各有不同的法定条件和功能定位，而非遗项目又存在类别各异、传承不一的现实情况，因此在两者之间进行对位选择和配套也是“统一利用”方案实施的一个重要工作。

1.目前可选的制度工具

按照我国目前的相关立法，可兹“统一利用”方案选择的团体性或群体性商业标志包括集体商标、证明商标、地理标志三大类，但由于地理标志保护本身的复杂性，在集体商标、证明商标中又分化出一般的集体商标、证明商标和地标集体商标、地标证明商标。而在我国最终统一地理标志专门制度之前，由农业农村部和国家知识产权局分头管理的职权划分又产生了“农产品地理标志产品”和“地理标志产品”的区分。不过，随着农业农村部停止农产品地标产品的登记，未来地理标志统一于国家知识产权局管理应该是大概率事件。综上，目前在非遗商标保护“统一利用”方案下，可选择的制度工具包括集体商标、证明商标、地标集体商标、地标证明商标和地理标志产品5种。

2.可地标化的非遗项目：首选涉地标类制度工具

（1）涉地标类制度工具对非遗商标保护的优势和局限。

涉地标类制度工具，无论是地标集体商标、地标证明商标还是依照地标专门制度登记认证的地标产品，都含有地理标志要素，而地标作为知识产权的一种客体，相对于其他客体而言，在保护非遗方面具有自己独特的优势，不过也有一定的局限性。

根据我国法律规定，所谓地理标志，是指标示某商品来源于某地区，该商品的特定质量、信誉或者其他特征，主要由该地区的自然因素或者人文因素所决定的标志。[1]国际上自《与贸易有关的知识产权协定》(以下简称TRIPs协定)以来，地标已被确立为一种独立的知识产权类型。《民法典》对此也予以确认。[2]地标的基本构成为"地名+商品名"，如"宜兴紫砂""南京云锦"等。作为知识产权，地标是一种外在的品牌标识，对于能够地标化的非遗而言，地标是一种彰显其内在价值的外在符号，消费者看到地标标识，就能联想到相应的特色地标产品，从而增加其品牌知名度。

地标作为一种知识产权类型，当然具备知识产权的一般特征。如"非物质性""法定性""地域性"等，但除此之外，地标又表现出诸多与其他知识产权不同的特征，这些特征增强了非遗地标转化的理论可行性。

第一，地标在权利归属上具有天然的"群体性"和"地域性"，即归属于某地域范围内的不特定公众。地标概念突出的是"某商品来源于某地区"，不像普通商标，强调商品与某一特定经营者的唯一对应关系。[3]这一特征与非遗的"群体性"和"地域性"十分契合，因此从权利归属视角看，非遗符合地标制度的要求。

第二，地标具有"传统性"，它保护的是具有历史色彩的蕴含着老技艺、老工艺的传统产品。这一特征与其他知识产权客体形成强烈反差，因为一般而言，知识产权制度本质是保护"创新"，地标却保护"传统的""旧的"东西。正如学者所言："两者(非遗与地标)都聚焦于古老的创造性和社区所有权，而非新知识和私人所有权。"[4]这一特征与非遗的"传统属性"非常匹配，增加了

---

〔1〕 参见《商标法》第16条第2款。

〔2〕 参见《民法典》第123条。

〔3〕 目前的司法实践中，法院往往据此来区分一个地理标识到底是属于"地理标志"还是"普通商标"。如果某商品的商誉是该地区众多经营者长期集体贡献的结晶，其属于地理标志；反之，如果商誉主要来自某一特定经营者，则属普通商标。

〔4〕 Steven Van Uytsel, *The shifting Relationship between Geographical Indications*, Traditional Knowledge, and Cultural Heritage. London: Cambridge University Press 2017, p.511.

非遗地标化的可行性。

第三，地标具有“无期限性”。在我国，商标法模式下的“地标商标”虽然有10年注册期，但到期均可续展，而专门制度模式下的地标本就无期限限制。这对非遗的保护是非常有利的。

第四，地标还具有“强保护性”。虽然在将地标纳入商标法保护的国家，地标商标所受保护与一般商标基本相同，但地标商标所具有的历史因素、在先使用事实往往能够提升其实际受保护地位。而以专门法模式保护地标的国家，地标受保护的强度更高，如根据《里斯本协定日内瓦文本》的规定，对于一个已注册地标，其他人不仅不能在同一类产品上使用，而且还可实现类似驰名商标的跨类保护，即凡是削弱、淡化或不公平利用地标声誉的行为都在禁止之列。地标还具有防止被通用名称化的权能。在已注册地标和商标冲突的问题上，如果地标注册在先，当然可以禁止在后商标的注册和使用。且即使商标注册在先，地标与该商标仍可共存，甚至可能将非善意的在先注册商标予以无效。〔1〕我国司法实践中也有一些地标限制商标的典型案例，〔2〕充分说明地标具有强保护性，这一点对非遗地标化来说也是利好。

第五，地标还具有“公权性”。无论是专门保护模式还是商标法保护模式，地标的认定、注册、备案都有地方政府的参与，要划定产地范围、认定申报资格，还可能参与地标产品质量标准的制定。在对地标的审批中，审批部门要对地标产品的特定品质进行实质审查。地标专用标志的使用要受到国家相关部门的严格监控。许多国家将地标制度作为实施农业政策、发展国家经济的战略路径。〔3〕这些都说明地标这种知识产权具有较高程度的公权属性，并不属于纯粹的私权。这一点对非遗的知识产权保护也颇为适合，因为非遗的知识

---

〔1〕 参见《原产地名称和地理标志里斯本协定日内瓦文本》第11～13条。

〔2〕 如“金华火腿”案，法院虽不否认“金华”火腿商标的权利，但也不认为作为地标使用的“金华火腿”构成商标侵权。参见上海市第二中级人民法院（2003）沪二中民五（知）初字第239号判决书。

〔3〕 许多欧洲国家（尤其法国）以及欧盟就是将地理标志当作实施农业政策的重要工具。参见王笑冰：《关联性要素与地理标志法的构造》，载《法学研究》2015年第3期。我国目前的乡村振兴战略中地理标志也是一个重要政策工具。

产权化过程中大量存在因权属分散和不明导致的“公地困局”问题，亟须一种有组织、有序化的开发模式，地标制度正当其职。

不过地标在非遗保护方面也有局限性。如有学者就对非遗地标化提出质疑，认为：地标客体的有限性使大部分非遗不能受地标保护，地标产品的地域性与非遗的地域性含义也不相同，地标名称的构成使很多非遗无法寻求地标保护，地标的商业性也使非遗不适合由其保护。[1]这些质疑并非毫无根据，事实上，非遗地标化的确存在一定的局限性，造成局限的主要因素有二，一是非遗类别的多样性和单个项目传承的特殊性，二是地标的法定性。并非所有非遗项目都适合地标保护，给二者的兼容和适用带来一定困难，如“蒙古族呼麦”“刻道”“女书习俗”这样的非遗项目，就无法获得现行地标制度的保护，下文关于“可地标化非遗项目条件”的讨论即是这种局限性的具体阐述。

综上，虽然地标保护模式具有一定的局限性，但对于可地标化的非遗项目而言，地标的“群体性和地域性”“传统性”“无期限性”“强保护性”“公权性”特征为非遗的地标保护提供了诸多优势条件，因此该模式也受到了诸多学者的肯定。[2]在非遗商标保护“统一利用”方案的实施中，含地标要素的团体性或群体性商业标志应该作为首选的制度工具。

（2）可地标化非遗项目之条件：非遗地标产品。

既然地标在保护非遗方面既有优势，又有局限，那么究竟什么样的非遗项目能够实现地标转化，获得地标制度保护，需要结合我国目前的地标制度予以梳理，明晰非遗地标化的条件，以利实践推行。关于可地标化非遗项目的条件，概括而言就是“非遗地标产品”的存在，具体来说需经“非遗产品化”和“非遗产品地标化”双重条件筛选。

---

〔1〕　参见叶芳芳：《非物质文化遗产地理标志模式保护之质疑——以传统手工艺品为例》，载《成都师范学院学报》2014年第9期。

〔2〕　这方面观点可参见杨永：《非物质文化遗产的地理标志保护研究》，载《文化遗产》2020年第5期；郭玉军、唐海清：《论非物质文化遗产知识产权保护制度的新突破——以地理标志为视角》，载《海南大学学报（人文与社会科学版）》2010年第3期；肖海：《非物质文化遗产的地理标志保护模式》，载《求索》2008年第2期等。

①关于非遗的产品化。

无论申报地标产品，还是注册地标商标，非遗到地标的转化都须以“非遗产品化”为前提。而且从国内外法律来看，该“产品”仅限于种植养殖或加工生产的有形商品，不包括服务。TRIPs协定第22条第1款[1]在定义地标时的用词为“good”（货物），不包括“service”（服务）。在国内，由于汉语词义的扩张性，“产品”一词可能涵盖“服务”，如银行或保险公司推出的金融服务常称为“产品”。地标领域“地理标志产品”的用语可能会导致“地标产品也包括服务”的概念混淆，有必要澄清。事实上，我国《商标法》第16条的用语非常精确，其对地标的定义用的是“商品”，在《商标法》中，“商品”与“服务”并列，商标注册时适用的尼斯分类表及类似商品和服务区分表中，前34类属于商品，后11类属于服务，因此《商标法》对地标的定义仅包括“商品”即有形的生产加工品或种植养殖品，不包括“服务”。《地理标志产品保护规定》中虽然用词为“产品”，但其第2条对地标产品的范围限定明确了其“产品”含义，仅包括种植、养殖及生产加工产品，同样不包括服务。[2]《农产品地理标志管理办法》对农产品地标产品的规定虽然也使用了“产品”一词，但对农产品的定义也是清晰的，是指来源于农业的初级产品，包括植物、动物、微生物及其产品，因此也仅包括有形商品，不包括服务。[3]

因此，作为可地标化非遗项目的前提条件，“非遗产品化”要求只有那些经过生产加工或种植、养殖过程，能够将其内涵的传统文化要素物化在特定有

---

[1] 该条款为地标定义条款，原文如下：Geographical indications are, for the purposes of this Agreement, indications which identify a good as originating in the territory of a Member, or a region or locality in that territory, where a given quality, reputation or other characteristic of the good is essentially attributable to its geographical origin.

[2] 《地理标志产品保护规定》第2条规定：“本规定所称地理标志产品，是指产自特定地域，所具有的质量、声誉或其他特性本质上取决于该产地的自然因素和人文因素，经审核批准以地理名称进行命名的产品。地理标志产品包括：（一）来自本地区的种植、养殖产品。（二）原材料全部来自本地区或部分来自其他地区，并在本地区按照特定工艺生产和加工的产品。

[3] 《农产品地理标志保护办法》第2条第1款规定，本办法所称农产品是指来源于农业的初级产品，即在农业活动中获得的植物、动物、微生物及其产品。

形商品上的非遗项目，才具有地标化可能性。这一前提条件会导致若干非遗项目丧失地标化资格，比如笑话（万荣笑话）、吴桥杂技、皮影戏（华阴老腔）、当涂民歌、龙舞（铜梁龙舞）、苏州评弹、春节（查干萨日）等民间文学、传统音乐、传统戏剧、传统舞蹈、曲艺、民俗以及传统体育、游艺与杂技类的项目。综观十大类非遗项目，也只有传统技艺、传统美术、传统医药较符合这一条件，目前已经获得地标保护的非遗项目也都属于这三类，而且其中也并非所有项目都能符合，如传统医药中的“医”和“药”就不一样。传统中药种植和炮制技艺可以物化为特定“药品”或“农林产品”，并有种植或生产加工行为，符合“非遗产品化”要求，如四大怀药种植与炮制、武义寿仙谷中药炮制技艺、樟树中药炮制技艺、东阿阿胶制作技艺〔1〕等。但传统医术如葛氏捏筋拍打疗法、王氏脊椎疗法、清华池传统修脚术、针灸等，体现为一种“医疗服务”，不能物化为有形产品，也不属生产加工行为，很难进入地标范畴。

②关于非遗产品的地标化。

虽然“非遗产品化”条件已过滤掉许多非遗项目，但还只是开始。非遗产品还需进一步满足地标制度〔2〕的若干要求，才能确认为可地标化的非遗项目，获得地标的保护。非遗产品的地标化可从以下方面加以判断。

第一，作为地标的非遗产品不能仅为人文因素的体现。对地标产品中自然因素和人文因素逻辑关系问题，即两者对地标产品的贡献是“并”的关系还是“或”的关系，《地理标志产品保护规定》和《商标法》的描述并不一致。前者规定为“和”，后者规定为“或”。〔3〕亦即，根据《地理标志产品保护规定》，申请认定的地标产品须为特定地区自然和人文因素综合作用的结果，既有当

〔1〕 当然，对于个人或公司自己发展起来的中医药非遗项目，对其做出贡献的并非一个地区的不特定多数人，不符合地理标志的群体性条件，也就不能以地标形式保护，这里举例只是说明“非遗产品化”条件，后面还要考虑“非遗产品地标化”条件。

〔2〕 此处“地标制度”包括专门法形式的地标制度，如目前的《地理标志产品保护规定》《农产品地理标志管理办法》等，也包括地标商标制度，如目前《商标法》《集体商标、证明商标注册和管理办法》等的制定，如果不久的将来我国修订和统一地标制度的话，则需满足新法律法规的条件。

〔3〕 分别参见《地理标志产品保护规定》第2条、《商标法》第16条第2款。

地自然环境影响，又有人为活动贡献。而根据《商标法》，似乎仅需满足自然、人文因素中的一个就能满足地标要求。但事实上，《商标法》在执行中并非如此，根据《商标审查审理指南》第6.6节[1]等规定，商标局在地标商标审查时，对仅由自然因素或仅由人文因素决定的产品，不会授权。如一项指定商品为"蜈蚣"的"盱眙野生蜈蚣"地标证明商标申请，因其产品为"野生"蜈蚣，其特定品质的形成与产地人文因素无必然联系，商标被驳回。[2]相反，一项指定商品为新鲜甜瓜的"南汇甜瓜"地标集体商标申请，其申报材料中显示采用大棚种植、人工控制生产环境，审查员认为该种植模式可在任何地方复制，其产品品质与当地自然因素无必然联系，不符合地标概念。[3]因此在地标构成要件中，自然和人文因素均需满足。对非遗产品的地标化而言，容易出现的问题是自然因素的缺失或被忽视。许多源于非遗的传统手工艺品、传统小吃、传统美术品，其本身可能对原材料没有特别要求，或者对地标制度不熟悉导致对自然因素的忽视，申请地标认定或注册地标商标时极有可能不被授权。如"灵宝小吃"地标集体商标申请，指定在43类餐饮服务上，审查员认为服务是人为的活动，与当地的自然因素无任何关系，因此被驳回。[4]事实上，地标对自然因素和人文因素的要求在比例上可以浮动，无论是人文因素为主、自然因素为主还是两者并重，都可以满足地标的要求。非遗项目在人文因素上一般不缺乏，只要满足一定程度的自然因素条件即可符合地标的要求。在地标证明商标"绍兴黄酒"的申报材料中，除独特的生产技艺外，对当地特有"鉴湖水"的使用构成自然因素要件的满足，因此成功获权。[5]

第二，作为地标的非遗产品需正确确定产地范围和名称。地标是特定地

[1] 参见《商标审查审理指南》2021年版，与此相关的条款还有第5.2.2、6.1.1节。

[2] 参见《商标审查审理指南》第5.2.2条示例。

[3] 参见《商标审查审理指南》第6.6.3条示例。

[4] 参见《商标审查审理指南》第6.6.3条示例。

[5] 参见国家商标局第720号公告："绍兴黄酒证明商标使用管理章程"，https://wsgg.sbj.cnipa.gov.cn:9080/tmann/annInfoView/annSearch.html?annNum=，最后访问日期：2022年11月18日。

域范围内群体共有资源，且需根据地域范围确定地标名称，法律需要在授权时将这些事项固定。因此申请地标认定或注册地标商标均需提交确定地域范围的文件，并根据地域范围确定地标名称。如基于“即墨老酒传统酿造工艺”申请的地标产品“即墨黄酒”，其地理范围明确为“山东省青岛市即墨区现辖行政区域”。〔1〕与一般地标相比，非遗地标产品的地域范围确定可能会有争议。因为绝大多数非遗项目具有群体性和地域性，与地标的地域性契合，但若细究，非遗的地域性不似地标强烈和集中。一是因许多非遗地标产品人文因素占比大，对特定自然因素依赖度不高。如逍遥镇胡辣汤事件中，由于逍遥胡辣汤制作技艺更多是传统技艺的体现，其制作原材料与当地自然因素的联系并不密切，因此逍遥镇之外的众多经营者只要掌握制作技艺，就可以打着逍遥镇胡辣汤的店招经营，这对其产地范围的确定会带来很大麻烦，很难申请地标保护，甚至有可能被认定为小吃的通用名称。二是因许多非遗项目传承范围广泛，往往不是聚集于特定地区。这就导致非遗地标在确定产地范围时较为复杂。“祁门红茶”地标证明商标无效案中，位于祁门县的祁门红茶协会申请了“祁门红茶”地标证明商标，但其限定产地范围仅为祁门县域内，引起祁门县之外祁门红茶传承地经营者的不满，提出商标无效申请并最终导致涉案商标无效。该案涉案商标被无效的关键是因为历史上存在“大、小祁门红茶传承地”的事实，商标权人申请地标商标时隐瞒了该传承地域的客观事实。〔2〕因此，非遗地标化过程中需准确确定产地范围，不可隐瞒历史，并尽量取得相关地域范围政府部门的统一审批，防止事后发生纠纷。对此，《商标审查审理指南》有明确规定，如果地标范围是一个县、市，由该县、市人民政府或行业主管部门出具批准文件，如果跨县市甚至跨省，则由其共同上一级人民政府或相关

---

〔1〕 参见国家知识产权局地理标志产品保护第494号公告：《即墨黄酒地理标志产品保护要求》，http://www.cnipa.gov.cn/attach/0/231e85efe08d4f4690c23d73ab145fc5.pdf，最后访问日期：2022年11月19日。

〔2〕 参见北京市高级人民法院（2017）京行终3288号判决和北京知识产权法院（2015）京知行初字第6629号判决。

行业主管部门出具批准文件。[1]因此，诸如祁门红茶这样的地标商标申请，就需要按照实际情况确定产地范围，并经相关人民政府或行业主管部门批准。

第三，作为地标的非遗产品需具体明确。无论是申请地标产品认定还是注册地标商标，都需确定具体产品。一般而言，地标是由“地理名称+商品通用名称”构成，因此地标名称的确定本身就包含了产品确定。唯需注意，产品需具体明确，如“烟台苹果”“民权葡萄酒”“道口烧鸡”等单一商品，而不能用“某某水果”“某某食用菌”“某某小吃”此类表示类别的名称。尤其在注册地标商标时，商标注册需指定商品，一般不能指定不相关的多个商品，如地标证明商标“清河山楂”不能同时指定“新鲜山楂、新鲜苹果、新鲜柚子”等多个商品。这一条件对非遗地标产品而言应不难满足，但也不排除有些非遗项目的特殊性。如陶瓷制作技艺，既可能需指定日用瓷器（盆、碗、盘、壶等），又要指定日用陶器（盆、碗、盘、壶等），还可能需在瓷器装饰品，或瓷、陶瓷艺术品等商品上获保护，此时可能需要申请人提供相关证据才能获准注册。如建窑建盏协会基于“建窑建盏制作技艺”申请的“建阳建盏”地标证明商标，就指定在多个商品上，包括“瓷器”“日用瓷器（包括盆、碗、盘、壶、餐具、缸、罐）”，[2]这与建窑建盏制作技艺涉及的瓷器产品历史传承相符，是允许的。“南京云锦”地标证明商标则在“织物；装饰织品”“床单；枕套；被罩；床垫遮盖物；丝织美术品；纺织品壁挂；织锦人像；纺织品垫；锦缎；丝绸（布料）”“服装；帽；领带；披肩；围巾；腰带；鞋；舞衣；旗袍；婚纱”商品上都有注册。[3]

第四，作为地标的非遗产品需满足特定品质要求。地标制度的灵魂在于地标产品的品质，只有那些品质特色鲜明、质量标准统一的地标产品才可以进入保护范畴。总体来说，地标产品品质要求包含两方面。一是与同类产品相

---

〔1〕 参见《商标审查审理指南》第6.3条。

〔2〕 参见国家商标局第1452号公告：“建阳建盏地理标志证明商标使用管理规则”，https://wsgg.sbj.cnipa.gov.cn:9080/tmann/annInfoView/annSearch.html?annNum=，最后访问日期：2022年11月19日。

〔3〕 参见国家商标局第1056号公告：“南京云锦证明商标使用管理规则”，https://wsgg.sbj.cnipa.gov.cn:9080/tmann/annInfoView/annSearch.html?annNum=，最后访问日期：2022年11月19日。

比具有显著特色，且该品质特色与当地自然和人文因素紧密相关。特色可能体现在产品感官特征如形状、尺寸、颜色、纹理或气味、口感等，也体现在其理化指标如所属族、种，酸碱度、硬度、密度，以及微量元素、水分、脂肪、蛋白质含量等方面，或体现在其独特原材料、配料和制作工艺上。二是这些特色品质统一、稳定，形成能够辨别、鉴定或测量的质量标准。如非遗地标产品“余庆苦丁茶”的描述：“1.感观：色泽翠绿，香气嫩香持久，滋味微苦甘醇，条索紧结。2.理化指标：干茶叶总氨基酸含量在100至110mg/g，总糖（以葡萄糖计）含量在180至240mg/g，多糖（以葡萄糖计）含量在50.0至60.0mg/g，总黄酮（以芦丁计）含量在70至90mg/g。……。”[1]非遗产品一般品质特色较为鲜明，但要达到法定的特定品质条件，一要依赖行业专家经验，二要注重科学研究。总结产品特征，形成详细、具体、客观的感官、工艺特色；同时进行物理化学分析及其与当地自然因素的因果关系分析，确定理化指标。如一项“昌吉火烧”地标集体商标申请，其申请材料中提到，该产品可根据各自习惯掺入花生、蜜瓜泥、核桃仁、鸡蛋、鲜玫瑰泥、蜜樱等辅料，审查员认为该产品品质不一致，无法确定理化指标，申请被驳回。[2]产品品质问题不仅关系申报成功与否，更关系嗣后市场运营。“潼关肉夹馍”在感官特征描述上就存在浮于表面、失之精细问题，[3]更像一种广告语，与同类产品相比特色不够突出，消费者难以辨别，甚至普通人都可尝试做出，即使表面上符合地标产品的申报要件，但实际运营中会出现困难。

第五，非遗地标申请主体需满足相应条件。根据地标制度规定，申请地标产品认定或注册地标商标的主体需满足三个条件。第一，须为不以营利为目

〔1〕 参见原国家质量监督检验检疫总局2005年第120号公告，https://dlbzsl.hizhuanli.cn:8888/Product/Detail/378，最后访问日期：2022年11月19日。

〔2〕 参见《商标审查审理指南》第6.8.1条示例。

〔3〕 其感官特征描述为：“馍”：外表呈金黄色，千层饼状，外酥里嫩，皮薄松脆；“肉”：用17种香料炖制，呈暗红色，肉质细腻，肥而不腻，瘦而不柴，咸香适口。潼关肉夹馍的营养价值极高，富含人体所需的钙、铁、锌等微量元素，能够补充人体所需的热量及能量。参见《潼关肉夹馍集体商标管理规则》，http://wsgg.sbj.cnipa.gov.cn:9080/tmann/annInfoView/annSearch.html annNum=，最后访问日期：2022年4月10日。

的的组织，一般是产业协会、行业协会、同业公会、产业促进会、产业联合会、工作站、研究所等社会团体法人、事业单位法人。第二，须有对地标产品的质量监督检测能力和管理能力。第三，须经当地政府同意。由于各项非遗项目传承情况不同，由谁申请地标或地标商标可能会成为一个问题。根据地标制度的要求，无论是申请地标产品还是地标商标，比较合适的方案是由当地政府在调查了解的情况下确定统一的申报主体，且该主体能够在非遗管理和地标管理之间达成一致。实践中，最好是由非遗的申报管理单位负责地标或地标商标的申请与管理，如“梁平木版年画”地标证明商标的申请与管理人“重庆市梁平区文化遗产保护中心”也是非遗的保护单位。

（3）可地标化非遗项目涉地标类制度工具的具体选择。

根据上述论证，对可地标化的非遗项目而言，应该首选涉地标类制度工具进行统一开发利用。不过，具体选择哪一种涉地标类制度工具，还需进一步分析。

①“双模式”与“三制度”。

我国目前地标保护主要包括“专门模式”和“商标法模式”。其中，专门模式目前仅保留了国家知识产权局主管的“地理标志产品”这一制度工具和保护路径，[1]如果后续统一立法方案成熟并实施后，这一称呼可能会统一修正为“地理标志”。[2]就目前制度规定来看，地标保护专门模式遵循“地标产品申报—形式审查—实质审查和批准—地标专用标志管理—地标产品质量监督和跟踪溯源”运转流程，特别注重地标产品的质量审控，并主要依赖行政机关执法，是“行政保护”为主的模式。而商标法模式仍然会继续保留“地标集体商标”“地标证明商标”两种制度工具和保护路径。地标保护的商标法

〔1〕 前文提到，农业农村部已经于2022年停止“农产品地标产品”的登记工作。

〔2〕 根据《地理标志保护规定（征求意见稿）》，拟修订的法律文件在地标保护上应该会厘清“地理标志”“地理标志产品”“地理标志专用标志”等概念，且会废止“农产品地理标志产品”相关概念，同时也将解决与现行知识产权客体体系不相符的问题。不过2023年的《地理标志产品保护规定（征求意见稿）》可能又带来了不确定性。

模式遵循“地标商标申请—商标审查与授权—商标权人管理和运维”运营逻辑。在这一逻辑中，地标商标的申请注册、授权许可、确权维权，以及地标产品质量监管，主要由商标注册人主导。地标商标受侵害时，商标注册人既可走司法维权，也可请求行政部门保护，是“司法保护”为主“行政保护”为辅的保护模式。

这样，在专门模式和商标法模式之下，对可地标化非遗项目而言，就形成了“地标产品”“地标集体商标”“地标证明商标”三种可选的制度工具。

②要素考量和具体选择。

第一，非遗传承地域分布情况。地标最突出的特点就是地域性，因此无论选择哪种制度工具，都对非遗产品地域分布的集中性有较强要求。纬度跨度极大的南北两地不可能共用一个地理标志，因为这很难符合地标产品质量统一性要求。对地域分布较为分散的项目，可能会造成申报资格争议。对此，较好的解决方案是各自申报，不过其前提条件是各地形成了显著的产品特色，各不相同。如木版年画在我国天津、山东、河南、江苏、四川、广东等地均有分布，仅进入国家级非遗项目名录的就有17项之多。在木版年画的历史发展中，各地之间的相互学习与借鉴肯定存在，但各派所用刻板、颜料，以及创作步骤、画作风格等各有特色，能形成各自的产品特色且品质统一，就能满足地标要求，可各自申请地标。但如果的确存在区别性不强、地域又分散的客观情况该如何处理？在三种制度工具中，地标产品、地标集体商标均对地域集中性要求较高，只有地标证明商标具有一定的开放性。如果非遗产品对自然因素依赖程度较低，且能够实现原材料便利运转，即可通过地标证明商标路径，由项目发源地或主传承地申报，其他传承地依照管理规则申请使用地标证明商标。如朱仙镇木版年画在鼎盛时期就有许多朱仙镇年画艺人迁徙外地，包括省内的嵩县、灵宝、商丘、周口、正阳、汝阳、获嘉、内黄，以及省外的陕西、山西、山东、河北等地，相继出现在内容、形式和风格上都与朱仙镇木版年画相似的木版年画作坊。[1]由于木版年画创作所用材料便于运送，这种情况就可由朱仙镇木版年画行业协会等组织申请地标证明商标，其他传承者可在符合该地标证明商标使用管理规则的基础上，申请使用该商标。

第二，非遗产品品质特色和在先权利情况。虽然专门模式和商标法模式目标均为地标保护，但两者在法律依据、主管部门、审查审理程序等方面各有特色。专门模式更注重地标产品质量指标，申报程序中会对产品品质进行实质审查，申报成功后也会严格监管，因此对非遗产品品质特色和质量标准有较高要求。专门模式下的地标产品认证数量，与已注册的巨量商标相比，其既存的在先权利较少，因此如果非遗产品品质特色鲜明，历史声誉较高，质量指标过硬，完全符合地标形式和实质要求，可优先考虑专门模式。[2]而地标集体商标和地标证明商标的注册属商标注册问题，商标局遵循商标审查规则，主要关注申请的地标商标和指定的商品是否符合地标概念，一般不对产品品质和质量实质审查。但这并不意味着申请地标商标更容易，因为地标商标审查中还要关注是否有违禁止性条款、是否有显著性和是否存在在先权利等问题。如“扬州炒饭”地标集体商标申请即被认为构成通用名称而被驳回，就是缺乏商标法上的显著性。[3]实际上，许多小吃类非遗项目如果不能将其产品与特定地区的自然因素相联，都有被认定为通用名称的风险。如基于镇江名小吃“丹徒宝堰面制作技艺”申请的若干项“宝堰干拌面”“宝堰面”商标均被驳回，原因也是构成通用名称。[4]另外，现存商标标识系统中商标存量远大于地标产品认证和农产品地标产品登记数量，实践中许多非遗项目都可能被其他人注册

---

〔1〕 参见郭宏彦：《朱仙镇木版年画的传统传承模式及其当代思考》，河南大学2005年硕士学位论文，第7页。

〔2〕 当然，如果《地理标志保护规定（征求意见稿）》第7条生效，地标认证时将可能援引在先商标、植物动物品种等数据库，届时情况将会有重大变化。

〔3〕 参见《商标审查审理指南》第5.2.1条示例。

〔4〕 参见中国商标网“宝堰干拌面”“宝堰面”搜索结果，http://wcjs.sbj.cnipa.gov.cn/txnDetail.do?b9La8sqW=X.TMDqlqExkiIGS9Z1Kg6vq_jjUwg5h_oaVTQ9JPLFSTK08.rA5XQljN9HrZIetxkBgAnubAkqzpmV56VzzlUzRkb6lkztxhF77lUrK6I_vUgQTdRIkVStxVpYI5jg1bcbn3fhgDrr0bW62tDpNRanVt9RS8g2Zuw2ELEy_KdbVEz7OiY6pxYgyRe12TCa9tmDTd8fkcufg，最后访问日期：2022年11月19日。

为一般商标，从而增加商标授权难度。如“金秀红茶”于2017年申请地标证明商标，但在此之前已经有申请日在2012年的“金秀红”一般商标被授权，按照申请在先原则，“金秀红茶”的申请即被驳回。[1]因此，在涉地标类制度工具选择时应综合考虑上述要素，提前对非遗产品特点和在先权利情况进行考察、分析和检索，在专门模式和商标法模式之间进行优化选择。

第三，非遗地标产品保护与推广计划的考量。这是制度工具选择中，一个虽属后期但应未雨绸缪的要素，涉及两个方面的问题。一是保护方式和力度问题。专门模式更注重非遗地标产品质量，更多依赖行政监管，有行政机关执法力量介入，对地标产品管理人的组织和管理能力是一个弥补。商标法模式更依赖地标商标注册人的组织管理能力，且地标集体商标的功能是表明集体成员身份，地标证明商标侧重商标管理者的质量监测能力和公正程度，因此地标商标模式更适合那些拥有一个声誉高，权威、公正，且组织管理规则健全的非营利性组织的项目。二是市场推广问题。在地标集体商标和地标证明商标两者之间进行选择时，须考虑两者注册条件、功能和权利边界的不同，从而有利于市场推广。地标集体商标注册人须由地标标示地区范围内的集体成员组成，其功能是表明集体成员身份。地标标示地区内的其他经营者，如其产品满足地标产品特定品质，可按照章程申请加入集体组织从而使用地标集体商标，但即使不加入该集体，也有权使用地标。另外，地标集体商标不得许可非集体成员使用，这也是潼关肉夹馍事件中协会备受批评的原因。这就产生一个问题，如潼关肉夹馍意欲向潼关地区之外拓展业务，须由其集体成员使用该商标开店，域外经营者则不可，这就不利于向外拓展业务，因此，地标集体商标具有较强的封闭性。地标证明商标注册人是具有监督能力的主体，因此其功能主要是监督、证明。按照地标证明商标规则，只要其产品符合

---

〔1〕 参见中国商标网“金秀红”的搜索结果，http://wcjs.sbj.cnipa.gov.cn/txnRead01.do?b9La8sqW=rjCsEalqEExv7MRkbm78z8UAJ6fLcgm9F05eXdvSqww7tBwT7c.XEr6j0q2mvEBUoJaTrG_ki5BKpg2XGDShi3LWzCq2YEFa，最后访问日期：2022年11月19日。

使用该地标的条件，就可申请使用该商标，控制该商标的组织不能拒绝。因此，地标证明商标具有一定的开放性。以潼关肉夹馍为例，如果其商标为地标证明商标，那么潼关域外的经营者，只要其制作肉夹馍的原料完全来自潼关地区，制作方法也完全按照地标产品要求进行，能够经得起质量检测，就可以申请使用该商标。非遗中有许多传统饮食类项目，可能都面临潼关肉夹馍这样的情况，其地标化推广应着重考虑上述两商标的区别特征，做出最佳选择。

3.不可地标化的非遗项目：一般的集体商标或证明商标

（1）一般集体商标、证明商标在非遗商标保护中的地位。

前文论及，在十大类非遗项目中，仅有传统技艺、传统美术和传统医药较有可能实现地标化，获得涉地标类制度工具的保护。但这并不意味着其余非遗项目的商标保护“统一利用”方案就不能实施，甚至可以说，其不仅能够实施，而且还应该是主要的部分，因为适合地标化的非遗项目毕竟只占少数。那么对于这些非遗项目，以及虽满足地标条件但不愿意利用其实施保护的非遗项目而言，仍然可以选择一般的集体商标、证明商标制度工具，在“统一利用”方案下实施保护与开发计划。

在一般的集体商标、证明商标模式下，虽缺少了地理标志带来的历史声誉的加持，但也卸去了许多法定条件的束缚，如自然因素和人文因素、产品品质与自然和人文因素之间的因果关系、地理标志标示地区的批文、作为商标不能指定在服务上等，因此反而有其有利的一面。比如，同样为传统小吃类非遗项目，“沙县小吃制作技艺”由沙县小吃同业公会在第43类餐饮住宿上申请注册为集体商标，[1]目前该非遗项目发展态势良好，也为当地带来了很好的经济效益，在2021年已入选第五批国家级非遗代表性项目名录。而“潼关肉夹馍”虽注册为地标集体商标，但成了反面素材。当然，商标类型的不同绝不是问题出

---

〔1〕 沙县小吃同业公会针对该非遗项目已经在许多不同类别的商品或服务上注册了多个标识的相关商标。

现的唯一原因，但受限于“潼关肉夹馍”地标集体商标的地标要件，其商标属于第30类上的商品商标，而在店招上使用“潼关肉夹馍”字样更可能归入第43类餐饮服务上，从商标侵权判断标准来看，仅此一点，也可能导致其商标维权失败。而“沙县小吃”作为一般集体商标，其指定商品或服务类别却是不受限制的，这反而有助于沙县小吃的商标维权。

因此，在非遗商标保护“统一利用”方案的实施中选择采用一般的集体商标、证明商标制度工具，仍应是最主要的方式。这样，无论其是否属于传统技艺、传统美术、传统医药这些地标化可能性大的非遗项目，还是其他不太适合地标化的非遗项目，只要其具有商业化开发的可能，均可在集体商标、证明商标的框架下进行统一开发利用和保护。

（2）集体商标、证明商标的差异和选择。

在非遗商标保护中，在集体商标、证明商标二者之间进行选择时，需要在充分了解二者异同的基础上，根据非遗项目自身的传承情况判断。

集体商标、证明商标都是能够供多主体同时使用的商标类型，因此均属团体性或群体性商业标志，但两者之间也存在许多不同。首先，集体商标的主要功能是表明集体成员的身份和资格，有成员身份才有使用资格，因此更趋于封闭；而证明商标的主要功能是证明使用该商标的商品品质，只要商品品质符合证明商标的检测标准要求，就可以使用，具有一定的开放性。其次，法律对两类商标注册人权利义务的规定不太一样，集体商标不允许非集体成员使用，而证明商标的注册人自身不能使用该商标，且如果符合其使用管理规则规定的条件，不能拒绝他人使用。最后，法律对两类商标申请注册时提交的文件要求也不尽相同，集体商标注册时更强调其集体成员名单，证明商标则更强调其专业检测能力，包括专业技术人员和专业检测设备的满足等。

在上述区别的基础上，考察非遗项目的情况，可从以下标准切入。第一，看非遗项目的传承规模。如果非遗项目传承规模比较小，传承人数比较少，适合集体商标，反之适合证明商标。第二，看非遗项目传承者之间的关系。如果传承者相互之间对身份的认同感强，则适合集体商标；相反，若身份认同低于产品认同，则更适合证明商标。第三，看非遗项目传承地域情况。如果地域分布相对集中，适合集体商标；反之，则适合证明商标。第四，看非遗商业化提供的商品或服务情况。如果属于服务，像杂技艺术表演、民俗风俗、戏剧、传统音乐等，或者是很难用理化指标量化的商品，如传统美术作品，更适合集体商标，因为可以通过集体商标的成员资格认同保证非遗服务或商品的品质特色；反之，若较易采用理化指标限定商品品质，则更适合证明商标。

当然，上述标准也并非绝对。应该说，很多非遗项目是两者均可的，此时，可更倾向于证明商标选项，因为其一定程度的开放性，可能意味着商标注册后更灵活的运营管理空间和更大的发展潜力。

(三) 团体性或群体性商业标志的运营管理

无论是一般的集体商标、证明商标，还是地标集体商标、地标证明商标，抑或地理标志，在"统一利用"方案的实施中，都需要充分的运营管理，才能达到理想的目标。如在地理标志领域，运营良好的地标项目可以在就业、扶贫、乡村振兴等方面发挥巨大作用。在广西，柳州螺蛳粉品牌价值已达100.64亿元，[1]在河北，"十三五"期间，64个地理标志直接贡献精准扶贫相关产业，带动40余万贫困人口实现就业，人均稳定增收2500余元。[2]而"沙县小吃"集体商标经过多年运营，产业发展态势良好，目前在全球已有8.8 万家店，30 多万从业人员，一年营业额近500亿元。[3]前文已经指出，目前我国在集体商标、证明商标，包括地理标志方面的制度资源虽有不足之处，但相对还是丰富的，

---

〔1〕 参见林荣霖、韦奥：《柳州螺蛳粉地标品牌价值超百亿元》，载《中国食品安全报》2022年10月20日B03版。

〔2〕 《"十三五"期间河北64个地理标志直接贡献精准扶贫产业》，https://baijiahao.baidu.com/s?id=1698669361819136592&wfr=spider&for=pc. 最后访问日期：2023年1月6日。

〔3〕 徐文锦：《产业富民乡村振兴领风骚》，载《福建日报》2022年6月22日，第003版。

关键的问题是运营管理得不充分、不完善。在团体性或群体性商业标志领域，尤其是地标方面，我国一些地方存在"重申报，轻使用"的现象，一些地方政府基于政绩考虑而助推地标申报，申报下来之后却束之高阁。因此，缺乏真实有效的运营管理是非遗商标保护推进不力的重要原因。正因如此，国家在相关政策和法律法规修订中都十分强调这些团体性或群体性商业标志的运营管理。如2021年《地理标志保护和运用"十四五"规划》中特设"地理标志运用促进工程"专栏。前文提到的《集体商标、证明商标管理和保护办法（征求意见稿）》《地理标志保护规定（征求意见稿）》都将集体商标、证明商标、地理标志的"运营管理"作为重要的修订或增加的内容。

因此，在非遗商标保护"统一利用"方案的实施中，针对非遗团体性或群体性商业标志的运营管理是一项重要工作内容。如何能让真正有需求、有市场潜力的非遗项目通过团体性或群体性商业标志运转起来，实现多方共赢，不仅取得经济实效，还能保护传统文化，是一个亟须研究解决的问题。基于本书的研究对象，以下重点从启动动力和运营管理规则方面对该问题予以阐述。

1.运营管理的启动动力问题

一项非遗项目的成功市场开发与太多的因素相关。融资、市场、原料、人力、技术、推广、利益分配等，任一因素的欠缺或不完整都可能影响项目开发的效果。如果再加上群体性非遗项目权属不明的因素，风险系数就更高。因此，在非遗团体性或群体性商业标志的引领下保护和开发非遗资源，动力问题至关重要。试想，在某一个非遗项目本身各自经营甚至一盘散沙的发展局面下，要将大部分的经营者联合起来，统一在某一个团体性或群体性商业标志之下，还要保证产品统一的品质特色，创造出品牌价值，同时让大家都能获益，难度很高。

笔者认为，就我国目前的国情而言，在非遗商标保护"统一利用"方案实施中，团体性或群体性商业标志的运营管理，首先不能欠缺两个重要条件：一是当地政府有针对性的引导，甚至需要政府专门人员一对一的服务。问卷调查结论表明，非遗传承地政府在非遗商标保护中的“保护者角色”远大于其“受益者角色”，该角色赋予了其在启动动力构建上应有的职责。而且，团体性或群体性商业标志运营管理之初，也只有政府有能力协调、调动各项所需要素。当然，可能某些非遗项目已经形成了事实上的市场引领者，依靠市场力量本身就可以形成团体性、集中性开发的态势，此时政府的干预就不必过多。但对于大部分尚未充分、深度开发的非遗项目来说，政府引导成立符合法律要求的公益性组织，帮助确立有权威、有能力、品德高的领导者，帮助申请合适的团体性或群体性商业标志，包括辅助制定产品质量标准、商业标志的使用管理规则、产品品质鉴定机制，以及提供信息服务、平台服务，帮助非遗品牌产品推广、传播等，都是有必要的。以“南京云锦”项目为例，其技艺、文化的发掘早在1957年即开始，到目前将近70年的发展中，“南京云锦研究所”功不可没，但该研究所的成立和运行离不开江苏省人民政府的大力支持。“英山云雾茶”地标集体商标的10年诉讼争夺，以及使用管理规则的建立、茶叶品牌建设推广等，英山县委、县政府以及工商部门的大力支持都起到了重要的作用。〔1〕如今，在我国大力实施乡村振兴战略的背景下，由非遗传承地政府积极介入、引导帮助非遗团体性或群体性商业标志的建立和运营管理，更是大势所趋、适逢其时。二是启动资金的支持。非遗商标保护“统一利用”方案的实施，启动资金的支持是一个现实的问题，这一点也需要当地政府的大力支持。具体方式可因地制宜，比如增加非遗保护方面的专项财政预算，引导银行提供免息或优惠贷款，或者吸引社会资本、风险投资等方式。比如，青岛为了支持“手造”产业的发展，在融资方面推出一系列措施，包括统筹各类文化发展资金，发挥政府引导扶持的积极作用，规定市级财政统筹文改专项资金、文化事业建

---

〔1〕 参见《英山茶叶第一县不敌宜昌一家茶企》，http://finance.sina.com.cn/china/dfjj/20120702/160512456308.shtml.《英山云雾茶”品牌价值评估16.22亿元》，http://www.cnhubei.com/xw/jj/201706/t3846562.shtml. 最后访问日期：2023年1月6日。

设专项资金等，每年安排规模不少于100 万元资金用于支持手造产业发展。[1] 在数字经济的今天，非遗融资还可以有多种创新方式，比如沙县农商行就在沙县小吃数字化转型升级的基础上，推出创新的贷款模式，依托供应链场景开发“线上集合贷”，通过提取分析交易数据，核定授信额度，解决小吃店融资的难题，截至2022年7月，该行已为1200多名沙县小吃经营业主提供1.45 亿元信用贷款。[2]

2.团体性或群体性商业标志使用管理规则问题

利用团体性或群体性商业标志对非遗进行“统一利用”，是要利用这些商业标志创造统一的品牌归属，就像一把大伞，统领一个非遗项目。在此过程中，要实现非遗产品品质的统一，要保证消费者利益，要实现商业标志管理者、集体成员或使用人的合理利益分配等目标。这些目标实现的关键就是该商业标志的使用管理规则，其作用就相当于公司章程，就多方的合作进行内部规范，因此是“排除+统一利用”方案实施的一个重心。

值得肯定的是，使用管理规则在我国《集体商标、证明商标注册与管理办法》《地理标志产品保护规定》《农产品地理标志管理办法》中都有相关规定，且其中《集体商标、证明商标注册与管理办法》还规定了使用管理规则应包含的条款内容。但目前的问题是，实践中许多项目公告的规则内容看来十分简单，就以实践中出现过问题的《“潼关肉夹馍”地理标志集体商标使用管理规则》为例，整体上看法律要求的条目均有涵盖，但具体来看，条目的具体内容非常简单概括，如关于“集体商标的管理与保护”的章节，关于“组织协会成员对使用管理规则进行制定和修改”“组织、监督成员使用集体商标”“对商品或服务项目质量进行监督检测”等内容，均只有简单的罗列，具体如何操作，

[1] 参见杨琪琪：《“15条”赋能“青岛手造”，把老手艺变成大产业》，载《青岛日报》2022年12月16日，第005版。

[2] 参见屈信明：《沙县小吃的转型升级之路》，载《人民日报》2022年11月21日，第018版。

均无规定。[1]笔者经考察发现，许多非遗项目，即使是一些知名度很高的非遗项目，其对外公告的使用管理规则都是如此，千篇一律，给人的感觉是形式大于实质，似乎仅仅是为了满足申请注册或登记备案时的法律规定，缺乏具体可操作性。[2]当然，也许有些项目在公告的使用管理规则之外尚有具体的分项操作规则，以弥补其不足。但按照我国相关法律规定，集体商标、证明商标的使用管理规则，包括地理标志相关管理规则，均应充分向社会公告，且有任何修改都应及时在商标局或相关机构备案，因此即使有如此情形，也不符合法律规定。

事实上，每一项非遗，无论是产品或服务特点，传承历史和现状，传承人、经营者之间相互关系，还是其公益性管理组织的权威性和地位等，都是各有特色的，这是不争的事实。这些都决定了其团体性或群体性商业标志的具体使用管理规则不可能完全相同，它们可能包含相同的基本条款，但在条款的具体内容上绝不应该千篇一律，而应该基于每个项目的不同制定不同的管理规则。概括而言，应该是"原则性与灵活性并存"的一种状态，各个项目之间在规则上可以相互借鉴，满足法律法规要求的基本要件，但肯定会在自身特色方面存在一些不同之处。比如《郫县豆瓣证明商标使用及管理规则》就根据项目情况规定了"风险抵押金"制度，根据经营者的年销量缴纳风险抵押金，如违反使用管理规则就扣除风险抵押金，并取消证明商标使用权。[3]新西兰Toi Iho商标项目和澳大利亚真实性证明模式也都特别重视具体使用管理

[1] 参见《"潼关肉夹馍"地理标志集体商标使用管理规则》，https://wsgg.sbj.cnipa.gov.cn:9080/tmann/annInfoView/annSearch.html?annNum=，最后访问日期：2023年1月8日。

[2] 可参见《沙县小吃同业公会及图形集体商标使用管理规则》，https://wsgg.sbj.cnipa.gov.cn:9080/tmann/annInfoView/annSearch.html?annNum=；《梁平木版年画地理标志证明商标使用管理规则》，https://wsgg.sbj.cnipa.gov.cn:9080/tmann/annInfoView/annSearch.html?annNum=；《万荣笑话协会及图集体商标使用管理规则》，https://wsgg.sbj.cnipa.gov.cn:9080/tmann/annInfoView/annSearch.html?annNum=；《绍兴黄酒证明商标使用管理章程》，https://wsgg.sbj.cnipa.gov.cn:9080/tmann/annInfoView/annSearch.html?annNum=等，最后访问日期：2023年1月8日。

[3] 《郫县豆瓣证明商标使用及管理规则》，https://wsgg.sbj.cnipa.gov.cn:9080/tmann/annInfoView/annSearch.html?annNum=，最后访问日期：2023年1月8日。

规则的构建。如Toi Iho项目对其管理者基金会的选择和重视，对毛利人文化自决权的肯定，对毛利人艺术家资格的严谨审核程序，对毛利人艺术品质量的高度关注和保证；同时又有灵活的三种标志安排，即“毛利人制作”（Māori made）、“主要由毛利人制作”（Mainly Māori）和“与毛利人合作制作”（Māori Co-Production）。再如澳大利亚真实性标识（label of Authenticity）和协作标识（collaboration mark）的区分。这些使用管理规则都是基于非遗项目传承的实际情况，有针对性地做出安排，其中体现着对证明商标运营管理的清晰目标，对项目传承情况、保护与开发任务的明确认知，以及对项目市场情况具体扎实的调研。

因此，目前的现状只能说明一个问题，即很多的非遗项目在申请集体商标、证明商标或地理标志时并未做好完全充分的运营管理准备，这恐怕是“潼关肉夹馍”地标集体商标运营管理出现问题的主要原因，而且也很可能是许多地理标志项目重申报、轻使用的真实映射。反过来说，如果这些项目真正运营起来，恐怕类似潼关肉夹馍的集体管理事件还会大量出现。

因此，团体性或群体性商业标志的运营管理，应该从标志的申请注册或认证备案之前就真正要做好运营管理的准备，从目标上首先就要确立，并非为申报而申报，为政绩而申报，而是真正为一个非遗项目的保护和传承而启动一个商业标志，同时在传承地政府的引导下，项目的管理者要做好详细具体的项目传承现状的考察，非遗产品或服务的市场调查与分析，制定详细具体的使用管理规则，调动广大非遗传承者和经营者的积极性，在文化与经济的互动中，发挥出非遗对地方特色经济的贡献作用。

三、“排除＋统一利用”方案实施示例：朱仙镇木版年画项目的非遗商标保护

在详细阐述“排除+统一利用”方案的基础上，如何将该方案适用到具体的非遗项目上，是一个实践性更强的问题。方案毕竟是模式化、抽象化的，实

践中需要结合非遗项目的情况将其具体化适用。本书以“朱仙镇木版年画”非遗项目为例，对此加以示例性展示，既是对该方案内容和实施步骤的展现，也是对方案可行性的一种实证。

(一)朱仙镇木版年画非遗项目概况

朱仙镇木版年画作为传统美术类非遗项目，2006年即入选第一批国家级非遗代表性项目名录，项目编号为Ⅶ-7，申报地区为河南省开封市，保护单位是开封市文化馆。

朱仙镇木版年画是中国古老的传统工艺品之一，是中国木版年画的鼻祖，也是中原地区具有代表性的民间艺术，享有中国民间艺术与古代印刷术“活化石”的美称，不但具有极高的艺术收藏价值，而且极具观赏价值。

该项目传承地区主要分布于河南省开封市、朱仙镇及其周边地区，朱仙镇木版年画的产地，实际上并不完全在镇里，该镇四周的大小村庄皆有艺人设小作坊制作生产，朱仙镇更多是集散地。

朱仙镇木版年画构图饱满，线条粗犷简练，造型古朴夸张，色彩新鲜艳丽，制作工序考究。年画所用颜料从当地的矿物、植物中提取，自行手工磨制，磨出的颜料色彩十分纯净，以之印制的年画明快鲜艳，久不褪色。木版用料为当地上等坚实的梨木，刻前先用植物油涂于木板表面三到四遍，自然晾干后，再用顶沸的热水冲洗，然后用特制刮刀刮去木板表面的浮油，艺人称之为“熟版”。木板雕刻工具早年多为自行制作，有刻刀、净缝刀、文章铿、巩铿、刮刀、铲刀、敲锤等二十余件，后来，雕版师傅也在使用成套的专用雕刻刀。年画的印制工具多就地取材，采用当地野生植物顶端之茸毛和棕，用绳子捆扎而成，草制圆锥形色刷，一色一刷不能混用。另有敲锤儿、沙袋、沾刷等辅助工具。年画用纸，旧时多采用本地廉价土造纸、毛边纸，清代以来，年画开始使用规格大、韧性好的日本油光纸，后来多用中国传统的生宣纸印制。朱仙镇木版年画工艺上采用木版与镂版相结合，水印套色，种类繁多。年画题材多为历史戏剧、演义小说、神话故事和民间传说，乡土气息浓郁，民间情趣强烈，具有独特的地方色彩和淳朴古老的民族风格。

朱仙镇木版年画诞生于唐，兴于宋，鼎盛于明。明清两代，朱仙镇的木版年画十分兴盛，作坊最多时达300余家，年产量最高时达300万张，除销往河南本省外，还远销山东、江苏、安徽、福建、宁夏等地，销售辐射大半个中国，足见其影响之大。清末民初朱仙镇木版年画开始衰落，大多数作坊迁回开封市内，于是开封又成为朱仙镇木版年画的生产与销售中心，城内出现了“天成”“云记”“汇川”等名噪一时的老字号年画作坊。

新中国成立后，在开封市先后成立了开封年画社、河南朱仙镇木版年画社等团体机构，对木版年画的传统工艺进行挖掘、整理。截至目前，已挖掘、整理出年画老版220余块，重新印制历史老版年画300多套，并编印了《开封朱仙镇木版年画精选》《朱仙镇木版年画珍藏本》《朱仙镇木版年画故事集》等，为保护传统木版年画做了大量有益的工作。〔1〕

（二）“排除+统一利用”方案在朱仙镇木版年画项目上的适用

1.朱仙镇木版年画实施商标保护的必要性与可行性

（1）必要性：目前传承中存在的问题。

结合相关文献资料、媒体报道及实地考察，发现朱仙镇木版年画目前在传承发展中面临着一些问题。首先，目前该非遗项目大多数老艺人年事已高，其技艺无人传承，特别是传统的矿、植物颜色磨制方法已鲜为人知，如不及时加

---

〔1〕 以上关于“朱仙镇木版年画”的介绍参见中国非物质文化遗产网·中国非物质文化遗产数字图书馆《朱仙镇木版年画》项目，https://www.ihchina.cn/project_details/13906/，以及开封市祥符区人民政府网站对该非遗项目的介绍，http://www.xiangfuqu.gov.cn/products/21121007_zoujinxiangfudetail.html，最后访问日期：2023年1月10日。

以保护，朱仙镇木版年画制作技艺很可能会彻底消亡。[1]其次，优质传统木版年画受到低价商品冲击太大。传统木版年画的市场基础本来就比较薄弱，由于年画市场的商品同质化，粗制滥造、以次充好甚至假冒伪劣[2]等不正当竞争手段不断出现，如果得不到各方的鼓励和支持，朱仙镇木版年画很难在市场长期立足，从而造成朱仙镇木版年画这一传统文化的发展危机。[3]最后，项目代表性传承人或经营者之间也存在一些内部争议。比如项目内部存在传承地之争，该项目国家级代表性传承人之一的任鹤林先生认为，开封才是中国木版年画的发源地，"朱仙镇木版年画"的称呼不对，应该称为"开封木版年画"，而且任先生还认为朱仙镇某些年画制作者作品有歪曲史实、粗制滥造等问题。[4]再如关于传承人身份之争，尹国全老先生作为老字号"天成老店"的第五代传人，入选了朱仙镇木版年画省级代表性传承人，但其对未入选国家级代表性传承人也有些遗憾。[5]还有传承人内部关于老字号的争夺，比如尹国全与其叔叔尹辅礼关于"天成老店"的老字号争夺案。两家先是在工商管理部门过招，后尹国全又申请"天成老店"商标，却发现已被外部人抢注，[6]又经过商标异议、审理程序，排除了外部人注册，但尹国法（尹辅礼之子）又提异议，后经异议复审，最终尹国全获得"天成老店"商标。[7]但实际上两家也都是朱仙镇木版年画项目的传承者，在朱仙镇都有自己的年画老店、作坊。该争议与非遗商标保

〔1〕 参见中国非物质文化遗产网·中国非物质文化遗产数字图书馆《朱仙镇木版年画》项目介绍，https://www.ihchina.cn/project_details/13906/，最后访问日期：2023年1月10日。

〔2〕 据报道，曾有山东菏泽人在未经授权的情况下打着朱仙镇木版年画的旗号印刷年画，且数量巨大。参见张莹莹：《河南朱仙镇木版年画一条街何时能找回往日繁华？》，人民网，http://culture.people.com.cn/n/2013/1217/c172318-23866215.html，最后访问日期：2023年1月10日。

〔3〕 开封市祥符区人民政府网站对该非遗项目的介绍，http://www.xiangfuqu.gov.cn/products/21121007_zoujinxiangfudetail.html。最后访问日期：2023年1月10日。

〔4〕 参见知乎文章：《他是朱仙镇木版年画非遗传承人，却与"朱仙镇"抗争了一辈子》，https://zhuanlan.zhihu.com/p/78856898，最后访问日期：2023年1月10日。

〔5〕 参见：《朱仙镇木版年画——非遗传承人之争》，https://www.openwhy.cn/activities/1024868235543130112/article/detail/1026824812942528512，最后访问日期：2023年1月11日。

〔6〕 2005年，来自郑州的一个商人抢注了"老店天成"商标。

〔7〕 参见李建伟：《朱仙镇木板年画"老字号"之争尘埃落定》，中国知识产权资讯网，http://www.iprchn.com/Index_NewsContent.aspx?newsId=85255，最后访问日期：2023年1月11日。

护直接相关，也是实施“排除+统一利用”方案需要关注的问题。另外，该非遗项目中的某些重要符号已被申请注册为商标，这些非遗商标在“排除+统一利用”方案实施中需要有妥善的处理和安置，对此，下文会进一步阐述。

综上，朱仙镇木版年画非遗项目在传承中存在老艺人去世可能带来的技艺失传问题，粗制滥造、以次充好和同质化的低价商品对年画市场的冲击问题，传承人内部的认识不一致，以及对某些资源争夺的不和谐问题。作为中国木版年画的鼻祖，该项目目前的发展并未体现出与其历史地位相当的关注度和知名度，亟须排除市场中劣质产品的冲击，排除零散的商标注册，汇聚现有传承力量，集中推广和提升品牌知名度，回归其本应有的历史地位，否则很可能导致宝贵文化资源损耗的结果。因此对该项目而言，“排除+统一利用”方案不仅具有适用的必要性，而且相当紧迫。

（2）可行性：非遗性质和传承现状适合。

无论从该项目的性质还是历史和传承情况等方面来看，朱仙镇木版年画都适合“排除+统一利用”方案，可以在该方案之下进行商标保护与开发。第一，朱仙镇木版年画是传统美术类项目，艺术性很强，但其商品性亦非常明显。年画不同于其他美术作品，它是功能性的艺术品，作品即产品，得益于雕版印刷术的发展，可以大量印刷，才在历史中发展起来，因此其是一种典型的可市场化的非遗项目，适合商标化保护。第二，朱仙镇木版年画在历史发展的高峰期，有众多家庭作坊、老店创作生产，产量巨大，内部已自然形成一定程度的竞争之态。这些作坊大多个体经营，内坊外店，广收门徒，但关键技术秘密保持家族传承，形成了许多老字号，这些老字号的作品既有差别，又有共性，共同创造了朱仙镇木版年画的品牌。第三，朱仙镇木版年画在新中国成立后曾经历过“年画社”经营模式，具有集体管理或团体性经营的基础，这也为统一利用方案的实施提供了很好的条件。第四，目前该项目在政府主导下已形成一定规模的龙头企业，为团体性商业标志引领下的统一利用提供了成熟的条件。2016年开封市祥符区政府与犀牛会（北京）信息技术集团合资成立了国有性质的集团——开封朱仙镇木版年画集团,[1]该公司注册资本5000万元人民币,经开封市政府授权,拥有朱仙镇木版年画的唯一经营权。[2]该具有官方背景的龙头企业的建立有助于将分散的传承者和经营者联合起来。第五,该项目目前在产品工艺、品质特色方面已经积累了一定的标准,为团体性或群体性商业标志下的统一利用提供了一定的管理条件。比如,为防止市场仿冒,开封朱仙镇木版年画集团于2017年专门发布了《"朱仙镇"木版年画官方认证》公告,对公司出品的年画产品设置了14项防伪特征及认证标识,如"中国非物质文化遗产标识""生态原产地认证标识""朱仙镇商标标识"等,还就产品上加盖的印章和题词进行详细规定,并就图稿绘制、雕版工艺、颜料要求、水印工艺、印刷工具、年画用纸、年画套色顺序、年画尺寸规格等制作工艺及工具材料进行了标准统一化。[3]我们在考察中也发现,朱仙镇上的年画老店在其店面中也张贴有朱仙镇木版年画的产品标准,如在"××老天成年画博物馆"中,其"朱仙镇木版年画行业规范"规定:"经过各级领导部门及朱仙镇各年画老店传承人共同商议研究,决定出台以下行业标准,各从事年画行业的老店、商号都必须遵守。"其行业规范包括范围、术语定义、规格、要求、检验方法、检验规则、储存包装标志几个部分,其中关于手工水色套印,植物熬制色彩,当地梨木雕刻木版,手工自制雕刻刀具,使用生宣和熟宣印刷,红色、绿色、黄色、紫色色相纯正,互不浸串,人物图像多以历史英雄人物为主,兼有民间传说、民间故事、戏曲情节等的规定,都属于对朱仙镇木版年画产品品质特色的标准描述。不过,从以上两份不同的标准来看,也存在一定的问题,比如两者之间存在一些具体细节的差异,如年画规格尺寸、用纸方面就不太一致;

---

〔1〕 经查阅、考证,该集团工商登记的正式名称应为"开封朱仙镇木版年画有限公司",参见国家企业信用信息公示系统网站。

〔2〕 参见开封市祥符区人民政府网站对该非遗项目的介绍,http://www.xiangfuqu.gov.cn/products/21121007_zoujinxiangfudetail.html,最后访问日期:2023年1月10日。

〔3〕 参见:《"朱仙镇"木版年画官方认证》公告,https://weibo.com/ttarticle/p/show?id=2309404120743943254566,最后访问日期:2023年1月13日。

另外，标准还存在凝练不够充分、不太成熟、特色不够突出等方面问题，如检验规则、包装等方面的规定。因此，按照统一利用方案，应该在团体性或群体性商业标志之下，将目前存在的不同标准进行分析研究和统一，对外保持产品品质特色的高度一致，凸显自身品牌特色。

综上，朱仙镇木版年画完全具有非遗商标保护的适应性，在“排除+统一利用”方案之下，只需在目前的基础上进行一定的完善和统一工作，即可适用该方案。

2.该非遗项目符号商标化情况考察

朱仙镇木版年画作为一个古老的传统工艺项目，发展过程中形成了众多具有自身特色的符号，考察这些符号商标化的情况，是“排除+统一利用”方案适用的前提。

（1）该非遗项目中的特色符号。

朱仙镇木版年画涉及的主要非遗符号可分为4类：第一为非遗名称或团体性组织类；第二为传承人姓名类；第三为老字号类，第四为产地名称类。根据其商标化的可能性，可将涉及的符号列举如下，以进行实践考察。第一类包括“朱仙镇木版年画”“朱仙镇年画”“开封木版年画”“朱仙镇”“朱仙镇木版年画社”“朱仙镇年画社”“开封年画社”“朱仙镇木版年画协会”等。第二类包括“郭泰运”“任鹤林”“张继中”“尹国全”“曹新年”“尹国法”“尹福祥”“尹辅礼”“张自安”“张义”“刘本成”“张海明”“辛世会”“姚敬堂”等。第三类包括“万同”“天成”“曹家”“汇川”“振源永”“云记”“鸿记”“天福利”“万通”“晋涌泰”“天兴德”“德盛昌”“天义德”“天成德”“大天成”“二天成”“得源长”“万盛”“三成义”等。第四类包括“朱仙镇”“赵庄村”“小尹口村”“一户张村”等。

（2）非遗符号被申请注册商标的情况。

将上述符号作为关键词在中国商标网进行检索，具体结果如下，见表9-1。

表9-1　朱仙镇木版年画项目符号商标注册情况

关键词	序号	申请/注册号	国际分类	申请日起	商标名称	申请人名称	商标类别	分析
朱仙镇	1	3691303	16	2003年8月26日	朱仙镇	开封朱仙镇木版年画社	一般商标	商标名称+注册类别+申请人名称综合，与非遗内涵高度相关，2017年6月14日未续展注销
	2	10381291	30	2012年1月4日	朱仙镇木版年画	河南省校园文化艺术促进会	一般商标	商标名称有关，注册类别无关，被驳回
	3	11916163	16海报；包装纸；牛皮纸；墨汁；砚（墨水池）；印泥；印台（文具）；毛笔；绘画板	2012年12月19日	朱仙镇	朱仙镇文化旅游股份有限公司	一般商标	虽指定在第16类，但与年画关系不大，与非遗文化内涵不相关，注册成功，处于有效期内
	4	20110277	16指定商品包含年画等多个第16类商品	2016年5月27日	朱仙镇	犀牛会（北京）信息技术有限公司	一般商标	注册成功，处于有效期内，注册主体是“朱仙镇木版年画有限公司”的股东
	5	20153574	16指定商品包含年画等多个第16类商品	2016年5月31日	朱仙镇木版年画	犀牛会（北京）信息技术有限公司	一般商标	注册成功，处于有效期内，注册主体是“朱仙镇木版年画有限公司”的股东
	6	20324581	16	2016年6月16日	朱仙镇	开封朱仙镇木版年画社	一般商标	最新状态：等待驳回复审中，后续程序未知

续表

关键词	序号	申请/注册号	国际分类	申请日起	商标名称	申请人名称	商标类别	分析
朱仙镇	7	20336891	16	2016年6月17日	朱仙镇	开封市祥符区朱仙镇木版年画管理处	一般商标	最新状态：等待驳回复审中，后续程序未知
	8～31	多个注册号	16类之外的多个类别	2016年6月16日	朱仙镇	犀牛会（北京）信息技术有限公司	一般商标	其中某些注册成功，某些未注册成功
	32	67314114	35	2022年9月20日	朱仙镇国际版画基地	河南省正真文化艺术有限公司	一般商标	最新状态：2022年12月驳回，后续程序未知
	33	67299970	35	2022年9月20日	朱仙镇版画坊	河南省正真文化艺术有限公司	一般商标	最新状态：2022年10月受理通知发文
	34	68933726	33	2022年12月20日	朱仙镇年画	河南豫游记食品有限公司	一般商标	最新状态：2023年1月，受理通知发文
朱仙镇木版年画	1	同“朱仙镇”检索结果第2项						
	2	同“朱仙镇”检索结果第5项						
朱仙镇年画	1	同“朱仙镇”检索结果第34项						
开封木版年画	0							
开封年画	0							

续表

关键词	序号	申请/注册号	国际分类	申请日起	商标名称	申请人名称	商标类别	分析
朱仙镇年画社	0							
朱仙镇木版年画社	0							
朱仙镇木版年画协会	0							
朱仙镇年画协会	0							
郭泰运	0							
任鹤林	0							
杨东春								
李广亮								
王曰谦								
董德祥								
刘德州								
朱鸿欣								
张继中	0							
尹国全	2		均为第19类					从注册人地址来看，两项注册应属同名，并非该项目传承人
曹新年	0							

续表

关键词	序号	申请/注册号	国际分类	申请日起	商标名称	申请人名称	商标类别	分析
尹国法	0							
尹辅祥	0							
尹辅礼	0							
张连生	3							有三项同名但不相关注册
张自安	0							
张义	2							有两项同名但不相关注册
刘本成	0							
张海明	1							存在一项同名但不相关的注册
辛世会	0							
姚敬堂	0							
尹埔理	0							
尹金堂	0							
万秀华	0							
朱永敬	0							
张陈云	0							
李景润	0							
赵金章	0							
宋金明	0							

续表

关键词	序号	申请/注册号	国际分类	申请日起	商标名称	申请人名称	商标类别	分析
邱洪德	0							
彭光宇	0							
范占魁	0							
张志安	0							
张海明	0							
张廷旭	0							
刘金录	0							
尹国民	0							
万同	1	6259413	16图画；雕刻印刷品（书画刻印作品）；平版印刷工艺品；镶框或未镶框的绘画（图画）；雕刻印刷品；年画；剪纸；雕刻板	2007年9月5日	万同老店	开封市继中朱仙镇木版年画社	一般商标	老字号注册为商标，处于有效期内
天成	1	41209439	16纸或纸板制告示牌；印刷出版物；书画刻印作品；平版印刷工艺品；镶框或未镶框的绘画；图画；年画；宣传画；邮票	2019年9月23日	天成老店	尹国全	一般商标	该商标即发生内部争夺的“天成老店”商标，也曾被外部人抢注过，目前处于有效期内

续表

关键词	序号	申请/注册号	国际分类	申请日起	商标名称	申请人名称	商标类别	分析
天成	2	9757745	16印刷品；连环漫画书；书籍；雕刻印刷品；剪纸；年画；纸板盒或纸盒；印章（印）；雕刻版；念珠	2011年7月25日	尹氏老天成	尹国法	一般商标	曾被提出无效宣告，目前处于有效期内
	3	16707567	16卡纸板；印刷品；书籍；剪纸；年画；书画刻印作品；平版印刷工艺品；镶框或未镶框的绘画（图画）；印台（油墨印台）；雕刻版	2015年4月14日	尹氏老天成	尹国法	一般商标	曾被提商标异议，目前处于有效期内
	4	4906124	16	2005年9月20日	老店天成	高山	一般商标	被内部人提出商标异议，最终驳回
大天成	0							
二天成	0							
曹家老店	0							
曹家	0							
豫盛荣	1	10534325	16年画	2012年2月27日	豫盛荣	曹新年	一般商标	曹新年，曹家老店的非遗商标
	2～13	12项注册	多种类别					嘉兴某文化传播公司的多项注册，与非遗项目无关

续表

关键词	序号	申请/注册号	国际分类	申请日起	商标名称	申请人名称	商标类别	分析
汇川	0							
振源永	1	22199191	16纸或纸板制告示牌；印刷出版物；年画；宣传画；邮票；书画刻印作品；平版印刷工艺品；镶框或未镶框的绘画；砚台；油画棒	2016年12月9日	振源永	北京源宏投资基金管理有限公司	一般商标	在注册有效期内，属于外部人注册，且高度相关，包含年画商品，该注册人的法定代表人与“朱仙镇木版年画有限公司”相同
云记	1	5174709	16 年画	2006年2月24日	云记老店	开封市博物馆	一般商标	处于注册有效期内，该商标在朱仙镇木版年画所有商标中时间最早
	2	12424347	16	2013年4月15日	云记	北京羽佳翱文化传播有限公司	一般商标	被驳回
鸿记	1	4863009	16纸；宣纸（用于中国绘画和书法）；书画纸（用于中国绘画和书法）；裱纸；绘画用纸；册页；信封（文具）；手册；毛笔	2005年8月29日	鸿记号	安徽省泾县曹鸿记纸业有限公司	一般商标	使用在宣纸等产品上，与项目有一定程度关联，有效，外部人注册
	2	1548878	16宣纸；绘画用纸；毛笔	1999年12月21日	鸿记	安徽省泾县曹鸿记纸业有限公司	一般商标	使用在宣纸等产品上，与项目有一定程度关联，有效，外部人注册

续表

关键词	序号	申请/注册号	国际分类	申请日起	商标名称	申请人名称	商标类别	分析
天福利	1	21547839	16绘画用纸；请帖；日历；日历（年历）；绣花图样（纸样）；剪纸；雕版版画；年画；书画刻印作品；蚀刻版画	2016年10月12日	天福利	梁文严	一般商标	处于注册有效期内，外部人注册。还有若干注册在其他类别上的“天福利”商标，与项目无关
万通	0							
晋泰永	1	22198922	16	2016年12月9日	晋泰永	北京源宏投资基金管理有限公司	一般商标	在注册有效期内，该注册人的法定代表人与“朱仙镇木版年画有限公司”相同
天兴德	0							
德盛昌	0							
天义德	1	6090722	16雕刻印刷品（书画刻印作品）；雕刻印刷品；年画；雕刻板	2007年6月5日	天义德	张陈云	一般商标	处于注册有效期内
恒义祥	0							
天成德	0							
振兴德	1	25117347	16影集；印刷品；海报；期刊；印刷出版物；图画；年画；水彩画；宣传画；油画	2017年7月3日	振兴德	张利国	一般商标	处于有效期内，内部人注册
汇兴同								

续表

关键词	序号	申请/注册号	国际分类	申请日起	商标名称	申请人名称	商标类别	分析
二合永	1	24440041	16纸；描图纸；描图图样；年画；包装纸；文件夹；钢笔；绘画仪器；绘画板；建筑模型	2017年6月1日	二合永	河南二合永建筑装饰设计有限公司	一般商标	处于有效期，外部人注册，16类，包含年画，似可定性为抢注
得源长	0							
万盛	0							
三成义	0							
福盛长	1	22198785	16	2016年12月9日	福盛长	北京源宏投资基金管理有限公司	一般商标	在注册有效期内，该注册人的法定代表人与“朱仙镇木版年画有限公司”相同

由表9-1可见，朱仙镇木版年画项目符号商标注册情况呈现以下特点。首先，目前尚未有一项团体性或群体性商业标志存在，目前该非遗项目的经营模式主要还是家族式的老店、作坊为主，各自有单独的商标或企业名称、字号，即使在政府组织下具有官方背景的“朱仙镇木版年画有限公司”也是单独经营，并未实现有组织、有序化的团体性经营。其次，该非遗项目目前各经营或传承主体的商标意识整体较为淡薄，除几位重要传承人注册了相关商标，如“万同老店”“天成老店”“尹氏老天成”“豫盛荣”“天义德”“云记老店”“振兴德”外，许多经营者并未有自己的商标，许多非遗老字号、传承人姓名也均未被自己的传承者注册商标。另有若干老字号疑似被外部人抢注商标，如“二合永”“晋泰永”“天福利”“振源永”“福盛长”。再次，非遗符号中被注册商标较多的是非遗名称类符号，其中包含“朱仙镇”三字的注册商标最多，“朱仙镇”“朱仙镇木版年画”“朱仙镇年画”“朱仙镇国际版画基地”“朱仙镇版画坊”都有注册记录，其中“朱仙镇”出现频次最多。最后，围绕相关非遗符号的商标争夺现象已经出现，而且有些注册可能对后续“排除+统一利用”方案的实施造成阻碍。比如，指定在年画商品上的“朱仙镇”“朱仙镇木版年画”两个关键商标均被注册，但均为一般商标，其注册人均为“朱仙镇木版年画有限公司”的外部人股东——犀牛会（北京）信息技术有限公司。该公司还在多个类别上注册了“朱仙镇”商标，该股东的一个关联公司——北京源宏投资基金管理有限公司还注册了三个老字号商标“晋泰永”“振源永”“福盛长”。如果这些注册未经开封市祥符区政府在合作中许可，恐怕存在一定问题。如果“朱仙镇”“朱仙镇木版年画”商标注册在“朱仙镇木版年画有限公司”名下，还具有一定的合理性，但注册在外部人股东名下，仍有不当注册之嫌。而且考察发现，指定在年画上的三个“朱仙镇”商标申请，即由犀牛会（北京）信息技术有限公司、开封朱仙镇木版年画社、开封市祥符区朱仙镇木版年画管理处提出的三个申请，均是在2003年第3691303号“朱仙镇”商标未续展撤销后，几乎在同一时间提出的，只是犀牛会（北京）信息技术有限公司的申请早了十几天，可见对该商标的争夺是较为明显的。另“朱仙镇”“朱仙镇木版年画”两个一般商标的存在可能会对后期申请注册集体商标、证明商标或地标集体商标、地标证明商标造成阻碍。

3.“排除”和“统一利用”的任务

根据上述考察结果，朱仙镇木版年画非遗项目适用“排除+统一利用”方案的具体任务就比较明确了。首先需要排除不当商标注册，其次要根据项目本身特点，确立统一利用方案中团体性或群体性商业标志的类型，同时应在当地政府的引导下，确立商业标志的申请和管理主体，并在现有基础上研究制定统一的使用管理规则和产品品质标准，进行统一保护和开发利用。

(1)排除不当商标注册。

就考察所见，朱仙镇木版年画项目中的不当商标注册主要是一些外部人的抢注。如表9-1中的下述商标注册：[1]

第10381291号“朱仙镇木版年画”商标，由河南省校园文化艺术促进会于2012年1月4日申请，指定在第30类上。

第20110277号“朱仙镇”和第20153574号“朱仙镇木版年画”商标，均由犀牛会(北京)信息技术有限公司申请注册且均指定在第16类商品上，包括年画商品。不过该公司在其他24个类别上的“朱仙镇”商标申请应不属于不当申请，因其指定商品与该非遗项目无关，朱仙镇作为地名并不与年画构成唯一指代关系。

第67314114号“朱仙镇国际版画基地”和第67299970号“朱仙镇版画坊”商标，均由河南省正真文化艺术有限公司申请，指定在第35类上。

第68933726号“朱仙镇年画”商标，由河南豫游记食品有限公司申请，指定在第33类商品上。

第22199191号“振源永”、第22198785号“福盛长”和第22198922号“晋

〔1〕 此处所谓“不当”是疑似不当，因考察可能有不够详尽之处，如果上述商标有特殊情况，可能不属于这里的不当注册范畴，则另当别论。

泰永”商标，由北京源宏投资基金管理有限公司申请，指定在第16类商品上，均包含年画商品。

第21547839号“天福利”商标，由梁文严申请，指定在第16类商品上，包含年画商品。

第24440041号“二合永”商标，由河南二合永建筑装饰设计有限公司申请，指定在第16类商品上，包含年画商品。

针对上述商标，在目前缺乏专门的非遗符号排除条款的情况下，应该利用现行《商标法》中的相关条款进行排除，比如前述提到的“不良影响”“在先权利”“缺乏显著性”等条款，但对于某些注册时间已经超过5年的商标，商标无效成功的可能性已经比较小。对于提出商标异议或无效的主体，即商标排除的主体，从目前该非遗项目管理的现状来看，依赖单个的传承人或经营者不太现实，因此最好是由朱仙镇政府或开封市祥符区政府或其文化部门直接出面，在成立了该项目的公益性组织之后，可由该组织负责具体的排除工作，当地政府可以提供指导和支持。

在上述非遗商标中，有两个较为重要和特殊的商标，是必须予以妥善解决的，即第20110277号“朱仙镇”商标和第20153574号“朱仙镇木版年画”商标。该两商标权利人均为犀牛会（北京）信息技术有限公司，都指定在第16类商品上，且包含年画商品。我们已经指出，该两商标属于以非遗名称注册的关键商标，且直接使用在年画上，关系到统一利用方案中团体性或群体性商业标志的注册和适用，非常重要。而且更为特殊的是，该两商标的权利人为“朱仙镇木版年画有限公司”的外部人股东，从法律性质上说，商标权意味着一种排他性的垄断权利，是一种无形财产，股东的商标不等同于公司的商标，因此从所有权属性上说，该两商标并不属于“朱仙镇木版年画有限公司”所有。如果该两商标并非经由政府部门授权，或者合作者之间签署的相关协议内容约定不明，则可能在以后产生相应的法律纠纷。因此，最好的方案是根据目前相关合作协议，将该两商标以有偿或无偿方式转至“朱仙镇木版年画有限公司”名下，为后续的统一利用做好准备。

对内部人的分散性、个体性注册而言，该项目的问题并不是太严重。从统计表可见，大部分的内部人注册是以其家族传承的年画老店或老字号注册的，如“万同老店”“天成老店”“尹氏老天成”“豫盛荣”等，这些商标注册符合“排除+统一利用”方案的内容，应不属不当注册。其中第5174709号“云记老店”商标由开封市博物馆注册，不知是否与云记老店传承事实相符，但如果该老字号确实没有传承人的情况下，开封市博物馆作为公益性组织成为其保护者也是可以接受的。另外笔者也注意到，在内部人注册方面一个比较遗憾的事实，即由“开封朱仙镇木版年画社”于2003年申请并成功注册的第3691303号“朱仙镇”商标因为到期未续展而被撤销，据查，当时的开封朱仙镇木版年画社是该非遗项目的集体性经营组织，该商标如果能够保持下来，可以顺理成章地成为统一利用的一个重要基础，而且也就不会有目前外部人注册的情况发生了。

（2）团体性或群体性商业标志的选择。

根据“统一利用”方案的内容，朱仙镇木版年画项目的商标保护与开发需要一个团体性或群体性商业标志，统领该项目的运营。那么，在前述的几种商业标志中如何选择，是一个具体的事项。笔者认为，根据朱仙镇木版年画非遗项目的特点，适合选择含地理标志要素的团体性或群体性商业标志，尤其是专门模式下的“地理标志产品认证”路径，在条件满足的情况下也可选择商标法模式下的“地理标志证明商标”路径。原因如下。

①朱仙镇木版年画符合地理标志要件。

根据我国地理标志制度的相关规定，一个非遗项目是否能够地理标志化，首先需要满足非遗产品的条件，即该非遗项目有有形产品的存在，不能只包括服务，朱仙镇木版年画能够满足该要求，其作为传统美术项目，作品即产品。其次，该非遗项目的产品还必须满足地理标志的要件，包括地域性、声誉、自然因素和人文因素及其与产品特色之间的因果关系等，朱仙镇木版年画可以满足这些要件。

该项目历史上就是以开封市、朱仙镇为核心产区，地域性很强，也曾有过产地的外延，但不会改变朱仙镇核心产区的事实。朱仙镇木版年画是中国木版年画的鼻祖，历史上享有盛誉，符合声誉要件。朱仙镇木版年画所用颜料为当地植物、矿物手工磨制而成，雕版是用当地特有的梨木所制，色刷是用当地野生植物顶端之茸毛和棕制成，年画所用土造纸、毛边纸也是当地所产，其他如雕刻工具、敲锤儿、沙袋、沾刷等工具，也都具有当地特色，说明年画产品具有当地自然因素要件。另外，该项目拥有诸多独特的工艺特色，如颜料的制作和使用有许多诀窍，艺人们用传统的炒、熬、滤等多道配色工艺，精心炮制，在绿、紫色中加入白矾、石灰，紫、绿两色要充分发酵，调制时要调起泡沫，色彩才沉稳、耐看、有韵味，还将色中加入残剩茶叶水，晾画时互不粘连。年画在印制时也有独特技巧，印黑线版需双手用力，线条才清晰、瓷实，整套动作和过程要求眼明手快、手眼密切配合，全身心投入，一丝不苟，色版较线版含色量大，用力过重纸易烂，用力过轻色块不瓷实，左手操"趟子"作平扫状，每道工序都需精心操作，高档年画与神像画人物之眼眸、胡须、服饰需加套水墨、金粉、套色可多达9遍，普通年画以黑、黄、红、丹、绿、紫6色，先淡后重，依次套印而成，套画套色顺序为：先印黑，后黄，再红、绿、青，有些画样还需加托水红，或印脸。画印好后需停几个小时使颜色"吃"入纸内。晚上再"晾"，晾要恰到好处。雕刻板的制作要先用植物油涂于木板表面三到四遍，自然凉干后，再用顶沸的热水冲洗，然后用特制刮刀刮去木板表面浮油，此时才称为"熟版"。年画刀技也有特点，线条粗犷豪放，阴粗阳细，阴阳对比性较强等。年画的题材和艺术风格也有自己的特色，多取材于历史戏剧、演义小说、神话故事和民间传说，整个画面饱满、紧凑、严密，基本不留空白，主次分明，主体突出，不烦琐，表现出匀实对称图案的装饰味道。上述这些工艺、技巧、风格，都是该项目人文因素的体现。而且，上述自然因素和人文因素结合，也决定了朱仙镇木版年画产品的相应特色，如色彩明快鲜艳、绚丽多彩、久不褪色。构图饱满，线条粗犷简练，造型古朴夸张。人物头大身子小，既有喜剧效果又匀称舒适。年画人物不打红脸蛋，却自然和谐。总体上乡土气息浓郁，具有北方民族的纯朴、厚实、健壮、整洁的艺术风格。

因此，朱仙镇木版年画完全符合地理标志的各项要件，由于地理标志作为知识产权客体的独特性，其含有的历史声誉要素对产品的品牌化推广极其有利，因此在统一利用方案中可优先选择含地理标志要素的商业标志路径。

②朱仙镇木版年画项目已存在在先非遗商标。

在含地理标志要素的商业标志，即地理标志产品、农产品地理标志产品、地标集体商标、地标证明商标4条路径中，朱仙镇木版年画项目究竟应该选择何种路径，需要根据该项目的具体情况确定。

首先可以排除的是两个选项，即农产品地理标志产品和地标集体商标。这是因为，我国后续的地理标志制度的完善必然是趋于统一，农产品地理标志产品目前已停止备案工作，而且即使该制度继续存在，朱仙镇木版年画也不适合走农产品地标路径，因为它不属于初级农产品，因此该路径可明确排除。地标集体商标也不是一个较好的选项，因为朱仙镇木版年画项目的传承地域范围不仅限于朱仙镇，在开封市、朱仙镇周边的许多村庄，甚至在河南省内或省外的其他一些地方也有该项目的传承，地标集体商标的封闭性不适合该项目。

因此，该项目在统一利用方案中比较合适的路径有两个，一是专门模式下的“地理标志产品认证”，二是商标法模式下的“地理标志证明商标”。而且，鉴于前述对该项目符号商标化的考察，目前走“地理标志产品认证”的路径更为适合，“地标证明商标”路径需在满足特定条件的情况下才能实施，具体理由如下。

第一，该项目目前申请注册地标证明商标存在法律障碍。前述对该项目符号商标化的考察发现，无论是“朱仙镇”还是“朱仙镇木版年画”，目前在第16类年画商品上均有一般商标注册成功，即使选择“朱仙镇年画”这个标识，也可能被认为构成“相同商品上的近似商标”。虽然该两个商标的注册人是具有官方合作开发背景的“朱仙镇木版年画有限公司”的股东，但我们明确指出过，外部人股东的商标不同于该公司的商标，即使该商标转让于“朱仙镇木版年画有限公司”名下，也需要经过撤销或放弃的程序，才能为地标证明商标的注册扫清障碍，更何况作为外部人股东的一个公司。不过，如果该事宜经过协商能够妥善解决，比如该股东与开封市祥符区政府在合作开发协议中有相关约定，则地标证明商标路径也不失为一个可行的选择。

第二，我国目前的地理标志制度尚有“朱仙镇木版年画地理标志产品认证”的申请空间。我国目前的地理标志认证与商标申请并不共用相同的数据库，即商标申请与地理标志认证各行其道，在先商标的存在不影响地理标志产品认证，这为朱仙镇木版年画项目的地理标志申请提供了难得的机会，而且就目前的制度来看，如果运营得当，以“朱仙镇木版年画”地理标志为团体性商业标志对该项目进行统一运营和管理，有可能弥补商标缺失造成的损失。值得注意的是，地理标志产品认证的申请空间也许很快会被压缩，因为根据拟议中的《地标产品保护意见稿》，地理标志申请将与商标制度统一起来，相同或相似在先商标的存在将会阻碍地理标志的申请，如果该制度生效，“朱仙镇木版年画”地理标志的申请也将受到目前在先商标的阻碍，恐将难以成功。

综上所述，目前对于朱仙镇木版年画项目而言，以“朱仙镇木版年画”申请地理标志产品认证可能是最合适也是能够马上实施的方案。当然，如果能够妥善解决外部人注册的“朱仙镇”“朱仙镇木版年画”一般商标问题，申请地理标志证明商标也是非常合适的方案。而且“朱仙镇木版年画”地理标志产品的成功认证也有可能促进两个一般商标问题的解决。

（3）“统一利用”方案的实施主体和职责设定。

统一利用方案的实施需要一个合适的公益性、非营利性组织，必要时可能还需要传承地政府的引导工作，非遗项目传承人、相关经营者也都负有一定的责任。当然，其中公益性组织、政府的保护职责最为关键。

首先，就公益性组织的构建和工作职责而言。朱仙镇木版年画项目在新中国成立后曾有团体性组织存在，如1961年在开封市东大街成立了“开封市朱仙镇年画生产合作社”，1966年停办。改革开放后，经原开封地区出版事业管理局批准，1983年成立了“开封朱仙镇木版年画社”，属自收自支事业单位，为朱仙镇木版年画的复兴做了大量工作，但1990年停办。1986年在开封市旅游局和朱仙镇党委、政府的共同努力下，成立了“朱仙镇木版年画社”，1987年还成立了“朱仙镇木版年画研究会”。目前，也存在一些工商登记名为“朱仙镇木版年画社”的私人经营主体，而且大多为个体工商户，[1]但这些主体不满足公益性条件。

按照团体性或群体性商业标志的申请注册条件，朱仙镇木版年画项目“统一利用”方案的实施主体可以在上述历史上存在的组织基础上进行整合。既然目前已经存在具有官方授权背景的龙头企业“朱仙镇木版年画有限公司”，可以以该公司为基础和领导者，在当地政府协调下恢复“开封朱仙镇木版年画社”，并按照法律要求的条件将其准确定性为公益性、非营利性组织，同时，将功能类似的其他年画社或组织应予以撤销。年画社可在政府协调下将目前分散的朱仙镇木版年画手艺人、作坊、老店、商号统领起来，吸收为年画社的社员、成员，并以其为主体申请“朱仙镇木版年画地理标志产品认证”，或者在理清商标权属的基础上申请“朱仙镇木版年画地理标志证明商标”。社员或成员可按照地理标志、地标证明商标的使用管理规则使用这些团体性商业标志，对外统一品牌和产品标准。年画社可以以自己名义在该团体性商业标志的基础上打击市场假冒、粗制滥造，提高产品的知名度。社员或成员亦可在自己的产品上标注自身老字号商标，实行“双商标战略”，这样在年画社内部，各社员或成员之间仍然可以在满足产品最低标准的基础上推陈出新，进行正当竞争。

---

〔1〕 国家企业信用信息公示系统显示：最早的“河南朱仙镇木版年画社”于2000年吊销；成立于2007年的名为“开封朱仙镇木版年画社”的个体工商户于2016年注销；2016年另一个同名的“开封朱仙镇木版年画社”成立，目前存续，但也属于个体工商户性质。

“朱仙镇木版年画研究会”可在保留其“研究”功能的基础上予以撤销，所谓“保留研究功能”即在“开封朱仙镇木版年画社”中构建一个由水平较高的手艺人组成的研究性组织，主要功能在于搜集古版、参与年画标准制定、研究创新年画技艺、品鉴年画作品、培养年画人才等。而且，要严格规定手艺人进入该研究型组织的资格，该资格应以其技艺、作品、人品为主要评判标准，并规定进入该组织的手艺人应该在一个特定周期内（如两年或三年）有创新的高品质年画作品问世，否则将丧失进入该组织的资格，以此保证朱仙镇木版年画的高品质，防止代表年画作品的团体性商业标志的淡化。年画社还可以举办各种类型的作品大赛，鼓励年轻人参与，提高社会关注度，激发青年人才的加入，解决后备人才不足的问题。

其次，就政府的引导工作而言。历史上看，曾参与过朱仙镇木版年画组织管理工作的政府或政府部门有开封市政府、开封市手工业管理局、开封市文化局、开封市出版事业管理局、开封市祥符区政府和朱仙镇政府，他们对朱仙镇木版年画项目相关团体性组织的建立、年画发掘和整理、进一步繁荣和扩大影响力提供了大力支持。当下，朱仙镇木版年画项目的“统一利用”仍不能缺少政府部门的引导工作。目前，开封市祥符区政府授权“朱仙镇木版年画有限公司”作为朱仙镇木版年画的官方经营者，说明政府已经在有意识地引导该项目的统一经营工作，已经实际参与到该项目的组织管理工作中。不过这种官方授权给一个龙头企业的做法也可能带来其他个体年画经营者经营空间的压缩，倒不如在政府引导下，将朱仙镇木版年画的所有经营者吸纳进一个团体性组织，即采纳“统一利用”的方案。就朱仙镇木版年画项目的发展现状而言，能够将所有经营者纳入统一利用的团体经营模式中，并帮助年画社协调申请“朱仙镇木版年画”地理标志或地标证明商标，将分散的手艺人、经营者集中起来，共谋发展，共创品牌，恐怕没有谁比当地政府更适合这个角色了。而且这对当地发展文化产业，转变经济发展方式，优化经济结构，甚至推进乡村振兴战略都具有极大的促进作用。

就参与的地方政府的级别，目前实际已经参与的包括朱仙镇政府、开封市祥符区政府，如果工作需要，甚至开封市政府、河南省政府都有参与的必要，只是其工作分工可有差别，镇政府、区政府以及开封市政府中的文化部门可承担具体一些的工作，而市政府、省政府主要起到一些政策制定、协调帮助的作用。

就具体工作而言，政府或其文化部门的引导工作主要包括：第一，对手艺人、经营者的说服、劝导、鼓励工作。朱仙镇木版年画项目在新中国成立后虽有短暂团体性经营历史，但历史上更多是家族作坊式经营和传承，内坊外店，个体经营，老字号众多，不同经营者之间存在竞争关系。因此各经营者能否同意在统一利用方案下进入团体性经营模式，可能存在阻力。但"统一利用"方案实质上并不会剥夺个体经营者的经营自由，只是为了更好地统一产品标准、提升产品品质，在保证内部正当竞争的前提下，共同创造和提升"朱仙镇木版年画"的品牌知名度和市场价值，最终让所有的传承者获得更大收益。但这一说服、劝导工作必定要付出相当大的努力，工作要细致、耐心，对于繁忙的政府工作人员来说，可能有一定难度。不过考虑到该项工作对当地经济文化发展的重要作用，应该努力克服。第二，申请地理标志或地标证明商标时的帮助工作。无论是申请地理标志产品认证还是地理标志证明商标，均需当地政府的支持。如地理标志产品认证就包括"县级以上人民政府划定地理标志产品保护范围的建议""有关地方政府成立申请机构或认定协会、企业作为申请人的文件"的条件，地标证明商标的申请也需要附送管辖该地理标志所标示地区的人民政府或者行业主管部门的批准文件。另外，朱仙镇木版年画存在的在先商标问题的解决，可能也需要当地政府的协调工作。第三，年画社内部组织管理文件的制定工作。比如地理标志产品标准、地理标志证明商标使用管理规则、年画社研究组织中手艺人资格认标准定、统一利用中各相关主体的收益分配方案、品牌经营战略、年画社内部的正当竞争指引等文件的制定，也可能需要当地政府的指导和引导。

4.朱仙镇木版年画项目适用“排除+统一利用”方案步骤总结

上述针对朱仙镇木版年画项目适用“排除+统一利用”方案的实例分析可以为我们提供一个该方案实施的具体参照。其步骤大致可归结为：非遗项目特征、传承和经营等情况考察—非遗项目典型符号梳理—非遗项目符号商标化情况考察—排除不当非遗商标注册的任务—统一利用中团体性或群体性商业标志的选择—统一利用中的实施主体以及各方主体的职责安排。不同的非遗项目由于情况不同，可能在具体的实施中需要灵活应对，但大致步骤不变。

四、本章小结

本章为非遗商标保护解决方案的内容。基于前述非遗商标保护实证研究的发现和问题的分析、总结，以及解决方案制订中各要素的考量，提出“排除+统一利用”的最终解决方案。本章首先对该方案的内容进行阐释，包括方案内容的介绍和描述、方案理论正当性的阐述、方案的任务分解三个方面的内容。其次就方案的具体实施进行详细具体的安排，包括相关法律制度的完善、统一利用中制度工具的选择、团体性或群体性商业标志的运营管理三个方面的内容。最后以朱仙镇木版年画项目的非遗商标保护为例，就“排除+统一利用”方案进行实例说明，便于理解该方案的具体含义和掌握具体实施步骤。

本章作为本书的终章，是前述所有研究的落脚点，也是该项研究最终解决方案的呈现，包含若干创新性的方案设计、制度构建建议和解决实践问题的思路。比如所设想的“排除+统一利用”方案的内容，首先是尽力排除个人、企业等使用非遗符号注册“一般商标”，包括外部人的抢注和内部人的个体性、分散性注册，但非遗传承过程中基于个人、家族、企业贡献而专属于其自身的非遗符号除外。其次，“统一利用”是指将非遗符号的商标化利用纳入有序化、有组织的轨道中来，由代表或管理非遗项目的群体性、非营利性组织如非遗行业协会等，且也只能由类似组织申请注册非遗团体性或群体性商业标志，在对这些商标的统一管理运营中实现对非遗符号资源的统一利用，保护和开发非遗项目。这一方案的设计完全是在前述多维实证研究的基础上，结合现实情况提出，也是借鉴“知识共有理论”中“排他性积极共有”模式所确定的“集体所有权之下也允许特定情形个体所有权存在”的非遗符号权属安排的体现。再如，关于相关法律制度的完善方面，创造性地将排除不当非遗商标使用的模式归结为“第三方模式”“申请人模式”和“官方模式”三种，并根据现实情况主张选择“官方模式”。在此基础上提出层次化的制度完善建议，包括最优选的“非遗商标法保护专条”措施，即在《商标法》中增设“非遗符号禁止使用条款”，或次优选的“完善现有不良影响条款”的措施，并提出构建“非遗符号数据库”的制度建议，以解决信息不对称的现实问题。再如，由于该方案实施中对于团体性或群体性商业标志的高度重视，本章对我国目前的集体商标、证明商标、地理标志、地标集体商标和地标证明商标制度进行了重点关注，并就我国目前在这些制度方面的问题、目前最新完善进程及对非遗商标保护的可能影响，以及方案实施中如何对这些制度工具进行选择、如何优化运行管理等问题进行了详细具体的论述。另外，对朱仙镇木版年画项目适用“排除+统一利用”方案的具体例证不仅是该方案实施步骤的一次具体展示，也是该方案实践可行性的有力说明。

结 论

对非遗商标保护的研究暂告一段落。通过该项研究，我们有了理论上的认知、实践中的发现，也有了一定的总结、分析和对策设计，但更应有反思。

首先，就理论上的认知而言，我们对非遗商标保护的命题做了一些较为新颖的界定。比如，就非遗商标保护问题的缘起，我们提出其“是非遗和商标这两个分属于不同社会子系统的事物，基于非遗商标的存在而碰撞和交叉的产物，是一个文化和法律学科交叉的研究领域”。正因如此，非遗商标保护问题的解决需要法律和文化系统之间的沟通和互动，认识和明确这一点是十分重要的，它有助于商标法律系统关注非遗文化系统的实际需求。也正因如此，“非遗符号”与“含非遗符号的商标（非遗商标）”才成为本书研究的主要切入点。再如，从“保护”的两种含义出发界定非遗商标保护的概念。首先指出非遗商标保护中的“保护”有“传承意义上的保护”和“权利意义上的保护”两种内涵，它们分别对应非遗的“公法保护”和“私法保护”、“文化意义上的保护”和“法律意义上的保护”。两种意义上的保护又紧密关联，传承意义上的保护可为权利意义上的保护提供价值性，权利意义上的保护能够为传承意义上的保护提供动力机制。在此基础上界定非遗商标保护的概念，即“通过商标法的制度构建和运行来保护非遗，主要是通过一种私权保护模式，实现非遗的经济价值，同时促进非遗的传承”。这样就将法律系统的权利保护和文化系统的非遗传承联系起来，充分顾及“非遗商标保护”含义的周延性。再如，在非遗商标保护机制的分析中，首先明确非遗的商标保护具有间接性。在此基础上，综合“申请人要素”“相关性要素”“贬损性要素”，对非遗符号商标化利用的6种类型进行梳理，分析非遗商标侵害机理，得出“贬损歪曲型”“混淆误导型”“淡化型”3种非遗商标侵害类型，为后续的实证研究提供理论基础。

其次，就非遗商标保护实证研究的发现和问题总结而言，进行了系统化的梳理，得出如下结论。第一，在我国，非遗商标保护案例或事件不但媒体时有曝光，而且在申请注册数量上呈现日益增长态势。不仅有外部人注册，也有内部人注册，不但有积极保护模式的实践，也有消极保护机制的实例。第二，各地对非遗商标保护关注度不一，有些地方比较重视，大力推行，有些地方不太关注，推进乏力。总体来说，目前对非遗符号资源的合理开发利用尚不充分。第三，目前非遗符号商标化利用多处于一种分散无序状态。非遗符号权属不确定，存在大量抢注、滥用情况，非遗符号资源损耗严重。而利用证明商标、集体商标等制度有组织、有序化统一开发利用非遗符号资源的事例占比极低。第四，非遗内部人之间、外部人之间以及他们相互之间经常发生非遗商标争议，由于法律依据缺乏，商标局、商评委以及法院面对个案争议，只能通过对现行商标法条款进行解释性适用以解决纠纷。虽然积累了一定经验，但难以实现裁判标准的统一。第五，就非遗商标保护问题而言，社会公众、非遗代表性传承人、手艺人、相关从业者、政府相关部门等相关利益主体认识不充分，对非遗商标保护模式了解不深，对其局限性有所顾忌，重要性认识不足，尤其是对证明商标、集体商标、地理标志等制度关注较少。更多人对“输血机制”的行政保护更为依赖，对非遗商标保护这种“造血机制”不太关注。第六，社会公众对非遗符号的商标利用权限更倾向于集体所有；多数公众对恶意注册非遗商标没有能力真正实施排除行动；在非遗符号商标权益和保护职责问题上，传承人和内部民众的“收益者”角色更为突出，传承地政府、行业协会的“保护者”角色更为突出；对非遗符号商标注册持“有条件开放态度”是更多人的选择。总体而言，目前在我国，非遗的商标保护处于一种理论可行、实践混乱、法律依据欠缺、推进乏力的状态。

再次，在非遗商标保护完善建议方面，提出系统化对策方案。第一，提出非遗商标保护的根本目标是保护和传承非遗，直接目标是为非遗商标保护的推进扫除障碍，具体目标有二，一是排除不适当的非遗商标注册或使用行为，二是合理开发利用非遗符号资源。第二，关于非遗符号的商标权属安排，主张借鉴彼得·德霍斯"知识共有理论"，摒弃实践中"包容性消极共有"利用模式，采"排他性积极共有"模式，承认非遗符号资源的社区、群体共有权能，引导非遗传承社区、群体利用证明商标、集体商标等团体性或群体性商业标志制度，实现非遗符号商标利用的有序化，改变目前的混乱局面。同时，也承认个人、家族、企业基于贡献而专属于其自身的非遗符号私有商标权限，即总体上采"集体所有权之下也允许特定情形个体所有权存在"的非遗符号权属模式。第三，明确提出"排除+统一利用"解决方案。该方案的内容为：其一，尽力排除个人、企业等使用非遗符号注册"一般商标"，包括外部人的抢注和内部人的个体性、分散性注册，但非遗传承过程中基于个人、家族、企业贡献而专属于其自身的非遗符号除外。其二，"统一利用"是指将非遗符号的商标化利用纳入有序化、有组织的轨道中，由代表或管理非遗项目的公益性、非营利性组织，且也只能由此类组织申请注册非遗团体性或群体性商业标志，在对这些商业标志的统一管理运营中实现对非遗符号资源的统一利用，保护和开发非遗项目。第四，在"排除+统一利用"方案实施中，提出一系列法律制度完善建议和措施。如将排除不当非遗商标注册的模式归结为"第三方模式""申请人模式""官方模式"3种，并根据现实情况主张选择"官方模式"。提出层次化制度完善建议，包括最优选的"非遗商标法保护专条"措施，即在《商标法》中增设"非遗符号禁止使用条款"并草拟具体条文，和次优选的"完善现有不良影响条款"措施，并提出构建"非遗符号数据库制度"建议，解决商标审查中信息不对称问题。第五，对集体商标、证明商标、地理标志、地标集体商标和地标证明商标这些“团体性或群体性商业标志”，从非遗商标保护视角进行审视，对其在“统一利用”方案实施中的作用和角色进行定位。提出在我国目前正在进行的集体商标、证明商标、地理标志制度完善进程中，应考虑非遗保护的特殊需要。在“统一利用”制度工具选择中，主张对可地标化的非遗项目应首选涉地标类制度工具，对不可地标化非遗项目可选择一般的证明商标、集体商标。第六，对团体性或群体性商业标志的运营管理，指出就我国目前国情而言，应注重传承地政府的引导作用和启动资金的支持，项目管理者要注重团体性或群体性商业标志的使用管理规则问题，在标志申请注册或认证备案之前要做好运营管理准备，如详细具体的项目传承现状考察，非遗产品或服务的市场调查与分析等。第七，在“朱仙镇木版年画”非遗商标保护实例演示基础上，总结“排除+统一利用”方案一般实施步骤，即“非遗项目特征、传承和经营情况考察——非遗项目典型符号梳理——非遗符号商标化情况考察——排除不当非遗商标注册的任务——统一利用中团体性或群体性商业标志的选择——统一利用中的实施主体及各方主体的职责安排”。

最后，关于非遗商标保护以及非遗知识产权保护的反思。第一，我国非物质文化遗产资源丰富，在非遗资源法律保护方面，目前虽然有以《非物质文化遗产法》为基础的公法保护体系，但在非遗私法保护方面，尤其是讨论较多、实践频繁的非遗知识产权保护方面，缺乏针对性立法，对传统文化、传统知识的私法保护尚不完善，目前亟须研究确定一个统一的保护模式、保护框架，确保对非遗资源的有效保护与合理开发利用。比如，在非遗知识产权保护上究竟是采取“特殊知识产权”保护模式，还是继续实施“现行知识产权”保护模式，须及早确立总体规划。如果选择继续“现行知识产权”保护模式，是否应考虑在田野调查、非遗代表性名录等行政保护工作成熟的基础上，及早进行“非遗法律权利确认”工作，有效防止资源损耗。第二，从我国非遗知识产权保护动向来看，《专利法》早已确立“遗传资源信息披露制度”并实施多年，近年来“民间文学艺术作品著作权保护条例”被提上立法议程，很可能会有所推进。如果我们的战略方向就是如此，那么非遗商标保护也必须尽快提上立法议程，因为实践问题已经很多，亟须为非遗符号资源的保护与合理开发利用确立基本原则和制度，这也是本书研究力求达到的目标。

研究过程中，基于各方面原因，也存在一些不足。比如，实证研究广度和深度上还有待进一步加强，这方面像非遗商标申请与注册数据的考察，由于工作量巨大，目前仅限于国家级非遗项目，还不够全面。再如，“排除+统一利用”方案的具体实施会受到具体非遗项目传承情况、非遗商标注册情况的影响，该方案的具体实操性需要进一步的实践验证。再如，项目中提到的非遗集体商标、非遗证明商标和非遗地理标志等制度的运营管理实践性较强，也需进一步深入研究。

参考文献

一、中文期刊论文

1.郑璇玉、郑雨欣:《“非遗”标识私权属性认定的“唯一性”标准研究》,载《中华商标》2022年第6期。

2.郭禾:《我国地理标志保护制度发展的应然进路》,载《知识产权》2022年第8期。

3.郑文兵:《徽州传统手工技艺类非物质文化遗产知识产权保护路径》,载《阜阳师范大学学报(社会科学版)》2022年第1期。

4.王通:《民族传统手工艺知识产权保护体系的构建——以布依族枫香染工艺为例》,载《西南民族大学学报(人文与社会科学版)》2022年第7期。

5.王燕仓、黄璟:《非物质文化遗产传承人智力成果的知识产权保护路径——以苏州现状为蓝本》,载《知识产权》2021年第4期。

6.李宁、聂洪涛:《乡村振兴战略下非物质文化遗产文创产业开发中的法律困境与对策》,载《重庆文理学院学报(社会科学版)》2021年第2期。

7.唐静等:《加强传统文化知识产权保护 让非物质文化遗产焕发时代活力》,载《人民司法》2021年第25期。

8.杨永:《非物质文化遗产的地理标志保护研究》,载《文化遗产》2020年第5期。

9. 胡潇潇:《知识产权视域下的我国非物质文化遗产传承制度论析——以湖南省为例》,载《武汉理工大学学报(社会科学版)》2020年第6期。

10. 李静:《洛阳市老城区非物质文化遗产的传承与保护》,载《河南科技》2020年第6期。

11. 黄捷:《非物质文化遗产传承人保护法律制度研究》,广西民族大学2020年博士学位论文。

12. 李一丁:《非物质文化遗产知识产权保护之殇:"汤瓶八诊"系列案评析》,载《重庆理工大学学报(社会科学)》2018年第4期。

13. 李小苹:《西北民族地区非物质文化遗产法律保护的个案研究——以甘肃临夏砖雕保护为例》,载《西部法学评论》2018年第3期。

14. 李秀娜:《基于司法实践的民间文学艺术表达权利归属研究》,载《法律科学(西北政法大学学报)》2017年第4期。

15. 吴兴帜等:《非物质文化遗产符号化演绎的反思——以彝族撒尼人〈阿诗玛〉遗产为例》,载《广西师范学院学报(哲学社会科学版)》2017年第1期。

16. 高艳梅等:《现行知识产权制度下非物质文化遗产分类保护》,载《学术探索》2017年第2期。

17. 周波:《非物质文化遗产商标注册的审查》,载《中华商标》2016年第7期。

18. 周波:《再论非物质文化遗产商标注册的审查》,载《中华商标》2016年第8期。

19. 胡世恩:《回族传统医药"汤瓶八诊"商标系列诉讼案的法文化反思》,载《回族研究》2016年第2期。

20. 刘亚、边惠淀:《梅村二胡商标保护战》,载《方圆》2016年第8期。

21. 王笑冰:《关联性要素与地理标志法的构造》,载《法学研究》2015年第3期。

22. 叶芳芳:《非物质文化遗产地理标志模式保护之质疑——以传统手工

艺品为例》,载《成都师范学院学报》2014年第9期。

23. 严永和:《论我国少数民族传统名号的知识产权保护》,载《民族研究》2014年第5期。

24. 李士林:《论南音的商标法保护》,载《民族艺术研究》2013年第6期。

25. 文永辉:《论贵州民族特色旅游商品的商标权保护》,载《贵州社会科学》2013年第6期。

26. 冯美应、吴可水:《非物质文化遗产商标注册 促进文化产业发展的思考》,载《中国工商管理研究》2012年第8期。

27. 苏喆:《文化符号商业标识功能的商标法规制——滥用民间文化符号注册商标的非正当性分析》,载《知识产权》2011年第1期。

28. 郭玉军、唐海清:《论非物质文化遗产知识产权保护制度的新突破——以地理标志为视角》,载《海南大学学报(人文与社会科学版)》2010年第3期。

29. 杨建斌:《商标权制度与非物质传统资源的保护》,载《北方法学》2010年第2期。

30. 吴安新、张磊:《非物质文化遗产商标保护的困境与出路》,载《民族艺术研究》2009年第3期。

31. 龙文:《莫让东巴造纸传统失传》,载《中国发明与专利》2009年第2期。

32. 肖海:《非物质文化遗产的地理标志保护模式》,载《求索》2008年第2期。

33. 徐辉鸿、郭富青:《非物质文化遗产商标法保护模式的构建》,载《法学》2007年第9期。

34. 齐爱民、赵敏:《非物质文化遗产的商标权保护模式》,载《知识产权》2006年第6期。

35. 严永和:《论商标法的创新与传统名号的知识产权保护》,载《法商研究》2006年第4期。

36. 管育鹰:《"刀郎"现象折射出的民间文艺保护问题》,载《中华商标》2005年第11期。

37. 郭宏彦:《朱仙镇木版年画的传统传承模式及其当代思考》,河南大学2005年硕士学位论文。

二、中文报纸文章

38. 杨琪琪:《"15条"赋能"青岛手造",把老手艺变成大产业》,载《青岛日报》2022年12月16日,第5版。

39. 屈信明:《沙县小吃的转型升级之路》,载《人民日报》2022年11月21日,第18版。

40. 徐文锦:《产业富民 乡村振兴领风骚》,载《福建日报》2022年6月22日,第3版。

41. 林荣霖、韦奥:《柳州螺蛳粉地标品牌价值超百亿元》,载《中国食品安全报》2022年10月20日,第B03版。

42. 王光家:《六堡茶非遗传承人被抢注商标引思考》,载《南国早报》2019年4月21日,第A102版。

43. 李明思:《水书商标争论凸显民族文化保护之重》,载《法制日报》2007年5月24日,第4版。

三、中文专著和译著

44. 杨明:《非物质文化遗产的法律保护》,北京大学出版社2014年版。

45. 刘红婴:《非物质文化遗产的法律保护体系》,知识产权出版社2014年版。

46. [德]托马斯·莱赛尔:《法社会学基本问题》,王亚飞译,法律出版社2014年版。

47. [德]尼克拉斯·卢曼:《法社会学》,宾凯,赵春燕译,上海世纪出版集团、上海人民出版社2013年版。

48.［美］塔尔科特·帕森斯:《社会行动的结构》,张明德等译,译林出版社2012年版。

49.康保成主编:《中国非物质文化遗产保护发展报告(2011)》,社会科学文献出版社2011年版。

50.［德］托马斯·莱赛尔:《法社会学导论》,高旭军等译,上海人民出版社2011年版。

51.［美］马修·戴弗雷姆:《法社会学讲义——学术脉络与理论体系》,郭星华等译,北京大学出版社2010年版。

52.李秀娜:《非物质文化遗产的知识产权保护》,法律出版社2010年版。

53.李墨丝:《非物质文化遗产保护国际法制研究》,法律出版社2010年版。

54.［澳］彼得·德霍斯:《知识财产法哲学》,周林译,商务印书馆2008年版。

55.严永和:《论传统知识的知识产权保护》,法律出版社2006年版。

56.［美］罗伯特·K. 默顿:《社会理论和社会结构》,唐少杰、齐心等译,译林出版社2006年版。

57.［德］贡塔·托依布纳:《法律:一个自创生系统》,张骐译,北京大学出版社2004年版。

58.［美］罗伯特·K. 默顿:《论理论社会学》,何凡兴、李卫红、王丽娟译,华夏出版社1990年版。

59.［英］罗杰·科特威尔:《法律社会学导论》,潘大松等译,华夏出版社1989年版。

60.［英］洛克:《政府论(下篇)》,叶启芳、瞿菊农译,商务印书馆1964年版。

四、外文资料

61. Stven Van Uytsel, *The shifting Relationship between Geographical Indications, Traditional Knowledge, and Cultural Heritage*, London: Cambridge University Press 2017.

62. Matthew Rimmer, *Change the Mascot: the Washington Redskins, Offensive Trademarks, Freedom of Speech, and Racism in Sport Australian Intellectual,* Property Law Bulletin. 2016.

63. Lisa P.Ramsey, *A Free Speech Right to Trademark Protection*, Trademark Rep. 106(2016).

64. Paolo D.Farahand Riccardo Tremolada, *Conflict Between Intellectual Property Rights and Human Rights: A Case Study on Intangible Cultural Heritage*, Or. L. Rev. 94(2015).

65. Stout, Kristian D., *Terrifying Trademarks and a Scandalous Disregard for the First Amendment: Section 2(A)'s Unconstitutional Prohibition on Scandalous, Immoral, and Disparaging Trademarks*, Alb. L.J Sci. & Tech. 25 (2015).

66. Angela R.Riley, and Kristen A., *Carpenter. Owning red: a theory of Indian(cultural)appropriation*, Tex. L. Rev. 94(2015).

67. Zark, Brian, *Use of Native American Tribal Names as Marks*, American Indian Law Journal: Vol. 3: Iss. 2, 2015.

68. Rojas, L.Ibarra, Regulating Signifiers: Collective Trademarks And Artisanshipin Mexico.(2015).

69. Saima Litauleni Nghihalwa. An analysis of the registration of traditional product names, terms, symbols and other cultural expressions as trademarks in Namibia. Diss. University of Cape Town, 2014.

70. Dinisha L.Fernando, *Intellectual Property and the Protection of Indigenous Culture in the United States and New Zealand: An Effective Solution for Indigenous Communities*, Cardozo Pub. L. Pol'y & Ethics J. 12 (2013).

71. Stephanie B. Turner, *The Case of the Zia: Looking Beyond Trademark Law to Protect Sacred Symbols*, Chi.-Kent J. Intell. Prop. 11 (2012).

72. Maulik, Sonali, *Skirting the issue: how international law fails to protect traditional cultural marks from IP theft*, Chi. J. Int'l L. 13 (2012).

73. Nina Mantilla, *The New Hawaiian Model: The Native Hawaiian Cultural Trademark Movement and the Quest for Intellectual Property Rights to Protect and Preserve Native Hawaiian Culture*, 3 Intell. Prop. Brief 26 2012.

74. SusyFrankel, Trademarks and traditional knowledge and cultural intellectual property rights. (2011).

75. Katerina Shaw. Something Old, Something Borrowed, Something Digital: Existing Legal Protection of Indigenous Intangible Cultural Heritage: Intellectual Property, Unfair Competition, and Digital Documentation. MS thesis. 2010.

76. Benedetta Ubertazzi, *Territorial and universal protection of intangible cultural heritage from misappropriation*, New Zealand Yearbook of International Law, The 8 (2010).

77. Collier-Wise, Kelsey, *Identity Theft: A Search for Legal Protections of Intangible Indigenous Cultural Property*, Great Plains Nat. Resources J. 13 (2010).

78. Chih-Chieh Yang, *A Comparative Study of the Models Employed to Protect Indigenous Traditional Cultural Expressions*, APLPJ 11 (2009).

79. Charles D.Bernholz, Linda G.Novotny, and Ana L., Gomez, *American Indians and the United States Patent and Trademark Office: The Native*

American Tribal Insignia Database, Government Information Quarterly 26.1 (2009).

80. Amos Saurombe, *The Protection of Indigenous Traditional Knowledge through the Intellectual Property System and the 2008 South African Intellectual Property Law Amendment Bill.*, J. Int'l Com. L. & Tech. 4(2009).

81. Doris Estelle Long, *Traditional knowledge and the fight for the public domain*, J. MarshallRev.Intell.Prop.L.5(2005).

82. Joel Sherzer, *Western Intellectual Property And Indigenous Cultures: The Case of The Panamanian Indigenous Intellectual Property Law*, Boston University International Law Journa Vol. 23, 2005.

83. Nancy Kremers, *Speaking with a Forked Tongue in the Global Debate on Traditional Knowledge and Genetic Resources: Is US Intellectual Property Law and Policy Really Aimed at Meaningful Protection for Native American Cultures*, Fordham Intell. Prop. Media & Ent. LJ 15(2004).

84. Matthew Rimmer, *Australian Icons: Authenticity Marks and Identity Politics.* Indigenous Law Journal, Volume 3, 2004.

85. Robert K.Patersonand Dennis S. Karjala, *Looking beyond intellectual property in resolving protection of the intangible cultural heritage of indigenous peoples*, Cardozo J. Int'l & Comp. L.11(2003).

86. Michael Fobes Brown, *Who owns native culture?* Harvard university press, 2003.

87. Coenraad Visser, *Some Thoughts on Making Intellectual Property Work for Traditional Knowledge*, 14 S. Afr. Mercantile L.J. 656 2002.

88. UNITED STATES, & DICKINSON, Q. T.(1999). Official insignia of Native American tribes: report pursuant to P.L. 105-330. Washington, D.C., The Office.

89. Protection, Promotion, Development and Management of Indigenous Knowledge Act.Act No. 6 of 2019.

90. PUBLIC LAW 105–330—OCT. 30, 1998.

91. the Lanham Act, 15 U.S.C. § 1052.

92. LAW NO. 20 OF JUNE 26, 2000, On Special System For The Collective Intellectual Property Rights Of Indigenous Peoples For The Protection And Defense Of Their Cultural Identity And Their Traditional Knowledge.

93. Arts Council of New Zealand Toi Aotearoa Act 1994（Public Act 1994 No. 19）.

94. Arts Council of New Zealand Toi Aotearoa Act 2014（Public Act 2014 No. 1）.

95.（1997）Aboriginal Law B 20.

五、国际条约和相关规定

96.《保护非物质文化遗产公约》

97.《宣布人类口头和非物质遗产代表作条例》

98.《原产地名称和地理标志里斯本协定日内瓦文本》

99.《保护和促进文化表现形式多样性公约》

100.《生物多样性公约》

101.《建立“活的人类财富”国家体系指南》

102.《实施〈保护非物质文化遗产公约〉的业务指南》

103.《保护非物质文化遗产的伦理原则》

104.《建立世界知识产权组织公约》

105.《与贸易有关的知识产权协定》

106.《保护工业产权巴黎公约》

107.《商标国际注册马德里协定》

108.《商标国际注册马德里协定有关议定书》
109.《商标注册用商品和服务国际分类尼斯协定》

六、国内法律法规等文件

110.《中华人民共和国民法典》
111.《中华人民共和国非物质文化遗产法》
112.《中华人民共和国商标法》
113.《中华人民共和国专利法》
114.《中华人民共和国著作权法》
115.《中华人民共和国反不正当竞争法》
116.《中华人民共和国商标法实施条例》
117.《民间文学艺术作品著作权保护条例》(征求意见稿)
118.《国家级非物质文化遗产保护与管理暂行办法》
119.《中国非物质文化遗产标识管理办法》
120.《商标审查审理指南》
121.《集体商标、证明商标管理和保护办法(征求意见稿)》(2022)
122.《集体商标、证明商标注册和管理规定》(2024)
123.《地理标志保护规定(征求意见稿)》(2020)
124.《地理标志产品保护规定(征求意见稿)》(2023)
125.《集体商标、证明商标注册和管理办法》
126.《地理标志产品保护规定》
127.《农产品地理标志管理办法》
128.《地理标志专用标志使用管理办法(试行)》
129.《国务院关于加强文化遗产保护的通知》
130.《国务院办公厅关于加强我国非物质文化遗产保护工作的意见》
131.《全国人大常委会关于批准〈保护非物质文化遗产公约〉的决定》

132.《国家级非物质文化遗产项目代表性传承人认定与管理暂行办法》

133.《国家非物质文化遗产保护专项资金管理暂行办法》

134.《商务部文化部关于加强老字号非物质文化遗产保护工作的通知》

135.《关于实施中国民族民间文化保护工程的通知》

136.《陕西省非物质文化遗产条例》

137.《广东省非物质文化遗产条例》

138.《云南省非物质文化遗产保护条例》

139.《河南省非物质文化遗产保护条例》

140.《规范商标申请注册行为若干规定》(2019)

141.《最高人民法院关于审理商标授权确权行政案件若干问题的规定》(2020修正)

142.《最高人民法院关于审理商标民事纠纷案件适用法律若干问题的解释》(2020修正)

143.《最高人民法院关于审理涉及驰名商标保护的民事纠纷案件应用法律若干问题的解释》(2020修正)

144.《关于商标申请注册与使用如何避免与在先权利冲突的指引》(2022)

145.《废止中华人民共和国农业部公告第1071号(2008年8月1日发布)中的〈农产品地理标志登记程序〉》(农业农村部公告第623号2022)

七、网络资料

146.中国商标网:http://sbj.cnipa.gov.cn/.

147.中国非物质文化遗产网·中国非物质文化遗产数字博物馆:http://www.ihchina.cn/.

148.国家工商行政管理总局商标局,商标评审委员会编著:《中国商标品牌战略年度发展报告(2017)》,http://sbj.cnipa.gov.cn/sbtj/201805/t20180510_274101.html.

149. 朱文文:《非遗在乡村振兴中大放异彩》, https://baijiahao.baidu.com/s?id=1735018515944759617&wfr=spider&for=pc.

150. 徐华陵:《云南:非遗助力乡村振兴大放异彩》, http://www.yn.xinhuanet.com/topic/2022-07/11/c_1310640218.htm.

151.《龙泉宝剑锻制技艺》项目介绍, https://www.ihchina.cn/project_details/14325/.

152.《信访处答网民关于"农产品地理标志认证政策咨询"的留言》, http://www.moa.gov.cn/bzxxlyhf/xfwy/netizen/replyDetail.html?strMinisterCode=W20220922009.

153. 国家商标局第720号公告:"绍兴黄酒证明商标使用管理章程", https://wsgg.sbj.cnipa.gov.cn:9080/tmann/annInfoView/annSearch.html?annNum.

154. 国家知识产权局地理标志产品保护第494号公告:《即墨黄酒地理标志产品保护要求》, http://www.cnipa.gov.cn/attach/0/231e85efe08d4f4690c23d73ab145fc5.pdf.

155. 国家商标局第1452号公告:"建阳建盏地理标志证明商标使用管理规则", https://wsgg.sbj.cnipa.gov.cn:9080/tmann/annInfoView/annSearch.html?annNum.

156. 国家商标局第1056号公告:"南京云锦证明商标使用管理规则", https://wsgg.sbj.cnipa.gov.cn:9080/tmann/annInfoView/annSearch.html?annNum.

157. 原国家质量监督检验检疫总局2005年第120号公告, https://dlbzsl.hizhuanli.cn:8888/Product/Detail/378.

158.《潼关肉夹馍集体商标管理规则》, http://wsgg.sbj.cnipa.gov.cn:9080/tmann/annInfoView/annSearch.html annNum=.

159. 中国商标网"宝堰干拌面""宝堰面"搜索结果, http://wcjs.sbj.cnipa.gov.cn/txnDetail.do?b9La8sqW=X.TMDqlqExkiIGS9Z1Kg6vq_jjUwg5h_oaVTQ9JPLFSTK08.rA5XQljN9HrZIetxkBgAnubAkqzpmV56VzzlUzRkb6lkzt

xhF77lUrK6I_vUgQTdRIkVStxVpYI5jg1bcbn3fhgDrr0bW62tDpNRanVt9RS8g2Zuw2ELEy_KdbVEz7OiY6pxYgyRe12TCa9tmDTd8fkcufg.

160. 中国商标网“金秀红”搜索结果，http://wcjs.sbj.cnipa.gov.cn/txnRead01.do?b9La8sqW=rjCsEalqEExv7MRkbm78z8UAJ6fLcgm9F05eXdvSqww7tBwT7c.XEr6j0q2mvEBUoJaTrG_ki5BKpg2XGDShi3LWzCq2YEFa.

161.《“十三五”期间河北64个地理标志直接贡献精准扶贫产业》，https://baijiahao.baidu.com/s?id=1698669361819136592&wfr=spider&for=pc.

162.《英山茶叶第一县不敌宜昌一家茶企》，http://finance.sina.com.cn/china/dfjj/20120702/160512456308.shtml.

163.《英山云雾茶”品牌价值评估16.22亿元》，http://www.cnhubei.com/xw/jj/201706/t3846562.shtml.

164.《沙县小吃同业公会及图形集体商标使用管理规则》，https://wsgg.sbj.cnipa.gov.cn:9080/tmann/annInfoView/annSearch.html?annNum.

165.《梁平木版年画地理标志证明商标使用管理规则》，https://wsgg.sbj.cnipa.gov.cn:9080/tmann/annInfoView/annSearch.html?annNum.

166.《万荣笑话协会及图集体商标使用管理规则》，https://wsgg.sbj.cnipa.gov.cn:9080/tmann/annInfoView/annSearch.html?annNum.

167.《绍兴黄酒证明商标使用管理章程》，https://wsgg.sbj.cnipa.gov.cn:9080/tmann/annInfoView/annSearch.html?annNum.

168.《郫县豆瓣证明商标使用及管理规则》，https://wsgg.sbj.cnipa.gov.cn:9080/tmann/annInfoView/annSearch.html?annNum.

169. 中国非物质文化遗产网·中国非物质文化遗产数字图书馆《朱仙镇木版年画》项目，https://www.ihchina.cn/project_details/13906/.

170. 开封市祥符区人民政府网站《朱仙镇木版年画》项目介绍，http://www.xiangfuqu.gov.cn/products/21121007_zoujinxiangfudetail.html.

171. 张莹莹:《河南朱仙镇木版年画一条街 何时能找回往日繁华？》，人民网，http://culture.people.com.cn/n/2013/1217/c172318-23866215.html.

172. 知乎文章：《他是朱仙镇木版年画非遗传承人，却与“朱仙镇”抗争了一辈子》，https://zhuanlan.zhihu.com/p/78856898.

173.《朱仙镇木版年画——非遗传承人之争》，https://www.openwhy.cn/activities/1024868235543130112/article/detail/1026824812942528512.

174. 李建伟：《朱仙镇木板年画“老字号”之争尘埃落定》，中国知识产权资讯网，http://www.iprchn.com/Index_NewsContent.aspx?newsId=85255.

175.《“朱仙镇”木版年画官方认证》公告，https://weibo.com/ttarticle/p/show?id=2309404120743943254566.

176. 新西兰Toi Iho商标项目，http://www.toiiho.co.nz/.

177. Annas, Marianna.The Label of Authenticity: a Certification Trade Mark for Goods and Services of Indigenous Origin, http://www5.austlii.edu.au/au/journals/AboriginalLawB/1997/20.html#fn23.